実務解説 景品表示法 [第2版]

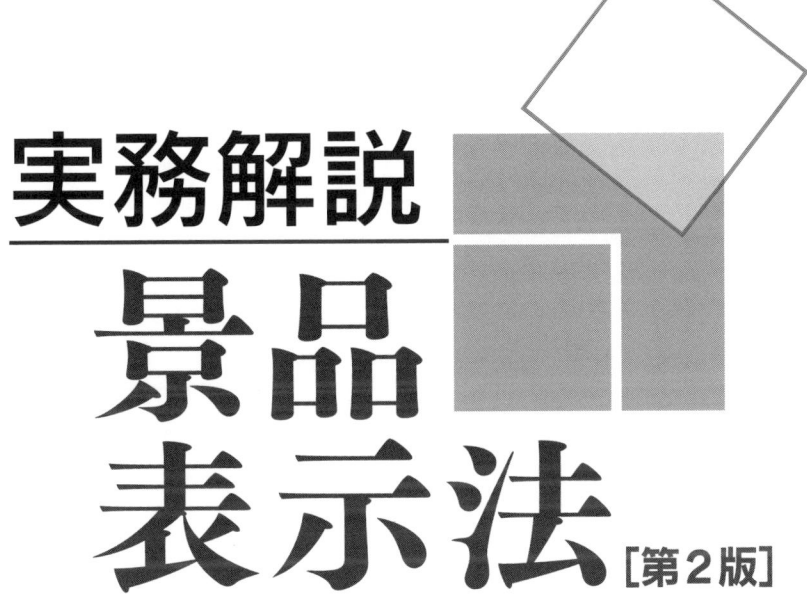

波光　巖・鈴木恭蔵　――――　著

青林書院

第2版はしがき

　平成25年秋以降，わが国では食品やメニュー等の不正表示が多発し，「国内外の消費者の『日本の食』に対する信頼が揺るぎかねない事態」（平成12年12月食品表示等問題関係省庁等会議）が生じ，景品表示法は，平成26年6月及び同年11月の二度に亘る改正が行われた。

　平成26年6月の改正においては，事業者のコンプライアンス体制の確立のために，内閣総理大臣が「事業者が講ずべき景品類及び表示の管理上の措置についての指針」を定め，各事業者はこれに準拠したガイドラインを制定するなど必要な措置を講ずることが義務付けられた。また，同法違反事件について緊急かつ重点的な調査を行うために必要があるときは，消費者庁長官は，事業所管大臣又は金融庁長官に調査権を委任することができるものとされ，さらに，都道府県知事に措置命令の権限を付与することが規定された。

　平成26年11月の改正では，優良誤認表示及び有利誤認表示に対し新たに経済的制裁である課徴金を賦課することとされたものである（なお，自主申告及び一般消費者に対する返金措置によって課徴金額は減額される）。

　これらの改正は，近年のわが国における全般的なコンプライアンス体制強化の要請及び法執行体制の強化の一環をなすものであり，改めて事業者の社会的責任の自覚が強く求められるものである。

　本第2版においては，景品表示法の上記の改正内容について解説するとともに，近時の不当表示事件等を紹介するものである。少しでも読者諸兄の参考になればこれに増す喜びはない。

　本書は，平成26年11月改正法の平成28年4月1日施行の前に出版することを目指したため，青林書院編集部の髙橋広範氏には，文章の調整や文言の修正などを含め，多大なお世話になったことをここに記し，感謝する次第である。

　　平成28年3月

　　　　　　　　　　　　　　　　　　　　　　　　波光　　巖
　　　　　　　　　　　　　　　　　　　　　　　　鈴木　恭蔵

初版はしがき

　景品表示法は，企業のマーケティング活動との係わりが多い法律である。近年の特徴として，次のようなことが言えるのではないかと思われる。

　景品類の提供については，景品付販売において提供することができる景品類の価額の最高額等の制限を超えるものはあまり見受けられないが，一般消費者を対象とする商品又は役務の購入者に対する景品類の提供が，値引きとして許容されるものであるか，それとも制限告示により規制の対象となるのかといったような問題が多く提起されている。販売競争が激しくなるに伴って継続的な顧客獲得を目的として，ポイントカードや割引券などの発行が盛んに行われているが，これらに関連して，景品表示法の正しい理解が必要とされている。

　一方，表示については，健康・痩身・環境等への関心の高まりに対応して，これらに関する商品等の販売が活発に行われているが，それらについて行われる表示が，表示どおりの効能・効果を有することが合理的な資料をもって裏付けることができないもの（不実証広告）が多くあり，優良誤認表示として措置命令の対象とされている。最近はさらに，省エネに関する不当表示事件も多く生じている。また，価格についての有利誤認表示は依然として多く発生している。

　近年，企業のコンプライアンスが強く求められている。企業としては，従業員に対し，法令遵守の「行動指針」を示し，これを実行しなければならない。一般消費者による購買行動は，選挙の投票に例えることができる。一般消費者の企業に対する信頼は，"購買"という行動によって裏付けられる。一旦，不当表示等によって企業が一般消費者の信頼を失った場合には，これを回復することは容易ではない。

　景品表示法は，平成21年9月1日，公正取引委員会から消費者庁に移管され，景品表示法の目的規定（1条）も，「独占禁止法の特例を定めることにより，公正な競争を確保し，もって一般消費者の利益を保護すること」から，「一般消費者による自主的かつ合理的な選択を阻害するおそれのある行為の制限及び禁止について定めることにより，一般消費者の利益を保護すること」に改正され，景品表示法は，独占禁止法の特例法から消費者保護法へと衣替えした。し

かし，旧法に基づく指定，通知等は，原則として，新法に基づくものとみなされ，また，新たに制定された内閣府令に基づく手続規定も，内容的には従来のものを実質的に変更したものとはなっていない。したがって，景品表示法の解釈及び運用は，従来と大きく変更されることはないものと考えられる。

　本書は，実務に役立つ体系的な解説書とするために，できるだけわかり易く記述したものである。内容的には，景品表示法の歴史に関する部分は最小限度とし，法律・規制告示等の解説に当たっては，事例を紹介することによって理解を深めて頂くことに心掛けた。また，Ｑ＆Ａを必要によって取り入れた。これについては，消費者庁のホームページから多く引用している。ただし，同ホームページの記載そのままではなく，わかり易くするために若干書き換えた部分がある。

　本書が，企業のマーケティング担当者が景品表示法について理解を深められるのに少しでも役立つことがあれば，これに超える喜びはない。

　最後に，青林書院編集部の高橋広範氏には，本書の企画から完成に至るまで，一貫して懇切で行きとどいた調整を頂き，厚くお礼を申し上げる次第である。

　　　平成 24 年 11 月

　　　　　　　　　　　　　　　　　　　　　　　　　波　光　　　巖
　　　　　　　　　　　　　　　　　　　　　　　　　鈴　木　恭　蔵

凡　例

景品表示法	不当景品類及び不当表示防止法（昭和37年法律第134号）
独占禁止法	私的独占の禁止及び公正取引の確保に関する法律（昭和22年法律第54号）
政令	不当景品類及び不当表示防止法施行令（平成27年政令第423号）
施行規則	不当景品類及び不当表示防止法施行規則（平成28年内閣府令第6号）
一般指定	不公正な取引方法（昭和57年公取委告示第15号）
定義告示	不当景品類及び不当表示防止法第2条の規定により景品類及び表示を指定する件（昭和37年公取委告示第3号）
定義告示運用基準	景品類等の指定の告示の運用基準について（昭和52年公取委事務局長通達第7号）
懸賞制限告示	懸賞による景品類の提供に関する事項の制限（昭和52年公取委告示第3号）
懸賞運用基準	「懸賞による景品類の提供に関する事項の制限」の運用基準（平成24年消費者庁長官通達第1号）
総付制限告示	一般消費者に対する景品類の提供に関する事項の制限（昭和52年公取委告示第5号）
総付運用基準	「一般消費者に対する景品類の提供に関する事項の制限」の運用基準について（昭和52年公取委事務局長通達第6号）
新聞業告示	新聞業における景品類の提供に関する事項の制限（平成10年公取委告示第5号）
雑誌業告示	雑誌業における景品類の提供に関する事項の制限（平成4年公取委告示第3号）
不動産業告示	不動産業における一般消費者に対する景品類の提供に関する事項の制限（平成9年公取委告示第37号）
医療用医薬品業等告示	医療用医薬品業，医療機器業及び衛生検査所業における景品類の提供に関する事項の制限（平成9年公取委告示第54号）
不実証広告ガイドライン	不当景品類及び不当表示防止法第7条第2項の運用指針―不実証広告規制に関する指針―（平成15年10月公取委）
価格表示ガイドライン	不当な価格表示についての景品表示法上の考え方（平成12年6月公取委）

比較広告ガイドライン	比較広告に関する景品表示法上の考え方(昭和62年4月公取委)
無果汁告示	無果汁の清涼飲料水等についての表示(昭和48年公取委告示第4号)
無果汁告示運用基準	「無果汁の清涼飲料水等についての表示」に関する運用基準(昭和48年公取委事務局長通達第6号)
原産国告示	商品の原産国に関する不当な表示(昭和48年公取委告示第34号)
原産国告示運用基準	「商品の原産国に関する不当な表示」の運用基準について(昭和48年公取委事務局長通達第12号)
おとり広告告示	おとり広告に関する表示(平成5年公取委告示第17号)
おとり広告告示運用基準	「おとり広告に関する表示」等の運用基準(平成5年公取委事務局長通達第6号)
不動産おとり広告告示	不動産のおとり広告に関する表示(昭和55年公取委告示第14号)
不動産おとり広告告示運用基準	「不動産のおとり広告に関する表示」等の運用基準(昭和55年公取委事務局長通達第9号)
融資費用告示	消費者信用の融資費用に関する不当な表示(昭和55年公取委告示第13号)
融資費用告示運用基準	「消費者信用の融資費用に関する不当な表示」の運用基準(昭和55年公取委事務局長通達第8号)
有料老人ホーム告示	有料老人ホームに関する不当な表示(平成16年公取委告示第3号)
有料老人ホーム告示運用基準	「有料老人ホームに関する不当な表示」の運用基準(平成16年公取委事務総長通達第11号)

目　次

第1章　景品表示法の目的等
- 第1　景品表示法の目的 ……………………………………… 1
- 第2　景品表示法と独占禁止法との関係 ……………………… 2
- 第3　景品表示法の歴史 ……………………………………… 4

第2章　過大な景品付販売の規制
- 第1　過大な景品付販売規制の概要 …………………………… 9
- 第2　景品類の定義 …………………………………………… 11
  - 1　規　定 …………………………………………………… 11
  - 2　景品類提供の方法について …………………………… 12
  - 3　「顧客を誘引するための手段として」 ………………… 13
  - 4　「事業者」 ………………………………………………… 14
  - 5　「自己の供給する商品又は役務の取引」 ……………… 16
  - 6　「取引に付随」 …………………………………………… 17
    - ⑴　「取引に付随」する場合　17　⑵　「取引に付随」しない場合　20
    - ⑶　インターネット上で行われる懸賞　22
  - 7　「物品，金銭その他の経済上の利益」 ………………… 23
  - 8　景品類と認められない経済上の利益 ………………… 24
    - ⑴　概　説　24　⑵　値　引　24　⑶　アフターサービス　29
    - ⑷　付属物　30
- 第3　景品類の価額 …………………………………………… 30
- 第4　総付景品の規制 ………………………………………… 33
  - 1　総付景品規制の概要 …………………………………… 33
  - 2　景品類提供の態様と取引価額 ………………………… 34
    - ⑴　購入者を対象とし購入額に応じて提供する場合　34

　　　　(2)　購入者を対象とするが購入額の多少を問わないで提供する場合　35
　　　　(3)　購入を条件とせず店舗への入店者に提供する場合　37
　　　　(4)　商品の容器包装に経済上の利益を提供する企画の内容を告知する方法の場合　38
　　　　(5)　商品又は役務を購入することにより経済上の利益の提供を受けることが容易になる場合　38
　　　　(6)　先着順に景品類を提供する場合　38
　　　　(7)　取引の誘引に際して景品類を提供する場合　39
　　3　「取引価額」の算定……………………………………………………… 39
　　4　提供が許容される経済上の利益……………………………………… 40
　　　　(1)　商品の販売・使用のため又は役務の提供のため必要な物品又はサービス　40
　　　　(2)　見本その他宣伝用の物品又はサービス　41
　　　　(3)　自己の供給する商品又は役務の取引において用いられる割引券等　42
　　　　(4)　開店披露，創業記念等の行事に際して提供する物品又はサービス　44
　　5　総付景品に関するＱ＆Ａ………………………………………………… 45

第5　懸賞景品の規制 ─────────────────────── 53
　　1　懸賞景品規制の概要…………………………………………………… 53
　　2　懸賞とは………………………………………………………………… 55
　　　　(1)　「懸賞」に当たる場合　55　(2)　「懸賞」に当たらない場合　58
　　3　景品類提供の態様と取引価額………………………………………… 60
　　　　(1)　購入者を対象とし購入額が一定に達した者に懸賞の機会を与える場合　60
　　　　(2)　購入者を対象とするが購入額の多少を問わないで懸賞の機会を与える場合　60
　　　　(3)　購入を条件とせず店舗への入店者に懸賞の機会を与える場合　61
　　　　(4)　商品の容器包装に景品類提供の企画を告知している場合あるいは商品・役務を購入することにより景品類提供を受けることが容易になるような場合で，懸賞により景品類を提供する場合　63
　　　　(5)　取引の誘引に際して懸賞により景品類を提供する場合　63

(6)　複数の懸賞の機会を与える場合の景品類の提供　63
　4　「取引価額」の算定………………………………………………… 64
　5　懸賞に係る取引予定総額………………………………………… 64
　6　懸賞企画に関する不当表示……………………………………… 65
　7　共同懸賞…………………………………………………………… 65
　　　(1)　共同懸賞の種類　65　(2)　「一定の地域」　66
　　　(3)　商店街の共同懸賞　67　(4)　「一定の種類の事業」　67
　　　(5)　「相当多数」　68　(6)　共同懸賞への参加の不当な制限　68
　　　(7)　共同懸賞の違反主体　69
　8　懸賞景品に関するＱ＆Ａ…………………………………………… 71
第6　特定業種における景品類提供の制限――――――――― 80
　1　概　要……………………………………………………………… 80
　2　新聞業告示………………………………………………………… 80
　3　雑誌業告示………………………………………………………… 81
　4　不動産業告示……………………………………………………… 81
　5　医療用医薬品業等告示…………………………………………… 82

第3章　不当表示の規制

第1　概　説 ――――――――――――――――――― 85
第2　表示と表示の主体 ―――――――――――――― 85
　1　表　示……………………………………………………………… 85
　2　表示主体…………………………………………………………… 88
　　　(1)　表示に複数の事業者が関与した場合　88
　　　(2)　考え方と運用，判例　88　(3)　主な違反事例　89
　3　不表示……………………………………………………………… 93
第3　優良誤認表示 ――――――――――――――――― 94
　1　優良誤認表示……………………………………………………… 94
　　　(1)　概　説　94　(2)　「商品又は役務の品質，規格その他の内容」　95
　　　(3)　「実際のものよりも著しく優良である」　96

　　　　(4)　「他の事業者に係るものよりも著しく優良である」　98
　　　　(5)　「一般消費者に対し」　99
　　　　(6)　「自主的かつ合理的な選択を阻害する」　101　(7)　主な違反事例　101
　　2　不実証広告規制……………………………………………………………110
　　　　(1)　概　説　110
　　　　(2)　「表示の裏付けとなる合理的な根拠を示す資料」　110
　　　　(3)　不実証広告規制に関する事例　111
　　3　優良誤認表示・不実証広告に関するQ＆A……………………………114
第4　有利誤認表示 ─────────────────────── 115
　　1　概　説……………………………………………………………………115
　　2　価格に関する有利誤認表示……………………………………………116
　　　　(1)　考え方　116　(2)　主な違反事例　117
　　3　二重価格表示に関する有利誤認表示…………………………………119
　　　　(1)　考え方　119　(2)　主な違反事例　121
　　4　比較表示における有利誤認表示………………………………………123
　　5　その他の取引条件に係る有利誤認表示………………………………125
　　　　(1)　過大包装等　125　(2)　主な違反事例　126
　　6　有利誤認表示に関するQ＆A……………………………………………129
第5　不当な表示の指定 ───────────────────── 130
　　1　趣旨，指定の要件，指定の手続………………………………………130
　　　　(1)　趣　旨　130　(2)　指定の要件　130　(3)　適用範囲　131
　　　　(4)　指定手続　131　(5)　現行の指定告示　131
　　2　無果汁の清涼飲料水等についての表示………………………………132
　　　　(1)　対象商品　132　(2)　不当表示　132　(3)　主な違反事例　133
　　3　商品の原産国に関する不当な表示……………………………………133
　　　　(1)　対象商品　134　(2)　不当表示　134　(3)　原産国の判定基準　134
　　　　(4)　主な違反事例　135
　　4　消費者信用の融資費用に関する不当な表示…………………………136
　　　　(1)　対象事業者　136　(2)　不当表示　136　(3)　主な違反事例　137
　　5　不動産のおとり広告に関する表示……………………………………137

(1)　適用対象　137　(2)　不当表示　137　(3)　主な違反事例　138
　6　おとり広告に関する表示………………………………………………139
　　　(1)　適用対象　139　(2)　不当表示　139　(3)　主な違反事例　141
　7　有料老人ホームに関する不当な表示………………………………142
　　　(1)　適用対象　142　(2)　不当表示　142　(3)　主な違反事例　144
　8　指定告示に関するＱ＆Ａ………………………………………………145
第6　表示の適正化━━━━━━━━━━━━━━━━━━━━━━━━━146
　1　ガイドラインの作成による不当表示の明確化………………………146
　2　比較広告ガイドライン（「比較広告に関する景品表示法上の考え方」）
　　　……………………………………………………………………………146
　　　(1)　はじめに　146　(2)　比較広告ガイドラインの概要　147
　　　(3)　主な違反事例　150
　3　インターネット消費者取引ガイドライン（「インターネット消費者
　　　取引に係る広告表示に関する景品表示法上の問題点及び留意事項」）……151
　　　(1)　インターネット取引に関する表示規制の経緯　151
　　　(2)　サービス類型ごとの検討　153　(3)　主な違反事例　157
　4　料理メニュー表示ガイドライン（「メニュー・料理等の食品表示に係
　　　る景品表示法上の考え方について」）……………………………………159
　　　(1)　経　　緯　159　(2)　料理メニュー表示ガイドラインの概要　160
　　　(3)　料理メニュー表示のポイントについて　161

第4章　景品表示法遵守体制の確立

第1　概　説━━━━━━━━━━━━━━━━━━━━━━━━━━163
第2　指針の概要━━━━━━━━━━━━━━━━━━━━━━━━164
　1　基本的な考え方…………………………………………………………164
　　　(1)　必要な措置が求められる事業者　164
　　　(2)　事業者が講ずべき措置の規模や業態等による相違　164
　2　用語の説明………………………………………………………………165
　　　(1)　必要な措置　165　(2)　正当な理由　165

3 事業者が講ずべき表示等の管理上の措置の内容 ………………… 165
(1) 景品表示法の考え方の周知・啓発　165
(2) 法令遵守の方針等の明確化　165
(3) 表示等に関する情報の確認　165
(4) 表示等に関する情報の共有　166
(5) 表示等を管理するための担当者等を定めること　166
(6) 表示等の根拠となる情報を事後的に確認するために必要な措置をとること　167
(7) 不当な表示等が明らかになった場合における迅速かつ適切な対応　167

第3 指針に関するＱ＆Ａ ———————————————— 167

第5章 違反行為に対する措置

第1 概説 ———————————————————————— 171
第2 消費者庁による執行 ———————————————— 171
1 調査 ……………………………………………………………… 171
2 措置 ……………………………………………………………… 173
(1) 措置命令　173　(2) 措置命令以外の措置　176
第3 都道府県による執行 ———————————————— 177
1 概説 ……………………………………………………………… 177
2 平成26年6月の改正（都道府県への権限委任）……………… 178
第4 不当表示に対する課徴金の賦課 ——————————— 179
1 課徴金対象行為 ………………………………………………… 179
2 課徴金額の算定 ………………………………………………… 180
3 主観的要素 ……………………………………………………… 182
4 規模基準 ………………………………………………………… 184
5 課徴金の違反行為申告による減額 …………………………… 184
6 課徴金の被害回復による減額 ………………………………… 185
7 課徴金納付命令の対象事業者 ………………………………… 188

8　課徴金納付命令に関する手続……………………………………………188
　　　　(1) 弁明の機会　188　(2) 課徴金賦課手続　189　(3) 不服申立手続　189

第6章　公正競争規約制度

第1　公正競争規約制度の趣旨 ─── 191
第2　公正競争規約の特徴 ─── 192
第3　公正競争規約の設定当事者 ─── 193
第4　公正競争規約の内容 ─── 193
1　実体的規定 ……………………………………………………………193
　　(1) 景品類に関するもの　193　(2) 表示に関するもの　194
2　手続的規定 ……………………………………………………………195
　　(1) 実施機関に関する規定　195　(2) 取締手続に関する規定　195
第5　公正競争規約の認定 ─── 195
1　認定の手続 ……………………………………………………………195
2　認定要件 ………………………………………………………………195
3　これまでに認定された公正競争規約 ………………………………196
　　(1) 景品類に関するもの　196　(2) 表示に関するもの　196
第6　公正競争規約違反に対する自主規制 ─── 197
第7　公正競争規約認定の効果 ─── 198
1　独占禁止法の適用除外 ………………………………………………198
2　景品表示法の解釈基準 ………………………………………………199
第8　公正競争規約認定に対する不服申立て ─── 200
1　認定及び認定の取消し ………………………………………………200
2　不服申立て ……………………………………………………………200
　　(1) 不服申立ての手続　200　(2) 不服申立ての資格について　200

第7章　民事的執行・差止請求及び損害賠償請求

第1　適格消費者団体による差止請求 ─── 203

1　差止請求権を認める趣旨 …………………………………………………… 203
2　差止請求権の内容 ……………………………………………………………… 203
　(1)　差止請求権の行使者　203　(2)　差止請求権の対象　204
3　差止請求の手続 ………………………………………………………………… 204
　(1)　書面による事前の請求　204　(2)　訴訟の目的の価額　205
　(3)　管轄及び移送等　205

第2　損害賠償請求 ――――――――――――――――――――――― 207
1　概　説 …………………………………………………………………………… 207
2　主な違反事例 …………………………………………………………………… 209

巻末付録――資料集

資料1　不当景品類及び不当表示防止法　213

資料2　不当景品類及び不当表示防止法施行令　226

資料3　不当景品類及び不当表示防止法施行規則　232

資料4　不当景品類及び不当表示防止法第2条の規定により景品類及び表示を指定する件　249

資料5　景品類等の指定の告示の運用基準について　250

資料6　一般消費者に対する景品類の提供に関する事項の制限　254

資料7　「一般消費者に対する景品類の提供に関する事項の制限」の運用基準について　255

資料8　懸賞による景品類の提供に関する事項の制限　257

資料9　「懸賞による景品類の提供に関する事項の制限」の運用基準　258

資料10　景品類の価額の算定基準について　261

資料11　新聞業における景品類の提供に関する事項の制限　262

資料12　雑誌業における景品類の提供に関する事項の制限　263

資料13　不動産業における一般消費者に対する景品類の提供に関する事項の制限　263

資料14　医療用医薬品業，医療機器業及び衛生検査所業における景品類の提供に関する事項の制限　264

資料15　商品の原産国に関する不当な表示　265

目　次　xv

資料16　「商品の原産国に関する不当な表示」の運用基準について　266
資料17　「商品の原産国に関する不当な表示」の原産国の定義に関する運用細則　268
資料18　「商品の原産国に関する不当な表示」の衣料品の表示に関する運用細則　269
資料19　無果汁の清涼飲料水等についての表示　271
資料20　「無果汁の清涼飲料水等についての表示」に関する運用基準について　272
資料21　消費者信用の融資費用に関する不当な表示　274
資料22　「消費者信用の融資費用に関する不当な表示」の運用基準　275
資料23　おとり広告に関する表示　277
資料24　「おとり広告に関する表示」等の運用基準　278
資料25　不動産のおとり広告に関する表示　282
資料26　「不動産のおとり広告に関する表示」等の運用基準　283
資料27　有料老人ホームに関する不当な表示　284
資料28　「有料老人ホームに関する不当な表示」の運用基準　286
資料29　事業者が講ずべき景品類の提供及び表示の管理上の措置についての指針　293
資料30　不当景品類及び不当表示防止法第7条第2項の運用指針―不実証広告規制に関する指針―　302
資料31　不当な価格表示についての景品表示法上の考え方　311
資料32　不当景品類及び不当表示防止法第8条（課徴金納付命令の基本的要件）に関する考え方　327

事項索引

第1章 景品表示法の目的等

第1 景品表示法の目的

「不当景品類及び不当表示防止法」（昭和37年5月15日法律第134号，最終改正：平成26年11月27日法律第118号。以下「景品表示法」という）は，「商品及び役務の取引に関連する不当な景品類及び表示による顧客の誘引を防止するため，一般消費者による自主的かつ合理的な選択を阻害するおそれのある行為の制限及び禁止について定めることにより，一般消費者の利益を保護することを目的とする」（1条）。平成21年改正以前は，独占禁止法の不公正な取引方法である「ぎまん的顧客誘引」（一般指定8項）及び「不当な利益による顧客誘引」（一般指定9項）を規制するための特別法であったが，消費者行政を強化するため，平成21年に消費者庁が設置され，同庁が消費者保護関係法を一元的に所管することとされたのに伴い，景品表示法の目的を上記のように改正するとともに，その所管が公正取引委員会から消費者庁に移管された。

過大な景品付販売や不当な表示によって顧客を誘引する行為は，価格や品質による本来の競争をゆがめるものであり，一般消費者による自主的かつ合理的な商品又は役務の選択を阻害するおそれのある行為である。

景品付販売は，事業者の販売促進手段として用いられ，新規参入事業者にとってはある程度有効であると考えられるが，これが野放しの状態だと，事業者は価格を引き下げたり品質を良くしたりする努力をするよりも安易に景品を付けて顧客の誘引を図ろうとするようになり，一般消費者が景品が多いか少ないかによって商品又は役務を選択するようになると，一般消費者による自主的かつ合理的な選択が阻害されることとなる。

また，虚偽表示や誇大広告などの不当表示が行われると，正しい表示を行う

事業者の商品又は役務が選択されないことになるほか，直接的に一般消費者による商品又は役務の自主的かつ合理的な選択が阻害されることとなる。

過大な景品付販売や不当表示は，少数の事業者が行うと他の事業者にも波及し，他の事業者はより過大な景品を付けたり，より誇大な表示を行うなど，波及性・累進性がある。

このため，景品表示法は，一般消費者による自主的かつ合理的な選択を確保し，その利益を保護するため，景品付販売については過大なものを制限又は禁止するとともに，不当表示を禁止している。

第2　景品表示法と独占禁止法との関係

独占禁止法においては，「ぎまん的顧客誘引」（一般指定8項）及び「不当な利益による顧客誘引」（一般指定9項）を不公正な取引方法として規制している。これらの行為に該当するのは，事業者間の「公正な競争を阻害するおそれがある」場合である（同法2条9項6号参照）が，これらの行為は，景品表示法の規制対象となる「不当表示」及び「過大景品」と一部重なる部分がある。

しかし，「ぎまん的顧客誘引」又は「不当な利益による顧客誘引」に該当するもので「不当表示」又は「過大景品」に該当するものは，景品表示法で規制されることとされているため，独占禁止法では景品表示法で規制されないものが規制対象とされている。

「ぎまん的顧客誘引」が独占禁止法により規制される場合としては，①事業者を対象とするもの（フランチャイズ・システムにおけるフランチャイザーの加盟店募集に係るもの等）や②マルチ商法等の表示以外の方法により顧客を誤認させる行為等である。

独占禁止法・不公正な取引方法の「ぎまん的顧客誘引」に該当するとされた事例として，次のものがある。

〈独占禁止法によるぎまん的顧客誘引の規制〉
ベルギーダイヤモンド事件（平成5・3・29東京高裁判決・審決集39巻608頁）
　同社が主宰する組織は，会員資格を取得するためにはダイヤの購入が必要条件であるが，組織の目的は，会員が第三者を紹介すれば一定の利益が得られることとして，ダイヤを購入する会員を連鎖的に増殖させ，かつ，会員を媒介としてダイヤの

販売を拡充していくことが主目的であるマルチまがいの商法を行うもので，この組織は，新規加入者の無限拡大が組織存立の不可欠の前提とされており，自己破綻の招来が必然的であって，圧倒的多数の上のごく少数の者だけが利益を収受できる結果となっていた。このような下での射幸的な勧誘方法は，ぎまん的顧客誘引（一般指定8項）に該当するとされた。

次に，「不当な利益による顧客誘引」が独占禁止法により規制される場合としては，事業者に対し取引に付随して総付で経済上の利益を提供する場合である（事業者に対し取引に付随して懸賞により経済上の利益を提供する場合は，「懸賞景品告示」（第2章で詳述）の規制対象となる。また，一般消費者に対し取引に付随して経済上の利益を提供する場合は，総付であれ懸賞による場合であれすべて景品表示法により規制される）。ただし，医療用医薬品の製造業者・販売業者，医療機器の製造業者・販売業者及び衛生検査業者が病院・診療所等へ景品類を提供する場合は，「医療用医薬品業等告示」（第2章で詳述）により制限を受け，これに違反する場合は同告示により規制される。

独占禁止法・不公正な取引方法の「不当な利益による顧客誘引」に該当するとされた事例として，次のものがある。

〈独占禁止法による不当な利益による顧客誘引の規制〉
ホリディ・マジック事件（昭和50・6・13勧告審決・審決集22巻11頁）
　同社は，化粧品の販売組織としてピラミッド型販売組織を作り，上位の販売員の地位を獲得すれば下位の販売員の購入額の割合にしたがって一定の多額の報奨金が得られる等をもって販売員を獲得していたが，この行為は，不当な利益による顧客誘引（昭和57年改正前一般指定6項）に該当するとされた。

大手証券4社事件（平成3・12・2勧告審決・審決集38巻134頁）
　証券会社は顧客に対し，有価証券の売買その他の取引等において，顧客に生じた損失を補てん等することは証券投資における自己責任原則に反し証券取引の公正性を害するものであって，証券業における正常な商慣習に反するものであるところ，野村證券等大手証券4社は，それぞれ，顧客との特定金銭信託の一部の取引において生じた顧客の損失について損失補てん等を行ったことが，不当な利益による顧客誘引（一般指定9項）に該当するとされた。

第3　景品表示法の歴史

　昭和20年代後半ころから，過大な景品付販売が行われるようになり，また，昭和30年代に入り，不当表示事件も多数発生するようになった。
　当初，公正取引委員会は，過大な景品付販売や不当表示に対し，独占禁止法に基づく不公正な取引方法の特殊指定で対処していた。しかし，昭和37年7月，いわゆる「ニセ牛缶事件」が発生し，過大な景品付販売及び不当表示を適切・迅速に処理するためには，独占禁止法の特例法を制定することが必要であるとの結論に達し，景品表示法が制定されることになった。

ニセ牛缶事件
　昭和35年7月，東京都衛生局に，缶詰にハエが入っているとの届出があり，東京都で調査したところ，この問題とは別に，一般に市販されている牛肉の缶詰の大部分に馬肉や鯨肉が混入されていることが判明した。

　景品表示法については，その後，数次の改正が行われた。同法制定以前からの規制の概略を示せば，次のとおりである。

昭和28・7・1	独占禁止法2条7項に基づく「ソース業における特定の不公正な取引方法」（昭和28年公取委告示第15号）
	過大な景品付販売の規制
昭和28・9・1	独占禁止法2条7項に基づく「カレーまたはこしょう業における特定の不公正な取引方法」（昭和28年公取委告示第16号）
	過大な景品付販売の規制
昭和29・1・26	独占禁止法2条7項に基づく「ゴムはき物業における特定の不公正な取引方法」（昭和29年公取委告示第1号）
	過大な景品付販売の規制
昭和29・12・21	独占禁止法2条7項に基づく「百貨店業における特定の不公正な取引方法」（昭和29年公取委告示第7号）
	不当な返品・値引・買い叩き・受領拒否・従業員の派遣要請，

　　　　　　　　　　　　過大な景品付販売等の規制
昭和30・12・29　　独占禁止法2条7項に基づく「新聞業における特定の不公正な取引方法」（昭和30年公取委告示第3号）
　　　　　　　　　　　　過大な景品付販売，押し紙，差別対価等の規制
昭和31・6・15　　　独占禁止法2条7項に基づく「マーガリン業またはショートニング業における特定の不公正な取引方法」（昭和31年公取委告示第1号）
　　　　　　　　　　　　過大な景品付販売の規制
昭和31・9・1　　　独占禁止法2条7項に基づく「マッチ業における特定の不公正な取引方法」（昭和31年公取委告示第2号）
　　　　　　　　　　　　過大な景品付販売の規制
昭和31・12・20　　独占禁止法2条7項に基づく「教科書業における特定の不公正な取引方法」（昭和31年公取委告示第3号）
　　　　　　　　　　　　過大な景品付販売等の規制
昭和35・7　　　　　ニセ牛缶事件の発生
昭和36・2・1　　　独占禁止法2条7項に基づく「畜肉，鯨肉等のかん詰業における特定の不公正な取引方法」（昭和36年公取委告示第1号）
　　　　　　　　　　　　不当表示の規制
昭和36・12・25　　独占禁止法2条7項に基づく「食品かん詰または食品びん詰業における特定の不公正な取引方法」（昭和36年公取委告示第12号）
　　　　　　　　　　　　不当表示の規制
昭和37・5・15　　　景品表示法の制定
　　　　　　　　　　　　商品又は役務の取引に関連する不当な景品類及び表示による顧客の誘引を防止するため独占禁止法の特例法として定める
昭和37・7・30　　　景品表示法3条に基づく「懸賞による景品類の提供に関する事項の制限」（昭和37年公取委告示第5号）

昭和37年当時の懸賞による景品類の制限

		取引価額	景品類の最高額	景品類の総額
単独懸賞		5000円未満	取引価額の20倍	売上予定総額の2％
		5000円以上5万円未満	1万円	
		5万円以上10万円未満	3万円	
		10万円以上	5万円	
共同懸賞		取引価額に関係なし	10万円	売上予定総額の3％

昭和42・5・20　景品表示法3条に基づく「事業者に対する景品類の提供に関する事項の制限」（昭和42年公取委告示第17号）
　　　　　　　　相手方事業者の業務の推進等に役立つような経済上の利益を除いて年間1事業者に対して10万円以内のものに制限

昭和46・7・2　独占禁止法2条7項に基づく「広告においてくじの方法等による経済上の利益の提供を申し出る場合の不公正な取引方法」（昭和46年公取委告示第34号）
　　　　　　　　原則として100万円までの経済上の利益に制限

昭和47・10・1　景品表示法の改正
　　　　　　　　権限の一部（景表法違反事件について調査・是正指示を行い，指示に従わないときは公取委へ措置請求することができる）を都道府県知事に委任

昭和48・3・20　景品表示法4条3号に基づく「無果汁の清涼飲料水等についての表示」（昭和48年公取委告示第4号）

昭和48・10・16　景品表示法4条3号に基づく「商品の原産国に関する不当な表示」（昭和48年公取委告示第34号）

昭和52・3・1　景品表示法3条に基づく「一般消費者に対する景品類の提供に関する事項の制限」（昭和52年公取委告示第5号）

昭和52年当時の総付景品の制限

取引価額	景品類の最高額
1000円未満	100円
1000円以上50万円未満	取引価額の10%
50万円以上	5万円

昭和55・4・12　　景品表示法4条3号に基づく「消費者信用の融資費用に関する不当な表示」（昭和55年公取委告示第13号）

　　同日　　　　　景品表示法4条3号に基づく「不動産のおとり広告に関する表示」（昭和55年公取委告示第14号）

昭和56・6・6　　「懸賞による景品類の提供に関する事項の制限」の改正
　　　　　　　　　　共同懸賞の景品類の最高制限額10万円を20万円に引上げ

昭和57・6・10　　景品表示法4条3号に基づく「おとり広告に関する表示」（昭和57年公取委告示第13号）

平成8・2・16　　「懸賞による景品類の提供に関する事項の制限」の改正
　　　　　　　　　　現行のものへ

現行の懸賞による景品類の制限

	取引価額	景品類の最高額	景品類の総額
単独懸賞	5000円未満	取引価額の20倍	取引予定総額の2%
	5000円以上	10万円	
共同懸賞	取引価額に関係なし	30万円	取引予定総額の3%

　　同日　　　　　「一般消費者に対する景品類の提供に関する事項の制限」の改正
　　　　　　　　　　取引価額50万円以上のものの景品類の上限額を撤廃し，取引価額の10%とする

　　同日　　　　　「広告においてくじの方法等による経済上の利益の提供を申し出る場合の不公正な取引方法」の改正
　　　　　　　　　　提供できる経済上の利益の上限額100万円→1000万円

| 同日 | 「事業者に対する景品類の提供に関する事項の制限」の廃止 |
| 平成15・5・23 | 景品表示法の改正 |

　　　　　　　　　景品表示法4条2項に不実証広告の規制に関する規定を新設

平成16・4・2　　景品表示法4条1項3号に基づく「有料老人ホーム等に関する不当な表示」(平成16年公取委告示第3号)

平成18・4・27　「広告においてくじの方法等による経済上の利益の提供を申し出る場合の不公正な取引方法」の廃止

平成19・3・7　「一般消費者に対する景品類の提供に関する事項の制限」の改正

　　　　　　　　現行のものへ

現行の総付景品の制限

取引価額	景品類の最高額
1000円未満	200円
1000円以上	取引価額の20%

平成20・5・2　　景品表示法の改正

　　　　　　　　適格消費者団体による不当表示に対する差止請求権を認める

平成21・9・1　　景品表示法の改正

　　　　　　　　景品表示法の所管が公正取引委員会から消費者庁へ

平成26・12・1　景品表示法の改正

　　　　　　　　事業者のコンプライアンス体制確立の義務

　　　　　　　　都道府県知事にも措置命令権の付与

　　　　　　　　消費者庁長官の調査権の拡大

平成28・4・1　　景品表示法の改正

　　　　　　　　優良・有利誤認表示に対する課徴金の導入

〔波光　巖〕

第2章
過大な景品付販売の規制

第1 過大な景品付販売規制の概要

　景品付販売の規制をどのような内容とするかについては，事業者のマーケティング活動と一般消費者による商品又は役務の自主的・合理的な選択の阻害との兼ね合いをいかに考えるかという問題である。景品付販売は，商品又は役務の存在について顕示効果があり，これが適正な範囲において行われる場合には，需要を刺激し，販売促進効果が認められるため，新規事業者の市場参入や新製品・役務の販売において有効なマーケティング活動として機能する面がある。一方，景品付販売に制限がない場合には，本来の競争である価格引下げ，品質向上といった企業努力が弱められる傾向があるとともに，一般消費者の射幸心を助長し，その自主的・合理的な選択が阻害されるおそれがある。

　そこで，景品表示法においては，景品付販売を全面的に禁止するのではなく，「景品類」について，「最高額」「総額」「種類・提供の方法」等について，指定，制限又は禁止することができることとして，中位的な態度をとっているといえる（なお，景品規制の内容は，景品表示法制定の昭和37年当時は比較的厳しいものであったといえるが，その後，外国からの要請があったこともあり，第1章・第3「景品表示法の歴史」で述べたように緩和の傾向をたどっている）。そして，景品類提供の制限については，法律で画一的に定めるのではなく，取引の実態等の変化に十分に対応できるようにするため，内閣総理大臣が弾力的に定めることとされている（2条3項・4条）。内閣総理大臣が，2条3項又は4条の規定に基づき指定，変更，廃止しようとするときは，「公聴会を開き，関係事業者及び一般の意見を求めるとともに，消費者委員会の意見を聴かなければならない」（3条1項・6条1項，不当景品類及び不当表示防止法施行規則（平成28・2・5内閣府令第6号，以下「施行規

則」という）2条～6条）。公聴会を開催して意見を徴することについては，消費者庁長官に権限が委任されている（33条1項，不当景品類及び不当表示防止法施行令（平成27・12・16政令第423号，以下「政令」という）14条）。また，前記の指定，変更，廃止は告示によって行うものとされている（3条2項・6条2項）。

　景品表示法に基づき，景品付販売に係る指定等として，次のものが定められている。これには，すべての業種に一般的に共通して適用されるものと，特定業種についてのみ適用されるものとがある。

【景品類の定義の指定】

① 「不当景品類及び不当表示防止法第2条の規定により景品類及び表示を指定する件」（昭和37・6・30公取委告示第3号，最終改正：平成21・8・28公取委告示第13号，以下「定義告示」という）（新景品表示法の経過規定により，旧景品表示法による指定は新法により指定されたものとみなされている）

【一般的な景品類の提供に関する制限又は禁止】

② 「懸賞による景品類の提供に関する事項の制限」（昭和52・3・1公取委告示第3号，最終改正：平成8・2・16公取委告示第1号，以下「懸賞制限告示」という）（新景品表示法の経過規定により，旧景品表示法による告示は新法により告示されたものとみなされている。以下同じ）

③ 「一般消費者に対する景品類の提供に関する事項の制限」（昭和52・3・1公取委告示第5号，最終改正：平成19・3・7公取委告示第9号，以下「総付制限告示」という）

【特定業種の景品類の提供に関する制限又は禁止】

④ 「新聞業における景品類の提供に関する事項の制限」（制定：昭和39・10・9公取委告示第15号，最終改正：平成12・8・15公取委告示第29号，以下「新聞業告示」という）

⑤ 「雑誌業における景品類の提供に関する事項の制限」（制定：昭和52・3・1公取委告示第4号，最終改正：平成8・12・10公取委告示第34号，以下「雑誌業告示」という）

⑥ 「不動産業における一般消費者に対する景品類の提供に関する事項の制限」（制定：昭和58・10・25公取委告示第17号，最終改正：平成9・4・25公取委告示第37号，以下「不動産業告示」という）

⑦ 「医療用医薬品業，医療機器業及び衛生検査所業における景品類の提供に関する事項の制限」（制定：昭和59・9・13公取委告示第25号，最終改正：平成18・11・1公取委告示第36号，以下「医療用医薬品業等告示」という）

第2 景品類の定義

1 規　定

　景品表示法で規制の対象となるものは，「景品類」であるが，「景品類」について，2条3項では，「顧客を誘引するための手段として，その方法が直接的であるか間接的であるかを問わず，くじの方法によるかどうかを問わず，事業者が自己の供給する商品又は役務の取引（不動産に関する取引を含む。以下同じ。）に付随して相手方に提供する物品，金銭その他の経済上の利益であつて，内閣総理大臣が指定するものをいう」と規定されている。法律ではこのように「景品類」について大枠は規定されているが，具体的には，内閣総理大臣が指定することとされている。このように内閣総理大臣の指定制とされている理由は，一般に「景品」といわれるものについては，その実態が複雑かつ多様であり，また，これらは取引の実態によって変化してくるものであるから，これを法律で画一的に定めるのではなく，内閣総理大臣が実態に即して弾力的に指定するのが適当であるとの考えに基づくものである。

　景品表示法2条3項の規定に基づく指定（定義告示）によると，「景品類」について，次のように定義付けられている。

　「景品類とは，顧客を誘引するための手段として，方法のいかんを問わず，事業者が自己の供給する商品又は役務の取引に附随して相手方に提供する物品，金銭その他の経済上の利益であつて，次に掲げるものをいう。ただし，正常な商慣習に照らして値引又はアフターサービスと認められる経済上の利益及び正常な商慣習に照らして当該取引に係る商品又は役務に附属すると認められる経済上の利益は，含まない。

　一　物品及び土地，建物その他の工作物
　二　金銭，金券，預金証書，当せん金附証票及び公社債，株券，商品券その他の有価証券
　三　きよう応（映画，演劇，スポーツ，旅行その他の催物等への招待又は優

待を含む。)
　四　便益，労務その他の役務」

　この指定の解釈については，「景品類等の指定の告示の運用基準について」(昭和52・4・1公取委事務局長通達第7号，最終改正：平成26・12・1消費者庁長官決定，以下「定義告示運用基準」という) が定められている。

2　景品類提供の方法について

　景品類は，「顧客を誘引するための手段として，その方法が直接的であるか間接的であるかを問わず」(2条3項)，取引に付随して相手方に提供される経済上の利益である。このように，景品類は，相手方に対し，直接的に提供される場合のほか，間接的に提供される場合がある。

　小売業者が一般消費者を対象として商品を販売する際に景品付販売を行う場合は，小売業者が一般消費者に対し景品類を直接提供することになる。他方，製造業者が小売業者を通じて一般消費者に商品を販売する際に，製造業者が景品類提供の企画をすべて行うとともにすべての経済的負担を行い，小売業者は景品類提供の企画等には全く関与しないで，ただ商品を一般消費者に販売するだけのような場合には (例えば，製造業者が商品の包装箱に景品類を封入しておく等)，製造業者が一般消費者に対し景品類を間接的に提供することになる。しかし，製造業者が懸賞による景品類提供の企画を行って，実際の抽せんを小売業者の店舗で行うような場合は，当該懸賞企画には小売業者も関与しているので，製造業者及び小売業者が景品類提供を共同して行ったことになり，景品類の最高額等が制限を超える場合には，両者が違反行為者となる。

　次の事件のうち，前者は卸売業者が小売業者を通じて行った景品付販売で卸売業者が違反とされたものであり，後者は製造業者及び卸売業者が共同して一般消費者を対象に景品付販売を行ったものとして両者が違反とされたものである。

〈卸売業者が違反とされた事件〉
札幌上島コーヒー事件 (昭和48・5・16排除命令・排除命令集8巻130頁)
　同社は，直営及び関連会社の喫茶店・飲食店等の店内に応募用紙を置き，一般消

費者を対象に,「ウエシマ・ド・パリ」と称して,抽せんで30名を8日間の旅行（1人当たり約21万円）に招待したが,懸賞に係る最低の取引価額はモーニングコーヒーの80円であるから,景品類の価額の最高額は1600円であり,懸賞制限告示に違反するものであったとして,札幌上島コーヒーが違反とされた。

〈製造業者及び卸売業者が違反とされた事件〉
日本ペプシコーラ及び北海道飲料事件（昭和46・7・29排除命令・排除命令集6巻137頁）
　日本ペプシコーラは,「ペプシコーラ」及び「ミリンダ」の原液を製造販売し,その大部分を北海道飲料等のボトラーに供給し,ボトラーは「ペプシコーラ」及び「ミリンダ」を製造販売している。日本ペプシコーラはボトラーに対し,当該商標の使用を許諾し,商品の製造方法を指示し,製造技術・販売業務等について統一的に指導監督するとともに,共同して宣伝広告をしている。日本ペプシコーラと北海道飲料は,共同して,特定の表示がされた王冠を当てた者に現金・商品を提供することとしていたが,景品類の総額が懸賞制限告示の制限を超えるものであったとして,日本ペプシコーラ及び北海道飲料が違反とされた。

　また,景品類は,「顧客を誘引するための手段として,その方法が……くじの方法によるかどうかを問わず」（2条3項）取引に付随して相手方に提供される経済上の利益である。景品表示法では,事業者が取引に付随して,事業者又は一般消費者に抽せん等の懸賞の方法で景品類を提供する場合について「懸賞制限告示」を,また,事業者が取引に付随して,一般消費者を対象に懸賞の方法によらないですべてに景品類を提供する場合について「総付制限告示」を定めている。

3　「顧客を誘引するための手段として」

　この「顧客」とは,商品又は役務の取引の相手方となる可能性のある者を指し,それまで取引関係のない者を新たに取引するよう誘引する場合だけでなく,すでに取引関係のある者に対し,取引の継続や増大を誘引する場合を含む。また,その者が,特定の事業者と反復的・継続的に取引するか1回限りの取引をするにすぎないかを問わない（定義告示運用基準1(2)）。

　「顧客を誘引するため」とは,経済上の利益を提供した結果,実際に当該商

品又は役務が購入されたかどうかに関係なく，客観的に誘引行為と認められるものであれば，この要件に該当する。

　「顧客を誘引するための手段」であるかどうかは，客観的に顧客誘引のための手段になっているかどうかによって判断され，経済上の利益を提供する者の主観的意図とかその企画の名目とかがどのようなものであるかを問わない。したがって，例えば，親ぼく，儀礼，謝恩等のため，あるいは自己の供給する商品の容器の回収促進のため，又は自己の供給する商品に関する市場調査アンケート用紙の回収促進のための金品の提供であっても，「顧客を誘引するための手段として」の提供と認められることがある。例えば，空き缶などの容器回収の促進のため，容器持参者に抽せんにより経済上の利益を提供することは，主観的な意図は別にして，その経済上の利益の額などから判断して，その容器の商品について，客観的に顧客誘引手段と認められる場合がある。

　自社の商品又は役務に関する市場調査のためのアンケートの回収の促進を目的として，調査の協力者に謝礼として金品を提供する場合であっても，当該商品又は役務の購入者を対象とするときは，顧客誘引手段と認められることがあると考えられる。例えば，①その事業者の商品又は役務を購入しなければそのアンケートにうまく答えられない，②販売業者が自己の店舗への入店者のみにアンケート用紙を配布する等の場合は，提供する経済上の利益の程度と相まって，顧客誘引効果があるものと判断される場合がある。

　しかし，自己の商品又は役務の一定期間の使用状況を報告するモニターに対する謝礼は，その報告に要する労力に対する報酬として相応のものである限り「景品類」には該当しない。ただし，報酬がその労力に相応しない過大なものである場合は，景品類に該当するおそれがある（定義告示運用基準1(1)）。

4　「事業者」

　規制対象となる「事業者」については，景品表示法2条1項で規定されており，また，「事業者団体」については，「協定又は規約」を締結又は設定することがある（31条）ため，2条2項で規定されている。

　「事業者」は，商業，工業，金融業その他の事業を行う者をいう。営利を目的としない協同組合，共済組合等であっても，商品又は役務を供給する事業を

行う場合は，事業者に該当する（定義告示運用基準2(1)）。

協同組合が違反とされた事例として，次のようなものがある。

〈協同組合が違反とされた事件〉
千歳市開拓農業協同組合事件（昭和45・9・7排除命令・排除命令集5巻167頁）
　同協同組合は，「年末年始謝恩福引大売出し」と称して，買上げ1500円ごとに抽せん券を交付し，くじの方法で特賞カラーテレビ（11万9200円相当）等を提供したが，特賞などの景品類の価額は，懸賞制限告示で定める最高制限額を超えるものであった。

〈協同組合連合会が違反とされた事件〉
全国酪農業協同組合連合会事件（平成8・5・28排除命令・排除命令集21巻8頁）
　同協同組合連合会は，種類別名称を「牛乳」と表示した商品を製造販売し，このうちほとんどのものには「成分無調整」と表示していたが，実際には，これらの商品は，一部を除き，生乳にクリーム，脱脂粉乳，水等を混入したものであった（優良誤認表示）。

　学校法人，宗教法人等であっても，収益事業（私立学校法26条等に定める事業をいう）を行う場合は，その収益事業については，事業者に該当する（定義告示運用基準2(2)）。また，学校法人，宗教法人等が一般の事業者の私的な経済活動に類似する事業を行う場合は，その事業については，一般の事業者に準じて取り扱われる（同2(3)）。

　学校法人が違反とされた事件として，次のものがある。

学校法人文化学園事件（昭和49・5・24排除命令・排除命令集9巻93頁）
　文化学園は，雑誌及び書籍の販売に関し，取引先書店のうち所定の販売目標に達した者に対し，その従業員1名を香港・マカオ旅行に招待したが，その景品類の額が「事業者景品告示」に違反するものであった。
　　（注）「事業者景品告示」は，平成8年に廃止された。

　国や地方公共団体その他の公的機関等が一般の事業者の私的な経済活動に類似する事業（例えば，市主催の展覧会や観光祭り等）を行う場合は，その事業については事業者として取り扱われる（定義告示運用基準2(3)）。

地方公共団体の行う博覧会，展覧会において懸賞を行う場合については，「地方公共団体等の行う博覧会又は展覧会における懸賞について（通知）」（昭和48・7・14公取委事務局長通知第325号，最終改正：平成8・2・16公取指第11号）が出されている。同通知においては，「地方公共団体その他の公的機関の主催する博覧会又は展覧会（新聞社がその文化事業として参加するものを含む）は，それ自体は公共的性格の強い事業であるが，入場料を徴収し，その入場者に対し景品類を提供する場合は，一般の事業者の私的な経済活動に類似するものとみなされる」とされている。したがって，地方公共団体等の博覧会等の主催者が入場者を対象として懸賞により景品類を提供する場合は，懸賞制限告示における「共同懸賞」の場合の制限に従わなければならない。

事業者団体が共同経済事業等を1個の事業体として行う場合は，当該事業者団体は事業者とみなされる（2条2項ただし書）。

なお，事業者団体が構成事業者の供給する商品又は役務の取引に付随して過大な景品類の提供を企画し，これを実施させた場合は，その景品類提供を行った構成事業者に対して景品表示法が適用される（定義告示運用基準2(4)）（定義告示運用基準の改正前の平成26年12月までは，当該事業者団体に対して独占禁止法8条5号（事業者に不公正な取引方法に該当する行為をさせるようにすることの禁止）が適用される旨が規定されていた。公正取引委員会が独占禁止法8条5号を適用するかどうかは，別途，公正取引委員会の判断により行われることになる）。

5　「自己の供給する商品又は役務の取引」

事業者が「自己の供給する商品又は役務の取引」に付随して相手方に経済上の利益を提供する場合，例えば，製造業者→卸売業者→小売業者→一般消費者というルートで製造業者が商品を販売する場合は，製造業者→卸売業者の取引のみならず，卸売業者→小売業者，小売業者→一般消費者の取引も，製造業者にとって「自己の供給する商品の取引」となる（定義告示運用基準3(1)）。したがって，製造業者が商品の容器・包装に番号を付し，それを卸売業者・小売業者を通じて一般消費者に販売し，一般消費者に抽せんで景品類を提供する場合には，懸賞制限告示の範囲内でなければ，製造業者が景品表示法違反となる。フランチャイズの本部が加盟店の供給する商品又は役務について景品付販

売を企画するとともに経済的負担をし，実施する等の場合も同様である。

しかしながら，自己の供給する原材料等の商品（甲）が一般消費者に販売されるまでに別の異なる商品（乙）に変質してしまう場合には，その変質した乙の取引は自己の供給する商品甲の取引には該当しない。ただし，乙の原材料として甲が用いられていることが乙の需要者に明らかである場合（例えば，コーラ飲料の原液（甲）の供給業者がその原液を使用したびん詰めコーラ飲料（乙）について景品類の提供を行う場合）は，乙の取引は甲の供給業者にとっても「自己の供給する商品の取引」となる（定義告示運用基準3(5)）。

前記2の「札幌上島コーヒー事件」は，コーヒー豆の卸売業者がその取引先の喫茶店・飲食店等に懸賞により景品類を提供させた行為が「自己の供給する商品の取引」に付随して景品類を提供したものとされ（コーヒー豆（甲）はコーヒー（乙）に変質しているが，コーヒーの原材料として札幌上島コーヒーのコーヒー豆が用いられていることが喫茶店・飲食店等のコーヒーの需要者に明らかであるとして，コーヒーの取引は自己の供給する商品の取引とされた），また，「日本ペプシコーラ及び北海道飲料事件」は，自己の供給する原液を使用して製品を製造販売する事業者と共同して懸賞により景品類を提供した行為が「自己の供給する商品の取引」に付随して景品類を提供したものとされている（原液（甲）はコーラ等（乙）に変質しているが，上記事件と同様に，コーラ等の取引は自己の供給する商品の取引とされた）。

「取引」には，販売だけでなく，賃貸，交換，委託のほか，銀行と預金者との関係，クレジット会社とカードを利用する一般消費者との関係等も含まれる（定義告示運用基準3(2)(3)）。ただし，中古車や古本の買入れ，乳業会社の原料乳の購入等は，「供給する……取引」ではなく，供給を受ける取引であるから，「取引」には含まれない（定義告示運用基準3(4)）。購入における不当な顧客誘引行為は，独占禁止法上の「不当な利益による顧客誘引」として問題となる場合がある。

6 「取引に付随」

(1) 「取引に付随」する場合

景品表示法で規制の対象とするものは，顧客を誘引するための手段として提供される経済上の利益であるから，①取引を条件とする場合のみならず，②取

引に結びつきやすい場合も対象とされている。この双方を含む意味において「取引に付随して」と規定されている。

「取引に付随」に該当するものは，次のとおりである。

ア　取引を条件として経済上の利益を提供する場合（定義告示運用基準4(1)）

商品又は役務を購入し，また，購入の予約をした者に，懸賞により，又は総付で経済上の利益を提供する場合である。

イ　取引を条件としないが，次のように，経済上の利益の提供が取引に結びつきやすい形で行われる場合（取引に結びつきやすい形でない方法が併用される場合を含む）（定義告示運用基準4(2)）

(i)　商品の容器包装に経済上の利益を提供する企画の内容を告知している場合（定義告示運用基準4(2)ア）

例えば，商品の容器包装にクイズを出題する等応募内容を記載する。この場合は，商品の購入を条件とはしていないが，クイズを知るために購入に結びつきやすい。

(ii)　商品又は役務を購入することにより，経済上の利益の提供を受けることが可能又は容易になる場合（定義告示運用基準4(2)イ）

例えば，商品を購入しなければ回答やそのヒントが分からない場合や，商品のラベルの模様を摸写させる等のクイズを新聞広告に出題し，回答者に対して経済上の利益の提供をする場合。この場合も，商品の購入を条件とはしていないが，回答するためあるいは回答のヒントを得るために購入に結びつきやすい。

(iii)　小売業者又はサービス業者が自己の店舗への入店者に対し経済上の利益を提供する場合（定義告示運用基準4(2)ウ）

小売業者又はサービス業者の店舗への入店者には，単なるウインドー・ショッピングの者もあるが，経済上の利益を提供することは，入店者に購買行動を引き起こさせるとの客観的な判断に基づき，このような方法は取引に結びつきやすいものとして規定されているものである。

製造業者等の他の事業者が行う経済上の利益の提供の企画であっても，小売業者又はサービス業者が当該他の事業者に対して協賛・後援等の協力関係にあって共同して入店者に経済上の利益を提供していると認められる場合（この場合の行為者は，製造業者及び小売業者又はサービス業者である）や，小売業者又はサー

ビス業者が製造業者等他の事業者をして自己の店舗への入店者に経済上の利益を提供させている場合（この場合の行為者は，小売業者又はサービス業者及び製造業者である）もこれに当たる。後者の場合は，小売業者又はサービス業者が経済上の利益の提供を企画し，これを製造業者等に実施させる場合である。

「入店者に対し提供する」は，小売業者又はサービス業者が入店者に対し，その場で経済上の利益を提供する場合はもちろん，応募用紙や応募箱を自己の店舗に置く場合や店内に入らないと問題が分からないような方法でクイズを出題したりする場合等を含む。

(iv) 自己と次のような特定の関連がある小売業者又はサービス業者の店舗への入店者に対し経済上の利益を提供する場合（定義告示運用基準4⑵エ）
① 自己が資本の過半を拠出している小売業者又はサービス業者
② 自己とフランチャイズ契約を締結している加盟店
③ その小売業者又はサービス業者の店舗への入店者の大部分が自己の供給する商品又は役務の取引の相手方であると認められる場合（例えば，石油元売業者と系列のガソリンスタンド）。

上記(iii)と異なる点は，(iii)の場合は小売業者又はサービス業者が主体的に経済上の利益を提供するのに対し，(iv)の場合は資本を拠出したりフランチャイズチェーンの本部等が主体的に経済上の利益を提供する点である。

(v) 取引の勧誘に際して，相手方に，金品・招待券等を提供するような場合は，原則として，「取引に付随」するものとして取り扱われる（定義告示運用基準4⑶）。

例えば，新聞購読の勧誘員が，遊園地・展覧会の入場券等の拡材を各戸に配布することは，その新聞の購読を開始しない家庭があっても「取引に付随」する提供に該当する。また，街頭で配布されたり，雑誌新聞等に印刷された割引券・クーポン券等も取引の勧誘を目的とされるため，「取引に付随」する経済上の利益となる。

ただし，後述するとおり，「見本その他の宣伝用の物品又はサービス」や「自己の供給する商品又は役務の取引において用いられる割引券」等であって，正常な商慣習に照らして適当と認められるものは，景品類に該当する場合であっても，提供が許される。

(2) 「取引に付随」しない場合

「景品類」は，対価の支払を必要としないで提供される経済上の利益であるから，正常な商慣習に照らして取引の本来の内容をなすと認められる経済上の利益の提供は，「取引に付随」する提供には当たらない。例えば，宝くじの賞金やパチンコの景品等は，賞金とか「景品」と呼ばれていても，宝くじやパチンコの取引の内容をなすものであるから，「取引に付随」して提供されるものではない。喫茶店のコーヒーに添えられる砂糖，クリームなども取引の内容をなすものである。

また，ある取引において2つ以上の商品又は役務が提供される場合であっても，次のようなものは，原則として「取引に付随」するものに当たらない。ただし，注意しなければならないのは，①他の一方を懸賞により提供する場合（例えば，「××を買えば○○が当たる」）や，②取引の相手方に景品類であると認識されるような仕方で提供する場合（例えば，「○○プレゼント」，「××を買えば○○が付いてくる」，「○○無料」）は，「取引に付随」に当たる（定義告示運用基準4(5)ただし書）。

ア　商品又は役務を2つ以上組み合わせて販売していることが明らかな場合，つまり，セット販売の場合（例えば，「ハンバーガーとドリンクをセットで○○円」，「クラブ・バッグ等のゴルフ用品一式で○○円」，美容院の「カット（シャンプー・ブロー付き）○○円」，しょう油とサラダ油の詰め合わせ）（定義告示運用基準4(5)ア）。これらは一体として販売されているものであるから，購入者に，一方が取引本来の内容であり，他の一方が景品であると認識されることはない。

イ　商品又は役務を2つ以上組み合わせて販売することが商慣習となっている場合（例えば，乗用車とスペアタイヤ）（定義告示運用基準4(5)イ）。このような場合は，購入者は，一方を景品として提供されると認識しない。

ウ　商品又は役務が2つ以上組み合わされたことにより，独自の機能・効用を持つ1つの商品又は役務になっている場合（例えば，玩菓，パック旅行）（定義告示運用基準4(5)ウ）。このような場合も，購入者は，一方を無料で提供されたとは認識しない。

エ　新聞やテレビ等で，商品又は役務あるいは企業の注目度を高めるために広告を行い，その中で一定の回答を募集し，官製はがきで応募させ（ただし，

応募用紙を取引に付随する形で特定のものに限ったり，店舗に置いたりする場合は，官製はがきとの併用でも「取引に付随」となる），懸賞により経済上の利益を提供すること（一般に「オープン懸賞」といわれる）は，広告方法の一種と考えられ，商品又は役務の購入に直接結びつくものではないと考えられるので，特に規制は行われていない（従前は，「広告においてくじの方法等による経済上の利益の提供を申し出る場合の不公正な取引方法」（昭和46年公取委告示第34号）として，総額1000万円を超える額の経済上の利益を提供してはならないこととされていたが，この指定は，平成18年4月27日をもって廃止された）。この場合に，応募者の中に，たまたま当該事業者の供給する商品又は役務の購入者が含まれることがあっても，その者に対する提供は，「取引に付随」する提供には当たらない（定義告示運用基準4(6)）。

オ 自己の販売する商品又は役務を購入する人を紹介してくれた人に対して相応の謝礼を提供することは，たまたま紹介者がその商品又は役務を購入したとしても，「取引に付随」する提供とはならない。しかし，紹介者をその商品又は役務の購入者に限定する場合には「取引に付随」する提供となる（定義告示運用基準4(7)）。

Q 無料のメールマガジンの購読は取引に付随しないか
　当社では，雑貨を販売しており，その商品情報等を掲載した無料のメールマガジンを発行している。このメールマガジンの購読をインターネット上のホームページ又は携帯電話で申し込んでくれた人に対し，抽せんで賞品を提供したいと考えているが，この企画は景品規制の対象となるか（消費者庁HP「景品類に関するQ&A 53」）。

A 当該メールマガジンの購読について，商品又は役務を購入しなくても，あるいは，店舗に来店しなくても申し込むことが可能であり，また，無料であることから，取引に付随するものではないと認められ当該企画は景品規制の対象とならない，いわゆるオープン懸賞として実施することが可能である。無料のメールマガジンの購読は，入店としての取扱いを受けない。
　（注）Q&Aは原則的にホームページの文言どおりであるが，分かりやすくするため表現を変えている部分がある。以下同じ。

(3) インターネット上で行われる懸賞

近年インターネットのホームページ上の商取引サイトを利用した電子商取引が増大しているが，インターネットのホームページ上で行われる一般消費者を対象とする懸賞企画については，「取引に付随」する懸賞であるかどうかが問題となるが，この点については，次のように取り扱われる（「インターネット上で行われる懸賞企画の取扱いについて」（平成13・4・26公取委））。

ア インターネット上のオープン懸賞

インターネット上のホームページは，誰に対しても開かれているというその特徴から，いわゆるオープン懸賞の告知及び当該懸賞への応募の受付の手段として広く利用されている。しかし，消費者はホームページ内のサイト間を自由に移動することができることから，懸賞サイトが商取引サイト上にあったり，商取引サイトを見なければ懸賞サイトを見ることができないようなホームページの構造であったとしても，懸賞に応募しようとする者が商品や役務を購入することに直ちにつながるものではない。

したがって，ホームページ上で実施される懸賞企画は，当該ホームページの構造が上記のようなものであったとしても，取引に付随する経済上の利益の提供に該当せず，景品表示法に基づく規制の対象とはならない。

ただし，商取引サイトにおいて，商品や役務を購入しなければ懸賞企画に応募できない場合や，商品又は役務を購入することによりホームページ上の懸賞企画に応募することが可能又は容易になる場合（商品又は役務を購入しなければ懸賞に応募するためのクイズの正解やそのヒントが分からない場合等）には，取引付随性が認められることから，景品表示法に基づく規制の対象となる。

また，インターネット上のホームページで応募を受け付けるとともに，自社の店舗内に応募箱を置いたり，自社の店舗内に専用応募用紙を置くような場合は，取引付随性があり，景品表示法に基づく規制の対象となる。

イ インターネットサービスプロバイダー等によるオープン懸賞

インターネットサービスプロバイダー，電話会社等一般消費者がインターネットに接続するために必要な接続サービスを提供する事業者がインターネット上で行う懸賞企画は，インターネット上のホームページには当該ホームページを開設しているプロバイダー等と契約している者以外の者でもアクセスするこ

とができるという特徴があることから，懸賞企画へ応募できる者を自己が提供する接続サービスの利用者に限定しない限り取引付随性が認められず，景品表示法に基づく規制の対象とはならない。

しかし，懸賞企画が応募できる者を自己が提供する接続サービスの利用者に限定する場合は，取引付随性が認められ，景品表示法に基づく規制の対象となる。

7 「物品，金銭その他の経済上の利益」

これに該当するものは，前記 **1** の景品類の定義として規定されているとおりである。これらの「経済上の利益」について，提供を受ける者からみて，通常，経済的対価を支払わなければ取得できないと認められるものは，これに該当する。

したがって，例えば，ホテルがお客に無料で宿泊させたり，家電販売店が製造業者から寄贈された商品を提供する等の場合は，提供する事業者の側では特段の出費を要しないものであったとしても，提供を受ける側の者がそれらのサービスや物品を手に入れるには，通常，対価を支払う必要があるので，これらは，「経済上の利益」に該当する。それが市販されていない物品等であっても同様である。

ただし，経済的対価を支払って取得すると認められないもの（例えば，表彰状，表彰盾，表彰バッジ，トロフィー等のように相手方の名誉を表すもの）は，「経済上の利益」には含まれない（定義告示運用基準5(1)）。

上衣を買い上げた者にズボンを3割引で販売するとか，土地購入者のうち抽せんで住宅を半額で建築するというように，商品又は役務を通常の価格よりも安く購入できる利益も「経済上の利益」に含まれる（定義告示運用基準5(2)）。しかし，これらの経済上の利益のうちには，「値引」と考えられるものもあり，後述するとおり，それが景品類となるかどうかは，「正常な商慣習に照らして」判断される。また，総付制限告示においては，「割引券等」については，「景品類に該当する場合であっても」規制の対象とならないこととされている。

取引の相手方に提供する経済上の利益であっても，仕事の報酬等と認められる金品の提供は，景品類の提供には当たらない（例えば，企業がその購入者の中から応募したモニターに対して支払うその仕事に相応する報酬）（定義告示運用基準5(3)）。

8 景品類と認められない経済上の利益

(1) 概　説

　正常な商慣習に照らして,「値引」「アフターサービス」又は「商品又は役務の付属物」と認められる経済上の利益は,前記1〜7で述べた景品類の各要件に形式的には該当しても,景品類にはならない。これらの経済上の利益は,商品又は役務の価格や品質あるいは機能の発揮や性能の向上等に極めて密接な関わり合いがあり,その性質上取引本来の内容をなすべきものであると考えられるからである。これらの経済上の利益は,一般消費者による自主的かつ合理的な選択を阻害するおそれはないので,景品表示法の目的に照らして,景品類として規制の対象とすることは適当でない。

　しかしながら,値引,アフターサービス又は付属物であっても,その内容,提供の方法,取引の実態,当該業界における取引慣行等からみて規制されるべき景品類と実質的に異ならないものが存在すると考えられる。そこで,これらの経済上の利益のうちどのようなものが規制されるべき景品類の範ちゅうに含まれるかについて,「正常な商慣習に照らして」判断することとされている。正常な商慣習に照らして判断するとは,当該業界に現に一般化し,常態化している商慣習をそのまま容認するというのではなく,その顧客誘引効果ならびに,当該商品又は役務の特徴,その経済上の利益の内容,提供の方法等の慣行が「正常」であるかどうかについて再検討した上で判断するということである。なお,公正競争規約が設定されている業界については,当該公正競争規約の定めるところを参酌して判断することとされる。公正競争規約は,当該業界において「正常な商慣習」であると考えられる内容が成文化されて内閣総理大臣及び公正取引委員会が認定したものであるからである(31条参照)。

(2) 値　引

　「正常な商慣習に照らして値引と認められる経済上の利益」は,景品類にはならない。これに当たるか否かについては,当該取引の内容,その経済上の利益の内容及び提供の方法等を勘案して,一般消費者による自主的かつ合理的な選択を阻害するおそれがないかの観点から判断する(定義告示運用基準6(1))。「値引と認められる経済上の利益」に関して公正競争規約が設定されている業種については,当該公正競争規約の定めるところを参酌する(定義告示運用基準6(2))。

次のような場合は，原則として，「正常な商慣習に照らして値引と認められる経済上の利益」に当たる。

　ア　取引通念上妥当と認められる基準に従い，取引の相手方に対し，支払うべき対価を減額すること（他の商品についての対価の減額ならびに，自己の取引に用いられる割引券を交付し，次回にそれを使用させる方法で行われる場合，1回の取引で減額する場合のみならず，複数回の取引を条件として対価を減額する場合を含む）（定義告示運用基準6(3)ア）。

　例えば，「×個買う方には，○○円引き」，「背広を買う方には，その場でコート○○％引き」，「2足目は半額」，「×××円お買上げごとに，次回の買物で○○円の割引」，「×回ご利用いただいたら，次回○○円割引」。

　イ　取引通念上妥当と認められる基準に従い，取引の相手方に対し，支払った代金について割戻しをすること（1回の取引で割り戻す場合のみならず，複数回の取引を条件として割り戻す場合を含む）（定義告示運用基準6(3)イ）。

　例えば，「レシート合計金額の○％割戻し」，「商品シール×枚ためて送付すれば，○○円キャッシュバック」。

　ウ　取引通念上妥当と認められる基準に従い，ある商品又は役務の購入者に対し，同じ対価で，それと同一の商品又は役務を付加して提供すること。これには，次のような場合も含まれる（定義告示運用基準6(3)ウ）。

「同じ対価で」

　「同じ対価で，それと同一の商品又は役務を付加して提供すること」であるから，例えば，1000円で5個のところを1000円で6個提供するような場合であり，1000円で5個のところを1000円で5個提供するほか1個を100円で提供するような場合は含まない。1個100円で受けられる利益は景品類に該当する。

(ア)　実質的に同一の商品又は役務を付加して提供する場合

　各取引において，購入者に対しそれと同一のものを付加して提供すること（現品添付）は，「増量値引」であるとして取り扱われるものである。この場合，付加するものが「同一のもの」である場合に限らず，「実質的に同一のもの」を含むものである。

例えば、「ＣＤ３枚買ったらもう１枚進呈」、「背広１着買ったらスペアズボン無料」。

ただし、この場合でも、「ハンバーガーを買ったらフライドポテト無料」等とする場合は、実質的に同一の商品又は役務の付加ではないから、フライドポテトは景品類に当たる。

「実質的に同一」

実質的に同一であるかどうかについては、一般消費者の立場からみて増量値引と認識されるかどうかという観点から、取引の実態に応じて判断される。

(イ) 複数回の取引を条件として付加して提供する場合

各取引において付加するのではなく、複数回の取引を条件として付加する場合である。

例えば、「コーヒー５回飲んだらコーヒー１杯の無料券をサービス」、「クリーニングスタンプ○○個でワイシャツ１枚分をサービス」、「当社便××マイル搭乗の方に○○行航空券進呈」。

ただし、この場合でも、「コーヒー○回飲んだらジュース１杯の無料券をサービス」、「ハンバーガーを買ったらフライドポテト無料」等とする場合は、実質的に同一の商品又は役務の付加ではないから、ジュースやフライドポテトは景品類に当たる。

エ　前記ア～ウの場合であっても、次のような場合は、「値引と認められる経済上の利益」に当たらない（定義告示運用基準6(4)）。

①　対価の減額又は割戻しであっても、(i)懸賞による場合、(ii)減額し又は割り戻した金銭の使途を制限する場合（例えば、旅行費用に充当させる場合）又は同一の企画において景品類の提供と併せて行う場合（例えば、取引の相手方に金銭又は招待旅行のいずれかを選択させる場合）。

②　ある商品又は役務の購入者に対し、同じ対価で、それと同一の商品又は役務を付加して提供する場合であっても、(i)懸賞による場合、(ii)同一の企画において景品類の提供と併せて行う場合（例えば、Ａ商品の購入者に対し、Ａ商品又はＢ商品のいずれかを選択させてこれを付加して提供する場合）。

〈対価の割戻しを懸賞で行った事件〉
関西服装事件（昭和50・10・21排除命令・排除命令集10巻144頁）
　同社は，紳士服及び紳士用品の製造販売業者であるところ，一般消費者を対象に，「店内全品・仮決算在庫一掃」と称して，昭和50年4月～同年5月の間，各店舗において，紳士服又は紳士用品（1品の販売価格は，最低のものはネクタイの750円，最高のものはイージーオーダー紳士服の8万円）を購入した者に購入1品ごとにスピードくじ1本を引かせ，購入価額の9割，6割，2割又は1割のいずれかに相当する金額を当該購入価額から減額するという方法により景品類を提供することを企画・実施した。
　対価の減額であっても，抽せんにより当せんした者のみが対象であるところから，この方法は，値引には該当しない。
　この懸賞に係る取引価額は，最高が8万円であるからその9割引は7万2000円，6割引は4万8000円であるところ，懸賞により提供することができる景品類の価額の最高額は取引価額が5万円以上10万円未満である場合は3万円（当時）であり，割引額の9割及び6割に相当する金額を減額することは制限額を超えるものであった。また，この懸賞により提供した景品類の価額の総額も制限を超えるものであった。

　オ　値引に該当するものは，以上のとおりであるが，「値引」については，それが，不当表示又は不当廉売になる場合がありうるので注意を要する（「ある商品の購入者に対し同一の商品を付加して提供する場合の不当表示又は不当廉売について（通知）」昭和63・10・1公取委取引部長）。

(ｱ)　**不当表示の問題**
　ある商品の購入者に対し，それと同一の商品を付加して提供する際に，次のような表示をした場合は，不当表示に該当する（いずれも景品表示法4条1項2号（現5条2号）で規定する有利誤認表示となる）。
　①　ある商品を複数まとめて販売する場合において，販売する数量を従来より減らしたにもかかわらず，従来の販売価格を付し，減らした部分を無料で提供する旨の表示をすること。
　例えば，通常の販売価格4個1000円のA商品を，3個と1個に分け，「A商品3個1000円でお買い上げの方にA商品もう1個プレゼント」と表示した場合は，プレゼントされたA商品は実際には無料ではないので不当表示となる。

②　販売する商品の価格を通常の販売価格よりも高く設定して、「同一の商品」を無料で提供する旨の表示をすること。

　例えば、通常の販売価格1000円のA商品を、「1500円のA商品1個お買上げの方にA商品をもう1個プレゼント」と表示した場合は、プレゼントされたA商品は実際には無料ではないので不当表示となる。

　③　販売する商品の品質を低下させたり、販売する商品の量、大きさを減らしたにもかかわらず、以前と同じ価格を設定して、「同一の商品」を無料で提供する旨の表示をすること。

　例えば、通常1キログラム入り1000円で販売しているA商品の容量を500グラムに減らし、「1000円のA商品（500グラム）1個お買上げの方にA商品もう1個プレゼント」と表示した場合は、プレゼントされたA商品は実際には無料ではないので不当表示となる。

　(イ)　不当廉売の問題

　ある商品の購入者に対し、同じ対価で、それと同一の商品を付加して提供する場合で、結果として、正当な理由がないのにその供給に要する費用を著しく下回る対価で継続して供給し、他の事業者の事業活動を困難にさせるおそれがあるときは、独占禁止法2条9項3号に該当する不当廉売となり、一定の要件を満たせば課徴金の対象となる。また、上記の場合で、対価がその供給に要する費用を著しく下回らない場合でも、総原価を下回る場合であって、他の事業者の事業活動を困難にさせるおそれがあるときは、同法・不公正な取引方法（一般指定6項）に規定する不当廉売となる（課徴金対象となり得るのは平成21年独占禁止法改正後であるが、右改正を踏まえて筆者が本通知文に加筆した）。

〈景品類の提供表示が不当表示とされた事件〉

サイサンミサワホーム事件（平成5・6・18排除命令・排除命令集19巻58頁）

　同社は、埼玉県大宮市内の住宅展示場において、平成5年4月〜同年6月を期間とし、①同社と住宅の建築請負契約を締結した者に対し、抽せんにより、「300万円〜100万円相当」と称する家具セットを15名に、食器洗い器・電動シャッター及びペアガラスの3点セット（24万円相当）を全員に、②同社に建築に係る下見を依頼した土地所有者に対し、抽せんにより、100万円相当と称する家具セットを3名に、それぞれ提供することを企画し、同企画について新聞折込みビラにより一般消費者に配布し実施した。

しかし，同ビラによって「300万円～100万円相当」と表示された家具セットは，同社が実際に購入したときの価額は184万円～62万円であって，しかも，これらは住宅展示場において約3年間使用されたものであるから，当該家具セットの価額は「300万円～100万円相当」とは認められない（有利誤認表示）とされた。
　また，懸賞に係る取引価額は，1棟当たりの建築請負金額の1500万円であると認められるところ，懸賞により提供することができる景品類の価額の最高額は5万円（当時）であるから，前記家具セットが住宅展示場において使用されていたことを考慮しても，いずれもこの制限を超えるとされた。

(3) アフターサービス

　「正常な商慣習に照らしてアフターサービスと認められる経済上の利益」は，景品類には当たらない。これに当たるか否かについては，当該商品又は役務の特徴，そのサービスの内容，必要性，当該取引の約定の内容等を勘案して，一般消費者による自主的かつ合理的な選択を阻害するおそれがないかの観点から判断する（定義告示運用基準7(1)）。「正常な商慣習」の解釈は，「値引」の場合と同様である。また，「アフターサービスと認められる経済上の利益」に関して公正競争規約が設定されている業種については，当該公正競争規約の定めるところを参酌する（定義告示運用基準7(2)）。
　アフターサービスは，当該商品又は役務の一般消費者との取引において，瑕疵のないものを提供するとともに，それらを本来の目的に沿って使用することができるようにするために行われるものであって，取引本来の内容をなすものであり，一般消費者はそのアフターサービスの内容をも勘案して商品又は役務を選択し取引を行う。
　例えば，建物建築後やガス風呂の備付け後の一定期間の無料点検・修理，家電製品の一定期間の無料修理，パソコン等の取扱いの無料サポート等であり，取引が完了した後に行われるものであるから，一見景品類との区別が紛らわしいが，取引本来の内容をなすものと考えるべきであって，本体である商品又は役務に付加して提供される別個の経済上の利益ではないので，景品類には当たらない。アフターサービスが一定期間について行われ，一定期間経過後は有料とされる場合であっても，上記の考え方は変わらない。

(4) 付属物

「正常な商慣習に照らして当該取引に係る商品又は役務に附属すると認められる経済上の利益」は，景品類には当たらない。これに当たるか否かについては，当該商品又は役務の特徴，その経済上の利益の内容等を勘案して，一般消費者による自主的かつ合理的な選択を阻害するおそれがないかの観点から判断する（定義告示運用基準8(1)）。「正常な商慣習」の解釈は，「値引」の場合と同様である。また，「当該取引に係る商品又は役務に附属すると認められる経済上の利益」に関して公正競争規約が設定されている業種については，当該公正競争規約の定めるところを参酌する（定義告示運用基準8(2)）。

商品又は役務を使用又は利用するため，もしくは商品の機能や役務の有用性を高めるための付属物（物品やサービス）は，取引本来の内容をなすものであり，本体である商品又は役務に付加して提供される別個の経済上の利益ではない。

例えば，メガネのケースやレンズ拭き，ポータブルラジオの電池，喫茶店のコーヒーへの砂糖・クリーム，家具・大型家電製品等の重量物の配送サービス，百貨店・スーパー等の駐車場利用等がこれに当たる。

商品の内容物の保護又は品質の保全に必要な限度内の容器包装も付属物であり，景品類には当たらない（定義告示運用基準8(3)）。

第3 景品類の価額

景品類は，事業者が顧客を誘引するための手段として，自己の供給する商品又は役務の取引に付随して相手方に提供する経済上の利益であるから，相手方は，取引対象である商品又は役務とは別に景品類を無料で提供を受けることになり，相手方はその景品類を通常では対価を支払って得るにもかかわらずこれを無料で提供を受けるところに誘引効果がある。したがって，仮に，景品類を提供する者が，自社の既存の施設を利用できるサービスを提供したり，自社の製品を提供する場合のように，景品類提供に特別の負担を伴わないような場合であっても，景品類の価額は，景品類の提供を受ける者がそれを通常購入するときの価格であるとされている。

この点について，「景品類の価額の算定基準について」（昭和53・11・30公取委事務局長通達第9号）が定められており，次のとおりである。

(1) 景品類の価額の算定は，次による。
　ア　景品類と同じものが市販されている場合は，景品類の提供を受ける者が，それを通常購入するときの価格による。
　イ　景品類と同じものが市販されていない場合は，景品類を提供する者がそれを入手した価格，類似品の市価等を勘案して，景品類の提供を受ける者が，それを通常購入することとしたときの価格を算定し，その価格による。
(2) 海外旅行への招待又は優待を景品類として提供する場合の価額の算定も原則的に(1)によるが，具体的には次による。
　ア　その旅行が，あらかじめ旅行地，日数，宿泊施設，観光サービス等を一定して旅行業者がパンフレット，チラシ等を用いて一般に販売しているもの（セット旅行）である場合又はその旅行がセット旅行ではないが，それと同一のセット旅行が他にある場合は，そのセット旅行の価格による。
　イ　その旅行がセット旅行ではなく，かつ，その旅行と同一内容のセット旅行が他にない場合は，その旅行を提供する者がそれを入手した価格，類似内容のセット旅行の価格等を勘案して，景品類の提供を受ける者が，それを通常購入することとしたときの価格を算定し，その価格による。

　したがって，上記(1)により，事業者が自社で製造する商品やオリジナル商品を景品類とするときも，通常の市価（消費税相当額を加えた額。以下同じ）で算定することになり（オリジナル商品の場合は，(1)のイに基づき換算する），自社の保養施設を招待客の宿泊に利用する場合でも，一般消費者が通常同様の施設を利用する場合の料金で算定することになる。
　株券等のように価格が変動するものを提供する場合には，それが景品類として提供された時点における価格により算定する。
　宝くじを提供する場合には，宝くじを購入するときの価格により算定し，たまたまその宝くじ券が当選した場合でも，当せん金により算定されるものではない。
　ある商品又は役務の取引について2個の景品類が付いている場合は，景品類の価額は，当然のことながら，2個の景品類の価格を合計した額となる。
　同一の事業者が同一の商品又は役務について，同時に2個の景品類を提供する場合は（別々の懸賞景品又は総付景品を同時に実施する場合である。例えば，一方は本

社が懸賞景品を企画実施し，他の一方は支店が別の懸賞景品を企画実施するような場合，もしくは，一方は本社が総付景品を企画実施し，他の一方は支店が別の総付景品を企画実施するような場合），別々の企画によるときであっても，原則として，それぞれの景品類の価格を合計した額の景品類を提供したことになる。合計した額の景品類の価額が最高制限額を上回るものであってはならない。

ただし，懸賞による景品類提供と総付による景品類提供とは，これらを同時に行う場合であっても，景品類の価格が合算されないとの運用が行われている。懸賞による場合と総付による場合とを同時に行う場合は，それぞれが懸賞制限告示及び総付制限告示の範囲内でなければならない。

他の事業者と共同して同一の商品又は役務について景品類を提供する場合は（例えば，製造業者と卸売業者），別々の企画による場合であっても，共同した事業者がそれぞれの景品類の価額の合計額の景品類を提供したことになる。それぞれの事業者について合計額の景品類の価額が最高制限額を上回るものであってはならない。

他の事業者と共同しないで同一の商品又は役務について景品類を追加して提供する場合は，追加した事業者のみがそれぞれの景品類の価額の合計額の景品類を提供したことになり，その合計額の景品類の価額が最高制限額を上回るものであってはならない。

宝くじ・保険証書・株券・債券等の価額

宝くじを景品として提供する場合の価額は，当該宝くじを購入したときの価格が景品類の価額であり，宝くじを購入した後，その提供を受けた者がたまたま当選した場合であっても，その賞金の額ではない。

保険証書の場合は，当該保険証書の保険料の額が景品類の価額であり，保険証書を提供した後，その提供を受けた者がたまたま一定の保険金支払事由が発生したことにより保険金の支払を受けた場合であっても，その保険金の額ではない。

株券・債券の場合は，これらを提供したときの価額が景品類の価額であり，提供した者が取得したときの価額ではない。

第4 総付景品の規制

1 総付景品規制の概要

　事業者が，一般消費者に対して総付で，つまり商品又は役務を購入した者等の全員に景品類を提供する場合の制限については，総付制限告示で定められている。総付で景品類を提供するとは，①購入者を対象とし購入額に応じて提供する場合，②購入者を対象とするが購入額の多少を問わないで提供する場合，③購入を条件とせず店舗への入店者に提供する場合，④先着順に提供する場合等である。

　総付制限告示の内容は，次のとおりである。ここでは，取引価額に対応する景品類の最高額が定められており，景品類の総額は定められていない。すなわち，購入者等全員に景品類を提供する場合は，その１人当たりの最高額の制限がなされているのみであり，何人に対しても提供することができる。

取引価額	景品類の最高額（注）
1000円未満	200円
1000円以上	取引価額の20%

(注)景品類の最高額は，正常な商慣習に照らして適当と認められる限度でなければならない。

　すなわち，上記①～④の場合に提供できる景品類の最高額は，取引価額が1000円未満のときは200円，取引価額が1000円以上のときは取引価額の20%の価額のものが許容されているが，この制限を超える場合は，総付制限告示に違反することになる。

　ただし，次に掲げる経済上の利益については，景品類に該当する場合であっても，上記の制限は適用されない。

「一　商品の販売若しくは使用のため又は役務の提供のため必要な物品又はサービスであって，正常な商慣習に照らして適当と認められるもの

二　見本その他宣伝用の物品又はサービスであって，正常な商慣習に照らして適当と認められるもの

三　自己の供給する商品又は役務の取引において用いられる割引券その他割引を約する証票であって，正常な商慣習に照らして適当と認められるもの

四　開店披露，創業記念等の行事に際して提供する物品又はサービスであって，正常な商慣習に照らして適当と認められるもの」

　また，特別の業種について，別途制限告示がなされているもの（新聞業，雑誌業，不動産業，医療用医薬品業等）については，その告示に定められているところによる。
　上記告示で定められている「正常な商慣習に照らして適当と認められる限度」については，当該業種について公正競争規約が設定されている場合には，それに定められているところに従う。

「価格」と「価額」との違い
　「価格」は商品又は役務それぞれの対価を指す場合に用いられ，「価額」は商品又は役務の対価の合計額を指す場合に用いられることが多い。

　総付制限告示の解釈については，「『一般消費者に対する景品類の提供に関する事項の制限』の運用基準について」（昭和52・4・1公取委事務局長通達第6号，最終改正：平成8・2・16公取委事務局長通達第1号，以下「総付運用基準」という）で示されている。

2　景品類提供の態様と取引価額
(1)　購入者を対象とし購入額に応じて提供する場合
　購入者を対象とし，購入額に応じて景品類を提供する場合（商品又は役務の購入の申込みをした者を対象とし，申込みの金額に応じて景品類を提供する場合を含む）の「取引価額」は当該購入額であり，景品類の最高額は，取引価額が1000円未満のときは200円，取引価額が1000円以上のときは取引価額の20％とされている（総付運用基準1(1)）。
　したがって，1000円未満の購入者に対しては200円の価額のもの，1000円の購入者に対しては200円の価額のもの，5000円の購入者に対しては1000円の価額のもの，1万円の購入者に対しては2000円の価額のものがそれぞれ景品類の最高額となる。

従来，総付景品の最高額の制限は，原則として取引価額の10％とされていたが，平成19年の改正によって20％に緩和された。その理由は，外国企業など新規参入者にとって，景品類提供はある程度有効であり，それによって競争が活発になると考えられること，一般消費者にとっては，景品類は経済効果としては値引に準じて考えられる余地があること，あるいは本体と景品類とを一体として同一の対価で購入したと考えられること等によるものであり，景品規制が緩やかなものとされてきた。

(2)　購入者を対象とするが購入額の多少を問わないで提供する場合

　購入者を対象とするが，購入額の多少を問わないで景品類を提供する場合の取引価額は，当該店舗における商品又は役務のうち何を購入しても景品類を提供するというのであるから，この場合の「取引価額」は，当該店舗における商品又は役務のうち通常購入される最低価格のものを購入したとして，その価格を「取引価額」とすることになっている。

　「総付運用基準」では，この場合の「取引価額」は，原則として100円とされている。しかし，当該店舗における商品又は役務のうちの最低価格のものが明らかに100円を下回っていると認められるとき（例えば，50円）には，その最低のものを「取引価額」とし，また，当該店舗における商品又は役務のうち最低価格のものの販売される頻度が著しく少ない場合には，通常販売されるもののうち最低の価格のものが100円を超えると認められるときは，その最低のもの（例えば，500円，5000円）を「取引価額」とすることができることとされている（総付運用基準1(2)）。しかし，上記の場合で，「取引価額」が，100円，50円，500円である場合は，いずれも，景品類の価額の最高額は200円であるから，提供できる景品類の価額の最高額は変わらないことになる。当該店舗における商品又は役務について通常行われる取引のうち最低価格のものが1000円を超えるときにのみ提供できる景品類の価額の最高額が200円を上回ることになる。

　つまり，購入者を対象とするが，購入額の多少を問わないで景品類を提供する場合には，少なくても200円の価額の景品類を提供することを許容していることになる。

クレジットカード入会者に対する景品類の提供

クレジットカードの入会者に対して景品類を提供する場合については，入会者は，一定の期間内の解約に違約金が課されている等の事情のない限り，通常1年程度は契約を継続すると考えられるので，その場合においては，①入会金，②初年度の年会費，③1年間における利用額の合計のうち，通常考えられるものを合計した額が取引価額であると考えられる（真渕博編著『景品表示法〔第4版〕』308頁）。

懸賞による景品類の提供のケースであるが，購入者を対象とするが購入額の多少を問わないで景品類を提供し違反とされた事件で，最低の価格のものを取引価額としたものとして，次のものがある。

〈購入額の多少を問わないで景品類を提供した事件—最低の取引価額を基準〉
嘉穂無線事件（昭和45・9・7排除命令・排除命令集5巻170頁）
家電器具の小売業を営む同社は，「毎日ダイヤモンドが当たる開店セール」において，購入金額の多少にかかわらず，購買者を対象に抽せんにより，ダイヤモンド指輪（1万7000円相当）を10名に提供した。しかし，当該懸賞に係る最低の取引価額は，当該期間中の特売品である蛍光灯用管球1本の販売価格10円であるので，景品類の最高額は200円であった。また，懸賞に係る取引予定総額は7億2000万円であるので，景品類の総額は1440万円であり，懸賞制限告示に違反するとされた。

また，懸賞による景品類の提供のケースであるが，購入者を対象とするが購入額の多少を問わないで景品類を提供し違反とされた事件で，通常行われる取引のうち最低の価格のものを取引価額としたものとして，次のものがある。

〈購入額の多少を問わないで景品類を提供した事件—通常行われる取引の最低の価額を基準〉
葵丸進事件（昭和46・7・9排除命令・排除命令集6巻115頁）
飲食業を営む同社は，「開店25周年記念謝恩ジャンボクイズ」において，飲食金額の多少にかかわらず飲食した者を対象としてクイズに応募用紙で応募させ，また，クイズの問題をテレビ，店内，店頭ポスターに出題して，官製はがきで応募させ，抽せんでカラーテレビ（15万8000円相当）等を提供した。本件における最低の取引価額は，香の物又はご飯の60円であるが，通常単独で飲食される最低の価格は玉子丼の150円であるので，当該懸賞に係る最低の取引価額は150円と

され，景品類の最高額は3000円であり，懸賞制限告示に違反するとされた。

(3) 購入を条件とせず店舗への入店者に提供する場合

購入を条件とせず店舗への入店者に経済上の利益を提供することは，顧客誘引効果があることから「取引に付随」する経済上の利益の提供であって，景品類に該当するため，景品表示法の制限の対象となることは，**第2・6**で述べたとおりである。

購入を条件とせず店舗への入店者に景品類を提供する場合において，入店者は，当該店舗における商品又は役務のうち何かを購入する可能性があることから，この場合は，当該店舗における商品又は役務のうち最低の価格のものを取引価額とすることになっている。

「総付運用基準」では，この場合の「取引価額」は，原則として100円とされているが，当該店舗における商品又は役務のうち最低の価格のものの販売される頻度が著しく低い場合には，通常販売されるもののうち最低の価格のもの（例えば，500円，5000円）を「取引価額」とすることができることとされている。また，特定種類の商品又は役務についてダイレクトメールを送り，それに応じて来店した顧客に対して景品類を提供するなどの方法をとっているため，景品類提供に係る対象商品又は役務をその特定種類の商品又は役務に限定しているようなときは，その商品又は役務の価格（複数あるときは，それらのうち最低の価格のもの）を「取引価額」とすることとされている（例えば，特定のコーナーで高額な衣料品を販売しているような場合は，そのコーナーで通常販売されている最低の価格のものが「取引価額」とされる）（総付運用基準1(3)）。これらの場合でも，「取引価額」が1000円未満のときは，いずれも，景品類の最高額は200円であり，取引価格が1000円を超えるときにのみ提供できる景品類の最高額が200円を上回ることになる。

つまり，購入を条件とせずに店舗への入店者に景品類を提供する場合にも，少なくても200円の価額の景品類を提供することを許容することとなっている。

懸賞による景品類の提供のケースであるが，入店者を対象とした景品類の提供で違反とされた事件で，最低の価格のものを取引価額としたものとして，次

のものがある。

〈入店者を対象とした景品類の提供事件――最低の価額を基準〉
東美・エスマート事件（昭和45・12・8排除命令・排除命令集5巻185頁）
　いずれも衣料品・家庭用品・日用雑貨・食料品の小売業を営む両社は，共同して，「ホンダクーペが当たる中元大売出し」において，両社の店舗数とホンダクーペの色の回答を求めるクイズを新聞・チラシに広告し，また，各店舗の大部分の店内に応募用紙を置いて，応募用紙又は官製はがきで応募させ，正解者の中から抽せんで，ホンダクーペ（54万8000円相当）を提供した（オープン懸賞との併用であるが，応募用紙を店内に置いているため取引に付随する）。しかし，当該懸賞に係る最低の取引価額は，キャラメルの9円であり，景品類の価額の最高額は180円であるため，懸賞制限告示に違反するとされた。

　また，懸賞による景品類の提供のケースであるが，入店者を対象とした景品類の提供で違反とされた事件で，通常行われる取引のうち最低の価格のものを取引価額としたものとして，次のものがある。

〈入店者を対象とした景品類の提供事件――通常行われる取引の最低の価額を基準〉
昭和石油事件（昭和45・3・11排除命令・排除命令集4巻342頁）
　同社は，「昭石びっくりセール」において，同社系列の給油所にクイズを記載した応募用紙を置き，来店者を対象として，応募用紙又は官製はがきで回答させ，正解者の中から抽せんで，最高カラーテレビ（14万9000円相当）等を提供した。同社の自動車用ガソリンは1リットル当たり小売価格が約50円であるが，通常自動車の最低給油量は約10リットルである。したがって，通常行われる取引価額は約500円であるとされ，景品類の最高額は1万円であるため，懸賞制限告示に違反するとされた。

(4)　商品の容器包装に経済上の利益を提供する企画の内容を告知する方法の場合
　この場合は，当該企画の内容を表示した商品の販売価格が取引価額となる。
(5)　商品又は役務を購入することにより経済上の利益の提供を受けることが容易になる場合
　この場合は，当該商品又は役務の販売価格が取引価額となる。
(6)　先着順に景品類を提供する場合

先着順に景品類を提供するというのは，景品類の数に限りがある場合に行われ，①購入者の先着順に提供する場合は，前記(1)又は(2)に従い，②入店者の先着順に提供する場合は，前記(3)に従う。

なお，景品類が付いている商品又は役務の購入を申し出た者が大勢いるため，抽せん等により購入者の順番を決めることは，懸賞ではなく，総付制限告示の規制の対象となり，上記の①に該当する。

ただし，例えば，ホームページ，電話，ファクシミリ，郵便等による商品又は役務の購入の申込み順にそれらを提供する場合等に，商品等の購入者が申込み時点において景品類の提供を受けることができるかどうかを知ることができないのであれば，偶然性によって景品類の提供の相手方が決定されるのと等しいと考えられるので，この場合の提供の方法は，懸賞とみなされることがある(その場合は，景品類の最高額及び総額の制限を受ける)。

(7) 取引の誘引に際して景品類を提供する場合

取引の誘引を目的として，街頭，住宅訪問等により景品類を提供する場合があるが，この場合は，取引の誘引の対象となった商品又は役務の価格が「取引価額」となる。ただし，総付制限告示2項2号に該当する「見本等」や，同項3号に該当する「割引券等」と認められる場合は景品類とはならない。

3 「取引価額」の算定

総付景品類の限度額の算定に係る「取引価額」は，景品類の提供者が小売業者又はサービス業者である場合は，対象商品又は役務の実際の販売価格を基準とする。また，製造業者又は卸売業者が景品類を提供する場合は，それらの希望小売価格ではなく，景品付販売の実施地域における対象商品又は役務の通常の小売価格を基準とする（総付運用基準1(4)）。実施地域が九州の場合に東京の小売価格を基準とすることはできない。また，製造業者の希望小売価格が1万円であっても，実施地域で実際に小売りされている価格が8000円である場合には，景品類の限度額の算定基準となる取引価額は8000円であるので，最高額1600円までの景品類しか提供することはできない。なお，季節商品等の場合には，実際の小売価格は時期によって変動するので，景品付販売を長期にわたって実施する場合には，注意しなければならない。

4 提供が許容される経済上の利益

　総付制限告示では，提供される経済上の利益の内容から判断すると景品類に該当しないもの，あるいは景品類に該当するものもあるが，仮に「景品類に該当する場合であつても」，景品表示法の目的に照らして規制の必要がないとの考え方に基づき，提供が許容される経済上の利益として，同告示2項において以下に述べるものを列挙している。これらは，いずれも「正常な商慣習に照らして適当と認められるもの」という枠があり，これに該当するか否かの判断は，提供される物品・サービスの内容，提供方法等を勘案し，一般消費者による自主的かつ合理的な選択を阻害するおそれがあるか否かの観点から判断されることになる。これらに関して，公正競争規約が設定されている業種については，その内容が参酌される。「その内容が参酌される」とは，規約に参加していない事業者が規約の定めを無視して経済上の利益を提供した場合には，正常な商慣習に反することになり，景品表示法違反に問われることがあるということである。

　なお，許容される経済上の利益を提供した結果として，不当に低い対価で商品又は役務を提供したのと同じ結果になる場合は，独占禁止法上の不当廉売に該当することがあることは，**第2・8(2)オ(イ)**（28頁）において述べたとおりである。

(1) 商品の販売・使用のため又は役務の提供のため必要な物品又はサービス

　「商品の販売若しくは使用のため又は役務の提供のため必要な物品又はサービスであつて，正常な商慣習に照らして適当と認められるもの」（総付制限告示2項1号）は，景品類に該当する場合であっても，総付制限告示の適用の対象とはならず，顧客に自由に提供することができる。これに含まれるか否かについては，当該物品又はサービスの特徴，その必要性の程度，当該物品又はサービスが通常別に対価を支払って購入されるものであるか否か，関連業種におけるその物品又はサービスの提供の実態等を勘案して判断する（総付運用基準2）。

　「商品の販売のため必要な物品又はサービス」とは，例えば，重量家具の配送，ショッピングバッグ等で適当な限度内のものである。「商品の使用のため必要な物品又はサービス」とは，例えば，ポータブルラジオの電池，メガネのレンズ拭き等である。また，「役務の提供のため必要な物品又はサービス」と

は，例えば，交通の不便な場所にある旅館の送迎サービス，劇場内で配布する筋書等を書いたパンフレット等である。

(2) 見本その他宣伝用の物品又はサービス

「見本その他宣伝用の物品又はサービスであつて，正常な商慣習に照らして適当と認められるもの」（総付制限告示2項2号）は，景品類に該当する場合であっても，総付制限告示の適用の対象とはならず，次により，顧客に自由に提供することができる。これに含まれるか否かについては，見本の内容，その提供の方法，その必要性の限度，関連業種における見本等の提供の実態等を勘案して判断する（総付運用基準3(1)）。

ア 自己の供給する商品又は役務について，その内容，特徴，風味，品質等を試食，試用等によって知らせ，購買を促すために提供する物品又はサービスで適当な限度のものは，原則として，これに該当する（総付運用基準3(2)）。

例えば，食品や日用品の小型の見本・試供品，食品売場の試食品，化粧品売場におけるメイクアップサービス，スポーツスクールの1日無料体験等である。ただし，商品又は役務そのものを提供する場合には，最小取引単位のものであって，試食，試用等のためのものである旨が明確に表示されていなければならない。見本用に特別に作られたものでなくても，一般に市販されている最小取引単位のものについて，試食，試用等のものである旨が明りょうに表示されていればよい。提供する数量は，1個である。

イ 事業者名を広告するために提供する物品又はサービスであって適当な限度のものは，原則として，これに該当する（総付運用基準3(3)）。

例えば，社名入りのカレンダーやメモ帳等である。

ウ 上記ア及びイの場合で，他の事業者の依頼を受けてその事業者が供給する見本その他宣伝用の物品又はサービスを配布する場合も，原則として，これに該当する（総付運用基準3(4)）。

例えば，清涼飲料製造業者からの依頼を受けた食品製造業者が，自己の顧客に対して，清涼飲料製造業者の見本を配布するような場合である。

「化粧品業界における景品類の提供について」（昭和52・12・16公取委事務局取引部長から日本化粧品工業連合会宛て回答）

1．総付景品告示2項2号にいう「見本」とは，商品の品質，内容等を一般消費者に知らせるために必要な程度のものであって，取引の有無に係りなく提供されるもの又は取引に付随して提供される場合も取引額の多寡によらず提供されるものである。

したがって，たとえ物品に見本という表示があっても次のような方法で提供する場合は，一般的には同号に該当せず，1項の適用を受ける。

(1) 一定以上の商品を購入した者にのみ提供する場合
(2) 商品の購入額のランクにより，提供する物品に差異を設ける場合
(3) 複数の物品を詰め合わせることにより，独自の使用価値が生ずると認められる場合

なお，商品の品質，内容等を一般消費者に知らせるために必要な程度のものを，商品にあらかじめ添付する等により，当該商品の購入者に提供する場合は，2項2号に該当するものと考えられる。

2．市販品のミニチュアが景品類として提供されるときは，原則として，当該市販品の市価に容量比を乗じた額を景品類の価額とする。ただし，容器の品質，形状に著しい差異があるときは，この差異を勘案する。

その他の市販されていない景品類の価額の算定は，類似品の市価を勘案し，一般消費者が通常購入するとしたときの価格による。

(3) 自己の供給する商品又は役務の取引において用いられる割引券等

「自己の供給する商品又は役務の取引において用いられる割引券その他割引を約する証票であつて，正常な商慣習に照らして適当と認められるもの」（総付制限告示2項3号）は，景品類に該当する場合であっても，総付制限告示の適用の対象とはならず，顧客に自由に提供することができる。これに含まれるか否かについては，割引券等の提供の方法，割引の程度又は方法，関連業種における割引の実態等を勘案して判断する（総付運用基準4(1)）。

「割引券等」は，ある商品又は役務の取引を行った際に，次回の取引において割引することを約するもので，割引券や金銭証をいうものであり（一般に「サービス券」ともいわれる），これらは景品類に該当するが（第2・7（23頁）参照），これを実質的な「値引」として取り扱うこととするものである。この「割引券

等」には，①　当該事業者の供給する商品又は役務の取引の際に割引として使用できるもののみならず，②　自己の供給する商品又は役務の取引及び他の事業者の供給する商品又は役務の取引において共通して「同額」の割引として使用できるもの（自他共通割引券）も含まれる。自他共通割引券は，自社と他の事業者と「同額」の割引となるものでなければならない。自社商品の場合は1000円分の割引として用いることができ，他社商品の場合は2000円分の割引として用いることができるものは含まれない。次に，③　専ら他の事業者との取引においてのみ割引として使用できるものは含まれず，また，④　①又は②のいずれの場合であっても，特定の商品又は役務の引換えにしか用いられないものは含まれない（総付運用基準4(2)）。すなわち，特定の商品又は役務の「引換券」は含まれない。「引換券」を景品類でないとして取り扱うと，本告示の制限は無意味となってしまうからである。「引換券」は景品類に該当するので，これを提供する場合は，本告示の制限の範囲内でなければならない。

　「割引券等」には，クーポン券やポイントカードや航空機の利用の場合のマイレージ・サービス等が含まれる。自他共通券が含まれるから，例えば，航空会社が提供するマイレージ・サービスを自社便の割引証としてだけでなく，提携先ホテルの宿泊料の割引証として使用することもできる。

　また，商品又は役務の取引に関連なく，街頭で配布されたり，雑誌・新聞などに印刷された割引券・クーポン券等は，前記の「割引券等」に該当する場合は，景品類に当たらない。

割引券・金銭証の留意点

- 自他共通の金銭証は含まれるが，専ら他の事業者との取引においてのみ使用できるものは含まれない。
- 対価の支払に充当される金銭証は含まれるが，特定の商品又は役務の引換えにしか用いられないものは含まれない。
- 商品又は役務の購入の何にでも用いることができる商品券等は含まれるが，特定の商品又は役務の購入にしか用いることができない商品券等は含まれない。
- 割引券は，自社の割引券は当然に用いることができるが，自他共通割引券の場合は，自己の取引と他の事業者との取引で「同額」の割引をするもの（例えば，「1000円引券」，「2000円引券」）でなければならない。したがって，「○○％割引券」等は

用いることができない。他の事業者の割引額が多くなることがあるからである。

(4) 開店披露，創業記念等の行事に際して提供する物品又はサービス

「開店披露，創業記念等の行事に際して提供する物品又はサービスであつて，正常な商慣習に照らして適当と認められるもの」（総付制限告示2項4号）は，景品類に該当する場合であっても，総付制限告示の適用の対象とはならず，顧客に自由に提供することができる。

新規開店の披露のため，入店者に対してもれなく進呈する粗品，創業50年や100年を記念するために商品購入者の全員に対して贈呈する記念品等がこれに当たる。

初売り等の一般消費者に対する景品類の提供の取扱い（昭和52・9・21公取委事務局取引部長から仙台地方事務所長宛て回答）

宮城県，岩手県の一部（旧仙台藩の地域），青森県黒石市，上北郡七戸町，三戸郡三戸町の地域において行われている初売り等において，一般消費者に対して懸賞によらないで提供する景品類の提供については，次のように取り扱ってよいこととされている。

1．期日は，正月（旧正月を含む）の3日以内（原則として従前どおり）
2．景品類の最高額は，取引価額の10分の2（最高限度額は5万円とする）

ただし，500円以内の価額の景品類を提供する場合は，取引価額の10分の2を超えることとなっても，この限りでない。

〈制限額を超える景品類を提供した事件〉
北見シグナス商事事件（昭和53・4・21排除命令・排除命令集12巻17頁）

同社は，一般消費者を対象として，「今年最後の売りおさめ」と称して，昭和52年12月24日〜同年12月30日までの間，①システムコンポーネントステレオ（販売価格47万4800円）の購入者を対象として，13型カラーテレビ（6万円相当）を提供する，②16型カラーテレビ（最低販売価格7万9800円）の購入者を対象として，こも樽詰清酒1.8リットル（2400円相当）等を提供することを企画・実施した（その他の違反行為の記載を省略）。

当時の総付制限告示では，一般消費者に懸賞によらないで提供することができる

景品類の価額は，取引価額が1000円以上50万円未満のときは取引価額の10分の1であったから，①は制限額を超えて違反とされた。②は制限額以内である。

フレンズオブフリージア事件（昭和57・3・30排除命令・排除命令集13巻35頁）
　同社は，一般消費者を対象として，電気製品・スポーツ用品等（販売価格3万9500円～98万円）を通信販売により販売し，購入者に対して，先着順に，景品類（2万4000円～2万8000円相当）を提供した。
　当時の総付制限告示では，一般消費者に懸賞によらないで提供することができる景品類の価額は，取引価額が1000円以上50万円未満のときは取引価額の10分の1であったから，提供することができる景品類の価額は，商品の最低の販売価格3万9500円の10分の1の3950円であり，提供した景品類の価額はいずれも制限額を超えるものであった。

5　総付景品に関するQ＆A

> **Q1　デザート等の無料提供**
> 　当社は飲食店であるが，キャンペーン期間中，1000円以上注文の客に，デザート，アイスクリーム，ジュース等（いずれも250円相当）を1個サービスすることを考えている。この企画について，景品表示法上の問題があるか。

A　一定額以上の購入者全員に無料で他の商品を提供する場合は，総付制限告示により，購入額の最大20％までの価格のものでなければならない。したがって，1000円以上の購入者全員に提供できるものは最高200円のものとなる。もし250円のものを提供するのであれば，1250円以上の購入者に限定する必要がある。

> **Q2　景品類の価額の算定にショッピングサイトでの販売価格を参考にすること**
> 　景品類の価額の算定に当たりインターネット上のショッピングサイトでの販売価格を参考にしてもよいか（消費者庁HP「景品類に関するQ＆A11」）。

A　景品類の価額は，景品類の提供を受ける者がそれを通常購入するときの価格により算定するとされているので，提供しようとする物品について，ショッピング

サイトで購入することが通常といえるのであれば，ショッピングサイトでの販売価格を参考にすることができる。なお，参考とするショッピングサイトでの価格について，すでに販売が終了していたり，販売の実態がない等の場合は，通常購入するときの価格とみることはできない。

> **Q3 過去の高額購入者を招待して来店した者に対する景品類の提供**
> 昨年1年間に当店で10万円分以上商品を購入したお客様を対象として，今後の取引を期待して，「お客様感謝デー」を実施し，来店したお客様にもれなく景品を提供する旨をダイレクトメールで告知しようと考えている。この場合の取引価額を10万円とみてよいか（消費者庁HP「景品類に関するQ＆A 13」）。

A 昨年1年間に10万円分以上商品を購入したお客は，今回の景品類提供の告知の対象者であるお客の選定基準であるにすぎない。

景品付販売は，取引に付随して一定の景品類を提供するものであるので，質問の「取引」は，今回の景品類提供に係わる取引である。今回行おうとしている，来店したお客にもれなく景品類を提供する企画における取引価額は，総付制限告示に基づき，「100円又は当該店舗において通常行われる取引の価額のうち最低のもの」であり，景品類の価額の最高額は，200円又は上記価額の20％の額のものである。

> **Q4 フリーペーパーへのクーポン券の印刷**
> 当社では，飲食店等の情報を広告で掲載し，また，一部の飲食店の広告面に，「飲食代金から○○％引き」，飲食してくれたお客様に「ドリンク1杯サービス」等のクーポン券が印刷してあるいわゆるフリーペーパーを発行している。このフリーペーパーを駅の改札口や繁華街の街頭で配布したいが，このフリーペーパーは景品表示法上の景品類に該当するか（消費者庁HP「景品類に関するQ＆A 23」）。

A このようないわゆるフリーペーパーの発行元が景品規制を受けることはない。ただし，フリーペーパーに掲載されている店舗がフリーペーパーに印刷されているクーポン券を持参した顧客に対して物品等を提供する場合は，これらの店舗が顧客に対し経済上の利益を提供するものとして，個別に総付制限告示の適用が検

討される。しかしながら，上記のクーポン券が割引券である場合は，値引に該当し，景品規制を受けることはない。

> Q5　クーポン券の額の限度額
> 　当社は飲食店であるが，1日先着1名（又は1組）に7000円分の飲食代を無料とするクーポン券を提供することを企画している。本券は，景品表示法の総付景品の規制の例である値引券に該当すると思うので，問題となることはないと考えている。また，クーポン券の提供は，1日1名に限定しているので，独占禁止法上の不当廉売にも該当しないと考えているが，そのように考えてよいか。

A　割引券は，「正常な商慣習に照らして適当と認められるもの」でなければならない。また，総付運用基準4(1)によると，「提供方法，割引の程度又は方法，関連業種における割引の実態等を勘案」し判断するとされている。したがって，割引券は，通常相当な価格で取引されているような商品・役務がまるまるただになるようなものは含まれていないと解すべきである。

> Q6　クーポン券の使用に条件を付すこと
> 　当店では，1万円の商品を購入した客に当店で使用できる500円のクーポン券を提供している。現在クーポン券の使用には条件を付していない。このため，顧客の中にはクーポン券で500円相当の商品を購入する者が多く，あまり販売促進に役立っていない。そこで，クーポン券の使用の条件として，2000円以上の商品を購入する場合に限るとの条件を付したいと考えているが，これは許されるか。

A　クーポン券の使用に質問のような条件を付すことは可能である。ただし，これは取引条件であるから，客が1万円以上の商品を購入する前に，その条件が分かるように店頭などに明りょうに表示することが必要である。

> Q7　ポイントカードを値引と景品類の引換えに用いる場合
> 　当店では，ポイントカードを発行して，商品の購入者に対してポイントを提供することとし，当該購入者は，ポイントの点数に応じて，①次回以

降の買物の際に値引として使用する、②景品類の提供を受ける、のいずれかを選択することができることとしたいと考えているが、これについては、景品規制は適用されるか（消費者庁HP「景品類に関するＱ＆Ａ 26」）。

A　取引通念上妥当と認められる基準に従い、取引の相手方に対し、支払うべき対価を減額すること又は割り戻すことは、値引と認められる経済上の利益に該当し、景品表示法上の景品類に該当しない。

　ただし、対価の減額又は割戻しであっても、同一の企画において景品類の提供と併せて行う場合等には、値引とは認められず、景品類に該当することになる。本件の場合は、①のみならず、②を選択することができることになっていることから、値引とは認められず、景品類に該当する。①の形でのみ用いる場合は、自己の提供する商品の取引において用いられる割引を約する証票と認められるので、正常な商慣習に照らして適当と認められるものであれば、総付制限告示の適用はない。

Ｑ８　店内に飲料の自販機を置いている場合の取引価額

当店は美容院であるが、来店者にもれなく景品類を提供したいと考えている。店内には飲料の自動販売機が設置されているが、この場合、取引の価額は飲料の最低価格となるか（消費者庁HP「景品類に関するＱ＆Ａ 45」）。

A　来店者に景品類を提供する場合の取引価額は、原則として100円であるが、当該店舗において通常行われる取引の価額のうち最低のものが100円を超えると認められる場合は、当該最低のものを取引価額とすることができる。

　美容院において通常行われる取引は、飲料の販売ではなく美容施術の提供であると認められるので、当該美容院への来店における取引の価額は、飲料の販売価格ではなく、通常行われる美容施術のうち最低のものの価額である。

Ｑ９　アンケート調査に対する謝礼として適当か

当社は、新製品販売のための市場調査の一環として、当社製品のうち、サラダオイル（希望小売価格400円）、マヨネーズ（同200円）、ドレッシング（同300円）の購入者を対象としたアンケート調査を企画している。

　この調査は、前記品目についての嗜好など5問程度の簡単な質問と各製品に対応する3種の回答を記載したアンケート用紙を右の各製品に添付し

ておき，購入者に該当する回答欄に○印を付して当社宛て郵送してもらう方法を用いるが，小学生からお年寄りまでできるだけ広範囲の回答を得たいため，回答者全員に，市価1000円相当のプラモデル，ペーパーナイフ，エプロン等を年齢，性別に応じて謝礼として提供することとし，この旨を新聞広告及び小売店頭ポスターにより広告したいと考えている。この企画について，問題はないか（景表法相談室「公正取引」328号49頁）。

A 「取引の相手方に提供する経済上の利益であっても，仕事の報酬等と認められる金品の提供は，景品類に当たらない」。これは，「仕事の報酬と認められる」限度のものが許容されるというものであり，その限度を超えて顧客誘引効果のあるものは景品類として取り扱われるという趣旨である。顧客誘引性については，提供者の主観的な意図や企画の名目いかんにかかわらず，客観的に顧客誘引効果があるかどうかにより判断される。

市場調査の協力者に対する謝礼は，仕事の報酬と認められるものは，景品類の提供には当たらない。

しかし，本件の場合の仕事は，アンケートにおいて単に○印を付するだけであるから，その謝礼は仕事の報酬としては認められない。このような簡単なアンケートに応ずるだけで購入者全員に市価1000円相当の物品を提供することは，顧客誘引効果のある物品の提供と認められ，当該物品は景品類に該当すると認められる。

本件の場合の取引価額は，対象商品のうち最低価格の200円であるから，提供する景品類の価額は，200円以内でなければならない。

Q10 次回に他店でも使用できる割引券
当店で2000円分以上の商品の買物をしてくれた顧客に対し，次回の当店での買物の際に又は他店で使用できる500円分の割引券を提供しようと考えているが，この割引券は景品類に該当するか（消費者庁HP「景品類に関するQ＆A 50」）。

A 自己又は他社の供給する商品又は役務の取引において共通して用いられる割引券その他の割引を約する証票（自他共通割引券）による割引は，正常な商慣習に照らして適当と認められるものについては，値引として取り扱われる。

ただし，特定の商品又は役務との引換えにしか用いることができない証票，他

店でのみ使用できる割引券,自己の店舗で用いることができるものでも懸賞により提供する場合は,景品類として取り扱われる。

本件の場合は自他共通割引券であり,自他で同額の値引をするものであるから,割引券(値引券)として提供することができる。

Q11　アプリケーション利用に対するポイントサービス

当社では,ＰＣ,スマートフォン等でユーザーに,ゲーム,ニュース,天気,教育,音楽,スポーツ等約20種類のアプリケーションを提供している。アプリケーションには,有料のものと無料のものとがある。

今後は,同サービスの拡大を図るため,有料アプリケーションの購入者に,購入金額に応じてポイントを提供することを企画している。今のところ,1ポイント1円に換算して,他のサービスの購入に充てることができるものとしたいと考えている。この場合,ポイントの利用は,当社の他のサービスの購入に充てることができるほか,同様のサービスを行っている当社と提携関係にある他の10社のサービスの購入にも利用できるようにしたいと考えている。

このように,自社のみならず他社でも利用できるポイントサービスを行うことは可能か。また,その場合に提供できるポイントに上限があるか。

A　顧客誘引効果のある経済上の利益を提供する場合は,原則として,景品類の提供として景品表示法上の制限を受ける。

しかし,「自己の供給する商品又は役務の取引において用いられる割引券その他割引を約する証票であって,正常な商慣習に照らして適当と認められるもの」は,「景品類に該当する場合であっても」,総付制限告示の制限の適用を受けない。この「割引券」には,自己の供給する商品又は役務の取引及び他の事業者の供給する商品又は役務の取引において共通して用いられるもの(自他共通割引券)であって,同額の割引を約する証書が含まれる。

今回の企画のポイントサービスは,割引券の提供に当たり,かつ,その自他共通割引券は自社と他社で「同額」の割引となるものであるので,総付制限告示の制限を受けないことになる。割引については,それによって不当廉売とならない限り(購入者それぞれに総原価を下回るような大幅な割引をする場合は不当廉売の疑いがでてくる)問題とされない。したがって,この点に留意すればポイントを提供する

ことは，原則的に上限はないことになる。

> **Q12　次回に自店で使用できる割引券**
> 当店で2000円分以上の商品の買物をしてくれた顧客に対し，次回の当店での買物の際に使用できる30％割引券を提供しようと考えているが，この割引券は景品類に該当するか（消費者庁HP「景品類に関するQ＆A 49」）。

A　自己の供給する商品又は役務の取引において用いられる割引券その他の割引を約する証票により対価を減額することは，それが自己との取引に用いられ，取引通念上妥当と認められる基準に従っているものである場合は，「正常な商慣習」に照らして値引と認められる経済上の利益であり，景品類には該当しない。これは，商品又は役務の購入時に対価を減額する場合だけでなく，次回以降に購入する際に対価を減額する場合を含み，また，同一の商品又は役務だけでなく，別の種類の商品又は役務について対価を減額する場合も含む。

ただし，本件のような割引券は，自店のみでは使用できるが，他店でも共通に用いることができるもの（自他共通割引券）としては，用いることができない。自他共通割引券は，自店と他店とが「同額」の割引でなければならないところ，30％割引券は，他店の割引額が自店より多くなる場合があるからである。

> **Q13　キャッシュバック**
> 当店では，期間を限定して，商品A（1000円）を10個買ってくれた人を対象に，もれなく3000円のキャッシュバックを行いたいと考えているが，この場合，景品規制の対象となるか（消費者庁HP「景品類に関するQ＆A 21」）。

A　キャッシュバックなどの方法により，取引通念上妥当と認められる基準に従い支払った代金の割戻しを行うことは，値引と認められる経済上の利益に該当し，景品規制の対象とはならない。

ただし，懸賞によりキャッシュバックを行う場合，割り戻した金銭の使途を制限する場合，又は同一の企画において景品類の提供を併せて行う場合は，景品規制の対象となる。

> Q14　製造業者と共同しての見本の提供
> 　当店では，あるペットボトル飲料を製造業者から仕入れて販売している。この飲料は，350㎖入り（150円），500㎖入り（250円），1ℓ入り（350円）のものがあるが，このたび製造業者と共同の販売促進企画として，350㎖入りのものを見本として来店者に提供する企画を考えているが問題ないか（消費者庁HP「景品類に関するQ＆A 48」）。

A　見本品その他宣伝用の物品又はサービスであって正常な商慣習に照らして適当と認められるものは，景品表示法上の景品類に該当する場合であっても，総付制限告示は適用されない。

　市販されている商品・サービスそのものを見本品として提供する場合は，最小取引単位のものであって，試食・試用などのためのものである旨が明りょうに表示されていれば見本品として提供することができる。ただし，最小取引単位のものがすべて見本品として認められるわけではなく，正常な商慣習に照らして適当と認められるかどうか個別に判断されることになる。

　本件においては，当該飲料のうち容量の最も小さい350ml入りのものの容器に，「見本品」などと見本品であることを明記すれば，当該飲料を見本品として提供することは正常な商慣習に照らして適当と認められる範囲のものと考えられ，総付制限告示は適用されない。

> Q15　キーホルダーに提携レストラン等の割引の機能を持たせる場合
> 　当社は，キーホルダーのメーカーである。特定のレストランや小売業者と提携し，レストランや小売業者のロゴマークが入ったキーホルダーを製造販売し，購入した一般消費者が当該キーホルダーをレストランや小売業者の店舗において提示すると，一定の割引が得られるシステムを実施したいと考えている。割引が得られる利益はキーホルダーの取引に付随する景品類に当たるか（消費者庁HP「景品類に関するQ＆A 56」参照）。

A　一般消費者が商品又は役務の購入によって得られる経済上の利益であっても，正常な商慣習に照らして取引本来の内容をなすものと認められるものは，「取引に付随」する経済上の利益でないから，景品表示法上の景品類には該当しない。

　当該キーホルダーが割引券の機能付きで販売されている場合は，割引券が正常な商慣習に照らして取引本来の内容をなすものと認められる場合には，割引が得

られる利益は景品類ではない（キーホルダー型をした割引券の販売と考えることができる）。レストランや小売業者が提供する利益は景品類に該当しないので，キーホルダーのメーカーが割引の機能を有するキーホルダーを販売しても，景品類を提供したことにはならない。

第5　懸賞景品の規制

1　懸賞景品規制の概要

　懸賞による景品付販売とは，事業者が，商品又は役務の取引に付随して，相手方に対し，くじ等の方法で景品類を提供することであり，この場合，景品付販売を単独の事業者が行う「単独懸賞」と，複数の事業者が一定の要件を満たした形で共同して行う「共同懸賞」とがある。「懸賞制限告示」は，そのそれぞれの場合における景品類の価額の最高限度額，景品類の価額の総額限度額について，次のように定めている。単独懸賞と共同懸賞とでは，共同懸賞の方は多数の事業者が共同で行うため，顧客誘引上の競争に与える影響は単独懸賞の場合より弱いと考えられることから，景品類の価額の最高限度額及び景品類の価額の総額限度額は，単独懸賞の場合より若干緩やかなものとなっている。

懸賞による景品類の制限

	取引価額	景品類の最高額	景品類の総額
単独懸賞	5000円未満	取引価額の20倍	取引予定総額の2％
	5000円以上	10万円	
共同懸賞	取引価額に関係なし	30万円	取引予定総額の3％

　すなわち，懸賞により景品類を提供する場合は，単独懸賞のときは，景品類の最高額は取引価額の20倍又は10万円であり，景品類の総額は1等から末等までの全景品類の総額が懸賞期間中の取引予定総額の2％以内でなければならないものであり，共同懸賞のときは，単独懸賞のときよりやや制限が緩和されている。

　懸賞による景品付販売は，一般消費者を対象として行う場合のみならず，製造業者が販売業者など事業者を対象として行う場合もあるが，懸賞制限告示はそのいずれの場合にも適用される。

また，製造業者が販売業者の従業員を対象に懸賞を行う場合にも適用される。

〈小売業者を対象とした懸賞の事例〉

スター食糧事件（昭和48・9・26排除命令・排除命令集8巻145頁）

　同社は，雑穀，豆類等の卸売業者であるところ，豆類の小売業者を対象に，昭和48年9月26日から同年12月10日までの間，「ダイヤモンドが当たるダイヤスター謝恩特売」を行い，期間中の豆類及びポップコーンの購入者に対し，5ケースの購入ごとに抽せんさせ，特賞ダイヤモンド指輪（100万円相当）1本，1等エメラルド指輪（30万円相当）2本，2等オパール指輪（5万円相当）20本，3等真珠指輪（1万円相当）100本を提供することを企画・実施した。

　当該懸賞に係る最低の取引価額は，ポップコーン（1ケース約2560円）の5ケース分約1万2800円であるから，懸賞により提供することができる景品類の価額の最高額は1万円（当時）であり，上記懸賞のうち，特賞，1等及び2等の景品類の価額は，この制限を超えるものであった。

〈小売業者の従業員を対象とした懸賞の事例〉

ヤマハ事件（平成2・3・12排除命令・排除命令集17巻33頁）

　同社は，スポーツ用品等の製造販売業者であるところ，①一般消費者を対象に，「ヤマハサマーキャンペーン」と称し，平成元年7月から同年8月を期間とし，同社の関東甲信越地区における小売業者から同社のスポーツ用品を2万円以上購入した者に対し，店頭において応募させ，抽せんにより，3泊4日のシンガポールへのペア旅行招待（約28万円相当）を景品類として提供することを企画・実施した（旅行招待は中止）。②同社の関東甲信越地区における小売業者の従業員を対象に，「販売コンテスト」と称し，平成元年7月から同年8月を期間とし，同社の販売するテニスラケット又はバドミントンラケットの販売目標を，東京都内の小売業者の従業員の場合は60本以上，それ以外の小売業者の従業員の場合は30本以上と設定し，この販売目標を達成した従業員に達成賞を提供するとともに，抽せんにより，ラッキー賞としてヤマハCDコンポ（11万7500円相当）を2名，ヤマハゴルフクラブ（5万6000円相当）を2名，ヤマハCD（5万5000円相当）を2名にそれぞれ景品類として提供することを企画・実施した（景品類の提供は中止）。

　①については，懸賞により提供することができる景品類の価額は，取引価額が2万円であるから1万円（当時）であり，旅行招待はこの制限を超えるものであり，また，②の懸賞に係る取引の価額のうち最低のものは，硬式テニスラケット（小売業者の仕入価格約4800円）30本分の約14万4000円であるから，懸賞により提供することができる景品類の価額の最高額は5万円（当時）であり，景品類はす

べて制限額を超えるものであった。
　　(注) 達成賞は労働の報酬であって景品類に該当しないとされたものと考えられる。

　「懸賞制限告示」の解釈については，「『懸賞による景品類の提供に関する事項の制限』の運用基準について」(昭和52・4・1公取委事務局長通達第4号，最終改正：平成24・6・28消費者庁長官通達第1号，以下「懸賞運用基準」という）において示されている。

2　懸賞とは
(1)　「懸賞」に当たる場合
　懸賞制限告示では，「懸賞」とは，①くじその他の偶然性を利用して定める方法，②特定の行為の優劣又は正誤によって定める方法によって景品類を提供する相手方又は提供する景品類の価額を定めることをいうと規定しているが，具体的に例示すると，次のようなものをいう。

ア　くじその他の偶然性を利用して定める方法（懸賞運用基準1）
(ア)　抽せん券，抽せん器を用いる方法
　一般的に，商品又は役務の購入者等を対象として，抽せん器をまわして出た玉の色によって販売店が提供する景品類を定める方法や，製造業者が商品の包装の中に抽せん番号を印刷した抽せん券を入れておき，当せん番号を後日新聞紙上や販売店の店頭で発表し，当せん者は製造業者又は販売店に連絡して景品類の提供を受けるというような方法がこれに含まれる。
　取引の勧誘を目的として，相手方に金品，招待券等を提供する場合は，原則として「取引に付随」するものとして取り扱われるので（定義告示運用基準4(3)），例えば，街頭で通行人に抽せん券を配布するような場合は，懸賞制限告示の制限を受ける。

(イ)　レシートの番号を利用して抽せんしたり，商品の容器包装の一部を切り取って送ってくれた人の中から抽せんで選ぶ方法
　販売店や喫茶店等の店内でスピードくじを引かせ，当せん者に景品類を提供するという方法，また，商品の空箱等を持参又は郵送した者の中から当せん者を決めて景品類を提供するような場合もこれに含まれる。

(ウ)　商品のうち，一部のものにだけ景品類を入れておき，購入の際には相手方がどれに景品類が入っているかを判別できないようにしておく方法

　商品の中に，景品類そのもの（現金，切手，指輪等）が入っている場合と，景品類の引換証（商品の一部に引き換える景品類の品名が記載されている場合を含む）が入っている場合とがある。

　(エ)　すべての商品に景品類を添付するが，その景品類の価額に差があり，購入の際には相手方がその価額を判別できないようにしておく方法

　上記(ウ)の場合と同様に，商品の中に，景品類そのものが入っている場合と，景品類の引換証（商品の一部に引き換える景品類の品名が記載されている場合を含む）が入っている場合とがある。引換証の場合には，数種類の点数券のうち1枚が入っており，一定の点数を集めたら景品類を提供する（例えば，10点集めたら○○，100点集めたら○○）ような場合がこれに含まれる。

　ただし，「福袋」は，購入の際に中に何が入っているか分からないが，「福袋」の内容自体を購入するのであるから，景品類の提供の問題は起きない。

　(オ)　宝探し，じゃんけんによる方法

　「宝探し」は，一定額以上の商品又は役務の購入者に対し，一定の場所において景品類を探し当てさせて提供するというものであるが，原則として，1人1個だけ探し当てさせるものでなければならない。そうでないと，景品類の価額が最高額の制限を超えるおそれが生ずるからである。

　イ　特定の行為の優劣又は正誤によって定める方法（懸賞運用基準2）

　これには，いわゆる優等懸賞と称されるものも含まれる。

　(ア)　取引に付随して，その年の10大ニュースやプロ野球の優勝チームなど，応募の際に一般には明らかでない事項について，予想や推測を募集し，その回答の優劣又は正誤によって定める方法

　これらの問題については，ある程度の専門的知識を有する者であればある程度正確な回答をすることができる場合もあるが，一般的には正解を予測することは困難であり，偶然性が左右する余地が多い。応募者が「応募の際一般に明らかでない事項」であればよく，回答を募集する側が知っている事項であってもよい。

　(イ)　取引に付随して，キャッチフレーズ，商品の愛称，写真，商品の改良の

工夫等を募集し，その優劣によって定める方法

　この方法は，いわゆる優等懸賞といわれるものである。優等懸賞とは，本来的に正解が要求されないような問題に対して，応募者の中から相対的に優秀な者を選んで当せん者を決めるという方法である。当せん者を決めるためには必ず審査という手続が必要である（川井克倭ほか『Ｑ＆Ａ景品表示法〔改訂版第2版〕』84頁（青林書院，2007））。

　これらの方法の中には，愛称，宣伝文，感想文，絵画等を募集するような場合が含まれる。

　ただし，優等懸賞であっても，新聞や雑誌等で取引に付随しない形で不特定多数の一般からの作品の応募を求め，その優秀者に対し懸賞金等を提供するような場合は，これに該当しない。

(ウ)　取引に付随して，パズル，クイズの回答を募集し，その優劣又は正誤によって定める方法

　この方法の場合は，出題される問題には，必ず正解があるという点で，応募者の中から相対的に優秀な者を選ぶ優等懸賞とは異なる。取引に付随して又は取引に付随する内容（商品の特徴を答えさせる等）又は形式（商品の購入者に回答させる等）で，問題，パズル，クイズ等が出題されるような方法である。

(エ)　取引に付随して，ボウリング，魚釣り，歌謡コンテストのような競技，演技又は遊戯の優劣によって定める方法

　したがって，取引に付随すると認められるボウリング大会の景品や取引先を招待してのゴルフ大会の商品も懸賞制限告示の範囲内のものでなければならない。

〈ボウリング大会の「とび賞」が懸賞に当たるとされた事件〉
小野田レジャー事件（昭和48・9・26排除命令・排除命令集8巻142頁）
　同社は，ボウリング場を経営する者であるところ，自社のボウリング場において，東京都中央卸売市場内の卸売人・仲買人等の従業員を対象に，日刊食料新聞社の名義を借りて，昭和58年5月，「第1回東京オール市場ボウリングフェスティバル」と称する大会を行い，予選参加者から1500円，決勝参加者からさらに2000円を徴収し，ボウリング競技の成績順位により，「日刊食料新聞社賞」（約8万4000円相当のグアム島旅行招待）その他の賞の景品類を提供することを企画・実施した。

しかし，この企画により景品類を提供する方法の中には，例えば，ボウリング競技の成績順位のうち，「7，17，27，37位」，「10・20・40・60・80位」等のものに対して提供する，いわゆる「とび賞」と称されるものがあり，このような方法は「懸賞」に当たるとされた。

そして，当該懸賞に係る取引の価額は決勝参加者については3500円であるから，懸賞により提供することができる景品類の価額の最高額は1万円（当時）であり，決勝において提供される「日刊食料新聞社賞」のうち「10，20，40，60，80位」の者に提供されるグアム島旅行招待の価額はこの制限額を超えるものであった。

〈ゴルフボールの「つかみ取り」が懸賞に当たるとされた事件〉
いせや事件（昭和46・3・26排除命令・排除命令集5巻230頁）
同社は，衣料品，雑貨等の小売業を営む者であるところ，「ゴルフボールのつかみ取り」と称して，昭和45年11月，500円以上買い上げた者に箱の中に入ったゴルフボールをつかみ出させ，つかみ出したゴルフボールの数が10個のときはホンダZGT（約46万円相当），9個のときは自転車（約9800円相当），8個のときは石油ストーブ（約4500円相当），その他つかみ出したゴルフボールの数に応じて景品類を提供することを企画・実施した。

しかし，当該懸賞に係る取引の価額は500円であるから，懸賞により提供することができる景品類の価額の最高額は1万円（当時）であり，ホンダZGTはこの制限額を超えるものであった。また，この懸賞により提供した景品類の価額の総額も制限を超えるものであった。

(2) 「懸賞」に当たらない場合

次の方法は，懸賞として用いることが禁止されていたり，「懸賞」に当たらないものである。

ア 取引の相手方に対して，文字，絵，符号等を表示した付票を与え，当該付票のうち，異なる種類の付票の特定の組合せ（字合わせ，絵合わせ，カード合わせ等）を提示した者に対して景品類を提供することも懸賞の一種であるが，この方法は，子供向けに用いられることが多く，子供の射幸心をあおるという理由で禁止されている（懸賞制限告示5）。

例えば，商品の中に，9種類の野球選手のカードのうち1枚が入っており，

9種類のカードを全部集めてチームを完成させて，これを店に持っていくと景品類と引き換えてくれるという方法である。9種類のカードのうち特定の種類のカードはなかなか集めにくいというものが多かった。

　イ　近年携帯電話における交流ゲームとして，一部有料のものであって，一定のアイテム（ガチャ）を揃える（コンプリートする）ことによって，そのゲームで使用できる他の稀少なアイテムを景品として提供する「コンプガチャ」が流行するようになり，こうしたゲームを行うために青少年が多額の出費をすることが問題となったため，懸賞運用基準4が改正され，「携帯電話やパソコンを通じてインターネット上で提供されるゲームの中で，ゲームのプレーヤーに対してゲーム中で用いるアイテム等を，偶然性を利用して提供するアイテム等の種類が決まる方法によって（これが「懸賞」に当たる）有料で提供する場合であって，特定の数種類のアイテム等を全部揃えたプレーヤーに対して，例えばゲーム上で敵と戦うキャラクターや，プレーヤーの分身となるキャラクター（いわゆる「アバター」と呼ばれるもの）が仮想空間上で住む部屋を飾るためのアイテムなど，ゲーム上で使用することができる別のアイテム等を提供する」ものが禁止されることとなり（懸賞運用基準4(1)），これが平成24年7月1日から実施された。

　ここで禁止されるものは，一部でも有料で行う場合であって，かつ，取引の相手方がアイテムを購入するときに自由にアイテムを選択できない場合で一定の組合せを完成させた者に景品類を提供する場合である。有料で行う場合であっても取引の相手方がアイテムを購入するときに自由にアイテムを選択し（この場合は懸賞に当たらない）それで一定の組合せを完成できた者に景品類を提供するような場合は，禁止されない。ただし，この場合は総付制限告示の適用を受けることがある（後記7「懸賞景品に関するQ＆A」の9～12参照）。

　ウ　来店又は申込みの先着順によって景品類を提供する相手方を定めたり，購入を希望する者が多いため抽せん等によって購入者の順番を決めることは，「懸賞」には当たらない（懸賞運用基準3）。ただし，提供する景品類の価額が制限額を超える場合には，総付制限告示の適用を受ける。

　エ　前記(1)イ(エ)にかかわらず，セールスコンテスト，陳列コンテスト等相手方事業者の取引高その他取引の状況に関する優劣によって定める方法は，「懸

賞」には当たらない（懸賞運用基準2⑷ただし書）。

オ　異なる種類の付票の特定の組合せを求めるが，商品を購入する際にどの種類のカードでも自由に選ぶことができるようになっている場合である。ただし，提供する景品類の価額が制限額を超える場合には，総付制限告示の適用を受ける（懸賞運用基準4⑵ア）。

カ　1点券，2点券，5点券というように，異なる点数の表示されている付票を与え，合計が一定の点数に達すると点数に応じた景品類を提供する場合。ただし，商品の購入の際何点券が入っているか分からないようになっている場合は，懸賞に該当するので，提供する景品類の価額によっては，懸賞制限告示の適用を受けることがあり，また，これが分かるようになっている場合は，総付制限告示の適用を受けることがある（懸賞運用基準4⑵イ）。

3　景品類提供の態様と取引価額

⑴　購入者を対象とし購入額が一定に達した者に懸賞の機会を与える場合

購入者を対象とし，購入額が一定額に達した者に懸賞の機会を与える場合（商品又は役務の購入の申込みをした者を対象とし，申込みの金額が一定額に達した者に懸賞の機会を与える場合を含む）の「取引価額」は，当該購入価格の合計額であり（懸賞運用基準5⑴，総付運用基準1⑴），懸賞により提供することができる景品類の価額の最高額は，取引価額が5000円未満のときは取引価額の20倍の価額のもの，取引価額が5000円以上のときは10万円の価額のものである。

⑵　購入者を対象とするが購入額の多少を問わないで懸賞の機会を与える場合

購入者を対象とするが，購入額の多少を問わないで懸賞の機会を与える場合の取引価額は，当該店舗における商品又は役務のうち何を購入しても懸賞の機会を与えるというのであるから，この場合の「取引価額」は，当該店舗における商品又は役務のうちの最低価格のものを購入したとして，その価格を「取引価額」とすることになっている。

この場合の「取引価額」は，原則として100円とされている。しかし，当該店舗における商品又は役務のうちの最低価格のものが明らかに100円を下回っていると認められるとき（例えば，50円）には，その最低のものを「取引

価額」とし，また，当該店舗における商品又は役務のうち最低価格のものの販売される頻度が著しく少ない場合には，通常販売されるもののうち最低の価格のものが100円を超えると認められるときは，その最低のもの（例えば，500円，5000円）を「取引価額」とすることができることとされている（懸賞運用基準5(1)，総付運用基準1(2)）。

これらの場合には，100円又は特定商品又は役務の価格を「取引価額」とし，懸賞により，その額の20倍までの価額又は10万円までの価額の景品類を提供することができる。

〈バッティングセンターでホームランの多い者に景品類の提供〉
オリエンタル商事事件（昭和53・5・29排除命令・排除命令集12巻27頁）
同社は，バッティングセンターを経営する者であるところ，一般消費者を対象に，「ホームラン王にはコロナを進呈」と称し，昭和52年9月15日から同年12月31日の3ヵ月半を期間とし，同社のバッティングセンターでバッティングゲームを行った者に対し，ゲーム数のいかんを問わず，ホームランの本数の多い順に，1位中古自動車（30万円相当）1台，2位・3位腕時計（1万8000円相当）各1個，4位・5位木製バット（3300円相当）各1本の景品類を提供することを企画・実施した。

同バッティングセンターの当該期間中における入場者のゲームの状況は，通常の客の場合，10日に1度程度来場し，1回の来場の際に約3ゲーム（1ゲーム当たりの料金250円）程度のゲームを行い，また，常連の客の場合，3日に一度程度来場し，1回の来場の際に約5ゲーム程度のゲームを行ったと認められた。この取引における通常の取引の最低価額はいくらかという点が問題となるが，通常の客の場合を基準として，期間中10.5回来場したものとし（3ヵ月半で，10日に1回とすると10.5回），そのゲーム数3に250円を乗じて（10.5回×3ゲーム×250円＝7875円）を取引価額とし，「概ね8000円以上5万円未満の範囲内であると認められる」とし，懸賞により提供することができる景品類の価額の最高額は1万円（当時）であり，景品類中1位，2位，3位の景品類はこの制限を超えるものとされた。

(3) 購入を条件とせず店舗への入店者に懸賞の機会を与える場合

購入を条件とせず店舗への入店者に懸賞の機会を与える場合においては，入店者は，当該店舗における商品又は役務のうち何かを購入する可能性があるこ

とから，この場合は，当該店舗における商品又は役務のうち最低の価格のものを取引価額とすることになっている。

　この場合の「取引価額」は，原則として100円とされているが，当該店舗における商品又は役務のうち最低の価格のものの販売される頻度が著しく低い場合には，通常販売されるもののうち最低の価格のもの（例えば，500円，5000円）を「取引価額」とすることができることとされている。また，特定種類の商品又は役務についてダイレクトメールを送り，それに応じて来店した顧客に対して懸賞により景品類を提供するなどの方法をとっているため，景品類提供に係る対象商品又は役務をその特定種類の商品又は役務に限定されているようなときは，その商品又は役務の価格（複数あるときは，それらのうち最低の価格のもの）を「取引価額」とすることとされている（例えば，特定のコーナーで高額な商品を販売しているような場合は，そのコーナーで通常販売されている最低の価格のものが「取引価額」とされる）（懸賞運用基準5(1)，総付運用基準1(3)）。

　これらの場合には，100円又は通常販売されるものの最低価格のもの，もしくは特定商品又は役務の価格を「取引価額」とし，懸賞により，その額の20倍までの価額又は10万円までの価額の景品類を提供することができる。

〈ダイレクトメールによる入店者を対象とした懸賞〉
ジャパンエンバ事件（平成11・3・30排除命令・排除命令集22巻3頁）
　同社は，毛皮製の衣服及び身の回り品の製造業者であるところ，①「ダイアナ妃の故国イギリスの旅ご招待」と称して，平成10年10月2日から同年11月30日までの間，店舗又は展示販売場の会場ごとに応募期間を定め，あらかじめ郵送したダイレクトメールに同封した応募券により，当該店舗又は会場において応募した一般消費者を対象として，抽せんにより，イギリス・フランスへの6日間のペア旅行（24万6000円相当）2名，ハワイへの5日間のペア旅行（16万円相当）5名，国内旅行券（4万円相当）10名にそれぞれ提供し，②「クリスマスバザール」と称して，平成10年12月1日から同月25日までの間，店舗又は展示販売場の会場ごとに応募期間を定め，当該店舗又は会場において商品を購入した一般消費者を対象として，抽せんにより，ハワイへの5日間のペア旅行（16万円相当）5名に提供した。
　①の企画は，購入を条件としていないが店舗又は会場で販売されている商品の最低価格のものは5000円であるから，懸賞に係る取引価額は5000円であると認

められ，②の企画は，購入を条件としているが購入額の多少を問わないものであり店舗又は会場で販売されている商品の最低価格のものは5000円であるから，懸賞に係る取引価額は5000円であると認められ，提供することができる景品類の価額の最高額は10万円であるから，いずれの企画についても，イギリス・フンランスへの旅行及びハワイへの旅行は，制限額を超えるものであった。

〈取引に付随する方法と付随しない方法との併用〉
サンスター文具ほか1名事件（昭和48・3・28排除命令・排除命令集7巻109頁）
　サンスター文具及びリリックは，ともに学童用文具の製造販売業者であるところ，両社は共同して，一般消費者を対象に，「ハローグリーン北海道緑の大地プレゼント」と称して，両社が製造販売する商品にアンケートの質問事項を記載した用紙を添付し，昭和47年6月から同年12月までの間，はがきによる回答を募集し，くじの方法により，北海道の土地330平方メートル（価額約29万円）4本を提供した。両社は，懸賞の募集を小売店の店頭にポスターを掲載して広告し，商品を購入しない者でも応募できる方法をも用いた。
　この懸賞に係る取引の価額の最低のものは，定規の50円であるから，懸賞により提供するとこができる景品類の価額の最高額は1000円であり，北海道の土地の価額はこの制限額を超えるものであった。

(4)　**商品の容器包装に景品類提供の企画を告知している場合あるいは商品・役務を購入することにより景品類提供を受けることが容易になるような場合で，懸賞により景品類を提供する場合**
　この場合には，当該表示がなされた商品又は当該商品・役務の価格が「取引価額」となる。
(5)　**取引の誘引に際して懸賞により景品類を提供する場合**
　この場合は，取引の誘引の対象となった商品又は役務の価格が「取引価額」となる。
(6)　**複数の懸賞の機会を与える場合の景品類の提供**
　懸賞に係る1つの取引について，同一の企画で複数回の景品類獲得の機会を与える場合は，景品類の価額を合計して，その取引について定められている制限額を超えて景品類を提供してはならない。例えば，1枚の抽せん券により抽せんを行って景品類を提供し，同一の抽せん券によりさらに抽せんを行って景

品類を提供する場合にあっては，これらを合算した額が制限額を超えてはならない（懸賞運用基準6）。この制限は，景品類の最高額及び景品類の価額の総額について存在することはいうまでもない。複数回の景品類獲得の機会を与える場合は，1回当選した者は，それ以降抽せんに参加できないような仕組みが必要となる場合がある。

懸賞に係る同一の取引に付随して，他の事業者が追加的に懸賞により景品類を提供したために制限額を超えた場合は，追加的に実施した事業者が違反となる。

4 「取引価額」の算定

懸賞により提供する景品類の限度額の算定に係る「取引価額」は，景品類の提供者が小売業者又はサービス業者である場合は，対象商品又は役務の実際の販売価格を基準とする。また，製造業者又は卸売業者が景品類を提供する場合は，それらの希望小売価格ではなく，景品付販売の実施地域における対象商品又は役務の通常の小売価格を基準とする（懸賞運用基準5(1)，総付運用基準1(4)）。

5 懸賞に係る取引予定総額

懸賞に係る取引予定総額とは，懸賞による景品付販売で達成しようとする対象商品又は役務の売上予定総額である（懸賞運用基準7）。その額は，懸賞販売の企画の段階で，過去の懸賞による景品付販売の売上総額の実績等から客観的・合理的に判断して算定することとされている。この売上予定総額から景品類の価額の総額（売上予定総額の2％又は3％）を算出し，それに基づき景品類の価額の総額がその範囲内に収まるよう，景品類の最高限度額を勘案しながら，具体的に景品類及びそれらの本数を決定することになる。

当初予定していた売上げが達成できなかったときは，景品類の比率が売上予定総額の割合を超えることがあり得るが，当初の懸賞企画の段階における売上予定総額の定め方が客観的に合理的なものであれば，後で問擬されることはない。売上予定総額が過大で根拠のないものであれば，広告したときから違反として問擬されることがある。

〈景品類の総額が制限額を超えるとされた事件〉
森永乳業事件（昭和48・7・11排除命令・排除命令集8巻139頁）
　同社は，各種乳製品，食品，清涼飲料水，アイスクリーム等の製造販売業者であるところ，一般消費者を対象に，「マミーもう1本プレゼント」と称して，昭和48年4月から同年6月を期間とし，乳酸菌飲料であるマミーのキャップの裏に「マミゴン」と称する漫画を印刷し，購入者のうちマミゴンが印刷されたキャップを当てた者にマミー1本（22円相当），総額3億7375万円相当の景品類を提供した。
　当該懸賞に係る取引予定総額は，約26億3546万円であって，懸賞により提供することができる景品類の価額の総額はその2%の約5270万円であり，本件における景品類の価額の総額はこの制限を超えるものであった。

6　懸賞企画に関する不当表示

　懸賞による景品類の提供に関する企画の表示において，当該表示に記載された当選者数より，実際の当選者数が少ない場合は，当該表示は有利誤認表示（5条2号）に該当する。

〈懸賞企画に関する不当表示事件〉
秋田書店事件（平成25・8・20措置命令・消費者庁HP）
　同社は，漫画雑誌に掲載された懸賞企画の表示において，当選者には，ワンセグポータブルDVDプレイヤーを2名に，リストレットを2名に，バッグインバッグを5名に提供する等の表示を行ったが，実際の当選者数は，いずれも1名であった。

竹書房事件（平成27・3・13措置命令・消費者庁HP）
　同社は，その販売する漫画雑誌に懸賞企画を表示し，当選者には，iPodShuffle+iTunesカード3000円分を3名に，超音波美顔器を3名に，保温弁当箱を5名に提供する等の表示を行ったが，実際の当選者数は，いずれも1名であった。

7　共同懸賞

(1)　共同懸賞の種類
　多数の事業者が共同して実施する懸賞販売である共同懸賞は，懸賞制限告示で，次の3類型のものが容認されている。

(i) 一定の地域における小売業者又はサービス業者の相当多数が共同して行う場合。

例えば，雪祭り，さくら祭りなどを商工会議所が主催したり，市当局が協賛したりして行う際に，全市あげて大売出しを行うような場合である。

(ii) 1つの商店街に属する小売業者又はサービス業者の相当多数が共同して行う場合。ただし，中元，年末等の時期において，年3回を限度として，年間70日間の期間内で行う場合に限る。

例えば，○○駅前商店街中元大売出しのようなものである。

(iii) 一定の地域において，一定の種類の事業を行う事業者の相当多数が共同して行う場合。

例えば，カメラ祭りなどの同業者が行う共同懸賞である。

共同懸賞は以上のように3類型について限定的に容認されており，以上の要件に該当しないで，複数の事業者が共同して懸賞販売を実施した場合には，それぞれの事業者が単独で懸賞販売を実施したことになり，「単独懸賞」の制限の範囲内のものでなければならない。

(2) 「一定の地域」

ア　小売業者又はサービス業者の行う，前記(1)(i)又は(iii)の共同懸賞については，その店舗又は営業施設の所在する市町村（東京都等では，特別区又は市町村）の区域が「一定の地域」である。しかし，2つの市にまたがる商店街や市町村の合併によって誕生した新しい市町村における旧市町村の区域等市町村の区域より狭い地域であっても，その業種，競争状況等を勘案して，周辺の商店街や同業者に悪影響がないと判断されれば，共同懸賞として許容されることがある（懸賞運用基準8(1)）。

また，例えば，1つの市の区域内にいくつかの温泉地があり，それぞれ相当離れていて別々の名称が付いており，それぞれの地域ごとに団体を作っている場合などは，1つの温泉地に所在する温泉業者の共同懸賞で相当多数が参加すれば，(iii)の共同懸賞が許容される可能性がある。

イ　前記(iii)の共同懸賞は，一定の地域において，一定の種類の事業を行う小売業者又はサービス業者の相当多数が共同して行う場合のほか，一定の種類の事業を行う製造業者又は卸売業者が共同して行う場合もあり，後者の場合は，

その懸賞販売の実施地域が「一定の地域」である（懸賞運用基準8(2)）。

例えば，長野県のみそ製造販売業者が東京都において共同懸賞を実施する場合は，長野県ではなく東京都が「一定の地域」となる。したがって，長野県のみそ製造販売業者の相当多数がこの共同懸賞に参加していても，共同懸賞の参加者が東京都でみそを製造販売している事業者の相当多数に達していなければ共同懸賞とは認められない。

(3) 商店街の共同懸賞

前記(1)(ii)の商店街の共同懸賞の場合は，「一定の地域」の要件は不要である。商店街の共同懸賞は，中元時や歳末時に恒例として大売出しを行う際に行われている。

商店街振興組合法の規定に基づき設立された商店街振興組合が主催して行う共同懸賞は，この共同懸賞に当たるとされているが（懸賞運用基準9），これは例示であるから，商店街振興組合が主催しない場合であっても共同懸賞として認められる。

商店街振興組合法6条によれば，商店街振興組合の区域は，小売商業者又はサービス業者の30人以上が近接していることが1つの要件とされているので，30人以上の小売業者又はサービス業者が近接して商店街を形成している場合には，この商店街の共同の懸賞販売は，共同懸賞として認められる場合がある。ショッピングビルにおいて共同懸賞を行う場合は，それらのショッピングビル（複数又は単数の場合がある）が1つの商店街を形成していると認められることが条件となる。その上で，それらのショッピングビルに入居する小売業者又はサービス業者が30店以上であり，かつ，その参加者がそれらの大部分であれば，共同懸賞を行うことができる。

「中元，年末等」の時期については，中元，年末及びこれらに類似する地域一般において行われる年中行事の時期と解するのが妥当と考えられる。したがって，「商店街創立○○周年記念」等当該商店街独自の事由による場合はこれに該当しない。

なお，「年」又は「年間」というのは，暦年を指すと解するのが妥当である。

(4) 「一定の種類の事業」

前記(1)(iii)の「一定の種類の事業」は，日本標準産業分類の細分類（4ケタ）

として掲げられている種類の事業であれば，原則として，これに当たるものとして取り扱うこととされている。

したがって，例えば，日本標準産業分類では，「大分類E製造業」「中分類09食料品製造業」「小分類094調味料製造業」と分類されており，さらに小分類の中の細分類として，「0941味そ製造業」「0942しょう油・食用アミノ酸製造業」「0943ソース製造業」「0944食酢製造業」等と分類されているので，これら細分類されている事業に属する事業者で共同懸賞を行うことができる。

しかし，これにより難い場合は，当該業種及び関連業種における競争の状況等を勘案して判断することとされている（懸賞運用基準11）。

(5) 「相当多数」

事業者が共同して懸賞販売を行う場合には，周辺の事業者に影響を与えるため，共同懸賞が認められるためには，これに相当多数の事業者が参加することが要件とされている。そこで，共同懸賞への参加事業者が，①「一定地域」における事業者又は1つの商店街に属する事業者の過半数であること，②通常共同懸賞に参加する事業者の大部分であることの2要件を満たせば，「相当多数」に該当することになる（懸賞運用基準10）。商店街でいえば，通常，共同懸賞に参加しない事業者，例えば，風呂屋，不動産業者，新聞販売店などを別にして，小売業者又はサービス業者の大部分が参加しておれば，「相当多数」に該当することになる。

(6) 共同懸賞への参加の不当な制限

共同懸賞も法で認容された一種の共同行為であるので，共同懸賞を実施するに当たって，特定の事業者を排斥したり，不当に差別的に取り扱うことは禁止される。懸賞制限告示では，共同懸賞への参加を不当に制限してはならないことを明定するとともに，次のような場合には，共同懸賞とは認められないとしている（懸賞運用基準12）。

ア 資本金や売上高の多寡によって参加資格を制限するとか，商店街に店舗があってもそこの商店会に加盟していない者は参加を認めないとか，特定の製造業者の系列に属する者に参加資格を限定するとか等の場合。

イ 懸賞実施に要する経費の負担，宣伝の方法，抽せん券の配布等について，一部の者に対し差別的取扱いをし，事実上共同懸賞への参加を不当に制限する

ような場合。

〈共同懸賞に該当しないとされた事件〉
中川電気商会ほか39名事件（昭和48・9・26排除命令・排除命令集8巻148頁）
　東芝製家電製品の販売業を営む40名は，共同して，一般消費者を対象として，「東芝会創立20周年記念特別大創業祭」と称して，昭和48年5月12日から同月13日の2日間，名古屋市内のビルの会場で，カラーテレビ，ルームクーラー等の展示即売会を開催し，3万円以上の購入者又は購入予約者に三角くじを引かせ，景品類として，特賞カラーテレビ（約6万9000円相当）1本，1等自転車（約2万5000円相当）2本，以下残念賞まで各種の物品を提供した（一部省略）。
　この懸賞は，40名の事業者の共同により行われたが，特定の製造業者の系列に属する者のみの参加であったため，共同懸賞とは認められなかった。各事業者は単独懸賞を行ったものとみなされ，懸賞に係る取引価額は3万円であるから，懸賞により提供することができる景品類の価額の最高額は1万円（当時）であり，この景品類のうち特賞及び1等の価額は制限を超えるものであった。

イワセエンタープライゼズほか17名事件（昭和52・12・7排除命令・排除命令集11巻195頁）
　それぞれ東京都港区内のビルの1階又は地下1階（「ピアザ246」と称している）で小売業又は飲食業を営む18名は，共同して，一般消費者を対象として，「ピアザ246オープン記念」と称して，昭和52年8月31日から同年9月4日までの間，各店舗に応募用紙を置き入店者に応募させ，また，新聞折り込みビラに広告を記載し入店しない者にも官製はがきで応募させ，正解者の中から抽せんにより，期間中毎日，景品類として，特賞ハワイ6日間の旅行（21万2000円相当・自己負担金3万2500円）優待1本，1等カメラ及びフィルム（約1万6000円相当）2本，2等ハンガーケース（約3000円相当）10本等を提供した。
　この懸賞は，18名の事業者の共同により行われたが30名以上が近接して商店街を形成しているとは認められなかったため，共同懸賞には当たらないとされた。各事業者は単独懸賞を行ったものとみなされ，懸賞に係る通常行われる取引の価額のうち最低のものは，コーヒー1杯350円であるから，懸賞により提供することができる景品類の価額の最高額は7000円であり，この景品類のうち特賞及び1等の価額は制限を超えるものであるとされた。

(7)　**共同懸賞の違反主体**
　共同懸賞の要件を充足していないのに，景品類の価額の最高価額を30万円

としたり，共同懸賞の要件を充足していても，景品類の価額の最高額や総額の制限を超える等の場合には，当該懸賞販売は共同懸賞とは認められない。前者の場合には参加各事業者が単独懸賞を行ったものとみなされて問擬され，また後者の場合は，商店会や組合等が主催して実施した場合には，当該商店会や組合等の事業者団体が懸賞制限告示に違反するとともに，独占禁止法8条5号「事業者に不公正な取引方法に該当する行為をさせるようにすること」に違反することとなる場合がある。

地方公共団体等の行う博覧会又は展覧会における懸賞（昭和48・7・14公取委事務局長通知）
　地方公共団体その他公的機関の主催する博覧会又は展覧会（新聞社がその文化的事業として参加するものを含む）は，それ自体は公共的性格が強い事業であるが，入場料を徴収し，その入場者に対し景品類を提供する場合は，一般の事業者の私的な経済活動に類似するものとみられる。
　一般の事業者が懸賞付販売をする場合の景品類の最高限度については，共同懸賞の場合であっても，景品類の価額の最高額が30万円を超えない額，総額は当該懸賞に係る取引の予定総額の100分の3を超えない額と定められている。そこで，上記の博覧会等の主催者が，その入場券の販売に付随して懸賞により景品類を提供する場合には，景品類の価額の最高限度額は，最高額及び総額とも，共同懸賞の制限に準ずることとされている。

輸入品バザール等における懸賞の取扱い（昭和61・5・27公取委事務局長通知）
　外国大使館等の公的機関又は輸入促進を目的とする公的機関が，わが国の消費者の嗜好について調査し，輸入品についての知識を普及させること，その他外国企業や輸入品について広報を行うことを主たる目的として，期間を限って輸入品バザール等を主催する場合においては，当該公的機関が一般消費者に対し懸賞により最高額が1000万円を超えない賞品等を提供することは，独占禁止法及び景品表示法上差し支えないこととされている。ただし，賞品等の提供の相手方が展示商品の購入者に限定されるものであってはならず，また，展示商品の販売業者が賞品等を提供するかのように一般消費者に誤認される広告をするものであってはならない。

なお，商店街が，輸入品の販売促進を目的として行う共同懸賞については，懸賞制限告示が定める商店街が行う共同懸賞の制限に従うことになる。

8　懸賞景品に関するＱ＆Ａ

> Ｑ１　インターネットの登録者に抽せんにより物品を提供する場合
> インターネット上のショッピングサイトにおいて無料の会員登録をした者を対象に，抽せんにより物品を提供したいと考えているが，この企画は懸賞に該当するか（消費者庁 HP「景品類に関するＱ＆Ａ 35」）。

Ａ　ウェブサイト上で行われる懸賞については，懸賞サイトが商取引サイト上にあったり，商取引サイトを見なければ懸賞サイトを見ることができないようなウェブサイトの構造であったとしても，消費者は当該ウェブサイト内のウェブページや各事業者のウェブページ間を自由に移動できることから，懸賞に応募しようとするものが商品・サービスの購入に直ちにつながるものではない。したがって，懸賞応募の条件として，商取引のための無料の会員登録を求めたとしても，商品・サービスの購入を条件としていなければ懸賞に該当しない。

　ただし，商品・サービスを購入しなければ応募できない場合や商品・サービスを購入することによりクイズの解答やヒントが分かるような場合は，取引に付随すると認められるため，懸賞に該当し，景品規制の対象となる。

> Ｑ２　ゲームをする人に対する抽せんによる景品類の提供
> 無料でもゲームをすることができるが，有料でより面白いゲームができる場合に，ポイントが溜まったら抽せんで景品類を提供したいと考えている。この場合に，提供できる景品類の額に制限があるか。

Ａ　抽せんにより提供することができる景品類の最高額は，取引価額の 20 倍までのものである。この場合の取引価額は抽せんすることができるだけのアイテムを購入した額である。したがって，景品類の最高額はその額の 20 倍までである。また，景品類の総額は，有料でゲームができる期間における予定総売上額の 2％以内である。有料でゲームができる期間に制限がある場合は，その期間の有料の予定総売上額であり，期間に制限がない場合は一定の期間（例えば 1 年，あるいはそれより短い期間でもよい）の有料の予定総売上額の 2％以内とする。

> Q3 抽せんに外れた者に対する粗品の提供
> 　当店では，商品を一定額購入したお客様を対象に，抽せんで賞品を提供する懸賞企画を考えている。この懸賞においては，抽せんに外れた者にも残念賞として粗品を提供するつもりであるが，粗品の価額を景品類の総額に合算する必要があるか。なお，粗品は，当せん者には提供しない（消費者庁HP「景品類に関するQ＆A 33」）。

A　懸賞において，当せんしなかった者にも残念賞等として価額の安い景品類を提供する場合でも，懸賞により末等として提供される景品類であるので，これら末等などの価額を景品類の価額の総額に合算する必要がある。

> Q4 同時期に行う異なる商品の懸賞
> 　当店では，商品A購入者を対象として懸賞を行い，また，同時期に，商品Bの購入者を対象として懸賞を行いたいと考えている。2つの懸賞を同時期に行う場合，提供できる景品類の価額の最高額及び総額は，どのように考えればよいか（消費者庁HP「景品類に関するQ＆A 30」）。

A　商品Aに係る懸賞と商品Bに係る懸賞は，それぞれ別の取引を条件として行われるものであるので，それぞれの商品について，懸賞において提供できる景品類の価額の最高額及び総額を基に，それぞれの制限額の範囲内において実施することができる。

> Q5 ダブルチャンスとして行う懸賞
> 　商品A（1000円）の購入者を対象に，抽せんにより景品を提供し，1回目の抽せんに外れた者を対象にダブルチャンスとして懸賞を行う場合，提供できる景品類の価額の最高額及び総額は，どのように考えればよいか（消費者庁HP「景品類に関するQ＆A 31」）。

A　2回目の懸賞が1回目の懸賞に外れた者を対象として行われ，1回目の懸賞と2回目の懸賞とに同時に当せんすることがないから，景品類の価額の最高額については，ともに2万円（取引価額の20倍）まで提供が可能である。一方，景品類の総額については，1回目の懸賞及び2回目の懸賞で提供するすべての景品類の価額を合算した金額が，これら懸賞の実施期間中における商品Aの売上予定総額

の２％以内でなければならない。

> **Q６　２回の抽せんの機会を与える懸賞**
> 当社は，衣料品の販売業者であるが，１ヵ月間における購入者を対象に２回の抽せんを行い，景品類を提供したいと考えている。その方法は，商品（最低の価格は500円）の購入の都度抽せん券を提供し，１回目の抽せんを期間の中央日に行い，２回目の抽せんを期間終了後に行い，それぞれ当選者に景品類を提供する。１回目の景品類は，１等１名7000円の価額のもの，２等２名各4000円のものであり，２回目の景品類は，１等１名4000円の価額のもの，２等２名各3000円のもの，末等として全員に500円のものを提供する。この懸賞企画に問題はないか。

A　まず，景品類の価額の最高額であるが，提供することができる限度額は，取引価格の最低が500円であるから20倍の１万円であるところ，１回目7000円，２回目4000円であり，合計１万1000円であるから，制限額を超えることとなるため，合計が１万円となるようにいずれかの金額を下げなければならない。

次に，景品類の価額の総額は，売上予定総額の２％であるので，１回目の景品類の価額の総額が，中間期までの売上予定総額の２％を超えてはならない。仮に，１回目が２％以内で行われているとすれば，２回目の景品類の価額の総額は，中間期における景品類の価額の総額を除いて，全期間の売上予定総額の２％を超えてはならない。

> **Q７　懸賞と総付とを同時に行う場合**
> 当社は，東京に本店を置く旅行会社であるところ，この度，九州への３日間のゴルフツアーを30組90人限定で募集することを企画している。参加費は，総額で13万円であり，これには，航空機料金，ゴルフプレー代，宿泊費，食費等の旅行費用がすべて含まれている。
> ツアーでは，１日目の夕食時に懇親会を予定しており，この場において抽せんで賞品を提供したいと考えている。２日目にゴルフコンペを設定しており，優秀者上位10位までとベスグロ，ブービー賞を提供するほか，賞にもれた者全員へ参加賞を提供したいと考えている。なお，最優秀者１名に対するトロフィーと参加賞は購入するものであるが，それ以外の賞品

はすべて協賛会社から無償で提供されるゴルフクラブ，旅行券等である。さらに，3日目のプレー終了後に，ツアー参加者全員へ記念品（盾）を提供したいと考えている。
　この計画で，留意しなければならない点はどのようなことか。

A　本企画においては，景品類として，①1日目に懇親会で抽せんで賞品，②2日目にゴルフコンペで上位10位までとベスグロ，ブービー賞，参加賞，③3日目に参加賞（盾）が提供される。

　本件は，懸賞と総付とが同時に行われるものであり，これらは別々の景品類提供として取り扱われるが，懸賞制限告示及び総付制限告示それぞれの制限の範囲内で行われるものでなければならない。

　①及び②の賞品は懸賞により提供されるので，景品類の価額の最高額及び総額はそれらの合計額が懸賞制限告示の制限の範囲内で行われるものでなければならず，また，③の参加賞は全員へ提供されるので，総付制限告示の制限の範囲内で行われるものでなければならない。

　景品類の中には，協賛会社から無償で提供されるものもあるが，景品類の価額は，景品類と同じものが市販されている場合は，景品類の提供を受ける者がそれを通常購入するときの価格により，市販されていない場合は，景品類を提供する者がそれを入手した価格，類似品の市価等を勘案して，景品類の提供を受ける者がそれを通常購入するときの価格を算定し，その価格によることとされている。

　そこで，まず，①の賞品の最高額のもの及び②の賞品の最高額のものを加えた価額が10万円を超えてはならない。ただし，トロフィーは，相手方の名誉を表すもので経済的対価を支払って取得するものとは認められないので，景品類としては取り扱われない。

　景品類の価額の総額は，売上予定総額1170万円（13万円×90人）の2％である23万4000円を超えるものであってはならない。

　次に，記念品の価額は，取引価額の20％以内のものでなければならないので，2万6000円（13万円×20％）を超えるものであってはならない。

Q8　製造業者と小売業者が同時期に懸賞を行う場合
　製造業者が，商品A（1000円）の購入者を対象として，抽せんにより景品類を提供するキャンペーンを実施し，同時期に，小売業者が製造業者が行う懸賞とは別に，商品Aを必ず含んで1500円分以上の商品を購入した

者を対象に抽せんにより景品類を提供するキャンペーンを実施する場合，提供できる景品類の価額の最高額及び総額はどのように考えればよいか。なお，２つの企画は，それぞれ独自に実施するものであり，共同企画ではない（消費者庁HP「景品類に関するQ＆A 34」）。

A　同一の取引に付随して２つの懸賞による景品類の提供を行う場合における景品類の価額及び総額についての考え方は，次のとおりである。
　① 同一の事業者が行う場合は，別々の企画による場合であっても，これらを合算した額の景品類を提供したことになる。
　② 他の事業者と共同して行う場合は，別々の企画による場合であっても，それぞれ，共同した事業者がこれらの額を合算した額の景品類を提供したことになる。
　③ 他の事業者と共同しないで，その行う懸賞の当選者に対してさらに懸賞により景品類を追加する場合は，追加した事業者がこれらの額を合算した額の景品類を提供したことになる。
　本件は，③に該当する。この場合において，重複当選を制限していないのであれば，提供できる景品類の価額の最高額は，製造業者の懸賞では商品Ａの価格1000円の20倍（２万円）であり，一方，小売業者の懸賞では1500円の20倍（３万円）から製造業者が提供する景品類の額の最高額を差し引いた額となる。仮に，製造業者の景品類の最高額が１万円である場合は，小売業者が提供できる景品類の最高額は２万円となる。
　また，提供することができる景品類の総額は，小売業者の懸賞に係る売上予定総額から重複する商品Ａの売上予定総額を控除した額の２％以内の額となる。
　なお，小売業者が商品Ａの購入を条件とせず，商品を一定額以上購入した者を対象として懸賞を行う場合は，購入商品の中にたまたま商品Ａが含まれていたとしても，同一の取引とは認められないので，製造業者の懸賞と小売業者の懸賞のそれぞれにおいて提供できる景品類の価額の最高額及び総額は，合算することなく，別々に算定することになる。

Q9　無料で進行可能なゲームにおいて進行に有利になるアイテムを販売する場合

オンラインゲームにおいて，無料で進行可能なイベント等があり，その進行中にアイテム等がランダムで入手でき，入手したアイテム等のうち２以上の異なる種類のアイテム等の特定の組合せを揃えると経済上の利益が

提供される場合において，当該イベント等の進行に有利になるアイテムＡを有料で販売するとき，景品規制の対象となるか（消費者庁HP「インターネット上の取引と『カード合わせ』に関するＱ＆Ａ17」）。

Ａ　アイテムＡを購入することがイベント等を進行させるための条件になっているとまではいえないが，それを購入すればイベント等を進行しやすくなり，特定の２以上の異なる種類のアイテム等を揃えて経済上の利益の提供を受けることが容易になる場合には，提供される経済上の利益の提供は，アイテムＡの「取引に付随」する提供に該当する。

　よって，当該経済上の利益が，アイテムＡの購入に関して，「顧客を誘引するための手段」となっている場合には，景品規制の対象となる。

Ｑ10　月額課金制においてアイテム等の特定の組合せによりアイテム等を提供する場合

　月額課金制のオンラインゲームにおいて，イベント等の進行中にアイテム等がランダムで入手でき，入手したアイテム等のうち２以上の異なる種類の特定の組合せを揃えるとゲーム上で使用することができるアイテム等の経済上の利益が提供される場合，景品規制を受けるか（消費者庁HP「インターネット上の取引と『カード合わせ』に関するＱ＆Ａ18」）。

Ａ　「正常な商慣習に照らして取引の本来の内容をなすと認められる経済上の利益の提供」は，「取引に付随」する提供に当たらないところ，月額課金制のオンラインゲームにおいては，ゲームの供給自体が１つの取引であると考えられ，事業者が利用者に対し，当月内で行われるイベント等の進行中にアイテム等をランダムで供給し，供給されたアイテム等のうち２以上の異なる種類のアイテム等の特定の組合せを揃えた者に対し，別のアイテム等その他の経済上の利益を提供することも，月額課金によるゲーム供給という取引の本来の内容をなすものと考えられる。

　よって，月額課金のみでアイテム等の販売がなく，アイテム等の取引に付随して別のアイテム等その他の経済上の利益が提供されている関係が存在しなければ，当該経済上の利益は景品表示法上の景品類に該当せず，景品規制は受けない。ただし，月額課金に加えて，アイテム等の販売もなされ，アイテム等を販売するという取引に付随してアイテム等その他の経済上の利益が提供される場合には，当該経済上の利益は景品類に該当し，景品規制を受ける可能性がある。

第5　懸賞景品の規制　77

Q11　アイテムの組合せにより攻撃力が増強される場合は取引本来の内容となるのではないか

　オンラインゲームにおいて、有料ガチャによってアイテムAとアイテムBを揃えると、Bが消滅してAのみが残り、Aの攻撃力が増強されるという効果が生じる仕組みがあるとする。この場合、Aの攻撃力の増強こそが有料ガチャという取引の本来の内容であって、当該取引に付随した経済上の利益が提供されていないので、景品規制は適用されないのではないか。また、AとBを揃えると、ABともに消滅して別のアイテムCが提供される場合はどうか（消費者庁HP「インターネット上の取引と『カード合わせ』に関するQ＆A19」）。

A　「取引に付随」する場合とは、取引を条件として他の経済上の利益を提供する場合や、取引を条件としない場合であっても、経済上の利益の提供が取引の相手方を主たる対象として行われるとき、例えば、商品又は役務を購入することにより経済上の利益の提供を受けることが可能又は容易になる場合（商品を購入しなければ回答やそのヒントが分からない等）には、「取引に付随」する提供に当たる。

　しかしながら、「正常な商慣習に照らして取引の本来の内容をなすと認められる経済上の利益の提供」といえる場合には、「取引に付随」する場合には該当しないとされる。

　そして、どこまでの範囲が有料ガチャという取引の本来の内容となるかは、各ゲームの仕組みを踏まえた個別判断となるが、有料ガチャによってAやBを取得した時点でAやBを取得する取引は終了しているといえること、Bが消滅しAのみが残り、Aの攻撃力が増強する場合は、Aの攻撃力を増強させるという別の経済上の利益を提供しているといえることから、Aの攻撃力の増強は、AやBを取得する有料ガチャという取引の本来の内容とはならないことがある。

　そこで、Aの攻撃力の増強が、有料ガチャという取引に付随して提供される経済上の利益に当たり、顧客を誘引するための手段となっている場合には、景品類に該当し、景品規制を受ける可能性がある。AとBを揃えるとABともに消滅して別のアイテムCが提供される場合も、上記と同様に考えられる。

Q12　有料ガチャでアイテムを揃えると攻撃力等が増強される場合でもそれぞれの攻撃力等の合計よりも大きくならない場合

　オンラインゲームにおいて、有料ガチャによってアイテムAとアイテム

Bを揃えると，ABと引替えにアイテムCを取得できる場合，Cのパラメーター（パラメーターとは，攻撃力や防御力といったアイテム等の能力を示す数値のことをいうものとする）がAとBのパラメーターの合計よりも大きくならなければ，Cは経済上の利益に該当しないのではないか。例えば，Aのパラメーターが50，Bのパラメーターが30だったとして，Cのパラメーターが60の場合等（消費者庁HP「インターネット上の取引と『カード合わせ』に関するQ＆A 22」）。

A　Cのパラメーターが，AとBのパラメーターの合計（上記の例でいえば80）よりも大きくなるか否かにかかわらず，Cが，提供を受ける者の側からみて，「通常，経済的対価を支払って取得すると認められるもの」であれば，経済上の利益に該当する。

Q 13　特定の系列のコンビニエンスストアによる共同懸賞は可能か
　当社はコンビニエンスストア「○○ストア」のフランチャイズチェーン本部である。このたび，ある市に所在するチェーン加盟店50店がすべて参加する懸賞を行いたいと考えているが，これを共同懸賞として実施することは可能か。なお，同市には，他のコンビニエンスストアも多数存在している（消費者庁HP「景品類に関するQ＆A 40」）。

A　一定の地域において一定の種類の事業を行う事業者の相当多数が共同して行う懸賞は，共同懸賞として実施することができるが，この場合の「一定の種類の事業」とは，「日本産業分類」の細分類として掲げられている種類の事業が判断基準とされている。コンビニエンスストアは，「一定の種類の事業」に該当するので，共同懸賞として実施する場合は，「○○ストア」だけでなく，実施地域に所在するすべてのコンビニエンスストアの相当多数が参加するものであることが必要となる。したがって，「○○ストア」のみが参加して行う懸賞は，一定の地域において一定の種類の事業を行う事業者の相当多数が共同して行う懸賞とは認められない。

Q 14　ショッピングサイト出店者による共同懸賞は可能か
　通信販売業者が出店しているショッピングサイト，いわゆる電子商店街において，出店している50の事業者すべてが共同して懸賞を行う場合，当該懸賞を共同懸賞として実施することは可能か（消費者庁HP「景品類に関

するQ&A 42」)。

A 共同懸賞は，①一定の地域における小売業者又はサービス業者の相当多数が共同して行う場合，②１つの商店街に属する小売業者又はサービス業者の相当多数が共同して行う場合（ただし，中元，年末等の時期において，年３回を限度として，年間70日間の期間内で行う場合に限る），③一定の地域において，一定の種類の事業を行う事業者の相当多数が共同して行う場合に実施することができる。

　本件のような電子商店街で行われる懸賞は，①及び③には該当せず，また，②の要件は，電子商店街のような仮想のものではなく，通常の商店街についての規定であるので，当該懸賞は，②の要件にも該当しない。したがって，当該懸賞を共同懸賞として実施することはできない。

Q15　共同懸賞と同時期に単独懸賞を実施する場合
　当店は，年末企画として商店街で実施される共同懸賞に参加する予定であるが，同時期に，当店独自の懸賞を行いたいと考えている。応募の条件としては，共同懸賞と当店独自の単独懸賞ともに，商品を5000円分以上購入することが条件となっている。この場合に提供することができる景品類の価額はどのように考えればよいか（消費者庁HP「景品類に関するQ&A 43」）。

A　１回の取引で，単独懸賞と共同懸賞の双方の抽せんの機会が与えられるような場合は，景品類の価額の最高額は，両者の最高額を合算して共同懸賞の最高限度額の範囲内でなければならず，また，景品類の価額の総額は両者の取引予定総額を合算して共同懸賞の取引予定総額の範囲内のものでなければならない。したがって，単独懸賞は，共同懸賞の制限に余地がある場合に，その制限の範囲内で実施することができる。もちろん，それらは単独懸賞が実施できる範囲内のもの（景品類の価額の最高額は10万円，総額は売上予定総額の２％以内）でなければならない。例えば，共同懸賞の景品類の価額が25万円である場合は，単独懸賞の景品類の価額の最高額は５万円以内でなければならず，共同懸賞の景品類の価額の総額が売上予定総額の1.5％であれば，単独懸賞の景品類の価額の総額は売上予定総額の0.5％以内でなければならない。仮に，共同懸賞における景品類の最高額が30万円である企画の場合は，当該事業者は当該共同懸賞に参加するのであれば単独懸賞を実施することができないか，当該共同懸賞に参加しないで独自に単独懸賞を実施することになる。

第6　特定業種における景品類提供の制限

1　概　　要

　総付制限告示及び懸賞制限告示は，すべての業種について適用されるものであるが，業種によっては，一般的なものよりも厳しい規制をする必要があったり，景品類の提供の方法が一般的業種ではみられない形のものがあったりするため，これらについて細かく規定する必要がある等の事情がある業種については，景品表示法4条（旧3条）の規定に基づき，それら特定業種の景品類提供について特別の指定を行っている。これには，次のものがある。

　①　「新聞業における景品類の提供に関する事項の制限」（制定：昭和39年公取委告示第15号，最終改正：平成12年公取委告示第29号）（新聞業告示）

　②　「雑誌業における景品類の提供に関する事項の制限」（制定：昭和52年公取委告示第4号，最終改正：平成8年公取委告示第34号）（雑誌業告示）

　③　「不動産業における一般消費者に対する景品類の提供に関する事項の制限」（制定：昭和58年公取委告示第17号，最終改正：平成9年公取委告示第37号）（不動産業告示）

　④　「医療用医薬品業，医療機器業及び衛生検査所業における景品類の提供に関する事項の制限」（制定：昭和59年公取委告示第25号，最終改正：平成18年公取委告示第36号）（医療用医薬品業等告示）

2　新聞業告示

　(1)　新聞の発行業者・販売業者による新聞購読者に対する景品類の制限として，次のように定められている。

　　ア　懸賞による場合は，景品類の最高額は，懸賞に係る取引価額の10倍又は5万円のいずれか低い額。景品類の総額は，懸賞に係る取引予定総額の1000分の7の金額の範囲であって，新聞業（新聞発行業・新聞販売業）における正常な商慣習に照らして適当と認められる範囲。

　　これは，懸賞制限告示の，景品類の最高額は，懸賞に係る取引価額の20倍又は10万円のいずれか低い額，景品類の総額は，懸賞に係る取引予定総額の100分の2の金額の範囲よりも厳しいものとなっている。

イ　共同懸賞による場合は，懸賞制限告示の制限の内容のままであるが，新聞業における正常な商慣習に照らして適当と認められる範囲。

ウ　懸賞によらない場合は，①景品類の最高額は，景品類の提供に係る取引価額の100分の8又は6ヵ月分の購読料金の100分の8のいずれか低い金額の範囲（次の②③を除く）。これも，総付制限告示の取引価額の10分の2の金額よりも厳しいものとなっている。②自己が発行・販売する新聞に付随して提供する印刷物については，新聞に類似するもの又は新聞業における正常な商慣習に照らして適当と認められるもの。③その対象を自己が発行・販売する新聞を購読するものに限定しないで行う催し物等への招待・優待については，新聞業における正常な商慣習に照らして適当と認められるもの。

(2)　新聞の発行業者が，その新聞の編集に関連してアンケート，クイズ等の回答，将来の予想等の募集を行い，その対象を自己の発行する新聞の購読者に限定しないで懸賞により景品類を提供する場合には，(1)にかかわらず，最高額3万円の価額の景品類を提供することができる。

3　雑誌業告示

(1)　雑誌の発行業者は，一般消費者に対し景品類を提供する場合に，懸賞による場合には懸賞制限告示，懸賞によらない場合は総付制限告示の範囲内でなければならないが，編集に関連し，かつ，雑誌と一体として利用する教材その他これに類似する物品を提供する場合には，雑誌発行業における正常な商慣習に照らして適当と認められる範囲のものを提供することができることとされている。

(2)　雑誌に募集の内容を掲載して，その雑誌の編集に関するアンケート，パズル等の回答，将来の予想，学力テスト，感想文，写真等を募集し懸賞により景品類を提供する場合には，(1)にかかわらず，最高額3万円の価額の景品類を提供することができる。

4　不動産業告示

不動産の売買業者，交換・賃貸業者，不動産の売買・交換・賃貸の代理業者・仲介業者は，一般消費者に対し景品類を提供する場合において，懸賞によ

る場合には懸賞制限告示の範囲内のものを提供することができるが，懸賞によらない場合は，景品類の提供に係る取引価額の10分の1又は100万円のいずれか低い金額の範囲のものでなければならない。

5 医療用医薬品業等告示

医療用医薬品製造業・販売業，医療機器製造業・販売業及び衛生検査所業を行う者は，病院，診療所，介護老人保健施設，薬局，衛生検査所等に対し，医療用医薬品，医療機器又は衛生検査の取引を誘引するための手段として，医療用医薬品・医療機器の使用又は衛生検査の利用のために必要な物品又はサービスその他正常な商慣習に照らして適当と認められる範囲を超えて景品類を提供してはならないこととされている。

〈最近の警告事例〉

A社に対する厳重警告（平成23・5・19医療用医薬品製造販売業公正取引協議会）

A社に次のような公正競争規約違反が認められたとして，医療用医薬品製造販売業公正取引協議会は，厳重警告を行った。

① 平成22年11月から同年12月まで，症例データをインターネットにより収集し，これに応じて提供した医師に対し，1症例ごとに，1万円分の商品券を提供したが，規約上金銭の支払が認められる調査委託ではなく，不当な金銭提供と認められる。

② 平成21年10月から平成22年10月までオーストラリアで開催された3回の研究会へ日本人医師を合計48名参加させ，1人当たり謝金5万円，旅費・宿泊費等約6万5000円を負担したが，海外で開催される自社製品関係の調査研究に関する会合に派遣する際の報酬及び費用には該当せず，不当な金銭提供及び旅行招待であると認められる。

③ 平成22年9月から同年11月までの間，2つの研究会合を合計8回開催し，これに88名の医師が参加し，1つの研究会の出席者に対しては7万7777円，他の研究会の出席者に対しては3万3333円を支払ったが，仕事の報酬とはいえず，不当な金銭提供であると認められる。

④ 平成21年1月から平成22年9月までの間，一定事項に関してアドバイスを得ること，臨床経験に基づく実感を聴取すること等を目的として，「A会議」（延べ149回，延べ2106名参加）及び「B会議」（延べ107回，延べ1162名参加）を開催し，「A会議」の参加者に1人当たり7万円を，「B会議」の参加者に1人当

たり3万円を提供したが,いずれも仕事の依頼に対する報酬とはいえず,不当な金銭提供であると認められる。

〔波光　巌〕

第3章

不当表示の規制

第1 概説

　消費者が自主的かつ合理的な商品選択を行うことができることは，良質廉価な商品又は役務を購入することを通して，消費者の利益を確保するための基礎である。そして消費者が商品選択を行う際，事業者の広告や商品のラベル，説明書を手掛かりとするが，現代の社会においては，消費者と事業者との間で情報の格差が存在し，これらの広告，表示が不適切である場合には消費者の自主的かつ合理的な商品選択が歪められてしまうことになる。また，消費者が適正な商品選択を行うことは，これを通じて，正しい広告や表示を行っている事業者の利益にもつながり，公正な競争を確保することにもなる。

　このため，景品表示法は事業者が供給する商品又は役務について，一般消費者による自主的かつ合理的な選択を阻害するおそれがある表示を不当表示として禁止している（5条）。景品表示法5条は，規制される不当表示として，①品質・規格その他の内容に関する不当表示（優良誤認表示），②価格その他の取引条件に関する不当表示（有利誤認表示），③上記①，②以外で，内閣総理大臣が指定する不当表示の3つの類型を規定している。

　このほか，31条1項に基づき，内閣総理大臣及び公正取引委員会が認定した公正競争規約においても不当表示が自主的に規制されている。

第2 表示と表示の主体

1 表示

　景品表示法は，その規制対象となる表示を，「顧客を誘引するための手段として，事業者が自己の供給する商品又は役務の内容又は取引条件その他これら

の取引に関する事項について行う広告その他の表示であつて，内閣総理大臣が指定するものをいう」と定義（2条4項）し，その具体的な内容については，「不当景品類及び不当表示防止法第2条の規定により景品類及び表示を指定する件」（定義告示）により，内閣総理大臣が告示により指定している（新景品表示法の経過規定により，旧景品表示法による指定は，新法により指定されたものとみなされている）。

同定義告示は，2条4項に規定する表示について，以下のように定めている。

顧客を誘引するための手段として，事業者が自己の供給する商品又は役務の取引に関する事項について行う広告その他の表示であって，次に掲げるものをいう。

① 商品，容器又は包装による広告その他の表示及びこれらに添付した物による広告その他の表示（取引される商品そのもの又はこれとともに相手方に引き渡されるものによる表示である）

② 見本，チラシ，パンフレット，説明書面その他これらに類似する物による広告その他の表示（ダイレクトメール，ファクシミリ等によるものを含む）及び口頭による広告その他の広告その他の表示（電話によるものを含む）（広告媒体を用いた広告のうち，通常，その広告媒体が1人ひとりの相手方に配布されるものによる表示である）

③ ポスター，看板（プラカード及び建物又は電車，自動車等に記載されたものを含む），ネオンサイン，アドバルーン，その他これらに類似する物による広告及び陳列物又は実演による広告（1つの広告媒体を多数の人が見ることを前提としたもので，「看板」には，立看板や立札のように定着されたもののほか，電車の車体に取り付けられたもののように移動する物も含まれる。また，「これらに類似するもの」としては，例えば旗がある）

④ 新聞紙，雑誌その他の出版物，放送（有線電気通信設備又は拡声機による放送を含む），映写，演劇又は電光による広告（主としてマスメディアを利用する広告であって，その媒体は，通常，独立別個の事業者に係るものである）

⑤ 情報処理の用に供する機器による広告その他の表示（インターネット，パソコン通信等によるものを含む）

上記のうち，「顧客を誘引するための手段として」，「事業者」及び「自己の供給する商品又は役務の取引」の解釈については，景品類に関するものと同一

であるので，**第2章・第2・3～5**（13～17頁）を参照されたい。

　①～⑤は広範な内容であり，事業者が顧客を誘引するために用いる広告はすべて「表示」に該当するといえよう。一般に，新聞・雑誌・テレビ等の媒体により表示されるものを「広告」といい，商品・容器・包装等の商品又は役務に付着したものにより表示されるものを「表示」というが，景品表示法でいう「表示」とは，上記の「広告」を含む広い概念である。

　景品表示法の規制の対象となる表示は，上記のとおり幅広いものであるが，これらはいずれも，「顧客を誘引するための手段」として行われることが要件となっている。したがって，顧客誘引効果を有しないものは規制の対象外であるが，実際には，事業者は顧客を誘引するために「表示」を行うのであるから，個別事案において顧客誘引性の有無が問題となることはないであろう。また，「顧客を誘引するための手段」であるから，顧客誘引の「目的」で行っているかどうかという主観的意図は問題ではなく客観的に顧客誘引効果が認められれば足り，さらには，現実に当該表示により顧客が誘引されたかどうかということも問題とはならない。

【商品による表示】

　①の「商品による表示」とは，商品自体に，文字，絵，色，図案等を印刷・刻印・貼付する等の方法で記載するものをいう。例えば，商品自体に刻印した文字，図案とか，洋服・シャツ等に縫いつけられたり貼付されたタグ，造形・着色した食品等が含まれる。商品のそのままの形や色で販売するものは該当しないが，事業者が商品を造形したり，着色を施せば，それが「商品による表示」に該当する。例えば，水飴をはちみつに見せかけるために着色・着香することはこれに該当する。

【容器・包装による表示】

　①の「容器又は包装による表示」とは，(i)商品の容器又は包装に，文字，絵，色，図案等を印刷，刻印又は貼付する方法で記載するもの，(ii)容器又は包装の形，色，大きさ自体で示すものである。(i)は，例えば缶ジュースの文字や絵，ラベルやマーク，牛乳びんのキャップ，包装紙に記載された文字等である。(ii)は，例えば観光土産品や食品のり等の過大な容器・包装等が問題となる。

【口頭による表示】

②の「口頭による表示」とは、店頭・店内における商品又は役務の効能・効用等についての口頭による説明等をいう。口頭による説明等は従業員等によって行われる場合が多いが、従業員等による表示は使用者である事業者の表示とみなされる（民事的にも、被用者が第三者に加えた責任が使用者の責任とされる場合がある。民法715条）。

【陳列物による表示】

③の「陳列物による広告」には、ショーウィンドーや食堂の店頭の陳列、売り場の陳列による表示等が含まれる。「食肉の表示に関する公正競争規約」においては、「外部から見える場所に内部のものよりも品質が著しく優良な食肉を陳列することにより、陳列されている食肉全部の品質が著しく優良であるかのように誤認されるおそれがある表示」が不当表示に該当することを規定している。

2 表示主体

(1) 表示に複数の事業者が関与した場合

不当表示として規制の対象となる事業者は、「自己の供給する商品又は役務の取引について」不当な表示を行った者である。メーカーがその製造した商品について、あるいは輸入業者がその輸入した商品について不当な表示を行った場合には、当該メーカーや当該輸入業者がそれぞれ表示主体として規制の対象となる。

しかし、例えば、メーカーや輸入業者が提供した情報を信用して小売業者が表示した場合など、当該表示に複数の事業者が関与した場合、どの事業者が表示主体として規制の対象とされるかが問題となる。

なお、広告媒体や広告代理店は、不当表示があった場合でも、「自己の供給する商品又は役務の取引について」でないから、景品表示法上の不当表示の責任を追及されることはない。

(2) 考え方と運用、判例

公正取引委員会は従来から、当該表示に複数の事業者が関与した場合、規制の対象となる表示主体は、表示の作成に関与し、当該表示を自ら又は第三者を通して一般消費者に示したものとし、「作成に関与」には、自ら積極的に関与

しただけでなく，表示内容についての説明を受容してその内容どおりの表示を作成することや，表示の作成を白紙委任的に他の事業者に任せることも含まれるとし，また，表示を行う事業者の故意・過失は要しないとし，具体的に関与が認められるかについては個別事案ごとに判断されるとしてきている。

　また判例も，表示主体として表示内容の決定に関与した事業者とは，①自らもしくは他の者と共同して積極的に表示の内容を決定した事業者，②他の者の表示内容に関する説明に基づきその内容を定めた事業者，及び③他の事業者にその決定を委ねた事業者とする（ベイクルーズ事件審決取消請求事件・平成20・5・23東京高裁判決・審決集55巻842頁）。このうち，②は，他の事業者が決定しあるいは決定する表示内容について，その事業者から説明を受け，これを了承し，その表示を自己の表示とすることを了承した事業者をいい，他の事業者の説明をそのまま了承して表示する受動的・消極的な態度で関与する者をいう。③は，自己が表示内容を決定することができるにもかかわらず，他の事業者に表示内容の決定を任せた事業者をいい，②よりもさらに消極的態度での関与であり，輸入元，製造元へ白紙委任したときも含まれるとされる（中川寛子「輸入ズボンの原産国の不当表示と販売事業者の責任」別冊ジュリスト199号270頁）。

　これは，消費者と事業者との間では，情報の非対称性が格段に大きく，消費者にとって商品の選択の際は，表示という外形のみを信頼して判断するしか方法がなく，景品表示法の趣旨が，消費者の信頼を保護することにあるためである。メーカー，卸売業者が商品内容について誤った説明をしたことが小売業者の不当表示の原因であったとしても，また，当該チラシの作成自体につき小売業者がメーカー等の関与なしに独自に作成した場合，不当表示の主体は小売業者である。メーカーが包装を行った商品を小売業者が自ら作成したチラシにより広告した場合は，商品の包装についてはメーカーが，チラシについては小売業者がそれぞれ表示の主体となる。いずれの場合においても，「不当表示を行った者」の故意・過失は要しない。

(3) **主な違反事例**

　複数の表示主体が表示に関わっていた場合に，それらの表示主体が排除命令（又は措置命令）の対象とされた主な事例は，以下のとおりである。

〈小売業者が表示主体とされた事件〉
東急百貨店ほか事件（平成6・4・28排除命令・排除命令集20巻3頁）
　百貨店等通信販売業者10社は，輸入業者から仕入れた超音波ダニ撃退器について，あたかも超音波により駆除効果があるかのようにカタログ等で広告したが，実際にはこうした駆除効果はなかった。これら10社は当該商品の輸入業者が提供した資料等に基づき広告を行ったものであるが，違反行為者として10社は4条1号（現5条1号）違反で排除命令を受け，情報源の輸入業者へは警告が行われた（同内容のものとして，リッカー，セゾンダイレクトマーケティング，伊勢丹，エヌ・ジー・シー，フレンドリー，小田急百貨店，横浜そごう，コスミック及びサントリー・ショッピング・クラブがある）。

〈卸売業者が表示主体とされた事件〉
丸紅畜産事件（平成14・4・24排除命令・排除命令集23巻93頁）
　食肉の卸売業者は，ブラジル産鶏肉の販売に当たって，その部位ごとに詰めた包装袋，段ボール箱に「食肉検査合格品　国産鶏肉」のマークを掲載し，小売業者に販売したため，その食肉卸売業者が原産国表示告示の違反行為者として排除命令を受けた。なお，同社は，小売業者が同社の記載した表示内容に基づき，国産鶏肉として消費者に販売していることを認識している状況にあった。

〈複数の事業者が表示主体とされた事件〉
ビームス事件（平成19・1・30審判審決・審決集53巻551頁，平成19・10・12東京高裁判決・排除命令集26巻853頁）
　輸入業者と衣料品小売業者5社の計6社は，輸入ズボンを販売するに当たり，実際にはルーマニア製であるにもかかわらず，タッグ等に「イタリア製」と記載したため上記6社が違反行為者として排除命令を受けた。審決は，小売業者5社は輸入業者の説明に基づき「イタリア製」と認識したものであるが，小売業者5社は当該輸入業者に「イタリア製」のタッグの作成を依頼しており，当該小売業者は表示内容の決定に関与したものに該当し，輸入業者の説明を信じて「イタリア製」と誤認したことはその判断を左右しないとされた。また，表示事業者とは表示内容の決定に関与したものであり，「決定に関与」とは，①自らもしくは他の者と共同して積極的に当該表示の内容を決定した場合のみならず，②他の者の表示内容に関する説明に基づきその内容を定めた場合や，③他の者にその決定を委ねた場合も含まれるとし，当該決定関与者に故意又は過失があることを要しないとされた。
　本件審決取消訴訟において，東京高裁は，表示事業者とは，いかなる生産・流通

段階にある事業者かを問わず，一般消費者に伝達された表示内容を主体的に決定した事業者はもとより，当該表示内容を認識・認容し，自己の表示として使用することによって利益を得る事業者も表示内容を間接的に決定した者として，これに含まれるとした。

京王百貨店及び明治屋産業事件（平成 14・10・25 排除命令・排除命令集 23 巻 178 頁）
　食肉等小売業者は，百貨店内の当該小売業者の運営する精肉売場において栃木産和牛等の肉を「松坂牛ステーキ用」などと掲示し，また百貨店は，当該商品を販売する際に用いる包装紙に貼付した会計ラベルに「（当該）百貨店精肉売場」と記載するよう当該小売業者に指示し，また，当該売場における食肉について，当該百貨店名のチラシを消費者に配布した。このため，当該小売業者と当該百貨店に対し 4 条 1 号（現 5 条 1 号）違反で排除命令が行われた。

QVC ジャパン及び住金物産事件（平成 22・3・31 措置命令・消費者庁 HP）
　住金物産は本件布団を製造しており，QVC ジャパンは住金物産から布団を仕入れて同社のテレビショッピング番組及び同社のウェブサイトを通じて一般消費者に通信販売していたところ，QVC ジャパンはウェブサイトで「カシミヤ＆ウール／キャメル＆ウール掛布団」と表示し，また，テレビショッピング番組で，映像で「カシミヤ80％」と表示するとともに音声で「なんとぜいたくなキャメルとカシミヤのメリノウールを使いました」等と表示していた。しかし，実際は，本件布団の詰め物の原材料にはカシミヤは用いられていなかった。このため，上記両社に対し 4 条 1 項 1 号（現 5 条 1 号）違反で措置命令が行われた。

〈100％子会社の表示行為を親会社の行為であるとされた事件〉
近畿日本鉄道事件（平成 25・12・19 措置命令・消費者庁 HP）
　近畿日本鉄道（以下「近鉄」という）は，100％子会社の近鉄旅館システムズに当該旅館等の運営に係る業務を委託して行わせていたが，近鉄旅館システムズ傘下の旅館が料理等に不当表示を行ったところ，消費者庁は，近鉄旅館システムズではなく親会社の近鉄を違反行為者として措置命令の相手方とした。これは，委託契約の内容から，親会社と子会社とは一体の関係にあり，子会社の行為は親会社の行為でもあると判断し，親会社を行政処分の対象としたのではないかと考えられる。

広告媒体・広告代理店の民事上の責任
　景品表示法で規制対象とされる事業者は，「自己の供給する商品又は役務の取引に

ついて」不当表示を行った場合である。したがって，新聞社，放送事業者等の広告媒体あるいは広告代理店は自らは商品等の供給取引を行っていないから，仮に当該広告等に不当表示があったとしても，景品表示法上の違反事業者とされることはない。

　しかしながら，広告媒体あるいは広告代理店が広告内容の真実性に疑念を抱くべき特別の事情があって読者らに不測の損害を及ぼすおそれがあることを予見し又は予見し得た場合には，真実性の調査確認をして虚偽広告を読者らに提供してはならない義務があり，この義務を怠った場合等には民事上の責任を負うことを下記事件の判決は述べている。

新聞社及び広告代理店に対する共同不法行為責任による損害賠償請求事件（平成元・9・19最高裁判決・裁判集民事157号601頁）
　本件は，未完成の建物（マンション）の販売広告をした不動産業者が倒産したため，広告を見て購入の契約をしたが，マンションを入手できず既払内金の返還も受けられなくなった原告（上告人）らが，広告を掲載した新聞社及び広告代理店に対し，損害賠償を求めた事案である。
　最高裁は，上告審において，次のように判示した。「元来新聞広告は取引について一つの情報を提供するものにすぎず，読者らが右広告を見たことと当該広告に係る取引をすることとの間には必然的な関係があるということはできず，とりわけこのことは不動産の購買勧誘広告について顕著であって，広告掲載に当たり広告内容の真実性を予め十分に調査確認した上でなければ新聞紙上にその掲載をしてはならないとする一般的な法的義務が新聞社等にあるということはできないが，他方，新聞広告は，新聞紙上への掲載行為によってはじめて実現されるものであり，右広告に対する読者らの信頼は，高い情報収集能力を有する当該新聞社の報道記事に対する信頼と全く無関係に存在するものではなく，広告媒体業務にも携わる新聞社並びに同社に広告の仲介・取次をする広告社としては，新聞広告のもつ影響力の大きさに照らし，広告内容の真実性に疑念を抱くべき特別の事情があって読者らに不測の損害を及ぼすおそれがあることを予見し，又は予見しえた場合には，真実性の調査確認をして虚偽広告を読者らに提供してはならない義務があり，その限りにおいて新聞広告に対する読者らの信頼を保護する必要があると解すべきところ，前記事実関係によれば，本件掲載等をした当時，被上告人らにおいて前記真実性の調査確認義務があるのにこれを怠って右掲載等をしたものとはいえない」。
　なお，自己の供給する商品等の取引についての景品表示法上の不当表示等不適切な表示を行った者に対し，民事上の損害賠償責任があることはいうまでもない。この場合には，債務不履行，瑕疵担保責任又は不法行為責任が理由とされる。

3 不表示

　景品表示法で禁止される不当表示は，後述するとおり，原則として事業者の積極的な表示行為により，一般消費者に対して優良誤認表示又は有利誤認表示もしくは5条3号に基づく指定告示において規定されている取引に関する事項について誤認されるような表示を行う場合である。その場合において，積極的に不当表示を行った場合に限られるものではなく，一般的な他の表示が行われる場合であっても特定の情報に関する表示がなされないことにより，表示全体から誤認を生ずるものがある場合には，これらは全体として不当表示に該当するおそれがある。

　例えば，住宅用地の販売において，当該住宅用地が高圧電線下にあって建設制限区域であるにもかかわらず，建設制限区域であることが表示されない場合や，中古自動車であるにもかかわらず，中古品であることが表示されない場合等である。そのような制限を受けていることや中古品であることの表示はデメリット表示と呼ばれることがあるが，そのような表示がなされていない場合には，一般消費者はそのような制限等を受けていない商品であると誤認するおそれがあるからである。

　したがって，一般消費者の商品又は役務の選択において基準とされるようなものについて表示が行われない場合には，当該表示は表示全体として不当表示となるおそれがある。そのようなデメリット表示は当該商品又は役務の内容に関する表示（メリット表示を含む）と一体のものとして明りょうに表示される必要がある。この場合のデメリット表示は，内容に関する表示と同一の視野に入る場所に，同一の大きさの文字で表示されることが望ましい。

　デメリット表示をしないことにより表示全体が不当表示となる場合があることは前述のとおりであるが，5条3号に基づく指定告示においては，一定の表示が行われる場合であって，正しい表示又はデメリット表示をした場合には不当表示に該当しないとして，間接的に一定の表示を行うことを義務付けているものがある。例えば，「商品の原産国に関する不当な表示」においては，外国の国名，地名等が表示されている商品について，「日本製」等と明りょうに表示すること，「おとり広告に関する表示」においては，取引の申出に係る商品・役務の供給量が著しく限定されている場合には販売数量を明りょうに表示

すること，「有料老人ホームに関する不当な表示」においては，有料老人ホームと医療機関との協力関係について表示を行う場には，当該協力の内容を明りょうに表示すること等である。

〈接続手数料がかかるにもかかわらずこれを表示せず通話料が割高となる場合があることを表示しなかった事件〉
東日本電信電話及び西日本電信電話事件（平成20・3・13排除命令・排除命令集26巻348頁）

　DIAL104の電話の接続に関するTVCM，新聞広告，車内広告において，「DIAL104お問合せの番号にそのままおつなぎするサービスをはじめました。これからは，かけ直していただくことなくそのままおつなぎします」等と表示したが，実際には，接続手数料がかかるものであり，さらに，DIAL104を利用して接続した先との通話料が区域内通話の場合には，利用しない場合の通話料よりも割高となるものであるにもかかわらずその旨を放送もしくは記載しない又は明りょうに放送もしくは記載しないことにより，あたかも，DIAL104の利用には料金がかからず，かつ，DIAL104を利用しても利用しない場合と同じ通話料で通話できるかのように表示しているものであった。

第3　優良誤認表示

1　優良誤認表示

(1) 概　説

　景品表示法は不当表示の1つとして，5条1号において，優良誤認表示として，「商品又は役務の品質，規格その他の内容」について，「一般消費者に対し」，①「実際のものよりも著しく優良である」と示す表示，及び②事実に相違して当該事業者と同種若しくは類似の商品若しくは役務を供給している「他の事業者に係るものよりも著しく優良である」と示す表示であって，不当に顧客を誘引し，一般消費者による「自主的かつ合理的な選択を阻害する」おそれがあると認められるものを規定している。②の表示は比較表示といわれるものである。

　平成15年改正の景品表示法4条1項1号では，商品・役務の内容について，「実際のものよりも著しく優良であると示し，又は事実に相違して当該事業者と競争関係にある他の事業者に係るものよりも著しく優良であると示すことに

より」と規定されていたが，これは同改正により，新たに4条2項（不実証広告，後述**2**（110頁））が新設されたためであり，さらに平成21年改正により，上記のように修正されたものであるが，これら一連の改正により，規制内容には実質的な変更はない。

(2) 「商品又は役務の品質，規格その他の内容」

商品又は役務の品質，規格その他の内容については，これらは広義の取引条件に含まれるが，これらの内容は，商品又は役務の選択の際に特に重要な要素であるため，不当表示の要件をより明確にするため，景品表示法5条2号（有利誤認表示，後述**第4**（115頁）参照）とは別に定められている。

「品質」とは，商品の成分，属性のことであり，成分とは原材料・濃度・純度・添加物・混用率・質・品位などを意味し，属性とは，商品又は役務の性能・効能・効果・安全性・耐用度・耐熱（寒）度・乾燥度・堅牢度・栄養価・鮮度・衛生性・伸縮性・構造（装置）・味覚・匂いなどをいう。

「規格」とは，品質その他の内容について，国，地方公共団体又は民間団体が定めた規格「公的規格，検査規格等」・等級・基準などをいう。商品の例としては，JAS規格，JIS規格，特殊栄養食品マークなどであり，役務の例としては，国立公園や温泉の名称の使用などが考えられる。内閣総理大臣及び公正取引委員会の認定を受けた公正競争規約で定められている規格もこの規格に該当する。公正競争規約において，例えば，加工のりの最小規格は横3.1センチメートル，縦8.7センチメートル又は27平方センチメートル以上でなければならないこと，牛乳又は加工乳の商品名に当該商品の成分が特に濃厚であるという印象を与える文言を使用する場合は，その成分が乳脂肪分3.8％以上，無脂乳固形分8.5％以上を含有するものでなければならないこと，不動産広告において徒歩1分は80メートルの距離であること等の規定を設けているが，これらはいずれも規格を定めたものである。

「その他の内容」とは，商品については，主として品質，規格に影響を及ぼすものをいい，例えば，原産地，使用方法，製造方法（製造工程，加工方法），製造設備（衛生設備，検査設備），新旧品の別，有効期限，製造年月日，検査・特許の有無，用途・交通の便又は生活環境，知名度・受賞の有無，デザイナー又は設計者の名などである。役務の「内容」とは，事業者が提供する本来の役務の

安全性・快適性・衛生性・効能性・利用方法・事業設備・速度・役務の提供者の技術又は名前などのことである。

(3)　「実際のものよりも著しく優良である」

　ア　品質・規格その他の内容について，事実に反して実際のもの（実際に販売し又は販売しようと考えている商品・役務に係るもの）よりも優良な事項を表示し，又は事実に反していなくても，実際のものよりも誇張して表示することにより，一般消費者に誤認される表示を規制する趣旨である。「実際のものよりも（著しく）優良である」かどうかは，一般消費者が優良であると考えているかどうかが基準となる。

　イ　「実際のものよりも（著しく）優良」かどうかは，一般消費者にとっての利用価値，市場価格の高低などを基準として判断される。商品の利用価値・役割の内容なども価格によって表されることが多いことから，特に価格の高低は重要な判断基準となる。消費者がその商品の価値をどのように評価しているかは，その商品の価格に現れると考えられるからである。原材料，濃度，純度などを偽り，価格の安いものを高いものと誤認させる場合が典型的な例である。例えば，食品の加工技術が向上し，自然食品とほとんど見分けがつかないような加工食品について，これらの加工食品は大量生産が可能なため自然食品に比較してコストが割安であり，これを価格の高い自然食品とまぎらわしい表示で販売する場合，加工食品の表示が「実際のものよりも著しく優良な表示」であるとされる。

〈もちとうもろこしでん粉等を混入した包装もちを国産もち米で作ったかのように表示した事件〉
東京もち審決取消請求事件（平成 8・3・29 東京高裁判決・審決集 42 巻 457 頁）
　もちとうもろこしでん粉を混入した包装もちに「もち米 100％」と表示した事件において，実際のもの（事業者が販売しようとした包装もち）は，1 キログラム 150 円程度のもちとうもろこし 15％，1 キログラム 175 円～ 190 円のタイ産もち米 5％で作ったもちであったが，これを 1 キログラム 360 円～ 500 円の国産もち米 100％で作ったもちであるかのように表示したものであった。

〈古紙配合率が高くないにもかかわらず配合率が高いかのように表示した事件〉
製紙メーカー 8 社事件（平成 20・4・25 排除命令・排除命令集 26 巻 397 頁）

製紙メーカー8社は，古紙パルプを原材料に用いた再生紙コピー用紙を販売業者を通して一般消費者に販売するに当たって，その包装紙等に，「古紙100％」「古紙100％原生紙」「古紙配合率70％」等と表示していたが，実際の古紙配合率は，大部分の期間において5％～75％であり，記載された古紙配合率をそれぞれ大きく下回るものであった。
　古紙パルプを原料に使用する再生紙は，木材パルプのみを原材料とする紙に比べて紙繊維が短いため強度を確保することが難しく，また，インクなどの不純物などが多く含まれるため白色度をあげにくい等の問題があり，古紙配合率が高いほど質がよくなるわけではなく，その強度や白色度は一般消費者にとって判別困難なものである。しかしながら，古紙配合率が高い商品は環境保全を重視して商品選択を行う消費者にとっては品質が優れていると認識されるものであるため，上記製紙メーカーの表示は，再生紙コピー用紙の品質について，「優良」であると一般消費者を誤認させるものである（製紙メーカー8社は，王子製紙，紀州製紙，大王製紙，中越パルプ工業，日本製紙，北越製紙，丸住製紙及び三菱製紙）。

ウ　「著しく」はどの程度かということについては，数量的な「多・少」の問題ではない。広告にはある程度の誇張，誇大が含まれていることはやむを得ないと一般に認められているが，その許容されている誇張，誇大の限度を超えれば，「著しく」優良と誤認されることになる。その誤認がなければ誘引されることはほとんどなかったであろうということが客観的に認められる程度の誇大表示であれば，「著しく優良であると誤認される表示」ということになる。

〈水道水であるにもかかわらず鉱水又は温泉水であるかのように表示した事件〉
ルートインジャパン事件（平成18・11・7審判審決・審決集53巻457頁）
　ホテルの温泉施設につき，実際には水道水を加温した上で温浴剤を溶かしたものであるにもかかわらず，あたかも鉱泉又は温泉を使用したものであるかのような表示をした。
　本件審判において，被審人（ルートインジャパン）は，本件表示は，明らかに温泉であるとか，間違いなく温泉であるという表示として理解されるものではないから，「著しく」優良であるという表示には当たらないと主張したが，審決は，一般消費者は，温泉や鉱泉の正確な定義や用法までは認識していないとしても，温泉や鉱泉について，「地中から天然に湧出する温水又は何らかの鉱物の成分を含む水」と認識しており，本件のように「単に水道水を加温したものや水道水に鉱物の成分

を後から溶かしたもの」を温泉や鉱泉と表示する行為は，「一般消費者に実際のものよりも著しく優良であると誤認」されるものと認められるとして，被審人の主張を退けた。

(4) 「他の事業者に係るものよりも著しく優良である」

事業者は，自己の供給する商品又は役務について，同種・類似のものを供給する競争事業者に係るものと比較して自己のものが優れていることを強調する表示を行うことがあるが，これが正しく行われないと，一般消費者の自主的かつ合理的な選択を阻害するおそれがある。そこで，景品表示法5条1号では，「事実に相違して当該事業者と同種若しくは類似の商品若しくは役務を供給している他の事業者に係るものよりも著しく優良であると示す表示」を不当表示としている。

これに該当するのは，自己の供給する商品又は役務の品質，規格その他の内容について，事実に反して単純に競争事業者に係るものと比較して著しく優れていることを強調して表示するもののほかに，例えば，性能や安全性等に優れた効果を発揮する原材料や部品等が一般的に用いられているにもかかわらず，自己の供給する商品又は役務にのみ用いられていることを強調して表示することにより他社のものには用いられていないかのように誤認されるものもこれに該当する。

〈イオン式煙感知器がアポロ宇宙船に設備されたかのように表示した事件〉
ニッタン事件（昭和45・3・20排除命令・排除命令集4巻228頁）
　ニッタンは，同社が製造販売するイオン式煙感知器の新聞，雑誌等の広告及び取引先への通知文面で「ニッタンが選ばれてアポロに乗りました。当社の長年の研究と技術が今回のアポロ11号に日本の頭脳として評価されたものです」「アポロにのった煙感知器，宇宙船には世界中でもっとも信頼のおける製品が採用されています。ニッタンのイオン式煙感知器はアポロにも設備されています」等と記載したが，ニッタン製のイオン式煙感知器は，アメリカのアポロ有人宇宙飛行計画によるアポロ宇宙船には設置されていないものであった。

比較広告については，景品表示法上の考え方が示されている。詳細は**第6・2**（146頁）参照。

不正競争防止法における商品・役務の内容等誤認惹起行為の規制

不正競争防止法2条1項13号では，次のような行為が「不正競争」に該当するとされ，規制されている。

商品・役務やその広告・取引に用いる書類・通信にその商品の原産地，品質，内容，製造方法，用途，数量について，また，その役務の質，内容，用途，数量について誤認させるような表示をし，又はその表示をした商品を譲渡し，引き渡し，譲渡・引渡しのために展示し，輸出し，輸入し，又は電気通信回線を通じて提供し，又はその表示をしている役務を提供する行為。

本法でいう商品の原産地は，最も重要と考えられる使用価値が付加された地をいうものとされ，付加価値基準が用いられている。

(5) 「一般消費者に対し」

ア　表示の不当性の判断基準は，一般消費者の誤認を生ぜしむるかどうかにおかれている。一般消費者は専門的知識や経験がないため，事業者が行っている表示を主な手掛かりとして商品又は役務を選択する。特に商品の加工度が高度になると，消費者が正しい商品知識を独自に得ることは困難であり，消費者の商品選択の際の表示の役割は大きくなってきている。「一般消費者に誤認される」とは，実際のものと一般消費者が当該表示から受ける印象・認識との間に差が生じる可能性が高いことをいう。

「誤認される」とは誤認される蓋然性があれば十分であり，現実に多数の消費者が誤認したことや，当該表示によって商品又は役務を実際に購入したという事実は必要ない。また，「誤認される」だけで十分であるから，事業者の意図はもちろん，故意・過失も要しない。さらに誤認させる方法に限定はない。表現全体からみて誤認されるものであればよく，たとえ，個々の表示はすべて正しいものであっても，表示全体からみて一般消費者に誤認されるものであればこの要件は充足される。例えば，タレントがある商品について大変優れていると主観的に判断してそうした感想を述べるコマーシャルを放送した場合，一般的にそのように感じられるものと受け取られるような場合は，これに該当する場合もあろう。

イ　商品又は役務によっては，これを利用する者の範囲が限られている場合があるが，その場合には，その限られた利用者が一般消費者となる。例えば，

子供向けの商品又は役務の場合は子供が一般消費者であり，老人向けの商品又は役務の場合は老人が一般消費者である。不当表示に該当するか否かは，それらの限られた利用者に誤認されるか否かで判断される。

　ウ　景品表示法5条1号（優良誤認表示）は「一般消費者に……示すこと」を不当表示としている。5条2号（有利誤認表示）と5条3号（その他の不当表示）は「一般消費者に誤認される」としている。これは平成15年の改正により4条2項（現7条2項）が追加されたことにより，1号が従来の「誤認される」から「示すこと」と改正されたものである。4条2項（現7条2項）は表示の裏付けとなる合理的根拠を有しない商品又は役務の内容に関する不当表示について，消費者庁長官の立証責任の負担を軽減するものであるが，このことと，「誤認される」という語は両立しないとされ，このため「示す」が用いられることとなったとされている。このため，5条1号は，実態として，改正前と同様に，一般消費者に商品又は役務の内容について誤認される表示のことを指すものであり，事業者が一般消費者に誤認を生じさせる原因となる「著しく優良であると示す」行為を行えば，「一般消費者に誤認される」ものであって，不当表示につながるのである。

　エ　前記製紙メーカー8社事件において，排除命令の対象となったものは，製紙メーカーが，ホームセンターなどの取引先販売業者を通じて，一般消費者が購入することができるコピー用紙等における表示や一般消費者も閲覧可能なウェブサイトにおける表示であって，製紙メーカーが，事業者である日本郵政グループなどに販売した年賀はがき用紙や一般事業者がオフィスで使用するコピー用紙等についての表示ではなかった。

　事業者向けの不当表示は，原則的に景品表示法により直接規制されることはない。しかし，事業者向けの表示であっても，それがそのまま一般消費者向けの表示として利用される場合（例えば，事業者向けに出荷した包装資材が，一般消費者に販売される場合に利用され，一般消費者も包装資材上の表示を見ることができるような場合）などの事情があれば，事業者向けに表示した場合であっても，景品表示法上問題となる。

　また，製造業者が販売業者に対して行った表示でも最終的に一般消費者の目に触れてその誤認を生じさせることになったり，又は，製造業者の行った表示

が間接的に消費者向け商品の表示に係わっていれば，当該製造業者の表示が規制の対象となる。例えば，砂糖の製造業者が業務用の砂糖にぶどう糖や人工甘味料を混入し，これに「上白糖」と表示して小売業者やかん詰製造業者に販売しても，それだけでは5条1号の違反とはならないが，購入した小売業者が当該上白糖を小分け包装して，「上白糖」と表示して一般消費者に販売すれば，これによって一般消費者の誤認を生じさせることになるから，砂糖製造業者の表示が規制の対象となる。また，かん詰製造業者が当該上白糖を使用したかん詰に「全糖」と表示すれば，これによって一般消費者の誤認を生じさせることになるから，砂糖製造業者が当該かん詰の表示の内容に係り，間接的に一般消費者に誤認される表示を行ったことになり，当該砂糖製造業者が不当表示の主体として規則の対象となる。

なお，上記のように一般消費者の誤認を生じさせる結果とならない事業者に対する不当表示は，独占禁止法・不公正な取引方法のぎまん的顧客誘引（一般指定8項）として規制の対象となる。

(6) 「自主的かつ合理的な選択を阻害する」

一般消費者にとって，商品又は役務の内容という商品選択の上で重要な要素について誤認させられている状態にあると，自主的かつ合理的な選択を行うことができないことは明らかであるから，「自主的かつ合理的な選択を阻害する」とは，一般消費者に誤認される表示であれば，通常，自主的かつ合理的な選択を阻害するおそれがあると認められる（真渕編著・前掲53頁）。

(7) **主な違反事例**

優良誤認表示についての最近の主な事例を挙げると，以下のとおりである。

ア **商品名に関する事例**

商品名は通常その商品が有する機能，品質等の内容を端的に表すように付けられている場合が多い。しかし，新しい原材料，製造方法によって，旧来の方法によって製造された商品とほとんど見分けがつかないものが現れ，消費者が従来認識している商品であると誤認させると不当表示に該当する。

〈アブラガニをタラバガニであるかのように表示した事件〉

カウボーイ事件（平成16・6・30排除命令・排除命令集24巻143頁）

「ボイルタラバガニ姿」と表示しているが，実際は「アブラガニ」であった。

〈成型肉を生肉であるかのように表示した事件〉
フォルクス事件（平成17・11・15排除命令・排除命令集25巻49頁）
　「ビーフステーキ焼肉」と表示しているが，実際は牛の成型牛（牛の生肉等を人工的に結着し，形状を整えたもの）であった。

イ　商品の原材料名に関する事例
〈ロコ貝等を用いているにもかかわらずあわびを用いているかのように表示した事件〉
三光食品工業事件（平成18・3・29排除命令・排除命令集25巻170頁）
　ロコ貝，帆立貝を用いた水産加工品に，「あわび椎茸」と表示した。

〈養殖のりを用いているにもかかわらず岩のりを用いているかのように表示した事件〉
日本生活協同組合連合会（販売業者）・小善本店（製造業者）事件（平成18・3・23排除命令・排除命令集25巻142頁）
　養殖のりを用いたものに「岩のり」使用と表示した。

〈リンゴを用いているにもかかわらずさくらんぼを用いているかのように表示した事件〉
タカチホ・札幌グルメフーズ事件（平成16・10・4排除命令・排除命令集24巻191頁）
　リンゴ果汁を原料とするものを「さくらんぼ果汁100％を原料とするグミ」と表示した。

〈もちとうもろこしでん粉が混入されているにもかかわらずもち米を用いているかのように表示した事件〉
日本もち事件（平成5・2・25排除命令・排除命令集19巻11頁）
　もちとうもろこしでん粉が混入されているにもかかわらず，「もち米100％使用」「原材料名もち米」と表示した。

〈アクリル繊維を用いているにもかかわらず羊毛を用いているかのように表示した事件〉

シップス事件（平成22・6・24措置命令・消費者庁HP）
　婦人靴について、牛革とアクリル繊維を用いているにもかかわらず、「天然羊毛のムートン使用」と表示した。

〈スチールパイプに黒い塗料を塗ったものであるにもかかわらずブラックシャフトと表示した事件〉
フレンズオブフリージア事件（昭和57・3・30排除命令・排除命令集13巻167頁）
　ゴルフシャフトについて、スチールパイプに黒い塗料を塗ったものをブラックシャフトと表示した。

〈カシミヤを原材料として用いていないにもかかわらず大部分用いているかのように表示した事件〉
ＱＶＣジャパン事件（平成22・3・31措置命令・排除命令集26巻816頁）
　布団について、原料としてカシミヤを全く使用していないにもかかわらず、「カシミヤ80％」と表示した。

　ウ　原材料の原産地に関する事例
　商品の原産国の表示は、後述第5・3（133頁）の原産国告示（「商品の原産国に関する不当な表示」）によって規制されているが、商品の原産地に関する表示は、同原産国告示では規制されず、景品表示法5条1号（優良誤認表示）により規制される。しかし、原産地の違いによる商品の優劣に関する一般消費者の認識は様々であり、商品の原産地の誤認が優良誤認表示に該当するか否かはその判断が難しいものもある。

〈前沢牛でないにもかかわらずそうであるかのように表示した事件〉
日本ヒルトン事件（平成20・12・16排除命令・排除命令集26巻580頁）
　レストランのメニューに、前沢牛でない他の国産牛肉について「前沢牛」と表示した。

〈六甲山系の原水を使用していないにもかかわらず使用しているかのように表示した事件〉
ハウス食品事件（平成20・6・17排除命令・排除命令集26巻480頁）
　ミネラルウォーターにつき、六甲山系から離れた地点で採取された原水を使用し

ているにもかかわらず，六甲山系の花崗岩のミネラル分が溶け込んだ原水であるかのように表示した。

〈神戸牛等でないにもかかわらずそうであるかのように表示した事件〉
フーティーズ事件（平成21・3・31排除命令・排除命令集26巻723頁）
　焼肉店が焼肉料理の牛肉につき，「神戸牛」「但馬牛」と表示していたが，実際には，他の国産牛肉や他の国産牛の内臓であった。

エ　製造方法等に関する事例
〈著名な料理人が考案したものであるかのように表示した事件〉
ベルーナ事件（平成16・7・13排除命令・排除命令集24巻156頁）
　レトルトパウチにつき，著名な料理人が考案した料理法によって作られたものではないにもかかわらず，具材の選定，スパイスの調合等をその料理人が考案したものであるかのように表示した。

〈ポストハーベストが含まれていないかのように表示していたにもかかわらずポストハーベストが用いられていた事件〉
ポッカコーポレーション事件（平成20・12・5排除命令・排除命令集26巻538頁）
　商品の容器にポストハーベスト（収穫後防カビ剤）が含まれていない旨の表示をしたが，実際には，原材料のレモン果実にポストハーベストが使用されていた。

〈化学肥料を使用しているにもかかわらず使用していないと表示した事件〉
全国農業協同組合事件（平成22・12・8措置命令・消費者庁HP）
　育苗培土につき，窒素成分を含む化学肥料を使用していない旨の表示をしたが，実際には，窒素成分を含む化学肥料が使用されていた。

〈リサイクル材料を多く使用しているかのように表示しているにもかかわらず使用はわずかであった事件〉
日立アプライアンス事件（平成21・4・20排除命令・排除命令集26巻729頁）
　電気冷蔵庫につき，リサイクル材料を断熱材に使用することにより，製造工程での二酸化炭素排出量を48％削減した旨を表示したが，実際には，リサイクル材料の使用量はごくわずかであり，二酸化炭素排出量の削減率も48％を大きく下回る

ものであった。

〈マンションのすべての窓，玄関にひび割れ防止の補強筋で施工したかのように表示した事件〉
コスモスイニシア事件（平成24・8・21措置命令・消費者庁HP）
　マンションのすべての窓，玄関等にひび割れ防止用補強筋を施工しているかのように表示したが，実際には物件ごとに，全体の25％〜60％であり，また，鉄筋コンクリートの水セメント比がすべて50％以下であるかのように表示したものの，実際には，建物本体以外の部位の一部は水セメント比が50％超のコンクリートが使用されていた。

オ　商品の「その他の内容」に関する事例
〈中古自動車・二輪車の走行距離を過少に表示した事件〉
小泉自動車商会事件，アイビー事件（中古自動車について平成8・7・30排除命令・排除命令集21巻7頁，中古二輪自動車について平成18・10・18排除命令・排除命令集25巻219頁）
　中古自動車又は中古二輪自動車につき，その走行距離計を巻き戻し，あるいは走行距離計を交換して，走行距離を過少に表示し，展示場に展示した。

カ　不動産の「品質」に関する事例
〈最寄り駅からの距離・建築時期についての不当表示事件〉
エイブル事件（平成20・6・18排除命令・排除命令集26巻484頁）
　賃貸住宅を媒介するに当たって，最寄り駅から徒歩26分を要する物件につき徒歩16分と表示し，また1979年に建築された物件につき1996年5月に建築されたものであるかのように表示した。
　不動産については，過去において，所在地，交通の利便，分譲宅地の形状・環境，道路・水道・電気等の設備，建築経過年数，利用の制限，私道の負担等について不当表示事例が多数ある。

キ　役務に関する優良誤認表示
〈通信の接続手数料が掛かるにもかかわらず掛からないと表示した事件〉

東日本電信電話及び西日本電信電話事件（平成20・3・13排除命令・排除命令集26巻348頁）

電気通信事業者（2社）が，電話番号案内を利用した顧客に案内した電話番号に電話回線を接続するサービスにつき，実際には接続手数料を要するにもかかわらず，さらに，電話番号案内を利用して接続した先との通話料は，区域内通話の場合は，電話番号案内を利用しない場合の通話料よりも割高となるにもかかわらず，その旨を表示しないことにより，あたかも，電話番号案内の利用には料金がかからず，かつ，電話番号案内を利用しても利用しない場合と同じ通話料で通話ができるかのように表示を行った。

〈ペットボトル入り飲料水を国際連合が認定したかのように表示した事件〉
VanaH事件（平成24・12・20措置命令・消費者庁HP）

山梨県富士吉田市の会社が販売するペットボトル入り飲料水について，国際連合の認定証を取得等と表示していたが，国際連合が，その品質を高く評価したり，国際連合認定のロゴマークの使用を許可したことはなかった。

〈公的な資格でないにもかかわらずそうであるかのように表示した事件〉
日本経営管理指導協会事件（平成19・6・15排除命令・排除命令集26巻10頁）

労務管理に関する法律，制度等の講座を提供するに当たって，あたかも当該講座を受講すれば公的な資格であって社会的に価値があるものとして高く評価された就職に非常に有利な労務管理士の資格を取得できるかのような表示を行ったが，実際には，当該資格は同社が独自に創設したものであり公的なものではなく，社会的に価値のあるものではなかった（労務関係の公的資格としては国家試験による「社会保険労務士」がある）。

〈小包郵便を翌日配達できる地域はわずかであるにもかかわらず大部分の地域に配達できるかのように表示した事件〉
日本郵政公社事件（平成19・1・25排除命令・排除命令集25巻312頁）

日本郵政公社が，「ゆうパック」と称する配達サービスについて，北海道内における郵便局や業務を委託するコンビニエンスストアの店頭で，あたかも北海道内で引き受けた「ゆうパック」が，全国の大部分の地域に翌日配達できるかのような表示をしていたが，実際には，翌日に配達できる地域はごくわずかの地域に限られるものであった。

〈ガン検診又は手術の日から入院給付金が支払われるにもかかわらず入院1日目にさかのぼって支払われるかのように表示した事件〉
日本生命保険相互会社事件（平成15・5・9排除命令・排除命令集24巻47頁）
　生命保険会社が提供するがん保険について，医師からガンの疑いがあるとして入院を指示され，入院中にガンと診断確定された場合，入院期間の1日目にさかのぼって入院給付金が支払われるかのように表示していたが，実際には，入院1日目にさかのぼって支払われることはなく，ガンと診断確定された日又はガン治療を目的とする手術が行われた日のいずれか早い日から退院までの入院期間のみについて入院給付金が支払われるものであった。

〈保険金が支払われるのは病気と診断されて手術したときであるにもかかわらず診断されただけで支払われるかのように表示した事件〉
アメリカン・ライフ・インシュアランス・カンパニー（アリコ）事件（平成19・10・19排除命令・排除命令集26巻137頁）
　生命保険会社が保険を通信販売するに当たり，同社の保険に加入すれば，上皮内新生物にり患していると診断された場合には一時金が60万円支払われるかのように表示していたが，実際には，一時金は，被保険者が上皮内新生物にり患していると診断され，かつその治療をした入院中に所定の手術をしたときに支払われるものであり，上皮内新生物にり患していると診断されただけでは支払われないものであった。

〈航空機の新型座席が利用できるかのように表示していたにもかかわらず利用できないものであった事件〉
全日本空輸事件（平成20・8・25排除命令・排除命令集26巻519頁）
　国内航空会社が新聞広告において，機内座席の新型の座席の画像を掲載し，あたかも当該クラスを利用すれば新型座席を利用できるかのような表示をしたが，実際には広告された時期には新型座席が設置されている便はなく，大部分の便において従来から使用されている座席をそのまま提供し，その他の便においても従来から使用されていた座席の生地を張り替え，座席間隔を変更して提供しているものであった。

〈専門学校生の一定の資格の合格者数が上位であるかのように表示していたが上位でなかった事件〉
学校法人西日本松永学園事件（平成18・11・13排除命令・排除命令集25巻245頁）

専門学校が提供するサービスにつき，社会保険労務士の合格者数が全国で2位，西日本では1位であるかのような表示をしたが，実際には同専門学校の合格者数は全国で8位，西日本では3位であった。

　こうした専門学校，受験予備校等については，有名大学入学試験，公務員採用試験，各種国家試験等で，合格者数を過大に表示した不当表示事例が多数ある。
　上記の役務取引以外に，和牛の預託取引という特別な取引において不当表示とされた事例がある。

安愚楽牧場事件（平成23・11・25措置命令・消費者庁HP）
　安愚楽牧場はオーナーとの間で，以下の①〜④を内容とする役務を供給する契約を締結していた。
　① 安愚楽牧場はオーナーに対し，繁殖牛を販売すること
　② オーナーは安愚楽牧場に対し，売買飼養委託契約金を支払った上で，契約に定める期間を通じて，繁殖牛の飼養を委託し，安愚楽牧場はこれを受託すること
　③ 安愚楽牧場はオーナーから繁殖牛が出産した子牛を買い取り，オーナーに対し利益金を1年1回支払うこと
　④ 安愚楽牧場はその契約期間経過後，オーナーから繁殖牛を買い戻すこと
　安愚楽牧場は，上記契約に基づき本件役務につき，事業年度ごとに売買・飼養委託契約金，契約期間，持分等を異にする様々なコースを設定し，平成22年度以降，例えば，「まきば若葉」と称するコースについて，売買・飼養委託契約金，契約期間及び利益金を据え置いたまま，共有持分を5分の1頭から10分の1頭に引き下げ，この結果，契約数及び契約金額は増加することとなった。
　安愚楽牧場は，本件役務を一般消費者に提供するに当たり，雑誌広告において，例えば，以下の表示例のとおり，本件契約を締結すれば，オーナーは契約期間を通じて繁殖牛の所有者となる旨表示した。
　① 「これは，安愚楽牧場の繁殖牛，つまり，子牛を出産させるために飼育している母牛のオーナーになってもらう制度です。繁殖牛が子牛を産むと，安愚楽牧場が買い取り，買取代金から牛のえさ代などを差し引いた金額を，『利益金』としてオーナーの方にお支払いします」
　② 「万一契約期間中にオーナーになっていただいた牛が死亡した場合は，安愚楽牧場が保有する代替牛を提供しますからご安心下さい」

③ 「1年目に1頭の子牛誕生。子牛は安愚楽牧場が買い取り、飼育管理費を差し引いた利益金9000円が還元される」
④ 「2年目に2頭の子牛誕生。2回目の利益金9000円が還元される」

しかし、遅くとも平成19年3月頃以降、各事業年度末において安愚楽牧場が飼育する繁殖牛の全頭数は、オーナーの持分及び共有持分を合計した数値に比して過少であった。このため、安愚楽牧場は、オーナーを管理するシステム上、繁殖牛を割り当てることができないオーナーに対し、雌の子牛、雄の肥育牛その他の牛を割り当てていた。

すなわち、オーナーは契約期間を通じて、繁殖牛の所有者となる旨表示していたが、実際には飼養する繁殖牛の全頭数は、オーナーの持分・共有持分に比して過少なものであり、本件役務の取引の安全性について、実際のものよりも著しく優良であると示すものであり、景品表示法4条1項1号（現5条1号）に違反する。

ク 商品・役務の効能効果表示に関する事例

〈食事制限や運動を伴うことなく容易に痩身効果が得られるかのような表示を行ったがそのようなものとは認められなかった事件〉

サクラス事件（平成10・3・2排除命令・排除命令集21巻37頁）

痩身効果を標榜する健康食品の販売に当たり、格別の食事制限や運動を伴うことなく、容易に、短期間に著しい痩身効果が得られるかのような表示を行ったが、実際には格別の食事制限や運動を伴うことなく、そのような痩身効果が得られるとは認められないものであった（同内容のものとして、アーバンウェスト、ジュネス、高貴事件がある）。

〈害虫駆除の性能効果があるかのように表示していたにもかかわらずそのような性能効果は認められなかった事件〉

レンテックジャパン及びオークローンマーケティング事件（平成14・7・30排除命令・排除命令集23巻126頁）

日用雑貨品販売業者が駆除器の販売に当たり、超音波と電磁波とによりゴキブリ、ネズミを建物内から追い出す実用的駆除の性能・効果があるかのような表示を行ったが、実際にはこうした性能・効果は認められなかった（同内容のものとして、アドバンスクラフトデザイン事件がある）。

2　不実証広告規制

(1)　概　　説

　前述のとおり，商品又は役務につき，性能や効果について，実際のものや競争事業者に係るものよりも著しく優良であると一般消費者に示す表示が行われた場合には優良誤認表示として規制される。このため当該表示どおりの性能や効果がないことを従来は公正取引委員会（現在は消費者庁）が立証することを必要とし，そのためには専門的機関による調査等を行う必要があるが，その間にも当該商品又は役務が販売・提供され続ければ，一般消費者の被害が拡大するという問題があった。このため，平成15年，景品表示法を改正し，新たに4条2項（現7条2項）を新設し，当該事業者が公正取引委員会から要求された資料を一定期間内に提出しないときは，当該表示は不当表示とみなされた（不実証広告規制）。

　4条2項（現7条2項）は，「内閣総理大臣は，事業者がした表示が前項第1号（現5条1号）に該当するか否かを判断するため必要があると認めるときは，当該表示をした事業者に対し，期間を定めて，当該表示の裏付けとなる合理的な根拠を示す資料の提出を求めることができる。この場合において，当該事業者が当該資料を提出しないときは，第6条（現7条）の規定の適用については，当該表示は同号に該当する表示とみなす」とする。

　これは，事業者が商品又は役務の性能・効果を標榜する表示を行うときは，あらかじめ合理的な根拠を示す資料に基づいて行っているはずであるとの考えに基づき，当該事業者に表示内容の根拠に関する挙証責任を負わせたものである。

(2)　「表示の裏付けとなる合理的な根拠を示す資料」

　同規定に基づき，「表示の裏付けとなる合理的な根拠を示す資料」の解釈として，公正取引委員会は「不当景品類及び不当表示防止法第7条第2項の運用指針」（不実証広告ガイドライン）（平成15・10・28公取委）を公表している（同ガイドライは消費者庁に引き継がれている）。同ガイドラインによれば，事業者から提出された資料により表示の裏付けとなる合理的な根拠があると認められるためには，以下の2つの要件を満たす必要があるとする。

　ア　提出資料が客観的に実証された内容のものであること

　客観的に実証された内容のものとは，次のいずれかに該当する必要がある。

① 学界，産業界で一般に認められた方法による試験，調査によって得られた結果であること
② 専門家，専門家団体，専門機関の見解又は学術文献のいずれかに該当するものであること

イ 表示された性能・効果と提出資料によって実証された内容が適切に対応していること

　提出された資料が客観的に実証されたものであっても，その内容が表示された効果や性能に適切に対応したものでなければ，表示の裏付けとなる合理的な根拠とは認められない。例えば，実証が行われた環境・条件では効能，性能又は効果が認められるが，当該環境・条件が一般的な使用環境・条件とは異なっている場合には，適切に対応しているとは認められない。

　なお，表示の裏付けとなる合理的な根拠を示す資料の提出期限は，消費者庁が提出要求をしてから原則として15日後である。

(3) 不実証広告規制に関する事例

　景品表示法4条2項（現7条2項）の表示の裏付けとなる「合理的な根拠を示す資料」であるか否かについて判断された事例は，以下のとおりである。

〈ニコチンを減少させる効果があると表示したにもかかわらずその効果が認められなかった事件〉

たばこ用粉末剤不当表示事件（平成21・10・28審判審決・審決集56巻（第1分冊）285頁）

　被審人（2社）が，当該商品をタバコの先端に付着させて喫煙すれば，ニコチンがビタミンに変化することにより，ニコチンを減少させる効果があるとの表示につき，公正取引委員会は，被審人から提出された資料が合理的な根拠示す資料とは認められず，景品表示法4条1項1号（現5条1号）違反とし排除命令を行ったことに対し，被審人が審判請求を行った。

［被審人が提出した資料］(i)外国大学の試験結果，(ii)国内大学薬学部助教授のコメント，(iii)検査機関によるニコチンについての試験結果，(iv)検査機関によるニコチン酸の試験結果，(v)本件商品の特許（特許公報）。

［審決］(i)外国大学の試験結果は30年以上前のもので，現在一般に認められたニコチンの測定方法とは異なる方法によるものであり，わが国の専門家はその内容につき疑問視している。(ii)国内大学薬学部助教授のコメントは，データ自体が添付さ

れておらず，ニコチンの減少を実証した資料とはいえない。(iii)検査機関によるタール量の測定については，試験の合理性・客観性に疑問がある。(iv)検査機関によるニコチン酸の試験結果は，ニコチン酸が増加することを示したもので，「タバコの煙に含まれるニコチンをビタミンに変えること」により，ニコチン酸が増加することを示すものではない。(v)特許公報については，特許法上の要件について拒絶の理由がなかったというものにすぎず，効能・効果を実証したものではない。

　以上により，提出資料は表示を裏付ける合理的な根拠を示す資料とは認められない。

〈携帯電話の受信状態が向上し充電池が長持ちするかのように表示していたにもかかわらずその効果が認められなかった事件〉
携帯電話端末の受信状況向上機器不当表示事件（平成22・1・22審判審決・審決集56巻512頁）

　被審人（2社）は，携帯電話に内蔵されている充電池の裏に設置することにより，アンテナとして受信状態が大幅に向上するかのように表示し，また，劣化した充電池の機能を再生し，充電池の交換までの期間が大幅に長くなるかのような表示をしたことにつき，公正取引委員会は被審人から提出された資料を，合理的な根拠を示す資料とは認めず，景品表示法4条1項1号（現5条1号）に該当するとして排除命令を行った。被審人はこれに対し審判請求を行った。

　[被審人が提出した資料](i)本件商品を携帯電話に装着したものとしないものについての受信状況についての調査資料，(ii)上記について，ソフトウェアを用いて測定した受信状況向上調査結果とそれについての専門家の意見書，(iii)本件商品の購入者の意見・感想，(iv)本件商品と同種のものを装着したものとしないものとの研究所による充放電試験結果，(v)研究所による充放電前後の電圧測定結果。

　[審決](i)受信状況の調査資料は，その測定方法は適切ではなく，測定条件も同一ではなく，試験の全容も明らかではない，(ii)測定方法は不明であり，第三者の専門家の意見書は，表示の裏付けとはならない，(iii)本件商品の購入者の意見，感想は主観的なものであり，統計的に客観性を確保されたものではない，(iv)研究所の試験結果は，測定方法は不十分であり，同研究所も被審人の指定する測定方法で実施したものであり，その結果について評価は行っていない，(v)充放電前後の試験は，測定方法が不十分であり，表示にある効果を実証するものではない。

　以上により，被審人の提出資料は，本件表示について合理的な根拠を示す資料とは認められない。

上記事例を含め，平成26年度末までに，景品表示法7条2項（旧4条2項によるものを含む）が適用され，措置命令（又は排除命令）が行われた事例は104件ある。これらは，提出期限内に資料を提出しなかったり，資料は提出したものの，「当該表示の裏付けとなる合理的な根拠」とは認められないと判断されたものである。

　これらの事例につき，問題とされた表示ごとに事件を整理すると，以下のとおりである。

① 痩身効果を強調する健康食品に関するもの
② 水道水を活性化する等の効果を強調する浄水器に関するもの
③ 喫煙時にタバコに付着させるとニコチンが減少すると称する商品に関するもの
④ 消臭効果を標榜するステンレス塊等に関するもの
⑤ 脚部の骨を延ばし身長を伸ばす等を標榜する役務に関するもの
⑥ 小顔にすることを標榜する矯正施術に関するもの
⑦ 浴室・台所のカビ・細菌の発生抑制効果を標榜する洗桶に関するもの
⑧ 納豆菌同属菌を利用し，浴室等におけるカビの防止等を標榜する商品に関するもの
⑨ 自動車の燃費向上等を標榜する商品に関するもの
⑩ 口臭・体臭・便臭の消臭効果を強調する健康食品に関するもの
⑪ 携帯電話の電波受信状況の向上効果を強調する商品に関するもの
⑫ いびきを軽減する効果を強調する商品に関するもの
⑬ 抗シワ効果，美容効果等を標榜する化粧品に関するもの
⑭ 肌細胞活性化，毛穴の汚れ除去効果などを標榜する美容機器に関するもの
⑮ 乳酸菌の増殖による発酵促進効果を標榜する漬物容器に関するもの
⑯ 頭痛，肩こり，高血圧，糖尿病等の緩解効果を標榜する家庭用電位治療器に関するもの
⑰ 二酸化塩素，イオンを利用した空間除菌を標榜する商品に関するもの
⑱ 器具を用いた診療サービスに関するもの
⑲ ガン等の疾病・老化の予防を標榜する商品に関するもの

⑳　虫の忌避効果を標榜する虫除け商品に関するもの
㉑　省エネ効果を標榜する商品（窓ガラス用フィルム）に関するもの

3　優良誤認表示・不実証広告に関するＱ＆Ａ

Ｑ１　「著しく優良である」の「著しく」とは
　景品表示法５条１号では，「著しく優良であると示し」とあるが，「著しく」とはどの程度のことを指すのか（消費者庁HP「表示に関するQ＆A 10J」）。

Ａ　「著しく優良であると示す」表示に当たるか否かは，業界の慣行や表示を行う事業者の認識により判断するのではなく，表示の受け手である一般消費者に「著しく優良」と認識されるか否かという観点から判断される。また，「著しく」とは，当該表示の誇張の程度が，社会一般に許容される程度を超えて，一般消費者による商品・サービスの選択に影響を与える場合をいう。
　　（注）Q＆Aは原則的にホームページの文言どおりであるが，分かりやすくするため表現を変えている部分がある。以下同じ。

Ｑ２　「特選（撰）」「極上」等の高級感を示す表示について
　食品メーカーが，その商品名に「特選（撰）」「極上」といった高級感を出す表示をしたいと考えているが，「特選（撰）」「極上」と表示するに当たり，基準はあるのか（消費者庁HP「表示に関するQ＆A 40J」）。

Ａ　一般的に，「特選（撰）」「極上」といった用語は，商品に使用されている原材料の品質，製造方法が同種の商品に比べ優れている等，一定の優良性を一般消費者に認識させるものと考えられる。そのため，実際には品質，製造方法等に関する優良性の事実はない，又は，競争事業者の同種商品（類似商品）と比べて特に強調できるような優良性を示す事実がない等，客観的な根拠に基づかないで「特選（撰）」「極上」等の用語を使用する場合には不当表示に該当するおそれがある。「特選（撰）」「極上」等の表示は，商品の優良性を示す客観的な根拠に基づいたものである必要がある。
　なお，業界の自主ルールである公正競争規約によって基準を定めているものもある。

Ｑ３　「合理的な根拠を示す資料」の提出期限について
　表示の裏付けとなる合理的な根拠を示す資料の提出期限は，消費者庁が

> 当該資料の提出を求めた日から15日後とのことだが，15日を過ぎてから資料を提出した場合はどうなるのか（消費者庁HP「表示に関するQ＆A 16」）。

A 当該表示の裏付けとなる合理的な根拠を示す資料について，提出期限を過ぎても提出されなかった場合は，当該表示は，景品表示法5条1号（優良誤認）に該当する表示とみなされることになる。

　なお，消費者庁は，事業者から書面による提出期限の延長の申出があり，正当な理由があると認められた場合には，その提出期限を延長することができるとされている。具体的にどのような事由があれば正当な事由と認められるかは個別の事案ごとに判断されるが，自然災害等の不可抗力による場合等，極めて限られた場合しか認められないと思われ，少なくとも新たな又は追加的な試験・調査を実施する必要があるなどの理由は，正当な事由とは認められないとされる。

第4　有利誤認表示

1　概説

　景品表示法5条2号は，有利誤認表示として，「商品又は役務の価格その他の取引条件について，実際のもの又は当該事業者と同種若しくは類似の商品若しくは役務を供給している他の事業者に係るものよりも取引の相手方に著しく有利であると一般消費者に誤認される表示」を不当表示と定めている。

　「価格その他の取引条件」とは，商品又は役務の内容そのものを除いた取引に係る条件をいい，価格・料金のほか，数量，支払条件，各種サービス，景品類等の提供を幅広く含むものである。

　「取引の相手方に（著しく）有利」とは，一般消費者の誰にとっても有利である場合だけでなく，特別な事情のある者にとって有利な場合も含まれる。この場合，特別の事情にある特定の一般消費者が有利であると感ずるのではなく，そのような事情にある一般消費者なら誰でも有利であると普通感ずることである。また，実際の取引条件よりも有利な取引条件を申し出る場合だけでなく，取引条件自体は事実であっても，特定の消費者だけに提供される取引条件であって，他の一般消費者に提供されるものとは異なる特別の取引条件であると誤認させる場合も，取引の相手方には有利と誤認されるのであるから，ここに含まれる。実際には誰にでもその条件で販売しているのに，「あなただけに

……」として，他の一般消費者よりも厚遇されていると誤認を与える場合である。

「著しく」「一般消費者に誤認される」の要件は，**第3**「優良誤認表示」(97頁) を参照。

なお，景品表示法上問題となるか否かは，表示又は表示媒体における表示内容を全体で見て，一般消費者が当該表示について著しく有利であると認識するか否かにより判断されるものであり，この際事業者の故意又は過失の有無は問題とされないことは，前記優良誤認表示の場合と同様である。

2　価格に関する有利誤認表示

価格に関する有利誤認表示としては，当該表示価格自体についてと二重価格表示についての有利誤認表示とがある。ここでは当該表示価格自体についての有利誤認表示を扱い，二重価格表示については次項で扱うこととする。

(1)　考え方

商品又は役務の販売価格を表示する場合，一般消費者は表示された価格・料金で当該商品又は役務を購入できると認識する。このため，①販売価格それ自体，②当該価格が適用される商品又は役務の範囲（当該価格に付属品・付帯的サービスがどこまで含まれるかなど），③当該価格が適用される顧客の条件（当該価格は購入希望者すべてに適用されるのか，特定の顧客のみ適用されるのかなど）について，実際と異なる表示やあいまいな表示を行う場合，一般消費者に価格が安いとの誤認を与え，不当表示に該当するおそれがある。

公正取引委員会は，価格表示について，「不当な価格表示についての景品表示法上の考え方」（価格表示ガイドライン）（平成12・6・30公取委，最終改正：平成18・1・4公取委）を公表している（このガイドラインでの考え方は，平成21年に景品表示法が消費者庁に移管された後にも消費者庁に引き継がれている）。

価格表示ガイドラインにおいて，景品表示法に違反するとされる価格表示は，以下のとおりである。

①　実際の販売価格より安い価格を表示する場合

②　通常，他の関連する商品又は役務と併せて一体的に提供されている商品について，これらの関連する商品又は役務の対価を別途請求する場合に，その

旨を表示しないで，一方の販売価格のみを表示する場合
　③　表示された販売価格が適用される顧客が限定されているにもかかわらず，その条件を明示しないで，販売価格のみを表示する場合
(2)　**主な違反事例**
　表示価格自体が不当表示とされた最近の主な事例は，次のとおりである。
〈割引航空運賃が一部の便のみに適用されるものであるにもかかわらずすべての便に適用されるかのような表示をした事件〉
日本航空ジャパン事件（平成18・3・24排除命令・排除命令集25巻155頁）
　国内航空事業者が，地域空港・東京国際空港等5つの運行区間における航空運賃について，「東京へは，おトクな『特別割引』で。11,000円〜」等と表示し，あたかも広告を行ったすべての地域の空港から東京等に出発する便に，表示された最低の航空運賃が適用されるかのような表示を行ったが，実際には，同航空運賃は，広告を行った地域の空港を到着地とする便の一部にのみ適用されるものであった。

〈電話料金が安くなるのは特定の機器を使用した場合に限られるにもかかわらずその限定を表示しなかった事件〉
東日本電信電話及び西日本電信電話事件（平成20・7・15排除命令・排除命令集26巻491頁）
　電気通信事業者（2社）は，ひかり電話（ＩＰネットワーク技術による音声電話サービス）を提供するに当たり，新聞広告などにおいて，「ひかり電話Ａ（エース）で電話代もトクしよう！」「月額利用料2,047円/月」と表示したが，実際にはひかり電話を利用するためには光ファイバー利用料が必要であるにもかかわらずこれを記載せず，また，「ＦＬＥＴ'Ｓ光に入ったら，ひかり電話で電話代をもっとおトクに!!」「ひかり電話Ａエース通話料と便利なサービスがセットになって1,575円/月（税込）」と表示したが，実際には電話対応ルータ利用料が必要であることを記載せず，さらに，「ひかり電話」「全国一律の通話料3分8.4円（税込）」と表示したが，3分ごとに8.4円なのは，通話対象が加入電話，ＩＳＤＮ，ひかり電話等である場合に限られること等を記載していなかった。

〈鉄道パスで特定の区内を自由に旅行できるかのように表示していたにもかかわらず別途料金・運賃が必要であった事件〉
西日本旅客鉄道事件（平成21・8・7排除命令・排除命令集26巻762頁）
　旅客運送事業者は，パンフレットにおいて，同社のパスを使用すれば，別途料金

を負担することなく京都駅・大阪駅・三ノ宮駅から鳥取駅間について特急を利用できるかのような表示を，また，小倉駅と門司港駅間を普通列車を利用して移動できるかのような表示を行ったが，それぞれ特急料金や普通運賃が必要なものであった。

〈ポイントオークションの内容について優良でありそれを利用すれば有利であると表示した事件〉

DMM.com（ディーエムエムドットコム）事件（平成23・3・31措置命令・消費者庁HP）

(i) ペニーオークション(注)運営会社は，自社の「ポイントオークション」と称するペニーオークションのサイトのトップページにおいて，「業界No. 1出品数，人気商品を格安でGET! 最大99%OFFで落札できるチャンス！」，ノートパソコンの商品画像に，「99%OFF」「98%OFF」等と併記した。

(ii) しかし実際には，ポイントオークションを利用して落札するためには，落札価格のほかに多額の入札手数料がかかることがあり，ポイントオークションを利用しても必ずしもオークションに出品された商品を著しく安価に手に入れることができるものではない。

上記(ii)の表示により，一般消費者は，ポイントオークションを利用すれば出品された商品を極めて低額で手に入れることができると誤認するものであり，①ポイントオークションの内容について，一般消費者に，実際のものよりも著しく優良であると，②ポイントオークションに出品された商品の取引条件について，実際のものよりも著しく有利であると誤認させるものであり，景品表示法4条1項1号・2号（現5条1号・2号）に該当するとして，ゼロオク（「ゼロオク」と称するペニーオークションを運営），及びアギト（「凄オク」と称するペニーオークションを運営）に対しても措置命令が出された。なお，Innrative Auction Limited（「激安オク」と称するペニーオークションを運営）は，本社は香港に所在し，日本に拠点を有せず，しかも，平成23年2月に同オークションを終了させており，また，MEDIA TRUST（「みんなのオークション」と称するペニーオークションを運営）は，本社が存在せず，同オークションも平成23年1月に終了させていることから，措置命令は行われなかった。

(注) インターネットオークションの1つであるペニーオークションとは，入札するたびに入札手数料（50円～75円程度）が必要となるインターネットオークションのことをいう。一般に，入札開始価格が低額（通常は0円）で，1回の入札金額の単価も低額（1円～15円程度）で固定されている。また，一定の条件（入札の実施等）が満たされるたびに入札することが可能な期間が延長される。

このため，入札者が競り合っている場合には際限なく入札が行われることとなり，最終

的に落札できたとしても，落札金額のほか多額の入札手数料を支払うことになるなど，必ずしも安くなかったり，結果的に落札できない場合にも，多額の入札手数料を支払うことになる場合がある。

〈定期預金の金利についての不当表示事件〉
新生銀行事件（平成19・3・28排除命令・排除命令集25巻387頁）
　新生銀行が外貨組込みの3年満期定期預金の取引に当たって，特定の金利のみが適用されるかのような表示を行ったが，実際には外貨の換算レートによっては表示された金利と異なった低い金利が適用されるものであった。

3　二重価格表示に関する有利誤認表示
(1)　考え方
　二重価格表示とは，事業者が自己の商品又は役務の販売価格に，当該販売価格より高い他の価格（比較対照価格）を併記して表示するものであり，その内容が適切な場合には，消費者の適正な商品選択の確保と事業者間の価格競争の促進に資するものである。しかし，販売価格の安さを強調するために，用いられる比較対照価格の内容が適切でない場合には，消費者に表示された販売価格が安いとの誤認を与え，不当表示に該当する場合がある。
　価格表示ガイドラインは，比較対照価格が適切でない場合として，同一でない商品の価格を比較対照価格に用いる場合と，比較対照価格として用いる価格について実際と異なる表示やあいまいな表示を行う場合とし，さらにそれらを以下のとおり分類している。
ア　過去の販売価格を比較対照価格とする二重価格表示
　同一の商品について，「最近相当期間にわたって販売されていた価格」を比較対照価格とする場合には，不当表示に該当するおそれはない。しかし，同一の商品について，「最近相当期間にわたって販売されていた価格」とはいえない価格を比較対照価格とする場合には，当該価格がいつの時点でどの程度の期間販売されていた価格であるかその内容を正確に表示しない限り，不当表示に該当するおそれがある。
　比較対照価格が，「最近相当期間にわたって販売されていた価格」に当たる

か否かについては，当該価格で販売されていた時期及び期間，対象商品の一般的価格変動の状況，当該店舗における販売形態等を考慮して，個々の事案ごとに検討されるが，一般的には，二重価格表示を行う最近時（セール開始時期からさかのぼる8週間，当該商品が販売されていた期間が8週間未満の場合は，当該期間）において，当該価格で販売されていた期間が当該商品が販売されていた期間の過半を占めているときには，「最近相当期間にわたって販売されていた価格」と判断できる。ただし，当該販売価格で販売されていた期間が通算して2週間未満の場合，又は，当該販売価格で販売された最後の日から2週間以上経過している場合を除く。

イ　希望小売価格を比較対照価格とする二重価格表示

製造業者等により設定され，あらかじめカタログ等により公表されている価格を比較対照価格に用いる場合には不当表示に該当するおそれはないが，あらかじめカタログ等に公表されているとはいえない価格を希望小売価格と称して比較対照価格に用いる場合には，不当表示に該当するおそれがある。

なお，希望小売価格に類似するものとして，製造業者等が参考小売価格等の名称で，小売業者に対してのみ呈示している価格については，小売業者の小売価格設定の参考となるものとして，製造業者等が設定したものをカタログやパンフレットに記載するなどして当該商品を取り扱う小売業者に広く呈示されている場合には，小売業者が当該小売価格を比較対照価格として用いて二重価格表示を行うこと自体は可能であるが，希望小売価格以外の名称を用いる等，一般消費者が誤認しないように表示する必要がある。

ウ　競争事業者の販売価格を比較対照価格とする二重価格表示

(ア)　消費者が同一の商品について代替的に購入し得る事業者の最近時の販売価格とはいえない価格を比較対照価格に用いる場合には不当表示に該当するおそれがある。

(イ)　市価を比較対照価格とする二重価格表示については，競争関係にある相当数の事業者の実際の販売価格を正確に調査することなく表示する場合には，不当表示に該当するおそれがある。

(ウ)　特定の競争事業者の販売価格を比較対照価格とする二重価格表示については，競争事業者の最近時の販売価格を正確に調査するとともに，当該事業者

の名称を明示する必要がある。
　エ　将来の販売価格を比較対照価格とする二重価格表示
　　将来の価格として表示された価格で販売することが確かな場合以外において、将来の販売価格を用いた二重価格表示を行うことは適切ではない。
　オ　他の顧客向けの販売価格を比較対照価格とする二重価格表示
　「他の顧客向けの販売価格」は、それぞれの販売価格が適用される顧客の条件の内容等について、実際と異なる表示を行ったり、あいまいな表示を行うときには不当表示に該当するおそれがある。
　カ　割引率又は割引額の表示
　(ア)　一般的な二重価格表示のように販売価格と比較対照価格を併せて表示するものではないが、実際の販売価格の算出の基礎となる価格と、そこからの割引率・額を表示する方法であり、二重価格表示と類似するものである。
　このため、算出の基礎となる価格や割引率・額の内容について、前記ア〜オと同様、実際と異なる表示やあいまいな表示を行う場合には不当表示に該当するおそれがある。
　(イ)　一括的な割引率・額を表示する場合（店内全商品〇％引き）には、適用される商品の範囲や適用される条件について明確でない場合には不当表示に該当するおそれがある。
　キ　販売価格の安さを強調するその他の表示
　「倒産処分」「工場渡し価格」等や「大幅値下げ」「他店より安い」等の販売価格が安いという印象を与えるすべての表示が景品表示法上問題となるものではないが、販売価格が通常時の販売価格と比較してほとんど差がなかったり、当該表示の適用対象商品が一部に限定されているにもかかわらず、表示された商品全体について大幅に値引されているかのような表示を行う場合、又は限定条件を著しく小さな文字で表示したり限定条件を明示しない場合には不当表示に該当するおそれがある。
　(2)　主な違反事例
　不当表示とされた二重価格表示の最近の主な事例は、以下のとおりである。
〈過去の販売価格を比較対照価格に用いた事件〉
外食文化研究所事件（平成23・2・22措置命令・消費者庁HP）

加工食品販売事業者がおせち料理の販売に関し，クーポン共同購入ウェブサイト（グルーポンサイト）において，「50％OFF［10,500円］2011年迎春《横浜の人気レストラン厳選食材を使ったお節33品目・3段・7寸（4人分）配送料込》12月31日着」と題し，「メニュー内容」と記載の上，33品目のメニューを表示し，「10,500円　通常価格（税込）21,000円　割引率50％OFF，割引額10,500円」と表示したが，実際には，(i)8品目のうちの7品目は記載されたメニュー内容の食材とは異なるものが用いられており，1品目は入れられていないものであり，(ii)通常価格21,000円という価格は架空のものであった。
　上記(i)については優良誤認表示，(ii)については有利誤認表示（不当な二重価格表示）。

サンシャインチェーン本部事件（平成23・2・4措置命令・消費者庁HP）
　ボランタリー・チェーンの加盟店が，「汐数の子当店価格4980円（税込）を3980円（税込）」「真さば開き当店価格198円（税込）を半額の99円（税込）」等と食料品の価格表示をしていたが，これらの比較対照価格として表示した「当店価格」は，ボランタリー・チェーン本部が各加盟店に参考として提示していた定番価格であり，実際に加盟店が販売した価格でなく，「販売されていた」とはいえないものであった。

トップアート事件（平成23・10・20措置命令・消費者庁HP）
　通信販売の方法により，一般消費者向けの美術品，工芸品の販売業者が，新聞広告等において，「ルノワール作品番号20949春の花」について，「特別謝恩価格9,800円」に「当社通常販売価格12,000円」と併記した表示をしていたが，「当社通常販売価格12,000円」と称する比較対照価格は，実際に販売した実績のない価格であった。

〈将来の販売価格を比較対照価格に用いた事件〉
ユーコー事件（平成20・2・20排除命令・排除命令集26巻319頁）
　寝具衣料品の通信販売事業者がシルクわた掛け布団を販売するに当たって，新聞広告等において，「本日から5日間だけの感謝価格」「高級シルクメンズパジャマ2800円，締切日以降は8400円になります」等と記載し，締切日以降は当該販売価格に比して著しく高い価格を表示していたが，実際には当該締切日以降，比較対照価格とした価格で販売した実績はなかった（本件では，上記以外に，絹が100％用いられているかのような表示をしていたが，実際には100％を大きく下回るもので

あり，この点は優良誤認表示とされた）。

〈割引率又は割引額を用いた事件〉
AOKI事件（平成23・7・26措置命令・消費者庁HP）
　「スーツ・コート・ジャケット全品半額」「開店1周年全品半額」と表示していたが，実際には，表示価格が一定額以上の商品のみ，表示価格の半額で販売する，又は表示価格が一定額以上の商品のうち1点のみ，チラシに印刷された割引券を持参した場合に限り，表示価格の半額で販売するものであった（同内容のものとして，青山商事，コナカ，はるやま商事，フタタに対しても措置命令が出されている）。

キャリアカッレジジャパン事件（平成27・3・20措置命令・消費者庁HP）
　通信講座の販売に当たって，特定期間内に受講を申し込んだ場合に限り，正規の受講料から1万円値引きする表示をしていたが，実際には，ほとんどの期間において，正規受講料から1万円の値引きを行うキャンペーンを実施していた。

〈その他の事件〉
フィッシュランド事件（平成23・8・31措置命令・消費者庁HP）
　同社は，その経営する眼鏡の販売店において，遠近両用眼鏡について，「（最高品質・国内トップメーカーレンズ使用）」，「ドクターアイズならなんと!!　8800円税込特価」，「全店7000本のフレームから自由にお選び下さい」と表示していたが，実際には8800円で購入できる対象商品に用いられているレンズは，対象商品を購入しようとするものが選択できるレンズのうち最も品質が低いものであり，より高品質のレンズを選択した場合の販売価格は13800円ないし68800円であった。

4　比較表示における有利誤認表示

　「商品又は役務の価格その他の取引条件について，実際のもの又は当該事業者と同種若しくは類似の商品若しくは役務を供給している他の事業者に係るものよりも取引の相手方に著しく有利であると一般消費者に誤認される表示」は不当表示に該当する。競争事業者の販売価格を比較対象価格とする二重価格表示については，前項**3**(1)**ウ**において既に述べた。
　競争事業者との比較広告を行う場合において比較広告が不当表示とならないようにするためには，一般消費者に誤認を与えないようにするために，「比較

広告に関する景品表示法上の考え方」(昭和62・4・21公取委事務局)が示す次の3つの要件をすべて満たす必要がある(詳細は**第6・2**(146頁)参照)。
　(i)　比較広告で主張する内容が客観的に実証されていること
　(ii)　実証されている数値や事実を正確かつ適正に引用すること
　(iii)　比較の方法が公正であること
　なお,中傷・ひぼうにわたるような比較広告はもとより許されないが,このような比較広告が一般消費者に誤認を与えるようなものである場合には,不当表示となる。

〈電気を使用する方がガスを使用するよりも得になるとの表示を行った事件〉
九州電力事件(平成20・10・15排除命令・排除命令集26巻532頁)
　一般消費者に対するパンフレットにおいて,給湯設備及び調理器具の熱源としてガスを使用する住宅と比較して「オール電化住宅」としてすべての熱源を電気で賄う場合には,1年間で最大約10万円得になるかのように表示し,また,オール電化住宅とするために必要な費用を「オール電化住宅ローン」による融資を受ける場合には,オール電化住宅の方が30年間で約350万円得になるかのように表示していたが,オール電化住宅とするためには特別の電気給湯器・電磁調理器等の購入及びこれらの工事費用が必要であることから,上記表示のように得になるものとはいえないものであった(4条1項2号(現5条2号)違反)。

〈競争事業者のサービスの内容を比較引用した際,実際のものと異なる内容を表示した事件〉
ニフティ事件(平成24・6・7措置命令・消費者庁HP)
　自社のウェブサイトにおいて,モバイルデータ通信サービスのプランを掲載する際,競争事業者の同種プランには電子メールサービスは付随していないと表示したが,実際には,競争事業者のプランには無料オプションサービスとして電子メールサービスが提供されていた。

不正競争防止法における信用毀損行為の規制

　不正競争防止法2条1項14号では,次のような行為が「不正競争」に該当するとされ,規制されている。
　競争関係にある他人の営業上の信用を害する虚偽の事実を告知し,又は流布する

行為。

　比較広告の場合に，比較の仕方が適切でない場合には，信用毀損行為に該当する場合がある。これまで，これに該当するとされた事例としては，①商品や営業の誹謗，②会社の誹謗，③知的財産権侵害との告知に関する事件が多い。

　本法に基づく場合，差止請求には故意・過失は要件とされない。ただし，損害賠償を求めたり，信用回復上必要な措置を請求する場合には故意・過失が要件とされる。なお，信用毀損行為が認定されれば，特段の事情がない限り，過失が推定される場合が多い。

5　その他の取引条件に係る有利誤認表示

(1)　過大包装等

　商品又は役務の取引に当たって，その数量は取引条件であり，数量が誤認される場合には，不当表示に該当する。

　これには，「10個入り」と表示しているにもかかわらず，実際には「8個入り」であったような場合である。

　また，「容器・包装による表示」として，過大な容器・包装等を用いる場合も問題となる。容器・包装がその内容量に比して過大であるような場合には，その内容量について誤認されることになるからである。過大包装等に対して，排除命令が行われている場合があり，また，関係業界においては，公正競争規約において，過大包装の禁止に関する規定を設けている。

【過大包装の禁止に関する公正競争規約の例】

　過大包装の禁止に関して，関係業種では，表示に関する公正競争規約において，例えば，次のような規定を設けている。

（観光土産品）

　観光土産品について，次の各号に掲げる方法により，その内容量を誤認されるおそれがある容器又は包装を用いてはならない。

　①　内容物の保護又は品質保全の限度を超えて，外見から容易に判明することができないように容器の底を上げること（アゲゾコ）。

　②　内容物の保護又は品質保全の限度を超えて，外見から容易に判明することができないように額縁状の広い幅の縁取りをほどこすこと（ガクブチ）。

　③　容器又は外装に切抜きをし，中が見える部分にのみ内容物を入れて，全

体に入っているかのように見せ掛けること（メガネ）。
　④　内容物の保護又は品質保全の限度を超えて，容器の底又は個々の内容物の間に紙片，木毛等を詰めること（アンコ）。
　⑤　内容物の保護又は品質保全の限度を超えて，内装を重ねること（十二単衣）。
　⑥　前各号に掲げるもののほか，内容量に比し，過大な容器又は包装を用いること（不当表示の禁止）。
　そして，「内容量を誤認されるおそれがある容器又は包装」に当たるかどうかについては，「原則として，内容物の体積に対し3分の2以上であることを目安」として判断するとし，さらに詳細な規定を設けているものがある。
（食品のり）
　観光土産品と同様に，アゲゾコ，ガクブチ，メガネ，アンコ，十二単衣のほか，エントツ（内容物の保護又は品質保全に必要な限度を超えて容器の中に空洞を作ること）を禁止している。
（歯みがき）
　内容物の保護，品質の保全又は包装工程上必要な限度を超える容器包装をしてはならないとし，「必要な限度を超える容器又は包装」とは，原則として，歯みがき類の直接の容器又は包装の容積率が，当該歯みがき類の外部の容器又は包装の70％に満たないものをいうとしている。
（化粧品）
　内容物の保護，品質保全，成形技術又はデザインに必要な限度を超えて，過大な容器包装を用いてはならない。
（家庭用合成洗剤など家庭用石けん）
　内容物の保護，品質保全又は包装技術上必要な限度を超えて過大な包装を用いてはならない。

(2)　主な違反事例
　ア　数量に関する事例
　〈牛肉の詰合せ品の注文カードに重量表示していたが牛肉以外の商品が詰め合わされており牛肉の重量は4割から6割であった事件〉

丸井事件（平成18・6・19排除命令・排除命令集25巻208頁）
　百貨店事業者が，6品目の牛肉を詰め合わせた歳暮商品を販売するに当たり，当該歳暮商品に梱包される牛肉の重量を明記せずに，商品見本等（ろう製の牛肉の模型が詰められた見本等）に添付された「ご注文カード」の「梱包重量」欄に，一定の重量を記載していたが，実際には，当該歳暮商品には，牛肉のほかに当該商品見本からは認識することができないソース等が詰め合わされており，それぞれの牛肉の重量は「ご注文カード」の「梱包重量」欄記載の重量の4割から6割に相当する量にすぎないものであった。

イ　保証に関する事例
〈買取保証額・商品保証の不当表示事件〉
ガリバーインターナショナル事件（平成23・3・28措置命令・消費者庁HP）
　中古自動車販売会社は，中古自動車を販売するに当たって，同社が販売する中古自動車の買取保証付き残価設定ローン（楽のりプラン）を利用した支払条件について，(i)「月々1900円から車が買える」と表示したが，実際には，月々の支払額1900円のほかにも，別途頭金及び年2回のボーナス時に月々の支払額に加算される金額を支払う必要があり，また，販売するすべての中古自動車について「楽のりプラン」を利用できるものではなかった，(ii)楽のりプラン利用時の買取保証額増額及びローン金利の引下げについて，「買取保証額大幅UP 約38％→約45％，ローン金利（実質年率）DOWN 7.8％→5.8％」と表示していたが，実際には，その対象となるのは，販売する約560車種の中古自動車のうち，同社が指定する20車種についてであった，(iii)販売する中古自動車の車両保証につき，「最大10年保証」と表示していたが，実際には，10年保証は，同社が設定した条件を満たす中古自動車に適用されるものに限られるものであった。
　上記(i)は価格についての，(ii)(iii)は保証についての不当表示である。

ウ　支払条件（手数料等）に関する事例
〈住宅ローンのあっせん手数料無料と表示していたが実際には手数料を要するものであった事件〉
トヨタホーム事件（平成21・2・16排除命令・排除命令集26巻672頁）
　住宅建設会社が，信販会社の提供する住宅ローンを取り次ぐサービスを提供するに当たって，(i)「保証料・各種手数料無料など様々なサービスで，借入時や返済時

もおトクで安心」「融資手数料無料」,(ii)「5つの無料で諸費用おトク」「融資手数料→無料」と記載し,あたかも当該サービスの融資に係る一切の手数料が無料であるかのように表示していたが,実際には,取次ぎに係る手数料を要するものであった。

〈入学を取り止めた場合には納入した学費の全額を返還すると表示していたが一部しか返還されないものであった事件〉
代々木ライブ・アニメイション事件（平成18・5・24排除命令・排除命令集25巻191頁）
　アニメ関係の職業専門学校は,募集要項等に,学費（入学前に納付することとなる入学手続金,入学金,授業料,設備費）の総額を表示し,「学費返還制度導入」「ご入学取りやめの方に,納付学費をお返しします」等と記載することにより,あたかも,当該学費を納付し入学前に入学を取りやめた者に対し,納付した学費のすべてを返還するかのように表示していたが,実際には,当該学費の一部しか返還しないものであった。

エ　長期的な費用に関する事例
〈オール電化住宅が得であるかのように表示していたがそのためには機器や工事が必要であり,得であるとはいえないものであった事件〉
九州電力事件（平成20・10・15排除命令・排除命令集26巻532頁）
　電力会社が,熱源としてガスを使用する住宅と比較して,「オール電化住宅」の方が,1年間で最大約10万円得になるかのように,また,オール電化住宅にするため「オール電化住宅ローン」融資制度による融資を受ける場合には,30年間で約350万円得に,同融資を受けない場合でもオール電化住宅の方が30年間で約300万円得になるかのように表示していたが,実際には,オール電化住宅とするためには電気給湯器,電磁調理器等の購入費用,工事費用を要するものであり,かつ長期間オール電化住宅を使用するためには,これらの機器の買替え購入が必要であることを考慮すると,オール電化住宅の方が1年間で約10万円,30年間で約350万円（又は約300万円）得になるとはいえないものであった。

オ　景品類の提供に関する事例
〈抽選により相当額の景品類を提供すると表示したがその価額がかなり低いもので

あった事件〉

サイサンミサワホーム事件（平成5・6・18排除命令・排除命令集19巻58頁）

　住宅の建築請負契約をした者に対し，抽選により300万円から100万円の家具セット等を提供する旨表示したが，実際には当該家具セットの仕入れ価格は184万円から62万円であり，しかも，これらは同社のモデルハウスで3年間使用していたものであるので，当該家具セットの価格は300万円から100万円とは認められないものであった。

〈雑誌の懸賞の当選者数が広告した当選者数を下回るものであった事件〉

秋田書店事件（平成25・8・20措置命令・消費者庁HP），**竹書房事件**（平成27・3・13措置命令・消費者庁HP）

　両出版社は，自らが発行する漫画雑誌の懸賞企画において，雑誌に記載した当選者数を下回る数の者を当選者として景品提供を行った。

6　有利誤認表示に関するQ＆A

Q1　条件付販売における表示の考え方

　小売店が，商品Aを1万円で販売する旨チラシで告知したいと考えている。ただし，別の商品Bを購入した方のみ購入できるという条件を付ける予定でいる。この場合，チラシにこの条件まで記載する必要があるか（消費者庁HP「表示に関するQ＆A 20」）。

A　特定の商品・サービスの販売に際して販売価格が表示される場合には，一般消費者は，表示された販売価格で無条件に当該商品・サービスを購入できると認識する。このため，販売価格に関する表示を行う場合には，①販売価格，②当該価格が適用される商品・サービスの範囲，③当該価格が適用される顧客の条件について正確に表示する必要があり，これらの事項につき，異なる表示やあいまいな表示を行う場合には，販売価格が安いとの誤認を与え，不当表示に該当するおそれがある。

　本件については，商品Aを購入するには商品Bを購入しなくてはならないのに，その旨表示していないときは，当該価格が適用される顧客に対する条件が明らかとなっていないのであり，不当表示に該当するおそれがある。

> **Q2　比較対象の選定の考え方**
> 　比較対象となり得る商品が市場に多数存在する場合，任意に選定した商品を比較対象としてよいか（消費者庁HP「表示に関するQ＆A 26」）。

A　一般に，比較の対象として，競争関係にあるどのような商品・サービスを選択しても問題ない。ただし，社会通念上又は取引通念上，同等のものと認識されていないものを比較対象としているにもかかわらず，あたかも同等のものとの比較であるかのように表示する場合には，不当表示のおそれがある。

第5　不当な表示の指定

1　趣旨，指定の要件，指定の手続

(1)　趣　　旨

　景品表示法は，不当表示として，優良誤認表示（5条1号），有利誤認表示（5条2号）のほかに，内閣総理大臣が指定する不当表示を規定している（5条3号）。5条3号は，「前2号に掲げるもののほか，商品又は役務の取引に関する事項について一般消費者に誤認されるおそれがある表示であつて，不当に顧客を誘引し，一般消費者による自主的かつ合理的な選択を阻害するおそれがあると認めて内閣総理大臣が指定するもの」を不当表示とする（指定は告示によることから，「指定告示」と称される）。

　このように，景品表示法が規定するもの（優良誤認表示，有利誤認表示）に加えて内閣総理大臣が指定したものを不当な表示とするのは，景品表示法が規制する表示が複雑かつ変転きわまりない広告宣伝，販売促進活動を対象とするため，5条1号・2号だけでは十分に対応できない場合に備えるためである。

(2)　指定の要件

　内閣総理大臣が指定することができる不当な表示は，「前2号に掲げるもののほか，商品又は役務の取引に関する事項について一般消費者に誤認されるおそれがある表示」についてである。

ア　「商品又は役務の取引に関する事項」

　景品表示法5条1号は「品質，規格その他の内容」，同2号は「価格その他の取引条件」に関する事項を対象としているのに対し，3号はこれよりも広く「商品又は役務の取引に関する事項」についての表示である。商品又は役務の

内容，取引条件を直接示すものでなくても，これらの取引に関係のある事項についてのすべての表示が含まれる（企業の歴史，市場における地位（売上高）等企業の信用に関する事項，事業者の名称，商標，商品名等も「取引に関する事項」といえる）。

イ 「一般消費者に誤認されるおそれがある表示」

5条1号・2号の不当な表示は，「優良であると示す表示」「有利であると誤認される表示」であるが，3号は「……一般消費者に誤認される『おそれ』がある」と認められる表示を不当な表示として指定することができ，また，1号は，内容について「著しく優良であると示す」，2号は取引条件について「著しく有利であると誤認」としているのに対し，3号は著しく優良・有利を要件としておらず，1号・2号に比して不当表示の要件は緩やかなものとなっている。このため，商品又は役務の内容，取引条件に関する事項であって，誤認されるおそれがあるがその程度が著しい程度に至らない表示であっても，また，優良性や有利性の判断に結びつかない表示であっても本号の他の要件を満たす限り，不当な表示として指定することができる。

ウ 「不当に顧客を誘引し，一般消費者による自主的かつ合理的な選択を阻害するおそれがある」

5条1号（優良誤認表示），2号（有利誤認表示）と同様であり，3号の指定に関して実質的な限定を付す要件ではない。

(3) **適用範囲**

景品表示法5条3号に該当する不当表示が行われた結果，同一の表示が1号又は2号及び3号に基づく不当表示の双方に該当する場合もあり得る。また，3号の指定は業種別にすることも，業種を限定せず一定の事項についての表示を指定することも可能である。

(4) **指定手続**

内閣総理大臣は景品表示法5条3号により不当表示を指定するときは，公聴会を開催し，関係事業者及び一般の意見を求めるとともに，消費者委員会の意見を聴かなければならない（6条1項。消費者委員会とは，消費者問題について調査審議し，建議等を行うとともに，消費者庁や関係省庁の消費者行政全般について監視機能も有する独立した第三者機関であり，委員は内閣総理大臣が任命する）。

(5) **現行の指定告示**

現在，景品表示法5条3号の指定告示として，次の6つのものがある。
① 無果汁の清涼飲料水等についての表示（昭和48・3・20公取委告示第4号）
② 商品の原産国に関する不当な表示（昭和48・10・16公取委告示第34号）
③ 消費者信用の融資費用に関する不当な表示（昭和55・4・12公取委告示第13号）
④ 不動産のおとり広告に関する表示（昭和55・4・12公取委告示第14号）
⑤ おとり広告に関する表示（平成5・4・28公取委告示第17号）
⑥ 有料老人ホームに関する不当な表示（平成16・4・2公取委告示第3号）
それぞれの概要は，以下**2**〜**7**のとおりである。

2　無果汁の清涼飲料水等についての表示
(1) 対象商品
清涼飲料水，乳飲料，はっ酵乳，乳酸菌飲料，粉末飲料，アイスクリーム類又は氷菓の7品目で，容器に入っているもの又は包装されたものに限られる。

(2) 不当表示
ア　次のいずれかに該当する表示であって，(i)当該清涼飲料水等に果汁又は果肉が使用されていない，又は(ii)僅少な量しか使用されていない旨が明りょうに記載されていないものが不当表示となる。
① 当該清涼飲料水等の容器又は包装に記載されている果実の名称を用いた商品名等の表示
② 当該清涼飲料水等の容器又は包装に掲載されている果実の絵，写真又は図案の表示
③ 当該清涼飲料水等又はその容器もしくは包装が，果汁，果皮又は果肉と同一又は類似の色，かおり又は味に着色，着香又は味付けがされている場合のその表示

イ　ここで果汁又は果肉が使用されていない旨の記載は，「無果汁」「果汁を含まず」「果汁ゼロ」「果汁0％」のいずれかの文言を記載したものでなければならない。

また，果汁等が使用されていないものにその旨を，また僅かに使用しているものにその含有率を表示する場合，商標又は商品名の表示と同一視野に入る場

所に，背景の色と対照的な色で，かつ，14ポイント以上の大きさの文字で見やすいように記載されていないと，「明りょうに記載されていないもの」として取り扱われることになる。

「僅少な量」とは，重量配分率で5％未満の量であり，水を加えて供する清涼飲料水等については，標準の希釈倍数等により飲用に供する状態にした場合における重量配分率で5％未満の量をいう。したがって，当該清涼飲料水等に5％未満の果汁しか含まれていない場合は，「無果汁」と表示し又は使用されている割合を明りょうに記載しない限り不当表示となる。

(3) **主な違反事例**

最近の主な違反事例は，次のとおりである。

〈果汁・果肉が使用されていないにもかかわらずその旨が表示されていなかった事件〉

国分事件（平成16・2・27排除命令・排除命令集24巻99頁）

飲料・食料品の卸販売業者が，原材料に果汁・果肉が使用されていない清涼飲料について，その容器に果実（レモン，オレンジ，ぶどう）の名称を用いた商品名等を記載し，内容物に果実と類似の着香又は着色等をすることにより，原材料に果汁・果肉が使用されているかのような印象を与える表示をしているにもかかわらず，容器に，清涼飲料水の原材料には果汁・果肉が使用されていない旨を明りょうに記載していなかった。

3 商品の原産国に関する不当な表示

本告示は，商品の原産国について一般消費者に誤認されるおそれのある表示を指定したものであり，①国産品について外国産品と誤認される表示，及び②外国産品について国産品又は他の外国産品と誤認されるおそれのある表示について規定している。

本告示は，景品表示法によって禁止されている不当な表示を指定したもので，原産国以外の国の国名，国旗，デザイナーの氏名等自体を表示することを禁じたものではなく，また，すべての商品の原産国を表示すべきことを義務付けたものでもない。

なお，国内のA地方産の商品についてB地方産であるかのような表示が行われた場合は本告示の対象外であり，優良誤認表示（5条1号）に該当するか否

かが検討される。
(1) 対象商品
　規制の対象となる商品の範囲は限定されていない。本告示1項は「国内で生産された商品」，2項は「外国で生産された商品」とあり，「生産」には農水産物の採取，採捕，栽培行為も含まれるため，工業製品でない生鮮食品等も本規制の対象となる。
(2) 不当表示
　以下のような場合は，不当表示となる。
　① 国内で生産された商品に，(i)外国の国名，地名，国旗等の表示，(ii)外国の事業者，デザイナー名等の表示，(iii)文字による表示の全部又は主要部分が外国文字で示されている表示のいずれかを表示することによって，国産品について外国産品と誤認されるおそれのある場合
　② 外国で生産された商品に，(i)その商品の原産国以外の国名，地名，国旗等の表示，(ii)その商品の原産国以外の国の事業者，デザイナー名等の表示，(iii)文字による表示の全部又は主要部分が和文で示されている表示のいずれかを表示することによって，外国産品について国産品又は他の外国産品と誤認されるおそれのある場合
(3) 原産国の判定基準
　原産国の判断基準として，本告示は，次のように規定する（告示備考）。
　① 「原産国」とは，その商品の内容について実質的な変更をもたらす行為が行われた国をいう。
　② 商品の原産地が一般に国名よりも地名で知られているため，その商品の原産地を国名で表示することが適切でない場合は，その原産地を原産国とみなす。
　これは，本規制の目的が一般消費者の原産国に関する誤認のおそれを排除することにあるから，一般消費者が原産国としてどのような行為が行われた国を連想するかという観点から定めたものである。また，原産国自体の誤認のおそれを問題にするものであって，原産国の違いによる商品の品質の優劣を問題とするものではない。
　具体的にどのような生産工程が「実質的な変更行為」かについては，商品ご

とに様々であるため,「『商品の原産国に関する不当な表示』の原産国の定義に関する運用細則」(昭和48・12・5公取委事務局長通達)は,生産が2ヵ国以上にわたって行われる商品で実質的な変更行為の判断が難しいものについて,商品ごとに原産国を明確にしている。「実質的な変更行為」は,工程を基準とするものであり,どの程度の付加価値が加えられたかを基準とする(付加価値基準)ものではない。

(4) **主な違反事例**

最近の主な違反事例は,次のとおりである。

〈原産国が中国の製品について日本製と表示した事件〉
全日空商事事件(平成21・1・8排除命令・排除命令集26巻587頁)
　革製品の通信販売業者は,革製のウォレット等を販売するに当たり,広告において,過去に東京都中央区銀座に所在していた老舗の革製品製造販売業者の「銀座エンゼル」ブランドと表示し,それらの原産国がわが国であるかのように「日本製」と表示したが,実際には,当該商品は「銀座エンゼル」ブランド製品ではなく,当該商品の原産国は中国であった。

〈原産国が中国・インドであるにもかかわらず他の外国で製造されたものであるかのように表示した事件〉
アトルフォ・ドミンゲスジャパン事件(平成21・6・9排除命令・排除命令集26巻745頁)
　衣料品の小売業者(スペインの会社の日本子会社)は,ブランドの衣料品「ADOLFO DOMINGUEZ」に,中国,インドで製造されたものに付けられているタッグ,シールを取り去り,「ADOLFO DOMING - UEZ」のブランド名のタッグ等を取り付けたまま販売し,それらの原産国を判別することが困難である表示を行っていた。

〈原産国が中国・台湾・韓国等であるにもかかわらずアメリカ製と表示した事件〉
ボンシック事件(平成22・3・25措置命令・消費者庁HP)
　化粧品化粧雑貨輸入業者は,米国NYXコスメチック社「NYX」の商標を付した化粧品・化粧雑貨を販売するに当たって,対象商品のラベルに「アメリカ製」と表示したが,実際は中国,台湾,韓国等で製造されたものであった。

4 消費者信用の融資費用に関する不当な表示

　事業者が一般消費者に金銭を貸し付けたり，商品の販売の際代金支払を繰り延べることにより信用を供与する（消費者信用）場合に，それに必要な融資費用が正しく，かつ，一般消費者に理解されやすいように表示されないと，表示の仕方によっては，その融資費用が実際より低く，有利であるかのように誤認される場合がある。

　このため，「消費者信用の融資費用に関する不当な表示」が指定されている。

(1) 対象事業者

　対象事業者は，金融機関，貸金業者，割賦販売業者，ローン提携販売業者，割賦購入あっせん業者である。

(2) 不当表示

　ア　消費者信用の融資費用について次の表示がある場合は，実質年率を明りょうに記載しないと不当表示となる。

　① 利息，手数料その他の融資費用の率がアドオン方式により表示されている場合（アドオン方式とは，途中で返済しても全期間借りたものとして利息を計算する方式─下記（注）参照）

　② 利息手数料その他の融資費用の率が日歩，月利等年建て以外の方法により表示されている場合（例：「日歩○銭」「月利○円○銭」などと低利であるかのような印象を与える表示がされている場合）

　③ 融資費用が金額によって表示されている場合（例：「利息は1万円につき28円」「1万円を1週間利用して利息は週刊誌1冊分です」等のみの表示）

　④ 融資費用が返済事例により表示されている場合（例：「手取50万円，返済月々15,200円×36回，ボーナス時3万円加算」「申込金50万円，24回均等払いの場合，初回27,341円，2回目以降27,333円」等のみの表示）

　⑤ 融資費用の一部についてのみ年建てによる率で表示されている場合（例：「利息年10％」と記載されていても，実際には他に手数料，集金費を徴収する場合）

　　（注）「元金10万円，アドオン利率月0.6％，返済回数10回」の場合，利息の総額は10万円×0.006×10回＝6,000円となり，毎月の返済額は，106,000÷10＝10,600円となる。
　　　　アドオン金利を用いると毎月の返済額・返済利息が簡単に算出できるが，この方式の場合，元金が割賦返済されているにもかかわらず利息は減らないものとして計算されているので，実質年率負担は表面金利を大きく上回る。そのため割賦販売法ではアドオン金利を禁止し実

質年率金利のみの表示としている。

イ　なお，実質年率の表示としての「実質年率」とは，実際に利用可能な融資金又は未払金の額に期間数を乗じて得た額を合計した額に対する融資費用の総額の割合を年を単位として表したものであり，「融資費用」には，利息，手数料，信用調査費，集金費，保証料，保険料などの一切の費用を含む。取引によって実質年率が異なる場合には，代表的な取引における最も高い年率を記載し，その実質年率がどのような条件のとき適用されるかを表示する必要がある（例：「実質年率通常○○％以内（○○万円，○年間融資の場合）」，「実質年率○○％から○○％まで」）。

(3)　主な違反事例

主な違反事例は，次のとおりである。

〈融資費用についてアドオン方式による利率のみを表示し実質年率を表示しなかった事件〉

光陽不動産事件（平成3・11・12排除命令・排除命令集18巻115頁）

　宅地建物取引業者が，東京都下の土地の販売に当たって，当該土地の割賦による支払条件について，アドオン方式による融資費用の率を表示し，「ローンの場合／年率12％（アドオン方式）最長5年60回払い」とのみ記載し，実質年率を記載していなかった。

5　不動産のおとり広告に関する表示

不動産については，実際には存在しないものとか，第三者の所有物件で処分を委託されていないものなどを有利に取得できるかのように広告し，広告によって誘引された顧客に対し，他の高額な物件の購入を勧めたりする行為がみられたが，このような広告を「おとり広告」という。

(1)　適用対象

不動産（土地及び建物）に関する取引が対象となる。

(2)　不当表示

①　不動産が存在しないため，実際には取引することができないものについて表示すること

「不動産が存在しない」とは，(i)広告等に表示した物件が，所在地に存在しない場合，(ii)広告等に表示した物件が，実際に販売しようとする不動産とその内容，形態，取引条件等において同一と認めがたい場合。

② 不動産は存在するが，実際には取引の対象となり得ないものについて表示すること

「実際には取引の対象となり得ない」場合とは，(i)表示した物件が売却済みのもの又は処分を委託されていない他人のものである場合，(ii)表示した物件に重大な瑕疵があるため，そのままではその物件を取引することができないものであることが明らかな場合（ただし，その物件に瑕疵があること及びその内容が明りょうに記載されている場合を除く）。

③ 不動産は存在するが，実際には取引する意思がないものについて表示すること

「実際には取引する意思がない」場合とは，(i)顧客に対し広告等に表示した物件に案内することを合理的な理由がないのに拒否する場合，(ii)表示した物件に関する難点をことさら指摘するなどして，その物件の取引に応ぜず，顧客に他の物件を勧める場合。

(3) **主な違反事例**

主な違反事例は，次のとおりである。

〈土地付住宅を販売するかのように表示していたが住宅は建築されておらず建築に特殊な基礎工事が必要であった事件〉

都開発事件（昭和58・11・22排除命令・排除命令集14巻89頁）

土地付住宅の販売に際し，「新築4LDK」「土地40.65坪付（正味30.60坪）」「……一戸建土地付住宅をお譲りします」等と記載し，住宅の平面図を記載することによって，あたかも土地付住宅を販売するかのように表示したが，実際には，当該住宅は建築されておらず，土地についても平坦部分が少なく，特殊な基礎工事を施工しなければ建築できないものであり，取引することができないものであった。

〈土地付住宅を販売するかのように表示していたが売却済みであった事件〉

協和住宅事件（昭和59・9・5排除命令・排除命令集15巻96頁）

土地付住宅の販売に際し，「価格2650万円」「構造 木造2階建」「道路付 南4.5メートル」「引渡 即」（物件を引き渡せる時期が即時の意味）「態様（売）」（広告

主が売主の意味）等と記載し，あたかも当該物件を販売するかのように表示していたが，実際には，当該物件は，すでに売却済であり，取引の対象となり得ないものであった。

〈賃貸中であったにもかかわらず賃貸するかのように表示した事件〉
エイブル事件（平成20・6・18排除命令・排除命令集26巻484頁）
　すでに賃貸中の物件で，表示期間において取引の対象となり得ないものであるにもかかわらず，あたかも賃貸することができるかのように表示していた。

6　おとり広告に関する表示

　不動産を除く一般の商品又は役務の取引に関する「おとり広告」については，昭和57年に「おとり広告に関する表示」告示が制定され，平成5年に規制の明確化と実効性の向上を図る観点から全面改正が行われた。

　(1)　適用対象
　不動産を除く消費者向けのすべての商品又は役務の取引が対象となる。
　(2)　不当表示
　自己の供給する商品又は役務の取引に顧客を誘引する手段として，次のいずれかの表示を行うこと
　①　取引を行うための準備がなされていない場合，その他実際には取引に応じることができない場合のその商品又は役務についての表示
　「取引を行うための準備がなされていない場合」とは，例えば，通常店頭展示されている商品について広告商品が展示されていない場合，引渡しに期間を要する商品について広告商品の引渡しに通常の期間より長期を要する場合，広告した販売数量の全部又は一部について取引に応じることができない場合，広告した品揃えの全部又は一部について取引に応じることができない場合，広告において複数の店舗で販売する旨申し出た場合であってその一部に取り扱わない店舗がある場合である。
　「取引に応じることができない場合」とは，例えば，広告商品等が売却済みである場合，広告商品等が処分を委託されていない他人の所有物である場合である。
　②　供給量が著しく限定されているにもかかわらず，その限定の内容が明り

ょうに記載されていない場合のその商品又は役務についての表示

「著しく限定されている」とは，広告商品等の販売数量が予想購買数量の半数にも満たない場合をいう。この場合において，予想購買数量は，従来，同様の広告により同一又は類似の商品等について行われた取引の申出に係る購買数量，商品等の内容，取引条件等を勘案して算定する。供給量が著しく限定されている場合にその限定の内容を明りょうに記載すれば不当表示とはならない。

供給量の限定の内容が「明りょうに記載されていない場合」には，販売数量が限定されている旨の記載のみでは足りず，割引等により販売数量が著しく限定されている商品がある場合には，当該商品を特定して販売数量を明りょうに記載する必要がある。

③　供給期間，供給の相手方又は顧客1人当たりの供給量が限定されているにもかかわらず，その限定の内容が明りょうに記載されていない場合のその商品・役務についての表示

供給期間，供給の相手方又は顧客1人当たりの供給量の限定の内容が「明りょうに記載されていない場合」において，これらについて限定されている旨のみが記載されているだけでは，限定の内容が明りょうに記載されているとはいえず，具体的に供給期間，供給の相手方，顧客1人当たりの販売数量を記載しなければならない。

④　合理的理由がないのに取引の成立を妨げる行為が行われる場合その他，実際には取引する意思がない場合のその商品又は役務についての表示

「合理的理由がないのに取引の成立を妨げる行為が行われる場合」とは，例えば，(i)広告商品等を顧客に見せない，又は顧客に説明することを拒む場合，(ii)広告商品等に関する難点をことさら指摘する場合，(iii)広告商品等の取引を事実上拒否する場合，(iv)広告商品等に替えて他の商品等の購入を推奨する場合において，顧客がその商品を購入する意思がないと表明したにもかかわらず，重ねて推奨する場合，(v)広告商品等の取引に応じることにより販売員等が不利益な取扱いを受けることとされている事情において他の商品を推奨する場合である。

取引の成立を妨げる行為についての「合理的理由」について，未成年者に酒類を販売しないことなどは「合理的理由」となる。

(3) 主な違反事例

主な違反事例は，次のとおりである。

〈ミシンの販売広告をしたにもかかわらず売り切れと告げたり広告品の難点を指摘し他のミシンの購入を勧めた事件〉
ミシン流通センター厚木店事件（平成4・2・18排除命令・排除命令集18巻129頁）
　ミシン販売業者が，ミシンの販売に当たり，有名メーカーの製品について，12万9800円の品を6万9800円，5台限り等と表示し，来店した一般消費者に対し，表示した台数の販売実績がないにもかかわらず，すでに売り切れた旨告げたり，表示したミシンの難点をことさら指摘し，表示していない他のミシンの購入を勧めたりして，実際には販売する意思のない商品を広告した。

〈ミシンの販売広告をしたにもかかわらず広告品は性能が悪い旨を告げて他の高価なミシンの購入を勧めた事件〉
九州ミシンセンター福岡店事件（平成7・7・17排除命令・排除命令集20巻78頁）
　ミシン販売業者が，ミシンの販売に当たり，輸入ミシンを8000円という特に安い価格で販売する旨表示したが，購入希望者に対し，他の商品と性能比較し，当該ミシンの購入意思を失わせるよう仕向け，表示されていない著しく高価な他のミシンを購入するよう勧めた。

〈販売数量に限定ありとのみ表示し販売数量を表示しなかった事件〉
ドン・キホーテ事件（平成18・2・28警告・消費者庁HP）
　大型ディスカウント業者が，北海道内の5店舗において，「GUCCI」ブランドの14種類の商品を販売するに当たり，その販売数量を「限定数あり」とのみ記載し，具体的な販売数量を記載せず，準備していた数量は，13種類の商品については各1点，1種類については2点のみであり，販売数量が著しく限定されているにもかかわらず，限定の内容が明りょうに記載されているとはいえないものであった。

〈すでに販売された中古車を販売対象商品として表示した事件〉
ジャストライト事件（平成26・11・26措置命令・消費者庁HP）
　中古自動車の販売に当たり，走行距離，修復歴について，実際とは異なる表示（優良誤認）のほか，34台については，表示期間中に当該中古自動車を販売できるかのように表示していたが，実際には，すでに売買契約が成立しており，取引に応じることができないものであった。

〈取引に応じることができないうなぎ・うなぎかば焼きを販売した事件〉
きむら事件（平成26・1・21措置命令・消費者庁HP）
　うなぎ，うなぎかば焼きの原産地を愛知県三河一色産と表示し販売していたが，実際は三河一色産のものを仕入れておらず，対象商品すべてについて取引に応じることができなかった。

〈旅館が提供する料理に仕入れていなかった原材料を用いた料理を広告した事件〉
近畿日本鉄道事件（平成25・12・19措置命令・消費者庁HP）
　100%子会社の運営するする旅館が，大和肉鶏を使用した「大和肉鶏鍋」（又は「つみれ鍋」）を提供すると表示していたが，実際には大和肉鶏を仕入れておらず「大和肉鶏鍋料理」を提供することはできなかった。

7　有料老人ホームに関する不当な表示

　有料老人ホームとは高齢者に対する居住空間のほか，食事の提供等日常生活に必要な各種のサービスを一体的に提供するものである。有料老人ホームが提供するサービスは，①長期間にわたって提供される，②複合的なサービスであるため契約段階ではサービスの内容やそれを受けられる条件が消費者にとって分かりづらいものである，③いったん入居すると変更が難しい等の特徴を有している。このため，平成16年，景品表示法4条1項3号（現5条3号）に基づき，公正取引委員会は「有料老人ホームに関する不当な表示」の指定を行った。

(1)　適用対象

　有料老人ホーム（老人を入居させ，入浴，排せつもしくは食事の介護，食事の提供又はその他の日常生活上必要な便宜の供与をする事業を行う施設）に関する取引を対象とする。

(2)　不当表示

有料老人ホーム等に関する次のような表示が不当表示とされる。

①　自己所有でない土地・建物

　例えば，有料老人ホーム等がその建物を所有していないにもかかわらず，そのことが明りょうに記載されていない場合。

②　自己が設置していない施設・設備

　入居者の利用に供される施設又は設備について，(i)当該有料老人ホームが設

置しているものではない場合，(ii)施設等が当該有料老人ホームの敷地内・建物内に設置されていない場合，(iii)当該施設・設備を利用するごとに費用を支払う場合において，それぞれの事実が明りょうに記載されていない場合。

③　共用の施設・設備

入居者の特定の用途に用いられる施設又は設備につき，その用途専用に設置・使用されていないにもかかわらず，そのことが明りょうに記載されていない場合。

④　構造・仕様の一部に異なるものがある設備

「南向きの部屋」「バリアフリー構造」等の構造，仕様が有料老人ホームのすべてにおいて用いられているわけではないにもかかわらず，そのことが明りょうに記載されていない場合。

⑤　居住の住み替え

(i)入居者が当初入居した居室から他の居室に住み替えることがある場合，(ii)住み替えに伴って専有面積の減少，当初入居した居室に関する権利の変更・消滅，追加的費用の発生がある場合に，その旨が明りょうに記載されていない場合。

⑥　「終身介護」等の表示の例外となる事項

実際には，入居者が有料老人ホーム等からの退去や他の施設への住み替えを求められることがあるにもかかわらず，そのことや退去・住み替えが求められる入居者の状態の具体的な内容が明りょうに記載されていない場合。

⑦　医療機関との協力関係の内容

医療機関との協力関係についての表示において，(i)その医療機関の名称，(ii)協力に関する診療科目等協力の具体的内容，(iii)入居者の費用負担（保険診療の一部負担金を除く）についてその旨が明りょうに記載されていない場合。

⑧　介護保険給付の対象とならない介護サービスに関する費用等

介護保険法に基づく保険給付の対象とならない介護サービスの内容及び費用が明りょうに記載されていない場合。

⑨　介護職員等の数

(i)常勤換算方法による介護職員等の数，(ii)要介護者等以外の入居者に対し日常生活上必要なサービスを提供する場合において，要介護者等に介護サービス

を提供する常勤換算方法による介護職員等の数，(iii)夜間の最少の介護職員等の数が明りょうに記載されていない場合。

　介護資格を有する介護職員等の数が，常勤・非常勤の別ごとに明りょうに記載されていない場合も不当表示に当たる。

(3) **主な違反事例**

最近の主な違反事例は，次のとおりである。

〈土地建物を所有しておらず介護サービスを自ら提供するものでないにもかかわらずそれらを表示していなかった事件〉

川島コーポレーション事件（平成18・3・13排除命令・排除命令集25巻96頁）

　入居希望者に配布したパンフレットにおいて，同社の建物外観の写真を大きく掲載しているところ，当該有料老人ホームが土地・建物を所有していないにもかかわらず，そのことを明りょうに記載していない。また，介護サービスについて，介護保険法に規定された特定施設入所者生活介護の指定を受けておらず，介護サービスは別の事業者が提供しており，当該有料老人ホームは自ら介護サービスを提供するものではないにもかかわらず，そのことを明りょうに記載していない。

〈介護士が常駐していないにもかかわらず常駐しているかのように表示し介護士等の数を表示していなかった事件〉

ライフケアサービス事件（平成18・3・13排除命令・排除命令集25巻99頁）

　24時間365日介護士が常駐する体制をとっているかのように表示していたが，実際には，1年間において介護士が夜間勤務していない日が200日以上あり，24時間介護士が常駐する体制をとっているものではなかった。また，有料老人ホーム重要事項説明書において，介護職員・看護職員等の数のうち，夜間に勤務する最少の介護職員・看護職員等の数を正しく記載せず，また明りょうに記載していなかった。

〈看護士等を配置していないにもかかわらず配置しているかのように表示し健康診断を定期的に自ら実施していないにもかかわらず自ら実施しているかのように表示した事件〉

原弘産事件（平成19・2・8排除命令・排除命令集25巻352頁）

　当該有料老人ホームは，看護士，介護福祉士については全く配置しておらず，ホームヘルパーも夜間は業務に従事させていないにもかかわらず，看護士，介護福祉士を配置しているかのように表示し，また健康診断を定期的に実施するかのような

表示を行ったが，実際には自身では定期健康診断を実施していない。さらに，医療機関との協力関係について，医療機関の名称，診療科目等協力の具体的内容を明りょうに記載していない。

8 指定告示に関するＱ＆Ａ

> Ｑ１　輸入ワインの原産国表示に関する考え方
> 　Ａ国とＢ国でそれぞれ製造されたワインをＣ国にバルク輸出し，そこでブレンドしてボトリングした後に日本に輸入した場合，このワインの原産国はどこか（消費者庁HP「表示に関するＱ＆Ａ48」）。

Ａ　「商品の原産国に関する不当な表示」においては，商品の原産国は，「その商品の内容について実質的な変更をもたらす行為が行なわれた国」と定義され，同告示の運用基準では，容器に詰め，又は包装することは，実質的な変更行為には含まれないとされている。
　ワインについて，ブレンドはワインの風味を大きく変化させるものであることから，「実質的変更行為」に当たり，質問の例では，原産国はブレンドが行われたＣ国である。

> Ｑ２　複数店舗共通のチラシにおいて広告を行う場合の考え方
> 　ドラッグストアの全国チェーンが全国一斉のセールを行うに際し，その旨，全国共通のチラシで告知する予定である。セールに当たって，ある日用品を数量限定で目玉商品として用意し，チラシには「目玉商品○○，各店舗××個限定」と表示する予定であるが，店舗によっては表示した数量を用意できなかったり，目玉商品を取り扱わない店舗もある。ただ，全国共通のチラシであり，各店の状況をすべて記載するスペースもないため，表示した数量より少ない店舗がある旨，あるいは取り扱わない店舗がある旨を記載しなくてもやむを得ないと考えるがどうか（消費者庁HP「表示に関するＱ＆Ａ36」）。

Ａ　事業者がチラシ等で特定の商品を複数店舗で販売する旨告知する場合，原則として，店舗ごとの販売数を明記しなければならず，チラシ等で表示した数量を用意していなかったり，取り扱っていない店舗があるにもかかわらずその旨表示し

ていない場合は，おとり広告に該当するおそれがある。

　チラシ等のスペースの都合で店舗ごとの販売数を明記することが困難な場合には，当該チラシ等に記載された全店舗での総販売数に併せて，店舗により販売数が異なる旨と全店舗のうち最も販売数が少ない店舗での販売数を表示する必要があり，また，チラシに掲載した商品を準備していない店舗名を記載する必要がある。

第6　表示の適正化

1　ガイドラインの作成による不当表示の明確化

　景品表示法の不当表示を未然に防止するため，消費者庁（又は公正取引委員会）は，景品表示法における不当表示の解釈基準を分かりやすく解説する，いわゆるガイドラインを作成，公表している。このガイドラインには，すべての業種に関連するある表示類型についてのものと，個別業種に特有な表示類型に関するものとがあり，前者には，例えば，前述「価格表示ガイドライン」（不当な価格表示についての景品表示法上の考え方）（116頁）や，「不実証広告ガイドライン」（不当景品類及び不当表示防止法第7条第2項の運用指針）（110頁）であり，後者には，「痩身効果等を標ぼうするいわゆる健康食品の広告等について」（昭和60年）や「保険商品の新聞広告等における表示について」（平成15年）等がある。

　これらいわゆるガイドラインは，それぞれの表示類型について，景品表示法に違反するおそれのある表示についての考え方を明らかにしたものであり，事業者が行う具体的な表示が景品表示法に違反するか否かについては，個別事案ごとに判断されるものである。

　以下，すべての業種を対象とする「比較広告ガイドライン」と最近公表された「インターネット消費者取引ガイドライン」及び「料理メニュー表示ガイドライン」について，その概要を記載する。

2　比較広告ガイドライン（「比較広告に関する景品表示法上の考え方」）（昭和62・4・21公取委事務局）

　(1)　はじめに

　比較広告とは，自己の供給する商品又は役務について，競争事業者の商品等を比較対象商品等として示し，その内容，取引条件に関して，測定・評価する

ことによって比較する広告である。

　景品表示法は，自己の供給する商品等の内容や取引条件について，競争事業者のものよりも著しく優良又は有利であるかのように一般消費者に誤認される表示を不当表示として禁止しているが，競争事業者の商品等を比較すること自体については，何ら禁止も制限もしていない。

　比較広告は，それが適正に行われれば，一般消費者が商品等を選択する上で，必要な情報が提供されるという利点を有する。しかし，わが国では従来あまり一般化はしていなかった。ただ，海外では広く行われる広告宣伝手法であるため，今後はこうした比較広告を受け入れる環境を整えていく必要があるとして，公正取引委員会は，昭和62年4月，「比較広告に関する景品表示法上の考え方」（比較広告ガイドライン）を作成，公表した。

(2)　比較広告ガイドラインの概要
　ア　基本的な考え方
　比較広告が許容されるためには，次の3つの要件をすべて満たすことが必要である。
　①　比較広告で主張する内容が客観的に実証されていること
　②　実証されている数値や事実を正確かつ適正に引用すること
　③　比較の方法が公正であること
　イ　比較広告で主張する内容が客観的に実証されていること
　「比較広告で主張する内容が客観的に実証されていること」とは，次のとおりである。
　「客観的に実証されている」というためには，以下の事項を考慮する必要がある。
　(ｱ)　実証が必要な事項の範囲
　実証が必要な事項の範囲は，比較広告で主張する事項の範囲である。例えば，「某市で調査した結果，A商品よりB商品の方が優秀であった」という比較広告を行う場合には，①某市でA商品とB商品との優秀性に関する調査が行われていること，②主張するような調査結果が出ていることが必要である。
　(ｲ)　実証の方法及び程度
　実証は，比較する商品等の特性について確立された方法がある場合にはその

方法によること。それがない場合には社会通念上及び経験則上妥当と考えられる方法によること。また，主張しようとする事実が存在すると推認できる程度まで行われている必要がある。

公的機関が公表している数値や事実及び比較対象商品等を供給する事業者がパンフレット等で公表し，かつ，客観的に信頼できると認められる数値や事実については，当該数値や事実が実証されているものとして取り扱われる。

(ウ) **調査機関**

調査を行った機関は広告主と関係のない第三者（例えば，国公立の試験研究機関等の公的機関，中立的な立場で調査，研究を行う民間機関等）が望ましい。ただし，広告主と関係のない第三者の行った者でなくても，その実証方法等が妥当なものであれば，差し支えない。

ウ **実証されている数値や事実を正確かつ適正に引用すること**

「実証されている数値や事実を正確かつ適正に引用すること」とは，次のとおりである。

「正確かつ適正に引用する」ためには，以下の事項を考慮する必要がある。

(ア) **調査結果の引用の方法**

① 実証されている事実の範囲内で引用すること。例えば，実証の根拠となる調査が一定の限られた条件の下で行われている場合には，その条件の下での比較として引用する必要がある。

② 調査結果の一部を引用する場合には，調査結果の趣旨に沿って引用すること。

(イ) **調査結果に関するデータの表示**

ある調査結果を引用して比較する場合には，一般消費者が調査結果を正確に認識できるようにするため，調査機関，調査時点，調査場所等の調査方法に関するデータを広告中に表示することが適当である。ただし，調査方法を適切に説明できるのであれば表示しなくても差し支えない。

エ **比較の方法が公正であること**

「比較の方法が公正であること」とは，次のとおりである。

「比較の方法が公正である」というためには，以下の事項を考慮する必要がある。

(ア) 表示事項（比較項目）の選択基準

一般的にはどのような事項について比較しても問題はないが，それが商品等の全体の機能，効用等に余り影響がないにもかかわらず，あたかも商品等の全体の機能，効用等が優良であるかのように強調するような場合には，不当表示となるおそれがある。例えば，自社製品について瑣末な改良をしただけなのに，従来の他社製品と比べ，画期的な新製品であるかのように表示することなどである。

(イ) 比較の対象となる商品等の選択基準

一般には比較の対象として，競争関係にあるどのような商品等を選択しても特に問題はないが，それが社会通念上又は取引通念上，同等のものとして認識されていないものと比較し，あたかも同等のものとの比較であるかのように表示する場合には，不当表示となるおそれがある。例えば，自社のデラックスタイプの自動車の内装について比較広告をする場合に，他社製品のスタンダードタイプのものの内装と比較し，あたかも同一グレードのものどうしの比較であるかのように表示するなどである。

(ウ) 短所の表示

短所の表示については，これを表示しなかったとしても特に問題はない。しかし，表示を義務付けられており，又は通常表示されている事項であって，主張する長所と不離一体の関係にある短所について，これをことさら表示しなかったり，明りょうに表示しなかったりするような場合には，商品等の全体の機能，効用等について一般消費者に誤認を与えるので，不当表示となるおそれがある。例えば，他社所有の土地の価格と比較する際に，自社所有の土地に高圧電線が架設されていることについて特に触れないような表示である。

オ 中傷，ひぼうにわたる比較広告

中傷，ひぼうとは，競争事業者又はその商品等を陥れるため，ことさらその欠点を指摘するものをいう。このような中傷，ひぼうとなる比較広告のうち事実に反するものは，一般消費者に誤認を与える場合には，不当表示となるおそれがある。また，事実に基づくものであっても，信用失墜，人身攻撃にわたるもの等で，広告全体の趣旨からみて，あたかも比較対象商品等が実際のものより著しく劣っているかのような印象を一般消費者に与えるような場合にも，不

当表示となるおそれがある。さらに，場合によっては刑法等他の法律で問題となることや，倫理上の問題，品位にかかわる問題を惹起することもある。

その他，景品表示法上問題のない比較広告であっても，その表示内容，調査結果の引用の方法や対象商品等の種類によっては，著作権法等によって禁止されることがある。

(3) 主な違反事例

不当表示とされた最近の主な事例は，以下のとおりである。

〈比較の方法が公正でなかった事例〉

九州電力事件（平成20・10・15排除命令・排除命令集26巻532頁）

電力会社が，熱源としてガスを使用する住宅と比較して，「オール電化住宅」の方が，1年間で最大約10万円得になるかのように，また，オール電化住宅にするため「オール電化住宅ローン」融資制度による融資を受ける場合には，30年間で約350万円得に，同融資を受けない場合でもオール電化住宅の方が30年間で約300万円得になるかのように表示していたが，実際には，オール電化住宅とするためには電気給湯器，電磁調理器等の購入費用，工事費用を要するものであり，かつ長期間オール電化住宅を使用するためには，これらの機器の買替え購入が必要であることを考慮すると，オール電化住宅の方が1年間で約10万円，30年間で約350万円（又は約300万円）得になるとはいえないものであった。

本件では，熱源としてガスを利用するよりも夜間電力料金を適用した「オール電化住宅」の方が，エネルギー料金を節約できる（有利である）ことを標ぼうするもので，広義の「比較広告」といえる。また，本件は，オール電化住宅とするための電気給湯器等の購入費用や工事費が必要であり，さらに長期間オール電化住宅を使用するためにはこれら機器の買替えに伴う経費が必要であるという「社会通念」や「経験則」から，比較の方法が「正確性に欠ける」として不当表示とされたものである。

〈参考〉

比較広告については，景品表示法だけでなく不正競争防止法の問題にもなり得る。

キリシトールガム比較広告事件（平成16・10・20東京地裁判決・裁判所HP，平成18・10・18知財高裁判決・裁判所HP）

(i) 江崎グリコ（原審被告・被控訴人。以下「Y」という）及びロッテ（原審原告・

控訴人。以下「X」という）は，ガムを含む菓子等の食料品の製造販売業者である。Yは新商品の粒状ガム「ポスカム〈クリアドライ〉」を販売するに当たり，「ポスカム〈クリアドライ〉は，一般的なキシリトールガムに比べ約5倍の再石灰化効果を実現」という広告（本件比較広告という）を新聞等で行った。「一般的なキシリトールガム」とはX商品の「キシリトール＋2」を指していると認められた。

(ii) このため，Xは，本件比較広告は不正競争防止法2条1項13号（品質等誤認表示），同14号（虚偽事実の陳述流布）に該当するとして，当該比較広告の使用差止め，謝罪広告，損害賠償を請求した。

東京地裁は，本件比較広告は学術誌に掲載された論文の実験を根拠とし，当該実験は実験条件・方法等が不合理でなく，実験結果は，Yのその後の再実験により裏付けられているとし，他方，Xは追試の結果を提出していないとし，Xの請求を棄却した。

(iii) これに対し，知財高裁は，①実験の合理性に疑念が生じた場合再現実験が必要であるところ，再現実験は，元の実験の当事者以外の者又は公正な第三者の監視下において行われる等の条件が必要であるが，本件は当事者が関与して行われたものであり，またYは実験の合理性につき必要な立証を行っていない。②このため，本件比較広告は，客観的事実に沿わない虚偽の事実によるものであり（不正競争防止法2条1項14号に該当），また，ポスカムの品質を誤認させるものである（同項13号）とし，Xの求めた差止請求を認容した（謝罪広告，損害賠償の請求は棄却。本件は双方とも上告せず，上記判決が確定した）。

3 インターネット消費者取引ガイドライン（「インターネット消費者取引に係る広告表示に関する景品表示法上の問題点及び留意事項」）（平成23・10・28消費者庁，一部改定：平成24・5・9）

(1) インターネット取引に関する表示規制の経緯

消費者向けインターネット取引の急速な進展に伴い，不当表示事件も増加している。これは，インターネット取引が，コンピュータでディスプレイに表示された情報のみで商品等の選択や注文等の取引が行われ，また，消費者の誤操作を引き起こしやすく，消費者被害が拡大しやすいという特色を有するためである。

このため，公正取引委員会は，平成14年，消費者向けインターネット取引についての景品表示法上の問題点を整理した「消費者向け電子商取引における

表示についての景品表示法上の問題点と留意事項」(電子商取引ガイドライン)(平成14・6・5公取委，一部改定：平成15・8・29)を作成，公表した。
　その概要は，以下のとおりである。
　ア　インターネットを利用して行われる商品等の取引における表示
　(ｱ)　商品等の内容・取引条件に係る表示について
　①　商品等の効能・効果を標ぼうする場合には，十分な根拠なく効能・効果があるかのように一般消費者に誤認される表示を行ってはならない。
　②　販売価格，送料，返品の可否・条件等の取引条件については，その具体的内容を正確かつ明りょうに表示する必要がある。
　(ｲ)　表示方法について
　①　ハイパーリンクの文字列について
　a　消費者がクリックする必要性を認識できるようにするため，リンク先に何が表示されているのかが明確に分かる具体的な表現を用いる必要がある。
　b　消費者が見落とさないようにするため，文字の大きさ，配色などに配慮し，明りょうに表示する必要がある。
　c　消費者が見落とさないようにするため，関連情報の近くに配置する必要がある。
　②　情報の更新日について
　表示内容を変更した都度，最新の更新時点及び変更箇所を正確かつ明りょうに表示する必要がある。
　イ　インターネット情報提供サービスの取引における表示
　(i)　インターネット情報提供サービスの利用料金が掛かる場合には，有料である旨を正確かつ明りょうに表示する必要がある。
　(ii)　毎月料金を徴収するなどの長期契約である場合には，その旨を正確かつ明りょうに表示する必要がある。
　(iii)　ソフトウェアを利用する上で必要なOSの種類，CPUの種類，メモリーの容量，ハードディスクの容量等の動作環境について，正確かつ明りょうに表示する必要がある。
　ウ　インターネット接続サービスの取引における表示
　(i)　ブロードバンド通信の通信速度については，通信設備の状況や他回線か

らの干渉等によっては速度が低下する場合がある旨を正確かつ明りょうに表示する必要がある。

(ii) サービス提供開始時期について，回線の接続工事等の遅れにより表示された時期までにサービスの提供を開始することができないおそれがある場合には，その旨を正確かつ明りょうに表示する必要がある。

(iii) サービス料金の比較表示に当たっては，社会通念上同時期・同等の接続サービスとして認識されているものと比較して行う必要がある。

その後，「電子商取引ガイドライン」が公表されてから7年が経過し，インターネット取引に新たなサービス類型が現れてきたことから，消費者庁は，新たなサービス類型について，特に景品表示法上の問題点等を示すために，平成23年，「インターネット消費者取引に係る広告表示に関する景品表示法上の問題点及び留意事項」（インターネット消費者取引ガイドライン）を作成，公表した。その概要は，以下のとおりである。

(2) **サービス類型ごとの検討**
ア **フリーミアム**
(ア) **定義・概要**
基本的なサービスの無料提供によって確保した顧客基盤を有料の付加的なサービスの購入に誘引することで利益を得ようとするビジネスモデル。

(イ) **景品表示法上の問題点と留意事項**
事業者が，サービスが無料で利用できることをことさらに強調する表示が，付加的なサービスも含めて無料であるとの誤認を一般消費者に与える場合には，景品表示法上問題となる。

このため，事業者は，無料で利用できるサービスの具体的内容・範囲を正確・明りょうに表示する必要がある。

(ウ) **問題となる事例**
① ゲームのサービスを提供する事業者が，「完全無料でゲームをプレイ可能」と表示。しかし実際には，ゲーム上で使用するアイテムを購入しないと，ゲームを一定レベルから先に進めることができないものであった。
② 動画視聴サービスを提供する事業者が，「完全無料で動画が見放題」と表示。しかし実際には，動画をあらゆる時間帯にわたって視聴するためには，

月額使用料を支払う必要があった。

　③　「無料で全てのデータを保存し，どこからでもアクセスできます」と表示。しかし実際には，無料で保存できるデータ量やデータの種類が限られていた。

　　イ　口コミサイト
　　(ア)　定義・概要
　いわゆる「口コミ」情報（人物，企業，商品・サービス等に関する評判や噂など）を掲載するインターネット上のサイト（ブログや口コミ情報を書き込める旅行サイト，グルメサイトなどを含む）。
　　(イ)　景品表示法上の問題点と留意事項
　商品・サービスを提供する事業者が，口コミサイトに口コミ情報を自ら掲載し，又は第三者に依頼して掲載させ，当該事業者の商品・サービスの内容，取引条件について，実際のもの又は競争事業者に係るものよりも著しく優良又は有利であると一般消費者に誤認されるものである場合には，景品表示法の不当表示として問題となる。
　このため，事業者は，実際のもの又は競争事業者に係るものよりも著しく優良又は有利であると一般消費者に誤認されることのないようにする必要がある。
　　(ウ)　問題となる事例
　①　飲食店を経営する事業者が，グルメサイトで，自店について，「このお店は△□地鶏を使っているとか。さすが△□地鶏，とても美味でした。オススメです!!」と口コミ情報を自ら掲載。しかし実際には，△□地鶏を使用していなかった。
　②　広告主が，ブロガーに依頼して，「△□，ついにゲットしました〜。しみ，そばかすを予防して，ぷるぷるお肌になっちゃいます！気になる方はコチラ」という記事をブログに掲載させる。しかし実際には，しみ・そばかすを予防するなどの効果に十分な根拠がなかった。

　　ウ　フラッシュマーケティング
　　(ア)　定義・概要
　商品・サービスの価格を割り引くなどの特典付きのクーポンを，一定数量，期間限定で販売するビジネスモデル。基本的に，「通常価格」，「割引価格」の

二重価格表示を行う。
　(イ)　景品表示法上の問題点と留意事項
　クーポンサイトで，実際には比較対照価格である「通常価格」での販売実績が全くないのに，「通常価格」と「割引価格」の二重価格表示を行う，あるいは，商品に使用している材料の品質を，例えば，実際には人工のものであるにもかかわらず，「天然」などの表示をすることは，景品表示法上の不当表示として問題となる。
　このため，事業者は，クーポンサイトにおいて，クーポンの対象となる商品・サービスに係る二重価格表示を行う場合には，最近相当期間に販売された実績のある同一商品・サービスの価格を比較対照価格に用いるか，比較対照価格がどのような価格であるかを具体的に表示する必要がある。また，商品・サービスの品質等の内容について，実際のもの又は競争事業者に係るものよりも著しく優良であると消費者に誤認されることのないようにする必要がある。
　(ウ)　問題となる事例
　①　クーポン適用後の「割引価格」を「1,600円」と表示するとともに，「通常価格5,730円，割引率72％OFF，割引額4,130円」と表示。しかし実際には，クーポンの適用対象となる商品を「通常価格」で販売した実績はなかった。
　②　クーポンの適用対象となる商品について，「天然鮎を使った高級甘露煮です。」と表示。しかし実際には，養殖の鮎を材料とした甘露煮であった。
　エ　アフィリエイトプログラム
　(ア)　定義・概要
　インターネットを用いた広告手法の1つであり，ブログその他のウェブサイト（アフィリエイトサイト）の運営者（アフィリエイター）が，広告主が供給する商品・サービスのバナー広告等をサイトに掲載。当該バナー広告等を通じて広告主の商品・サービスの購入などがあった場合に，アフィリエイターに対して，広告主から成功報酬が支払われる。
　(イ)　景品表示法上の問題点と留意事項
　広告主のバナー広告（アフィリエイターがアフィリエイトサイトに掲載するもの）の表示が，実際のもの又は競争事業者に係るものよりも著しく優良又は有利であ

ると一般消費者に誤認される場合には，景品表示法の不当表示として問題とされる。

このため，アフィリエイタープログラムで使用されるバナー広告において，実際のもの又は競争事業者に係るものよりも著しく優良又は有利であると一般消費者に誤認される表示を行わないようにする必要がある。

(ウ) 問題となる事例

① 広告主が，バナー広告において，「今だけ！通常価格10,000円がなんと！1,980円！！早い者勝ち！今すぐクリック！！」と表示。しかし実際には，広告対象商品は普段から1,980円で販売されているものであった。

② 広告主が，バナー広告において，「食事制限なし！気になる部分に貼るだけで簡単ダイエット！！詳しくはこちら」と表示。しかし実際には，ダイエット効果に十分な根拠がなかった。

オ　ドロップシッピング

(ア) 定義・概要

インターネット上に開設された電子商取引サイト（ドロップシッピングショップ）を通じて消費者が商品を購入するビジネスモデルの一形態であり，当該電子商取引サイトの運営者（ドロップシッパー）は，販売する商品の在庫を持ったり配送はせず，当該商品の製造元や卸元等が在庫を持ち，発送を行うのが特徴である。

(イ) 景品表示法上の問題点と留意事項

ドロップシッパー（個人を含む）は景品表示法上の事業者に該当し，景品表示法上の責任を負う。その上で，ドロップシッピングショップで販売される商品に係る表示により，実際のもの又は競争事業者に係るものよりも著しく優良又は有利であると一般消費者に誤認される場合には，景品表示法の不当表示として問題とされる。

このため，ドロップシッパーは，ドロップシッピングショップで商品を供給するに際しては，当該商品の内容について，客観的事実に基づき正確かつ明りょうに表示する必要がある。また，ドロップシッパーは，実際のもの又は競争事業者に係るものよりも著しく優良又は有利であると一般消費者に誤認される表示を行わないようにする必要がある。

(ウ) 問題となる事例

① ドロップシッピングショップにおいて，「血液サラサラ」，「記憶力アップ」，「免疫力アップ」，「老化を防止する」と効能・効果を強調した表示。しかし実際には，老化防止等の効果に十分な根拠はなかった。

② ドロップシッピングサイトにおいて，「通常7,140円→特別価格3,129円」と表示。しかし実際には，「通常」価格で販売した実績はなかった。

(3) 主な違反事例

インターネット取引における不当表示とされた最近の主な事例は，以下のとおりである。

〈商品・役務の内容，取引条件についての事例〉

本間ゴルフ事件（平成13・2・28排除命令・排除命令集23巻13頁）

インターネット上のショッピングサイトにおけるゴルフクラブの広告において，「HONMA BIG-LB NTCM40 定価380,000円 特価（又は特別価格）138,000円」と記載するなど，「定価」と称する価格を実際の販売価格に併記する表示を行っていたが，実際には，「定価」と称する価格は，それぞれの商品の販売開始時における自社の直営店での販売価格であって，同社により，最近相当期間に販売された実績のある価格ではなかった。

アドバンスクラフトデザイン事件（平成14・7・30排除命令・排除命令集23巻132頁）

電子式害虫駆除機の販売に当たり，同社がインターネット上に開設したホームページにおいて，当該商品が，あたかも電磁波と超音波によりゴキブリ及びネズミを建物内から追い出すという実用的な駆除の性能・効果があるかのような表示をしていたが，実際にはそのような性能・効果があるとは認められなかった。

〈インターネットオークションにおける不当表示の事例〉

アルザン事件（平成17・10・27排除命令・排除命令集25巻41頁）

電動自転車の販売に当たり，同社がインターネット上に開設したホームページ及びインターネットを利用して競売を行うインターネットオークションサイトにおいて，あたかも自転車又は原動機付自転車として，公道を走行できるかのように表示をしていたが，実際には，同社の販売する電動自転車は道路交通法に規定する原動機付自転車に該当し，原動機付自転車の運転免許が必要であり，自転車として公道

を走行できないものであり，また，道路運送車両法に規定する保安基準を満たしていないことから，原動機付自転車としても公道を走行できないものであった（同内容のものとして，アクスト事件がある）。

DMM.com（ディーエムエムドットコム）事件（平成23・3・31措置命令・消費者庁HP）（本件はペニーオークション運営会社3社に対する事件のうちの1件である）

① ディーエムエムドットコム社（DMM.com）は，「ポイントオークション」と称するペニーオークションを運営するものである。

② ペニーオークションとは，入札するたびに入札手数料（50円～75円程度）が必要となるインターネットオークションのことをいう。一般に，入札開始価格が低額（通常は0円）で，1回の入札金額の単価が低額（1円から15円程度）で固定されている。また，一定の条件（入札の実施等）が満たされるたびに入札することが可能な期間が延長される。

このため，入札者が競り合っている場合には際限なく入札が行われることとなり，最終的に落札できたとしても，落札金額のほか多額の入札手数料を支払うことになるなど，必ずしも安くなかったり，結果的に落札できない場合にも，多額の入札手数料を支払うことになる場合もある。

③ ディーエムエムドットコム社は，平成23年1月ころ行われた同社のポイントオークションサイトのトップページにおいて，「業界No.1出品数，人気商品を格安でGET！ 最大99%OFFで落札できるチャンス！」，ノートパソコンの商品画像に，「99%OFF」「98%OFF」等と併記した。

④ しかし実際には，ポイントオークションを利用して落札するためには，落札価格のほかに多額の入札手数料が掛かることがあり，ポイントオークションを利用しても必ずしもオークションに出品された商品を著しく安価に手に入れることができるものではなく，また，必ずしも当該商品の価格が著しく安価になるとはいえないものである。

⑤ 前記③の表示により，一般消費者は，ポイントオークションを利用すれば出品された商品を極めて低額で手に入れることができると誤認するものであり，このことは，(i)ポイントオークションの内容について，一般消費者に，実際のものよりも著しく優良であると，また，(ii)ポイントオークションに出品された商品の取引条件について，実際のものよりも著しく有利であると誤認させるものであり，景品表示法4条1項1号・2号（現5条1号・2号）に違反するとされた。

K&Sトレーディング及びKUC事件（平成23・4・8措置命令・消費者庁HP）

① 中古自動車販売業者であるK&Sトレーディングは，同じく中古自動車販売業者であるKUCから中古自動車を仕入れ，一般消費者に，ヤフーオークションサイトにおいて販売している。

② 両社は，平成22年6月のヤフーオークションにおける両社が販売する中古自動車の商品説明として，次の行為を行った。

(ア) 走行距離について，(i)走行距離計の交換等により，走行距離計が示す数値を，仕入れ時のオークション出品票に記載のそれから過少にしていた。(ii)ヤフーオークションサイトの商品説明の「走行距離」欄に，走行距離計が示す数値の近似値を記載し，出品票に記載された走行距離よりも過少に表示した。

(イ) 修復歴について，商品説明の「修復歴」欄に「なし」と記載したが，実際には修復歴はあった。

(ウ) 車歴について，商品説明の「車歴」欄に，「自家用」と記載したが，実際には「リース」として使用されていた。

③ 上記②によれば，K&Sトレーディング，KUCは，「中古自動車」の内容について，実際のものよりも著しく優良であると表示することにより，不当に顧客を誘引し，一般消費者の自主的，合理的選択を阻害する表示をしていたものであり，景品表示法4条1項1号（現5条1号）に違反するとされた。

4 料理メニュー表示ガイドライン（「メニュー・料理等の食品表示に係る景品表示法上の考え方について」）（平成26・3・28消費者庁，一部改定：平成26・12・1）

(1) 経　　緯

平成25年秋，有名ホテルのレストラン等が提供するメニュー・料理等の食品表示（以下「料理メニュー表示」という）について，不当な表示事案として景品表示法違反の措置命令が出され，大きな社会問題となった。

このため消費者庁は，料理メニュー表示について，「実際に使われていた食材と異なる表示が行われていた事例が相次ぎ，表示に対する消費者の信頼が著しく損なわれる事態が生じている。この食品表示の問題が生じて以降，業界において表示の適正化に向けた自主的な取組の動きがみられることから，消費者庁としては，こうした業界の取組を更に促進するため」に，平成26年3月，「メニュー・料理等の食品表示に係る景品表示法上の考え方について」（以下「料理メニュー表示ガイドライン」という）を策定，公表した。本ガイドラインは料理メニュー表示に係る景品表示法の考え方を整理し，事業者の予見可能性を高め

ること等を目的としたものである。

(2) 料理メニュー表示ガイドラインの概要

ア 料理メニュー表示ガイドラインは，料理メニュー表示についての景品表示法の考え方と，その具体的な事例についてQ＆A方式で分かりやすく説明されている。その主な内容は以下のとおりである。

イ 優良誤認表示について

料理メニュー表示における優良誤認表示に該当するのは，表示された特定の食材（A）と実際に使用されている食材（B）が異なることを事前に一般消費者が知っていたら，その料理にひきつけられる（その料理を選択する）ことは通常ないであろうと認められる場合である。

ウ 主な具体的事例

(ア) 成形肉や牛脂注入加工肉を焼いた料理であるにもかかわらず，メニューに「ビーフステーキ」「ステーキ」と表示すること

→ メニューに「ビーフステーキ」「ステーキ」と表示した場合，一般消費者は，牛の生肉の切り身を焼いた料理と認識すると考えられるので，成形肉や牛脂注入加工肉を焼いた料理に「ビーフステーキ」「ステーキ」と表示することは，景品表示法上問題となる。

(イ) 材料としてブラックタイガーを使用しているのに，クルマエビを使用している旨表示すること

→ ブラックタイガーとクルマエビとは異なる魚介類であり，ブラックタイガーとクルマエビとが同じものとは一般消費者は認識していないと考えられるため，実際のものとは異なるものを表示していることになり，景品表示法上問題となる。

(ウ) 材料としてロコ貝を使用しているのに，アワビを使用している旨表示する

→ ロコ貝とアワビとは異なる魚介類であり，ロコ貝とアワビとが同じものとは一般消費者は認識していないと考えられるため，実際のものとは異なるものを表示していることになり，景品表示法上問題となる。

(エ) 材料としてサーモントラウトを使用しているのに，キングサーモンを使用している旨表示すること

→　サーモントラウトとキングサーモンは，いずれもサケ科サケ属に分類される魚であるが，それぞれ異なる魚介類であり，サーモントラウトとキングサーモンとが同じものとは一般消費者は認識していないと考えられるため，景品表示法上問題となる。

　(オ)　材料としてサーモントラウトを使用しているのに，「サケ弁当」「サケおにぎり」「サケ茶漬け」と表示すること

　　→　一般的な料理の名称として確立している「サケ弁当」「サケおにぎり」「サケ茶漬け」の材料として「サーモン」として販売されているものを使用している場合には，直ちに景品表示法上問題となるものではない。

　(カ)　材料として，解凍した魚を使用しているのに，「鮮魚ムニエル」と表示すること

　　→　「鮮魚」と表示した場合，一般消費者はその飲食店において提供される料理に使用される魚が新鮮なものであると認識すると考えられるため，解凍した魚をその料理に使用している場合に「鮮魚」と表示しても，このことによって直ちに景品表示法上問題となるとはいえない。

　(キ)　メニューに「△△（地域名）野菜使用」と表示しているのに，△△（地域名）野菜だけでなく，それ以外の野菜を多く使用すること

　　→　景品表示法上問題となる。

(3)　**料理メニュー表示のポイントについて**

　上記のとおり，料理メニュー表示における優良誤認表示に該当するのは，表示された特定の食材（A）と実際に使用されている食材（B）が異なることを事前に一般消費者が知っていたら，その料理にひきつけられる（その料理を選択する）ことは通常ないであろうと認められる場合である。

　このため，一般消費者は，料理メニューを見て，「高い（貴重な）材料を使用している，それでこの価格ならお買い得」と判断し，当該料理を選ぶのであり，そうではない（実際とは異なる）場合には，その料理を「選ばなかったであろう」と思われるときに「優良誤認」と判断されるものである（なお，メニューに表示した材料よりも高価格の材料を使用する場合には「優良誤認」には該当しない）。

〔鈴木　恭蔵〕

第4章 景品表示法遵守体制の確立

第1　概　説

　(1)　平成25年秋以降，わが国では食品やメニューの不正表示が多発し，「日本の食」に対する国内外の信頼が揺るぎかねない事態が生じ，また，高齢者の消費者被害も深刻化した。
　この背景には，
　①事業者による表示等の重要性の意識やコンプライアンス（法令・社会規範の遵守）意識の欠如と事業者内部の表示等についての管理責任が不明確であること
　②過去に同様の不正事件が発生しているにもかかわらず，景品表示法の趣旨・内容が十分に周知徹底されていないこと，景品表示法の禁止対象に関する具体的なルールが不明確であること
　③消費者庁のみで監視指導を行うことについての体制面での限界及び悪質な事案に対する措置が不十分であること
が考えられる。
　(2)　このため，政府は消費者の安心・安全の確保を目指して，消費者行政の体制を整備するという基本的考えの下に，様々な法の整備を行うこととした。このうち，景品表示法については，現行の消費者庁を中心とした監視指導体制を強化するため，平成26年，2度にわたり景品表示法を改正した。
　すなわち，
　ア　平成26年6月の景品表示法の監視指導体制を強化するための法改正の主な内容は，
　①事業者のコンプライアンス体制の確立

②監視指導体制の強化のための，関係省庁，都道府県への景品表示法の権限の委任（第5章・第2及び第3参照）

③民間からの情報提供と国等の関係者の連携の確保

であり（この改正法の施行日は，平成26年12月1日），

イ　平成26年11月の景品表示法違反の不当表示事案に対する課徴金制度導入のための改正である（この改正法の施行日は，平成28年4月1日）。

(3)　このうちア①について，事業者のコンプライアンス意識の確立と景品表示法の周知徹底のために，事業者による景品・表示の管理体制の措置を各事業者に義務付け（26条1項），このための適切・有効な実施を図るために必要な指針を消費者庁が作成することとし（同条2項），同年11月，「事業者が講ずべき景品類の提供及び表示の管理上の措置についての指針」（平成26年内閣府告示第276号，以下「指針」という）を公表した（巻末資料参照）。同指針は「基本的な考え方」「用語の説明」「事業者が講ずべき表示等の管理上の措置の内容」と，別添として「管理上の措置の具体的事例」からなっている。

第2　指針の概要

1　基本的な考え方

(1)　必要な措置が求められる事業者

自己が供給する商品又は役務についての一般消費者向けの表示をする事業者に対して必要な措置を講ずることを求めるものである。ただ，自己が供給する商品又は役務について一般消費者に対する表示を行っていない事業者（広告媒体事業者等）であっても，他の事業者と共同して商品又は役務を一般消費者に供給していると認められる場合は，必要な措置を講じることが求められる。

(2)　事業者が講ずべき措置の規模や業態等による相違

各事業者は，その規模，業態，取り扱う商品又は役務の内容によって，必要な措置は異なることとなる。事業者の組織が大規模・複雑になると表示等に関する情報の共有において，より多くの措置が必要となる場合があるが，小規模事業者等においては，必ずしも大企業と同等の措置が求められるわけではない。

なお，従来から「公正競争規約」を遵守するために必要な措置を講じている事業者にとっては，新たに特段の措置を講じることが求められるものではない。

2　用語の説明
(1) 必要な措置
　景品表示法 26 条 1 項に規定する「必要な措置」とは、例えば、景品類の提供について、違法とならないかどうかを判断する上で必要な事項を確認すること、表示について、実際のもの又は同種・類似の商品・役務を供給している他の事業者に係るものより著しく優良又は有利である表示に当たらないかどうかを確認すること、確認した事項を適正に管理するための措置を講じることである。

(2) 正当な理由
　「正当な理由」がある場合には「必要な措置」を講じないことにより勧告・公表されることはないが (28 条 1 項)、「正当な理由」がある場合とは、例えば、事業者が表示等の管理上の措置として表示等の根拠となる資料等を保管していたが、災害等の不可抗力によってそれらが失われた場合である。

3　事業者が講ずべき表示等の管理上の措置の内容
(1) 景品表示法の考え方の周知・啓発
　事業者は、景品表示法の考え方について、表示等に関係している役員・従業員に、その職務に応じた周知・啓発を行うこと。

(2) 法令遵守の方針等の明確化
　事業者は、景品表示法を含む法令遵守の方針や法令遵守のためにとるべき手順等を明確化すること。なお、本事項は、一般的な法令遵守の方針等とは別に景品表示法に特化した法令遵守の方針の明確化を求めるものではなく、また、社内規定等を明文化しなくても個々の従業員がそれを認識することで足りることもある。

(3) 表示等に関する情報の確認
　①景品類を提供しようとする場合、違法とならない景品類の価額の最高額・総額・種類・提供の方法等を、
　②商品・役務の長所や要点を消費者に訴求するために、その内容等について積極的に表示を行う場合には、当該表示の根拠となる情報を
確認すること。

「確認」がなされたかどうかは，個別具体的に判断されることになるが，小売業者がその商品について表示を行う場合には，直接の仕入先に対する確認・商品自体の表示の確認など，事業者が当然把握し得る範囲の情報を適切に確認することは通常求められるが，すべての場合について，流通過程を遡って調査を行うことや，鑑定・検査等を行うことまで求められるものではない。なお，事業者の業態に応じて，例えば小売業において商品を提供する段階における情報の確認のみで足りる場合や，飲食業のように，提供する料理の企画段階，材料の調達段階，加工（製造）段階，実際に提供する段階まで複数段階における情報の確認を組み合わせて実施することが必要となる場合があることに留意する必要がある。

(4) 表示等に関する情報の共有

事業者は，上記で確認した情報を，当該表示等に関係する各組織部門が必要に応じて共有し確認できるようにすること。

不当表示等は，企画・調達・生産・製造・加工部門と営業・広報部門等との間での情報の共有が希薄であること，複数の者による確認が行われていないこと等により発生する場合がある。

(5) 表示等を管理するための担当者等を定めること

事業者は，表示等に関する事項を適正に管理するため，担当者又は担当部門（以下「表示等管理担当者」という）をあらかじめ定めること。表示等管理担当者を定めるに際しては，以下の事項を満たすこと。

① 表示等管理担当者は自社の表示等に関して監視・監督権限を有していること

② 表示等管理担当者が複数存在する場合，それぞれの権限・所掌が明確であること

③ 表示等管理担当者となる者が，例えば，景品表示法の研修を受けるなど，景品表示法に関する一定の知識の習得に努めていること

④ 表示等管理担当者を社内において周知する方法が確立していること

なお，表示等管理担当者は必ずしも専任の担当者である必要はなく一般的な法令遵守等の担当者が業務の一環として表示等の管理を行うことが可能な場合には，それらの者を表示等管理担当者に指定することで足りる。

(6) 表示等の根拠となる情報を事後的に確認するために必要な措置をとること

　事業者は，上記で確認した表示等に関する情報を，事後的に確認するために，合理的な期間，資料の保管等必要な措置をとること。

(7) **不当な表示等が明らかになった場合における迅速かつ適切な対応**

　事業者は，景品表示法違反又はそのおそれがある事案が発生した場合，その事案に対処するため，次の措置を講じること。

① 当該事案に係る事実関係を迅速・正確に確認すること
② 上記①の事実確認に即して，不当表示等による一般消費者の誤認排除を迅速・適正に行うこと
③ 再発防止に向けた措置を講じること

　指針の内容自体は，景品表示法に限らず，一般に事業者によるコンプライアンス体制を整備運用するための当然のものといえ，特に目新しいものではないといえよう。ただし，事業者にコンプライアンス体制の確立が法の規定で求められていること，これについては指導・助言が行われることがあり（27条），また，「正当な理由」なく講じていない場合に勧告・公表されることがあることとされている（28条）点は，一般消費者の保護の必要性を強く認めたものである。

　この種の問題で重要なのは，各事業者が，指針の内容を日ごろから関係従業員等に周知し，関係従業員等が実施することこそが何よりも求められているといえよう。

第3　指針に関するQ＆A

Q1　必要な措置が求められる事業者の範囲
　指針の第2の1における「必要な措置が求められる事業者」に，例えば，学校法人，非営利法人，地方公共団体も含まれるのか（消費者庁HP「指針に関するQ＆A1」）。

A　指針にいう「事業者」とは，景品表示法2条1項に規定する「事業者」と同様であり，「商業，工業，金融業その他の事業を行う者」をいう。このため，景品類

の提供又は自己の供給する商品・サービスの取引について一般消費者向けの表示を行う学校法人，非営利団体，地方公共団体も「必要な措置が求められる事業者」に含まれる。

> **Q2　表示等に関する情報の確認**
> 指針の第4の3では，「表示等に関する情報の確認」が求められているが，具体的にはどのような措置が求められるのか（消費者庁HP「指針に関するQ＆A 20」）。

A　この「確認」がなされたといえるかどうかは，表示の内容，その検証の容易性，当該事業者が払った注意の内容・方法等によって個別具体的に判断される。例えば，小売業者が商品の内容等について積極的に表示を行う場合には，直接の仕入れ先に対する確認や，商品自体の表示の確認など，事業者が当然把握し得る範囲の情報を表示内容等に応じて適切に確認することが求められることが考えられる。

なお，事業者の業態等に応じて，例えば，小売業のように商品を提供する段階における情報の確認で足りる場合や，飲食業のように，提供する料理を企画する段階，その材料を調達する段階，調理する段階及び実際に提供する段階に至るまでの複数の段階における情報の確認を組み合わせて実施することが必要となる場合がある。

> **Q3　チェーン店における表示等に関する情報の共有**
> 外食チェーンでは，各店舗で提供する料理については，仕入れ，加工等はすべて本部で行い，本部から配送された食材を各店舗で調理して提供する場合が多い。この場合，各店舗で勤務している従業員との間では，どのような情報を「共有」しておく必要があるか（消費者庁HP「指針に関するQ＆A 24」）。

A　例えば，原材料や加工の内容等の情報がメニュー表等に記載がある場合，本部の仕入れ，加工等の担当者と各店舗で勤務している表示に関係する従業員等との間で当該情報を共有する必要がある。

> **Q4　不当な表示等が明らかになった場合における迅速・適切な対応**
> 不当表示を行っていることが判明したとしても，自主的に一般消費者の

> 誤認排除を迅速・適切に行い、再発防止に向けた措置を講じていれば、措置命令の対象とはならないと理解してよいか（消費者庁HP「指針に関するQ＆A 36」）。

A 不当表示を行っていることが判明した場合、当該事業者に対して措置命令を行う必要があるか否かは当該不当表示等に関する事実関係に基づいて判断されるので、事業者が自主的に誤認排除等を行ったという事実のみをもって、措置命令を行う必要がないと判断されることにはならないと考えられる。

> Q5 景品表示法の運用
> 景品表示法26条1項の規定に基づく必要な措置を講じなかった場合、どのような処分を受けるのか（消費者庁HP「指針に関するQ＆A 40」）。

A 消費者庁長官は、①必要な措置を講じることに関し適切、有効な実施を図るために必要があると認めるときには、事業者に指導、助言を行うほか（同法27条）、②当該事業者が正当な理由がなく必要な措置を講じていないと認めるときには、当該事業者に対し必要な措置を講ずべき旨を勧告し（同法28条1項）、また、当該事業者が勧告に従わないときは、その旨を公表する（同条2項）ことになる。

〔鈴木　恭蔵〕

第5章 違反行為に対する措置

第1 概説

　景品表示法は昭和37年に制定されて以来，独占禁止法の補完法として公正取引委員会によって運用されてきた。しかしながら，過大景品・不当表示の問題は全国的に多発していることから，昭和42年，より迅速かつ効率的な運用を図るため公正取引委員会の権限の一部が都道府県知事に機関委任された。また，平成21年改正前の景品表示法は同法違反行為を独占禁止法19条に違反する不公正な取引方法に当たるとみなし，独占禁止法違反行為に対する手続規定を適用していた（改正前の景品表示法6条2項・3項）が，平成21年の改正により，同法が消費者庁に移管されたことに伴い，独占禁止法の手続規定を適用する規定は廃止され，一般的な行政調査，不服申立手続の規定が適用されることとなった。

　さらに，平成25年前後，前記のとおり，ホテル，百貨店，レストラン等においてメニュー表示と異なった食材を使用した料理が提供された事案等が多発したため，行政の監視指導体制を強化するため，平成26年6月，景品表示法を改正し，関係省庁への調査権，都道府県への措置命令権に関する景品表示法の権限委任が行われた（施行は同年12月）。

第2 消費者庁による執行

1 調査

　(1) 消費者庁は，一般からの申告，職権探知，都道府県からの措置請求（後述）等，事件の端緒について調査の必要があると認めたときは，違反被疑事実が存在するか否かについて調査を行う。この調査は，相手方が協力する場合は

任意的に行うが，調査について相手方の協力が期待できないときは，消費者庁は必要な調査をするために，次の処分を行うことができる（29条1項）。
　①　事件関係者から報告させること
　②　帳簿書類その他の物件の所持者に対し，当該物件の提出を命じること
　③　その職員に事件関係者の事務所その他必要な場所に立ち入り，業務及びその他の物件を検査させ，関係者に質問をさせること

　消費者庁の職員が立入検査をする場合，職員は身分を示す証明書を携帯し，関係者に提示する（29条2項，施行規則21条）。立入検査は身分証明書を提示し相手方の承諾を得ることによって行われるが，他の処分と同じ間接強制であって，直接実力を行使するものではないから，裁判所の令状がなくとも憲法35条に違反することはない。

　なお，これらの処分権限は，行政調査のためのものであって犯罪捜査のために認められたものではない（29条3項）。

　(2)　上記の処分に従わず，①物件を提出せず又は虚偽の物件を提出したとき，②立入検査を拒み，妨げ又は忌避したとき，③質問に対し答弁をせず又は虚偽の答弁をしたときは，1年以下の懲役又は300万円以下の罰金に処せられる（37条）。

　(3)　なお，調査主体については，景品表示法29条1項に基づく調査のための権限は，内閣総理大臣から消費者庁長官に（33条1項），さらに消費者庁長官から公正取引委員会に委任されている（33条2項）。さらに，緊急かつ重点的又は効果的かつ効率的に調査する必要があるときは，事業所管大臣又は金融庁長官に29条1項に基づく調査権を委任することができることになっているため，調査は消費者庁，公正取引委員会，事業所管省庁，金融庁が，それぞれ又は共同して行うことができる（同条3項，不当景品類及び不当表示防止法施行令（平成27・12・16政令第423号，以下「政令」という）15条・17条）。

　(4)　消費者庁は，平成26年1月から，農水省の食品表示Gメン，米穀流通監視官等を消費者庁の職員として併任し，レストラン，百貨店等における食品の表示について，景品表示法の観点からも監視することとしている（景表法Gメン）。

　景表法Gメンは，ＪＡＳ法，米トレーサビリティ法に基づいて巡回立入検査

に併せて、レストラン、百貨店等で巡回調査を実施し、景品表示法違反の可能性がある表示に接した場合には、必要な事実関係の調査を行い、調査の結果疑義が確認された場合には、消費者庁に報告する。景表法Ｇメンは当面全国200名程度とされている（平成26・1・24消費者庁）。

(5) 景品表示法の調査権の不行使が、国家賠償訴訟で争われたものとして、豊田商事事件がある。

豊田商事事件国家賠償大阪訴訟事件（平成10・1・29大阪高裁判決・審決集44巻555頁）

　豊田商事は、顧客に純金の購入を勧め、その上で、顧客が購入した純金を同社に預けさせ、同社は預かった純金を有利に運用すること、顧客に購入価格を基準とした一定の割合の金員を賃貸借料として支払うこと、契約期間満了後は金の現物を顧客に返還することを内容とする「純金ファミリー契約」を締結した。しかし、実際には、顧客は中途解約することができないだけでなく、契約期間満了時においても、顧客からの金の返還請求に容易に応じなかったため、多数のトラブルが生じた。

　このため被害者らは、警察庁、公正取引委員会、経済企画庁（当時）、通商産業省（当時）等を、それぞれの所管法を適正に適用しなかったとして、これら省庁等を被告とした国家賠償請求訴訟を提起した（1審東京地裁：平成4・4・22判決、大阪地裁：平成5・10・6判決）は、いずれも請求棄却。

　このうち、景品表示法に関わる部分ついて、公正取引委員会は本件豊田商事について同法違反の観点からの調査権限を行使しなかったことが争われた。以下はこれに関する部分である。

〔大阪高裁判決要旨〕①本件豊田商事は独占禁止法、景品表示法の規制対象たる事業者に該当する、②上記表示のうち、顧客に金地金を売却し、賃借して保管する旨の表示と利殖条件の有利性に関する表示は、景品表示法4条（現5条）（不当表示）に違反する、③しかし、公正取引委員会が同社に対し調査権限を行使しなかったことにつき、当時公取委が取得していた資料だけでは不当表示に該当すると認めるのに足りる相当な理由があるとまではいえず、権限の不行使が条理に照らし著しいものとはいえないため違法性はなかった。

2 措　置

(1) 措置命令

ア　概　説

調査の結果，景品表示法違反行為が認められるときは，消費者庁長官は，当該事業者に対し，当該行為の差止め，当該違反行為が再び行われることを防止するために必要な事項，それらの実施に関連する公示その他必要な事項を命ずることができる（7条1項）。

措置命令は違反行為が既になくなっている場合にも行うことができる。これは違反行為が既に取りやめられていても一般消費者による自主的かつ合理的な選択が回復されるわけではなく，消費者の誤認を排除する必要があるほか，再発防止のための措置等が必要である場合があるためである。

また，措置命令は，違反行為者のほか，①合併により違反行為を行った会社が消滅した場合の当該合併に係る存続法人又は新設法人，②分割により当該違反行為に係る事業の全部又は一部を承継した法人，③当該違反行為に係る事業の全部又は一部を譲り受けた事業者にも行うことができる。

なお，調査権限は公正取引委員会，事業所管省庁，金融庁にも委任されるが，措置命令を行う権限は消費者庁長官に留保されており，公正取引委員会，事業所管省庁及び金融庁は措置命令を行うことができない。

イ　事前手続（弁明の機会の付与）

消費者庁が措置命令を行おうとするときは，措置命令の名宛人となるべき者に対し，弁明の機会を付与しなければならない（行政手続法13条1項2号）。

弁明の機会を通知するときは，相手方事業者に次の事項を記載した文書により通知しなければならない（同法30条）。

① 　予定される措置命令の内容（事実及び根拠となる法令の条項）
② 　措置命令の原因となる事実
③ 　弁明書及び証拠の提出先及び提出期限（通常2週間）

なお，弁明の機会を付与したにもかかわらず，相手方事業者から提出期限までに弁明書等の提出がない場合は，弁明の機会を利用しなかったものと解される。

ウ　措置命令

(ｱ)　措置命令は措置命令書をその名宛人に手交又は送達することによって行われる。措置命令書は，「命令の内容」，「事実」，「法令の適用」，「法律に基づく教示」からなり，「命令の内容」は名宛人である事業者がしなければならな

いこと、「事実」には命令の原因となった認定した事実、「法令の適用」には事実に対して法律を適用した結果、「法律に基づく教示」には当該処分に不服のある場合又は当該処分の取消しを求める場合の手続が記載される。

(イ) 措置命令の内容としては、名宛人に対し、①当該違反行為の差止め、②違反行為が再び行われることを防止するために必要な措置、③これらの実施に関する公示、④その他必要な事項を命じることである（7条1項）。これまで行われたものとしては、(i)違反行為の差止め、(ii)再発防止策の策定、(iii)一般消費者の誤認排除のための店頭掲示、新聞広告等がある。

その他、最近では、再発の防止策の作成、役員・従業員への周知徹底や、表示と実際の役務の内容を適合させるように改善措置を講ずることを命じた事例がある。

〈有料老人ホームのサービス・施設の内容を表示内容と適合するよう改善措置を命じた事例〉
石川ライフクリエート事件（平成15・4・16排除命令・排除命令集24巻3頁）
同社に対し、「『シニアユートピア金沢』と称する有料老人ホームの提供するサービスの内容又は同老人ホームの施設の内容についての各表示内容と実際の同老人ホームの提供するサービスの内容又は同老人ホームの施設の内容とが適合するように改善措置を講じるとともに、同老人ホームの入居者に当該改善措置の内容を通知しなければならない。この改善措置の方法については、あらかじめ、当委員会の承認を受けなければならない。」ことが命じられた。

エ　措置命令に対する不服申立て

(ア) 措置命令に対する不服申立ては、行政不服審査法2条に基づく消費者庁長官への審査請求又は行政事件訴訟法3条2項に基づく取消訴訟がある（平成21年改正前の景品表示法では排除命令に対する不服申立ての手続は、公正取引委員会による審判手続によっていたが、平成21年の改正により公正取引委員会による審判手続に関する規定は削除された）。

措置命令に対する審査請求は、措置命令があったことを知った日の翌日から3ヵ月以内に消費者庁長官に書面をもって行う（行政不服審査法18条）。審査請求に対する裁決があった場合、当該裁決の取消しの訴えは裁決があったことを知った日から6ヵ月以内に国を相手に処分取消しの訴えを提起することができ

るが，裁決の日から1年を経過するとこの訴えを提起することができない（行政事件訴訟法14条1項・2項）。

また，措置命令に対する審査請求の手続を経ることなく措置命令に対して直接取消訴訟を提起することができるが，措置命令の取消訴訟は，当該措置命令があったことを知った日から6ヵ月以内に，国を被告として当該処分の取消しを求める訴えを地方裁判所に提起することができる。ただし，処分の日から1年を経過すると，処分取消しの訴えは提起できない（同14条1項・2項）。

(イ) 措置命令に従わない者は，2年以下の懲役又は300万円以下の罰金が科される（36条1項）。措置命令に従わない事業者（法人）やその法人の代表者等にも3億円以下の罰金が科され（両罰規定，38条1項），また，措置命令違反の計画を知り，その防止に必要な措置を講ぜず，又はその違反行為を知り，その是正に必要な措置を講じなかった当該法人の代表者に対しても，300万円以下の罰金が科される（三罰規定，39条）。

(2) 措置命令以外の措置

ア 警　告

平成21年改正前，公正取引委員会は，景品表示法に違反するおそれのある行為を行った事業者に対し，文書による警告を行い，事業者に自発的な是正措置をとることを促してきた。警告は行政手続法上の行政指導である。公正取引委員会は，警告を行った案件については，透明性の確保という観点からその内容を公表してきた。消費者庁においても事業者に対する警告について公表している。

イ 注　意

調査を行った事案について景品表示法違反であると認められなかったものの，景品表示法違反につながるおそれがある場合は違反行為の未然防止という観点から口頭で注意喚起が行われている。

ウ 措置命令と警告の併用

同種・同程度の景品表示法違反を行った事業者が多数ある場合に，公正取引委員会がこのうちの少数の事業者に排除命令を行い，他の事業者に対しては警告を行った事件において，特定の事業者のみに排除命令を行うことは平等原則に反するとして争われた訴訟において，判決は，公正取引委員会が違反行為を

行った事業者に行政処分をする意思を有している限り，平等原則に違背する違法なものとはいえず，違法となるのは，公正取引委員会がある事業者に対してのみ差別的意思をもって行政処分を行い，それ以外の違反事業者に対して行政処分をする意思がないような場合に限られるとする。

東京もち審決取消訴訟事件（平成8・3・29東京高裁判決・審決集42巻457頁）
　原告は，原告に対し排除をすることは平等原則に違背し，裁量権の濫用あるいはその範囲を逸脱したものであると主張したが，これに対し，判決は次のように述べてこれを退けた。「景品表示法4条1号（現5条1号）の規定に違反する同種・同等・同様・同程度の行為をした事業者が多数ある場合に，公正取引委員会が，そのうちの少数の事業者を選別し，これらに対してのみ排除命令をするという法の選別的執行をしたときであっても，これによって，爾後，同号の規定に違反する行為を抑止する等の効果がありうるのであるから，公正取引委員会は，右違反行為をした事業者に対して一般的に規制権限を行使して行政処分をする意思を有している限り，そのうちの少数の事業者を選別した前記行政処分をもって直ちに平等原則に違背する違法なものであるとはいえないものというべきである。当該行政処分が右原則に違背する違法なものとなるのは，公正取引委員会が，右処分の相手方である事業者以外の違反行為をした事業者に対しては行政処分をする意思がなく，右処分の相手方である事業者に対してのみ，差別的意図をもって当該行政処分をしたような場合に限られるものと解すべきである」。
　上記判決は，多数の違反行為者がいる場合に少数の事業者を選別処分することにつき，処分の優先順位の問題として選別するのであれば平等の原則に反せず，公正取引委員会の裁量の問題であるとするものであり，消費者庁が行う処分についても当てはまるものである。

第3　都道府県による執行

1　概　説
　不当景品類の提供や不当表示は，全国各地の事業者の日常の事業活動から発生するおそれがあり，こうした違反行為は一度行われると他の事業者にも影響し（波及性），また違反行為の内容がエスカレートしやすい性質（昂進性）を有する。このため，昭和47年に景品表示法が改正され，都道府県知事が景品表示法違反行為を迅速に処理することができるようにするため，これを行った事業者に対し排除命令（当時）と同様の内容の「指示」をすることができる旨の

規定が導入され，違反事件処理機能が拡大された。

　すなわち，都道府県知事は，違反行為者に対して，①行為の取りやめ，②これに関連する公示を行う，③同様な行為が再び行われることを防止するための必要な措置，④その他必要な事項について「指示」ができたが，この「指示」は，差止め等の行政規制と実質的には同じであるが，その性質は都道府県知事が行う行政指導であり，消費者庁が行う措置命令が有する執行力はなく，また「指示」を受けた事業者が不服申立をする手続も規定されていなかった。

　そして，違反行為者が「指示」に従わないときは，都道府県知事は違反行為を取りやめさせるため又は再発を防止するために必要があると認められるときは，消費者庁に適当な措置をとるべきことを求める（措置請求）ことができることとされていた（旧8条）。

2　平成26年6月の改正（都道府県への権限委任）

　(1)　平成25年，ホテル・百貨店・レストラン等において，メニュー表示と異なった食材を使用して料理を提供した事案等が多発し，「日本の食」に対する国内外の信頼が揺るぎかねない事態が生じたこと，また，高齢者の消費者被害が深刻化したこともあり，行政の監視指導体制を強化する必要性が高まった。

　景品表示法が消費者庁に移管された平成21年ころはまだ，都道府県の側も景品表示法を運用する体制は様々であり，同法の権限付与というまでに至らなかった。

　しかし，その後，都道府県側の体制も整備され，平成25年12月，全国知事会は，都道府県に景品表示法6条（当時）に基づく措置命令と同法4条2項（当時）に基づく合理的根拠の資料提出要求を行うことができるよう，都道府県に権限を付与することを要望した。

　これを受けて消費者庁は，平成26年6月に都道府県に国（消費者庁）と同じ調査権限，処分権限を付与する内容の景品表示法を改正した。

　(2)　本改正により，景品表示法違反事案について，都道府県は，消費者庁と同じ調査権限（当該事業者・関連事業者からの報告徴収，立入検査，質問検査，合理的根拠の資料提出要求）が付与され，調査に従わないとき（①物件を提出せず，又は虚偽の物件を提出したとき，②立入検査を拒み，妨げ又は忌避したとき，③質問に対し答弁をせ

ず又は虚偽の答弁をしたとき）は1年以下の懲役又は300万円以下の罰金が，また，景品表示法違反の場合，都道府県は，当該事業者に対し，従前の指示ではなく措置命令（行政処分）を行う権限が付与され（33条11項，政令23条），措置命令に従わないときは2年以下の懲役又は300万円以下の罰金が科せられる（36条）。

なお，消費者庁と都道府県との業務の分担は，調査の対象が2以上の都道府県の区域にわたるとき，又は各都道府県知事から要請があったときは消費者庁が調査を行い，調査対象が主に一都道府県内のみの場合には当該都道府県が行うことになる。

第4 不当表示に対する課徴金の賦課

1 課徴金対象行為

不当表示に対する課徴金制度は，平成26年11月景品表示法改正により新設されたものである。これは，平成25年秋以降の食品・メニュー等の不正表示の多発を受けて景品表示法遵守体制（コンプライアンス体制）の確立が求められ，これを盛り込むために平成26年6月同法が改正されたのに続く一連のものである。

課徴金賦課の対象行為は，不当表示のうち，優良誤認表示（5条1号）及び有利誤認表示（5条2号）を行った場合である。内閣総理大臣による指定表示（5条3号による指定である「商品の原産国に関する不当な表示」等）を行った場合は，課徴金納付命令の対象とはならない（8条1項）。課徴金納付命令は，改正法施行日以降に課徴金対象行為が行われた場合に適用される（改正法附則2条）。

消費者庁長官は，課徴金納付命令に関し，事業者がした表示が5条1号に該当するか否かを判断するために必要があると認めるときは，当該表示をした事業者に対し，期間を定めて，当該表示の裏付けとなる合理的根拠を示す資料の提出を求めることができる。この場合において，当該事業者が当該資料を提出しないときは，8条1項の適用については，当該表示は5条1号に該当する表示と推定される（不実証広告規制，8条3項）。

措置命令の場合は，不実証広告について合理的根拠を示す資料の提出がないときは，当該表示は5条1号に該当する表示と「みなす」とされているのに対し（7条2項），課徴金納付命令の場合は責任を追及するものであるから「推定する」とされている。

措置命令は，行為者の故意過失を問わず行われることについては既に述べたが，課徴金納付命令の場合は，合理的根拠を示す資料を提出しない場合は違反行為の存在が推定されるにとどまる。したがって，事業者は，課徴金納付命令後の命令の取消訴訟において合理的根拠を示す資料を提出して不当表示でないことを立証し，課徴金処分を争うことができる。

2 課徴金額の算定

課徴金額は，課徴金対象期間における対象商品又は役務の政令で定める方法（原則として引渡額，例外的に契約額。契約額で定める場合は，例えば，新築戸建分譲住宅であるときのように契約から引渡しまでに長期間を要するような場合である）により算定した売上額の3％である（政令1条・2条）。この率は，過去の不当表示を行った事業者の売上高営業利益率を参考にして定められたとされている。

課徴金対象期間は，3年間が上限とされ，違反行為をやめた日から5年を経過したときは，課徴金納付命令は行われない（12条7項）。

課徴金対象期間は，不当表示を開始した日（始期）から，違反行為をやめた日（終期）までの期間である。不当表示をやめた日が終期となるためには，当該商品等の販売をやめ，又は商品等の内容を変更することにより表示と一致させることが必要となる。当該商品又は役務の販売が継続しているときは，不当表示をやめた日から，

ア 「一般消費者による自主的かつ合理的な選択を阻害するおそれを解消するための措置」＝「解消措置」をとった日。「解消措置」とは「一般消費者による自主的かつ合理的な選択を阻害するおそれを解消する相当な方法」であり，具体的には，当該表示が8条1項1号又は2号に該当することを一般日刊新聞紙に掲載する方法その他の方法により一般消費者に周知する措置である（施行規則8条）。7条に基づく措置命令では，違反行為の差止めのほか訂正広告等の周知措置等が命じられるため，これと同様な措置が求められるものである。

イ 又は6ヵ月が経過する日のいずれか早い日までの期間である（8条2項）。

すなわち，「終期」は，当該商品又は役務の取引が継続している限り，単に当該違反行為の表示をやめただけでは到来せず，上記のような「解消措置」をとってはじめて到来することになる。解消措置をとるまでは不当表示によって

生じた一般消費者の誤認を利用した取引が継続していたといえるからである。「解消措置」をとらなかった場合には,「6ヵ月が経過する日」が終期となる。これは,不当表示の影響する期間は6ヵ月程度と考えられるからである。

課徴金対象期間の「始期」及び「終期」については,下図を参照されたい。

なお,「不当景品類及び不当表示防止法第8条(課徴金納付命令の基本的要件)に関する考え方」(以下「課徴金ガイドライン」という)第4・1(5)では,課徴金対象期間の「想定例」が示されている。

「課徴金対象期間」(「終期」から遡って3年間が上限)(A:「始期」, B:「終期」)

Ⅰ 原則的考え方

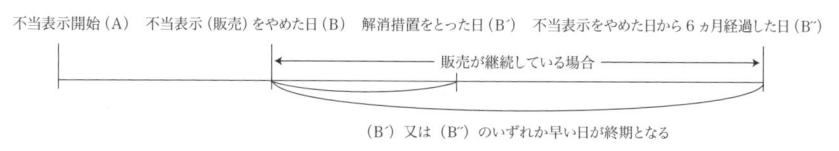

不当表示開始(A) 不当表示(販売)をやめた日(B) 解消措置をとった日(B') 不当表示をやめた日から6ヵ月経過した日(B")

販売が継続している場合

(B')又は(B")のいずれか早い日が終期となる

以下では,「課徴金対象期間」について,場合を分けて検討する。

Ⅱ 販売をやめた場合

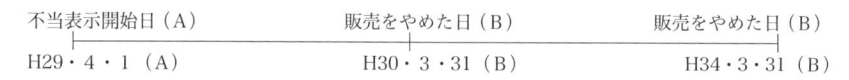

不当表示開始日(A) 販売をやめた日(B) 販売をやめた日(B)
H29・4・1(A) H30・3・31(B) H34・3・31(B)

【例】H29・4・1から不当表示の商品等の販売を開始し,H30・3・31に販売をやめた場合
「H29・4・1〜H30・3・31」

H29・4・1から不当表示の商品等の販売を開始し,H34・3・31に販売をやめた場合
「H31・4・1〜H34・3・31」(終期から遡って3年間)

Ⅲ 不当表示をやめたが販売を継続し,その後解消措置をとった場合

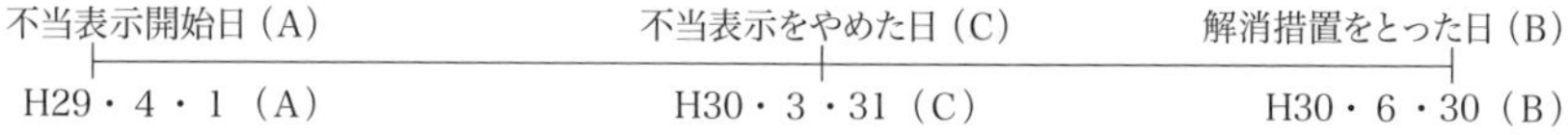

不当表示開始日(A) 不当表示をやめた日(C) 解消措置をとった日(B)
H29・4・1(A) H30・3・31(C) H30・6・30(B)

【例】H29・4・1から不当表示の商品等の販売を開始し、H30・3・31に不当表示をやめたが販売を継続し、H30・6・30に解消措置をとった場合

「H29・4・1～H30・6・30」

Ⅳ　不当表示をやめたが販売を継続し，解消措置をとらなかった場合

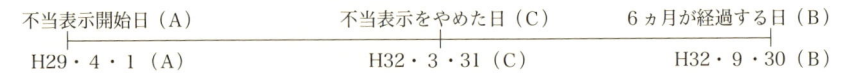

不当表示開始日（A）　　　不当表示をやめた日（C）　　　6ヵ月が経過する日（B）
H29・4・1（A）　　　　　H32・3・31（C）　　　　　　H32・9・30（B）

【例】H29・4・1から不当表示の商品等の販売を開始し、H32・3・31に不当表示をやめたが販売を継続し、解消措置をとらなかった場合

「H29・10・1～H32・9・30」（不当表示をやめてから6ヵ月が経過する日）

Ⅴ　不当表示をやめず販売を継続した場合（措置命令に基づく措置のみをとった場合）

不当表示開始日（A）　　　措置命令の日（C）　　　措置命令に基づく措置をとった日（B）
H29・4・1（A）　　　　　H32・6・30（C）　　　　　H32・7・20（B）

【例】H29・4・1から不当表示の商品等の販売を開始し、販売を継続し、H32・6・30に措置命令が行われ、H32・7・20措置命令に基づく措置をとった場合

「H29・7・21～H32・7・20」（終期から遡って3年間）

3　主観的要素

　事業者が課徴金対象行為をした期間（上限3年間）を通じて当該課徴金対象行為に係る表示が8条1項1号又は2号（8条1項1号・2号の規定は、5条1号・2号の規定と文言上は同一ではないが、内容的には同一である）のいずれかに該当する不当表示であることを知らず、かつ、知らないことにつき相当の注意を怠った者でないと認められるときは、課徴金納付命令は行われない（8条1項ただし書）。

　これに該当するか否かは、当該事業者が課徴金対象行為に係る表示をする際に、当該表示の根拠となる情報を確認するなど、正常な商慣習に照らし必要とされる注意をしていたか否かにより、個別事案ごとに判断される（なお、ここで

いう正常な商慣習とは，一般消費者の利益の保護の見地から是認されるものをいう。したがって，仮に，例えば自己の供給する商品の内容について一切確認することなく表示をするといった一定の商慣習が現に存在し，それには反していなかったとしても，相当な注意を怠った者となる）。

当該判断に当たっては，当該事業者の①業態，②規模，③課徴金対象行為に係る商品又は役務の内容，④課徴金対象行為に係る表示内容，及び⑤課徴金対象行為の態様等が勘案されることになるが，当該事業者が，必要かつ適切な範囲で，「事業者が講ずべき景品類の提供及び表示の管理上の措置についての指針」（平成26・11・14内閣府告示第276号）に沿うような具体的な措置を講じていた場合には，「相当な注意を怠った者でない」と認められると考えられる（課徴金ガイドライン第5・1）。

一般的には，取引先から提供される書類等で当該表示の根拠を確認するなど，表示をする際に必要とされる通常の商慣行（正常な商慣習）に即した注意を行っていれば足りるものと考えられている（消費者庁消費者制度課・表示対策課企画官松本博明ほか「改正景品表示法における課徴金制度の解説」NBL1043号18頁以下）。

なお，例えば，事業者が公正競争規約に沿った表示のように優良・有利誤認表示に該当しない表示をした場合等，課徴金対象行為が成立しないときは，当該事業者について，「相当な注意を怠った者でない」と認められるか否か判断するまでもなく，課徴金の納付を命じられることはない。

「相当の注意」を怠ったことの立証責任は，課徴金納付命令を行う消費者庁である。もっとも，事業者が課徴金対象行為を行ったこと自体，相当の注意を怠ったものであることは事実上推定される。

「相当な注意」は，課徴金対象行為をした「全期間」を通じて要するものであるので，事業者が当該表示が8条1項1号又は2号に該当することを知らないことにつき相当な注意を怠らないで商品又は役務の販売を開始した場合であって，該当することを知った後に速やかに課徴金対象行為を取りやめたときは，「相当な注意」を怠った者でないと認められると考えられる。一方，当該事実を知った後に速やかに課徴金対象行為を取りやめなかったときは，課徴金対象行為をした全期間を通じて「相当な注意」を怠った者でないとは認められない（課徴金ガイドライン第5・2。なお，右ガイドライン第5・3では，この点についての「想

定例」が示されている）。

4 規模基準

　課徴金の対象となるのは，8条1項の規定により算定した課徴金額が150万円以上となる場合である（8条1項ただし書）。したがって，対象商品又は役務の売上額が5000万円未満となる場合は（5000万円×3％＝150万円），課徴金納付命令は行われない。右により算定した金額が150万円以上である場合は，後述する課徴金の違反行為申告による減額や返金措置の実施による課徴金の減額の結果減額後の金額が150万円未満になったとしても，それらの減額後の金額について課徴金の納付が命じられる。

　課徴金納付命令を行うのは消費者庁長官であって，都道府県知事は措置命令を行う権限は委任されているが，課徴金納付命令を行う権限までは委任されていない。都道府県知事は，原則として都道府県内の不当表示事件について処理するものであるから，売上額が5000万円以上の事件は少ないと思われる。もし，課徴金対象行為に係る商品又は役務の売上高が5000万円以上となると予想されるケースの場合は，都道府県知事は，消費者庁長官に，措置命令の手続とともに課徴金納付命令を行うことを「要請」する（政令23条1項では，「消費者庁長官が必要と認めるとき，又は都道府県知事から要請があったときは，その事務を行うことを妨げない」旨を規定している）というスキームが構築されるものと思われる。

5 課徴金の違反行為申告による減額

　課徴金対象行為に対する調査前に当該事業者が自らの違反行為について自主申告したときは，課徴金額は50％減額される（9条）。これは，自主申告のインセンティブを与えて，事件を早期に終結することを狙いとするものである。

　当該事業者が自らの違反行為について自主申告しようとするときは，施行規則様式第一による報告書を，①直接持参する方法，②書留郵便等による方法，③ファクシミリを用いて送信する方法のいずれかの方法により消費者庁長官へ提出しなければならない（施行規則9条）。

　9条ただし書は，「その報告が，当該課徴金対象行為についての調査があったことにより当該課徴金対象行為について課徴金納付命令があるべきことを予

知してされたものであるときは，この限りでない」と規定している。課徴金納付命令を行うために必要な調査権としては，報告命令，提出命令及び立入検査の権限がある（29条1項）。したがって，この報告は，報告命令等の前であることを要する。独占禁止法の課徴金減免申請の場合のように立入検査を基準にしていない。この調査は29条1項に基づく強制調査に限らず，「任意調査」をも含むとされている（松本ほか・前掲23頁）。当該課徴金対象行為について調査があったことにより報告されたものについて減額するとすれば，すべての事件について減額される可能性が出てきて，自主申告の趣旨が失われるおそれがある。

なお，自主申告したため50％減額された結果，課徴金額が150万円未満となっても，減額前の課徴金額が150万円以上であれば，課徴金賦課の対象であることに変わりはないことは既に述べた。

6 課徴金の被害回復による減額

景品表示法による課徴金は，消費者保護を目的とした法律に基づくものであることから，既存の独占禁止法，金融商品取引法及び公認会計士法の課徴金制度とは異なり，消費者への被害回復としての返金を課徴金額から控除するとの考え方がとられている。課徴金額から控除の対象となるのは一般消費者に対し返金を行った場合に限られている。この一般消費者とは，当該商品又は役務を購入したことが，契約書，領収書その他の資料によって特定されていなければならない（政令3条，施行規則10条）。返金以外の方法として，プリペイドカードの交付や商品の交換等を行っても課徴金額からの控除は認められない。プリペイドカードの交付や商品の交換等が認められないのは，消費者は引き続き当該不当表示をした事業者との取引関係が継続することになるから，消費者の自主選択の阻害が解除されないとの考えに基づくものであろう。

なお，課徴金は税務上損金扱いとはされないが，返金は損金扱いとなる。

返金により課徴金の減額が受けられる手順は，次のとおりである。

(1) 課徴金納付命令が行われる場合は，事前に弁明書の提出の機会が与えられる。その弁明書の提出について通知（15条1項）を受けた者は，課徴金対象期間において当該商品又は役務の取引を行った一般消費者に対し購入額の3％

以上の返金を実施しようとするときは，消費者庁長官に「実施予定返金措置計画」（施行規則10条1項・様式第二の申請書による）を作成して，弁明書の提出期限までに提出してその認定を受けることができる（10条1項）。その認定手続は，以下のとおり厳格に定められているが，その理由は，課徴金を減額するに足る適正な返金でなければならないとの考えに基づくものである。

「実施予定返金措置計画」には，次の事項を記載しなければならない（10条2項，施行規則10条2項）。

(i) 実施予定返金措置の対象となる一般消費者が当該実施予定返金措置の内容を把握するための周知の方法に関する事項

(ii) 実施予定返金措置の内容及び実施期間

予定する返金実施の対象者である，一般消費者の氏名，返金額，その計算方法ならびに返金の実施時期等を記載する。

氏名は，契約書等で特定される者でなければならない。その確認は，①通信販売による購入者名簿，②ポイントカードの履歴，③レシート持参者，④その他の取引履歴等による。

返金額は，一般消費者の購入額の3％以上に相当する金額を記載する必要がある。購入額の3％に満たない金額を返金するものは認定されない。

(iii) 実施予定返金措置の実施に必要な資金の額及びその調達方法

手順としては，まず(i)に関する周知をし，これによって返金の申出があった一般消費者の氏名を把握し，これを「実施予定返金措置計画」に記載することになる。

「実施予定返金措置計画」には，認定の申請前に既に実施した返金の対象者の氏名，その者の購入額，返金額，その計算方法，その他を記載することができる（10条3項，施行規則11条）。

(2) 「実施予定返金措置計画」の認定の申請をした者は，その申請に対する認定を受けるまでに返金を実施したときは，遅滞なく，実施した返金の対象者の氏名，その者の購入額，返金額，その計算方法，その他について，消費者庁長官へ報告しなければならない（10条4項，施行規則12条・様式第三の報告書による）。

返金を実施したことにより課徴金額が減額されるためには，上記のとおり

「実施予定返金措置計画」の記載（10条3項）や報告（同条4項）がなされる必要があり，これらの記載・報告のない者からの要求で返金しても，その額は課徴金額から減額されないことに注意を要する。

(3) 「実施予定返金措置計画」が認定されるためには，①予定される返金が円滑かつ確実に実施される見込みであること，②返金予定者（認定の申請前に返金した者及び申請後認定を受けるまでに返金した者を含む）のうち差別的な返金（返金額が異なったり，一部の者のみに返金する等）がなされるものでないこと，③返金の実施期間が申請書を提出した日から4ヵ月以内の期間（返金の実施期間が一般消費者の被害の回復のために相当と認められる期間）であることが必要である（10条5項，施行規則13条）。

なお，事業者が返金のための条件を付すること，例えば，商品を返品しない限り返金には応じないとしたり，他の商品を購入することを義務付けたりすることは，適正な「返金措置」には該当しない。ただし，一般消費者からの申出に応じて返金するほか，その者の希望に応じて商品の返品を受けた上で商品代金を全額返金することは，条件を付さない返金を行っているものとして適正な「返金措置」と認められる。差別的な返金を実施しているものではないからである（黒田岳士ほか『逐条解説平成26年11月改正景品表示法』62頁（商事法務，2015））。

「実施予定返金措置計画」が認定されても，返金が認定どおりに実施されていないと認められるときは認定は取り消される（10条8項）。この場合は，原則に帰って課徴金納付命令が行われることになる。

(4) 「実施予定返金措置計画」の認定申請を行い，認定を受けた事業者（以下「認定事業者」という）は，「実施予定返金措置計画」（右計画は変更が認められており，変更後のものを含む）に係る返金の実施の結果について，実施期間の経過後1週間以内に消費者庁長官に報告しなければならない（11条1項，施行規則15条・様式第五の報告書による）。

(5) 消費者庁長官は，「実施予定返金措置計画」を認定したときは，上記(4)の報告の期限までは課徴金納付命令を行うことはできない（10条10項）。当然のことながら，認定の申請をした日から認定時までのうちも課徴金納付命令を行うことはできない。

(6) 消費者庁長官は，認定事業者が「実施予定返金措置計画」に適合して実

施した返金の合計額(申請前に返金した額(10条3項)及び申請後認定を受けるまでに返金した額(10条4項)を含む)について,当該課徴金額又は自主申告したために減額された課徴金額から減額する(施行規則16条)。この場合において,当該課徴金額から減額した額が0円を下回るときは,課徴金額は0円となる(11条2項)。

なお,事業者からの上記(4)の報告に虚偽があったときなどには,減額された課徴金納付命令は取り消され,改めて課徴金納付命令が行われることになる。

消費者庁長官は,課徴金額が1万円未満となったときは課徴金納付命令をせず,その旨を認定事業者に対し文書をもって通知する(11条3項)。

なお,返金により課徴金の減額が受けられる手順については,後述8の「課徴金納付命令までの流れ」参照。

7 課徴金納付命令の対象事業者

課徴金対象行為を行って課徴金納付命令を受けた事業者は,課徴金を納付する義務を負う(12条1項)。

課徴金対象行為をした事業者が法人である場合において,当該法人が合併により消滅したときは,合併後の存続会社又は新設会社が課徴金対象行為を行ったとみなして,これらに対し課徴金納付命令が行われる(12条3項)。

また,課徴金対象行為をした事業者が法人である場合において,当該法人が課徴金対象行為に係る事件について,29条1項に基づく最初の報告命令等が行われた日(調査開始日)以後において,子会社等に対して,当該課徴金対象行為に係る事業の全部を譲渡し,又は会社分割により当該課徴金対象行為に係る事業の全部を承継させ,かつ,消滅したときは(当該事業者が存続している場合には,当該事業者に課徴金納付命令を行うことが可能である),当該法人がした課徴金対象行為は,事業の譲渡を受け又は事業を承継した子会社等がした課徴金対象行為とみなして,課徴金納付命令が行われる(12条4項・5項)。

8 課徴金納付命令に関する手続

(1) 弁明の機会

課徴金納付命令が行われる場合は,当該事業者に対して,事前に書面の送付

により，弁明書（例外的に口頭による）及び証拠書類・証拠物を提出する機会が与えられる。その書面には，消費者庁長官から，納付を命じようとする課徴金の額，課徴金の計算の基礎，課徴金対象行為，弁明書の提出先・提出期限が示される（13条～16条）。

(2) 課徴金賦課手続

課徴金納付命令は，文書によって行われ，「課徴金納付命令書」には，①納付すべき課徴金の額，②課徴金の計算の基礎，③課徴金に係る課徴金対象行為，④納期限が記載される（17条1項）。

課徴金納付命令は，その名宛人に課徴金納付命令書の謄本を送達することによってその効力を生ずる（17条2項）。

課徴金の納期限は，課徴金納付命令書の謄本を発する日から7ヵ月を経過した日とされる（17条3項）。

(3) 不服申立手続

課徴金納付命令に不服がある場合は，措置命令に対するものと同じく，行政不服審査法2条に基づく消費者庁長官に対する審査請求又は行政事件訴訟法3条2項に基づく取消訴訟を行うことができる。

課徴金納付命令までの流れ
1　課徴金対象行為に係る自主申告（不当表示事件に対する調査が行われる前でなければならない）
2　不当表示事件に対する調査
3　措置命令
4　書面による弁明の機会の付与通知（弁明書の提出。例外的に口頭で弁明することが認められる）
5　「実施予定返金措置計画」の提出（弁明書の提出期限までに行う必要がある）
6　「実施予定返金措置計画」の審査（「実施予定返金措置計画」は変更することができる）
7　「実施予定返金措置計画」の認定（認定は取り消されることがある）
8　弁明書の提出（証拠書類・証拠物を提出することができる）
9　「実施予定返金措置計画」の実施

10 「実施予定返金措置計画」の実施についての報告
11 課徴金納付命令又は命じない旨の通知

〔第1〜第3＝鈴木　恭蔵，第4＝波光　巖〕

第6章
公正競争規約制度

第1　公正競争規約制度の趣旨

　景品表示法に違反する行為があるときには，消費者庁及び都道府県による取締りが行われ，これらの行政機関は，違反の疑いがある事実に接したときは，必要な調査を行い，違反事実が認められたときは，必要な措置命令等を行う。しかし，「過大景品」や「不当表示」の事件は全国で多く発生し，行政的な取締りのみでは必ずしも十分でないことから，景品表示法は，事業者による自主規制の制度として，31条において「公正競争規約制度」[注]を設けている。これによると，事業者又は事業者団体は，内閣府令（施行規則22条）で定めるところにより，景品類又は表示に関する事項について，内閣総理大臣及び公正取引委員会の認定を受けて，「協定又は規約」（公正競争規約）を締結し又は設定し，これを自らの手で自主的に運用することができることとしている。公正競争規約の設定は，「不当な顧客の誘引を防止し，一般消費者による自主的かつ合理的な選択及び事業者間の公正な競争を確保するため」（31条）に行われる。

　公正競争規約では，景品類又は表示に関する事項について一定の取決めを行い，他の事業者もその取決めに反する不当な行為を行わないという保障の下に自己も行わないというものである。元来，景品付販売あるいは不当表示は，ある事業者がこれを行えば他の事業者がこれに対抗して，それ以上の行為を行うという波及性及び昂進性を有するものであるので，競争事業者同士が相互に違反行為を行わないという保障がなければその規制は必ずしも十分になし得ない性格のものである。そこで，競争事業者同士が相互監視・相互抑制により違反行為を自主規制しようとするものである。このような考え方の下に自主規制制度が設けられることとなったが，事業者間又は事業者団体による取決めが，場

合によりカルテル（独占禁止法3条・8条）に該当するおそれがあるので，その設定に当たっては，内閣総理大臣及び公正取引委員会の認定に係わらしめている。

(注)「公正競争規約」という文言は，景品表示法では用いられていないが，従来認定された「規約」は，「公正競争規約」であるので，この文言を用いる。

第2　公正競争規約の特徴

　公正競争規約は，一定の商品又は役務ごとに定められるため，各業界の実態・実情に適応したものが設定されることになる。不当表示の禁止については景品表示法5条に規定されているが，この規定であらゆる業界をカバーするものであるから，いきおい内容は抽象的とならざるを得ない。この点，公正競争規約においては，個々の業界の実態に適合した詳細な不当表示の基準について規定することができる。この場合，不当表示となる「おそれ」のある表示についても予防的に禁止することができる。5条1号及び2号は，「品質，規格その他の内容について著しく優良」，「価格その他の取引条件について著しく有利」であると一般消費者に誤認されるおそれがあることを要件とするが，公正競争規約では，誤認の「おそれ」のある表示についてもこれを禁止している例が多い。この点は，5条3号に基づく指定が一般消費者に誤認されるおそれがある場合にも行われるのに類似しているといえる。設定された公正競争規約を見てみると，例えば，不当表示について，家庭電気製品製造業の表示に関する公正競争規約では，不当表示となるおそれがあるものを含めて同施行規則で25類型を規定し，また，自動車業における表示に関する公正競争規約で14類型（新車の場合）を規定している。

　さらに，公正競争規約の特色は，一般消費者による商品又は役務の選択に必要な事項についての表示を義務付けたり，特定事項の表示基準を定め，あるいは特定用語の使用基準等を定めたりしていることである。必要事項の表示義務には，他の法令で表示が義務付けられている事項も含まれており，表示に関する事項はすべて公正競争規約に盛り込まれ，規約さえ見れば表示に関する事項はすべて規定されている形にされているものが多い。景品表示法の規定では，特定事項の表示を義務付ける直接の規定は存在しないが，公正競争規約によれ

ばこれが可能となる（景品表示法5条3号により指定されている場合でもすべての場合に直接表示義務を課するものではない。例えば、「商品の原産国に関する不当な表示」（昭和48年公取委告示第34号）においても、原産国について誤認されるおそれのある表示がある場合においてのみ、正しい原産国の表示義務が生ずるにすぎない）。

第3　公正競争規約の設定当事者

　公正競争規約を設定することができるものは、「事業者又は事業者団体」であるが（31条）、現実には既存の事業者団体を母体として設定が行われており、通常、規約の運用団体として「公正取引協議会」が設立されている。公正競争規約は、通常、商品又は役務の品目ごとに、製造業者、販売業者という取引段階を同じくするもの（競争関係にあるもの）によって設定される場合が多いが、製造業者・卸売業者・小売業者というように取引段階が異なるものがまとまって設定される場合がある。

　公正競争規約には、当該商品又は役務の同業者ができるだけ多く参加することが望まれている。参加者が少ない場合には規約の実施について実効が上がらず、また、その内容が当該業界における正常な商慣習として確立することが期待できないことになるからである。景品表示法には公正競争規約に参加する事業者の組織率についての規定は存在しないが、現存の公正競争規約においては、当該公正競争規約に参加する事業者の数又はその取り扱う商品又は役務の量のいずれかにおいて、その業界の大部分を占めている。

　なお、公正取引協議会は、全国的に当該業界の事業者の参加によって設立されている場合のほか、商品等によっては地方ごとに設立される場合がある（不動産はブロック単位、食肉は都道府県単位）。ただし、地方ごとに設立される場合であっても、公正競争規約の内容は全国的に同一である。

第4　公正競争規約の内容

1　実体的規定

(1)　景品類に関するもの

　内容的には、一般的に、懸賞制限告示及び総付制限告示の範囲のものは許容するものとなっている。また、見本や試供品を提供する場合については、見本

や試供品である旨を表示することとなっている。
　ただし，上記の一般的な制限より厳しい制限が別途の告示により定められている業種がある。医療用医薬品製造販売業，同卸売業，医療器具業，衛生検査所業，新聞業，雑誌業，不動産業については，特に告示が定められているので，公正競争規約もそれぞれの告示による制限に沿った内容のものとなっている（第2章・第6「特定業種における景品類提供の制限」参照）。また，別途の告示が定められていない業種であっても，出版小売業及び農業機械業の公正競争規約においては，一部分であるが，懸賞制限告示及び総付制限告示で規定されていない内容の制限が規定されている。

(2)　表示に関するもの

　表示に関する事項については，次のように，相当広範囲の内容のものを定めている。

　ア　必要表示事項

　必要表示事項については，対象商品又は役務が食品であるか耐久消費財であるか等によってかなり異なるが，例えば，飲用乳の場合には，食品衛生法等で表示が義務付けられている種類別名称，主要成分の重量百分率，主要原材料，添加物，製造年月日，内容量，保存方法等を，容器又は包装の見やすい場所に邦文で明りょうに表示することを義務付けている。家庭電気製品製造業の場合には，本体，カタログ，取扱説明書，保証書それぞれについての必要表示事項を定めている。

　イ　特定用語の使用基準

　自動車，家電製品，タイヤ等の規約においては，「永久」「安全」「完全」等の用語を断定的に使用することはできないこと，「最高」「超」等の最上級を意味する用語や，「世界一」「日本一」「第1位」「抜群」等の優位性を意味する用語は客観的事実に基づく具体的数値又は根拠を付記した場合を除き使用することはできないこと等を定めている。

　ウ　不当表示の禁止

　商品又は役務の取引に関し，一般消費者に誤認され及びそのおそれのある表示を具体的に列挙して，容器・包装・説明書・パンフレット・ポスター・看板・新聞・雑誌・テレビ・ラジオ等による標示又は広告をしてはならないこと

を定めている。

2 手続的規定

(1) 実施機関に関する規定

公正取引協議会が行う業務，例えば，①規約の内容の周知措置，②規約に違反する疑いがある事実についての調査，③規約に違反した者に対する措置等について規定している。

(2) 取締手続に関する規定

違反被疑事実についての調査，及び違反に対する措置に関する手続，関係官公庁に対する報告等について規定している。

第5 公正競争規約の認定

1 認定の手続

公正競争規約は，事業者又は事業者団体が立案作成して，消費者庁長官（31条に基づく内閣総理大臣の権限は，政令により，消費者庁長官に委任されている）又は公正取引委員会のいずれかに申請し，消費者庁長官及び公正取引委員会の認定により成立する（33条1項）。

申請が行われた場合，消費者庁長官又は公正取引委員会は，通常公聴会を開催する（公聴会の開催は，法的に義務付けられているものではない）。公聴会では，一般消費者，関連事業者，学識経験者，関係官庁等の意見を聴いた上，規約案が認定要件に適合するものであるか否かの検討が行われ，適合するものと認められれば認定されることになる。公正競争規約が認定されたときには，官報に掲載される。公正競争規約の認定申請に関する手続については，施行規則22条から24条により定められている。

2 認定要件

消費者庁長官及び公正取引委員会が公正競争規約を認定する場合の要件は，次のとおりである（31条2項）。認定とは，規約が法律に定める要件に適合していることを確認し，これに法的効果を与える手続である。

① 不当な顧客の誘引を防止し，一般消費者による自主的かつ合理的な選択

及び事業者間の公正な競争を確保するために適切なものであること。
　これは，公正競争規約制度の趣旨から当然の要件である。
　②　一般消費者及び関連事業者の利益を不当に害するおそれがないこと。
　ここでいう「関連事業者」とは，規約参加事業者と取引関係がある等の事業者を指す。なお，本条項はあくまで規約認定の要件を定めるものであり，この規定を根拠として，一般消費者又は関連事業者が規約認定に対する不服申立ての資格があるとする根拠にはならない。
　③　不当に差別的でないこと。
　例えば，大手事業者に有利で，中小事業者に不利となるような内容であってはならない。
　④　協定もしくは規約に参加し，又はこれから脱退することを不当に制限しないこと。
　事業者による自主規制である以上，加入脱退は自由でなければならない。ただし，このことは，団体内部における規律違反，例えば，規約に違反した行為を繰り返したとか，分担金の支払を拒否した等の合理的な理由によって除名処分等することまでも制限するものではない。

3　これまでに認定された公正競争規約(注)

(1)　景品類に関するもの

　アイスクリーム類及び氷菓，トマト加工品，即席めん類製造，ビスケット，チョコレート，チューインガム，凍豆腐製造，みそ，しょうゆ，ソース，カレー，果実酒製造，ビール製造，洋酒製造，清酒製造，合成清酒等製造，単式蒸留しょうちゅう製造，酒類輸入販売，家庭電気製品，医療用医薬品製造販売，医療用医薬品卸売，衛生検査所，医療機器，化粧石けん，家庭用合成洗剤及び家庭用石けん製造，歯みがき，新聞，出版物小売，雑誌，自動車（二輪自動車），タイヤ，農業機械，不動産，旅行，銀行，指定自動車教習所，ペットフード（以上37業種）

(2)　表示に関するもの

　飲用乳，はっ酵乳・乳酸菌飲料，殺菌乳酸菌飲料，ナチュラルチーズ・プロセスチーズ・チーズフード，アイスクリーム類及び氷菓，はちみつ類，ローヤ

ルゼリー，辛子めんたいこ食品，削りぶし，食品のり，食品缶詰，トマト加工品，粉わさび，生めん類，ビスケット類，チョコレート類，チョコレート利用食品，チューインガム，凍豆腐，食酢，果実飲料等，コーヒー飲料等，レギュラーコーヒー・インスタントコーヒー，合成レモン，豆乳類，マーガリン類，観光土産品，ハム・ソーセージ類，包装食パン，即席めん類，みそ，ドレッシング類，しょうゆ，もろみ酢，食用塩，食肉，鶏卵，ビール，輸入ビール，ウイスキー，輸入ウイスキー，単式蒸留しょうちゅう，泡盛，酒類小売，帯締め・羽織ひも，眼鏡類，家庭電気製品製造，家庭電気製品小売，化粧品，化粧石けん，家庭用合成洗剤・家庭用石けん，歯みがき類，防虫剤，自動車，二輪自動車，タイヤ，農業機械，ペットフード，釣竿，ピアノ，電子鍵盤楽器，募集型企画旅行，銀行，スポーツ用品，指定自動車教習所，不動産，仏壇（以上67業種）

（注）公正競争規約の内容は，一般社団法人全国公正取引協議会連合会のホームページで閲覧することができる。

第6 公正競争規約違反に対する自主規制

　公正競争規約に違反する事件が発生した場合には，原則として，規約の運用機関である公正取引協議会が調査し，必要な措置をとることとし，消費者庁は，アウトサイダーが違反行為を行ったときや（アウトサイダーの違反行為を放置しておくとインサイダーの自主規制の実効が上がらない），インサイダーについて協議会で十分に規制できない場合にのみ処理することとされている。このような運用は，公正競争規約制度を設けた趣旨から当然のことであるといえる。

　規約参加者の違反行為について，第一次的に公正取引協議会の規制に委ねることの合法性については，小林勇作ほか3名事件で明らかにされている。

小林勇作ほか3名事件（昭和53・8・2金沢地裁判決・審決集25巻175頁）
　原告ら新聞販売店は，他の系列新聞社及び同社の石川県下における販売店が一体となって一般消費者に拡材を提供している行為について，公取委へ排除命令を行うよう求めたところ，公取委は報告された事実について，北陸地区新聞公正取引協議会へ通知して，その処理を業界の自主規制に委ねた。この措置について原告らは，公取委が本件について排除命令を発しなかったのは法規裁量を誤ったものであり，

仮に排除命令をなすか否かが自由裁量であるとしても，裁量権の限界を超え又はこれを濫用したものであり，原告らは排除命令が発せられておれば行使し得た無過失損害賠償請求権の行使が不可能となったため（当時は可能であった），損害を被ったとして，国を相手として国家賠償請求訴訟を提起した。

　判決要旨は，次のとおりである。「景品類提供行為が自主規制の要件をみたすと同時に排除命令の要件にも該当する場合には，景品表示法6条又は10条（当時）には，両者の選択に関する定めはないが，公取委はこれらの選択について公正な競争を確保する等の法の目的に照らし，違反事実の内容，公正競争への影響，自主規制に対し予想される当該事業者の態度その他を勘案して，合目的的な裁量（自由裁量）をするほかはない。景品表示法6条の文言上も公取委に排除命令の権限を与えているにとどまり，一定の場合にこれを発するよう羈束する趣旨には解せられない。本件の事実関係についてみると，違反行為の主体，確認された件数，拡材の種類等からみて，その規模が必ずしも小さくなく，公取委がその裁量により自ら排除命令の措置を選ぶことは可能であったといえる。しかし，景品表示法が公正競争規約による自主規制の制度を設けた趣旨は，第一次的には，自主規制の可能な限りはこれに機能させる点にあると考えられる。規約参加者に対して公取委が排除命令を行った事例があるとしても，これらの過去の事例に対比して，本件措置がいわゆる平等原則に違反するとはいえないこと等からすると，本件に関する自主規制と排除命令との合目的的な選択についての公取委の裁量がその裁量権の範囲を超え，あるいは濫用にわたり違法なものであるとは到底いえない」。

第7　公正競争規約認定の効果

1　独占禁止法の適用除外

　公正競争規約それ自体及びそれに基づく事業者又は事業者団体の行為に対しては，独占禁止法7条（事業者の同法3条又は6条違反に対する排除措置命令），8条の2（事業者団体の同法8条違反に対する排除措置命令），20条（事業者の同法19条違反に対する排除措置命令），70条の4（関係公務所・公共団体の意見の陳述）及び74条（告発）の規定は適用されない（31条5項）。公正競争規約は，消費者庁長官及び公正取引委員会の認定を受けたものであるから，当然のことであるが，これが確認的に規定されている。仮に規約の内容又はこれに基づく行為に独占禁止法に違反するような事態が生じた場合には，規約の改正が行われるか景品表示法31条3項の規定により認定が取り消されることになる。

一方，上記の認定を受けないで作成された業界における自主規制基準は，独占禁止法の適用除外とはならないから，内容により同法3条又は8条違反とされることがある。

2　景品表示法の解釈基準

公正競争規約は直接的には規約の参加者に対して適用される。しかし，アウトサイダーとの関係において規約認定の効果が全くないとすればインサイダーがせっかく規約を遵守して適正な販売方法，表示を行っても，アウトサイダーによる不当景品・表示によって顧客が奪われることになり，規約の実効が上がらなくなる。

公正競争規約認定の効果として，当該規約の内容が業界の正常な商慣習として確立している場合には，景品表示法及び同法に基づく告示の解釈において参考とされる。

特定業種の景品類提供の制限告示の解釈に当たっても，景品類提供に関する公正競争規約の内容が参酌される。例えば，医療用医薬品業等告示では，「医療用医薬品製造業者・販売業者は，医療機関等に対し，医療用医薬品等の取引を不当に誘引する手段として，医療用医薬品等の使用のために必要な物品又はサービスその他正常な商慣習に照らして適当と認められる範囲を超えて景品類を提供してはならない」とだけしか規定していない。しかし，医療用医薬品製造販売業における公正競争規約においては，医療用医薬品製造業者・販売業者が医療機関等に景品類を提供する場合について，提供が制限される例，提供が制限されない例等を詳細に規定しており，公正競争規約の内容の実施が医薬品製造販売業における正常な商慣習と認められれば，アウトサイダーの規制において上記規約の内容が参酌される。

また，表示に関しても，公正競争規約で詳細に規定されている不当表示の具体的な内容は，景品表示法5条1号及び2号の解釈適用の際に参考とされる。さらに，公正競争規約で規定されている「最高」「超」等の最上級を意味する用語，「世界一」「日本一」「第1位」「抜群」等の優位性を意味する等の特定用語の使用基準に適合しない表示が行われた場合には，内容により不当表示に該当する場合があると考えられる。

第8　公正競争規約認定に対する不服申立て

1　認定及び認定の取消し

　消費者庁長官及び公正取引委員会は，公正競争規約を認定したときは，これを官報告示する（31条4項，施行規則23条）。

　また，消費者庁長官及び公正取引委員会は，認定した公正競争規約が業界の実態や取引形態の変化等により認定要件を満たさないものとなったと認めるときは，その認定を取り消さなければならない（31条3項・4項）。

　公正競争規約の認定の取消しは，行政手続法上の「許認可等を取り消す不利益処分」に該当するため，認定の取消しをしようとするときは，聴聞を行い，公正競争規約の設定者等に意見陳述の機会を与えなければならない（行政手続法13条1項1号イ）。

2　不服申立て

(1)　不服申立ての手続

　消費者庁長官及び公正取引委員会が行った公正競争規約の認定や認定の取消しの処分について不服がある者は，行政不服審査法に基づく審査請求又は行政事件訴訟法に基づく取消訴訟を提起することができる（平成21年改正前の景品表示法においては，不服申立ては公正取引委員会に対して行い，公正取引委員会は審判手続を経た審決で，当該申立てを却下し，又は当該処分を取り消し，もしくは変更しなければならないこととされていた）。

(2)　不服申立ての資格について

　公正競争規約認定に対する不服申立てにおける申立資格の有無の解釈に関しては，これまでの審判決において，次のとおり，いくつか示されている。

　ア　「牛乳，加工乳及び乳飲料の表示に関する公正競争規約」認定に対する不服申立審判事件（昭和45・2・17審判審決・審決集16巻169頁）では，不服申立人は牛乳の輸送方法を研究している内田MFC研究所であるところ，不服申立ての資格については特に問題とされず，申立資格があることを前提として，不服申立ての理由について審理し，不服申立てに理由がないとしている。

　イ　「果実飲料等の表示に関する公正競争規約」認定に対する主婦連合会ほ

か1名による不服申立審判事件においては，公正取引委員会は，一般消費者には不服申立ての資格がないとして審決（昭和48・3・14審判審決・審決集19巻159頁）で申立てを却下した。審決取消訴訟において，東京高等裁判所（昭和49・7・19判決・審決集21巻353頁）及び最高裁判所（昭和53・3・14判決・審決集24巻202頁）は，この判断を支持した。最高裁判決は，（旧）景品表示法10条6項に基づく不服申立ては，行政上の不服申立ての一種にほかならないから，同項にいう「公正取引委員会の処分について不服があるもの」とは，一般の行政処分についての不服申立ての場合と同様に当該処分について不服申立てをする法律上の利益がある者，すなわち，当該処分により自己の権利もしくは法律上保護された利益を侵害され又は必然的に侵害されるおそれがある者をいうと解すべきであるとした上，景品表示法の規定により一般消費者が受ける利益は，同法の規定の目的である公益保護の結果として生ずる反射的な利益ないし事実上の利益であって，法規により保障された法律上保護された利益とはいえないとし，単に一般消費者というだけでは，不服申立てをする法律上の利益がある者とはいえない旨を述べた。

　原告らが，前記アの事件では，公正取引委員会は不服申立ての資格について寛大に取り扱い実体判断をしているのだから，本件においても原告らに不服申立ての資格を認めるべきであると主張したのに対し，東京高裁判決は，行政庁は不服申立資格のない者のした不服申立てについても，その裁量によりこれを取り上げて実態につき判断することも許される旨を述べている。

　なお，景品表示法の平成21年改正により，同法の目的が改正されたことにより，一般消費者の公正競争規約認定に対する不服申立資格の解釈が変更される可能性がある。

　ウ　「ローヤルゼリーの表示に関する公正競争規約」認定に対する不服申立審判事件においては，規約の対象事業者が「ローヤルゼリーを生産して販売する事業者，製造して販売する事業者及び輸入して販売する事業者並びにこれらに準ずる事業者」であるところ，単なる販売業者には不服申立ての資格がないとされた。審決（昭和55・10・21審判審決・審決集27巻92頁）は，ローヤルゼリーの規約は，ローヤルゼリーの生産販売，製造販売，輸入販売することに伴って行われる表示に関するもので，ローヤルゼリーの規格，必要な表示事項，不

当表示の禁止等を義務付けているものであるから，同規約の認定によって，権利もしくは法律上保護された利益を侵害され又は必然的に侵害されるおそれがある者とは，同規約によって一定の義務が課せられることがあるものであり，販売業者はこのような義務は課せられない，つまり，規約の認定によってその事業活動は何ら拘束されるものとはいえないから，不服申立ての資格は認められないとした。

　本件審判事件における不服申立人は，2名であり，そのうちの販売業者1名については上記のとおりであるが，他の1名は規約のアウトサイダーであるローヤルゼリーの製造販売業者であるところ，同人については，不服申立ての資格については特に問題とされず，不服申立ての資格があることを前提として，不服申立ての理由について審理し，不服申立てに理由がないとした。

〔波光　巖〕

第7章 民事的執行・差止請求及び損害賠償請求

第1 適格消費者団体による差止請求

1 差止請求権を認める趣旨

　景品表示法に違反する不当表示が行われた場合に，消費者庁や都道府県知事による違反行為排除のための措置が行われるが，これが必ずしも迅速に行われるとは限らない。そこで，景品表示法では，事業者が不特定多数の一般消費者に対し，不当表示を行い，又はそのおそれがあるときは，消費者契約法2条4項に定める適格消費者団体が当該行為の停止等の差止めを裁判所に請求することができるとしている（30条）。

　景品表示法に違反する不当表示の行政機関による措置と相まって，適格消費者団体による迅速な排除を図り，被害の拡大を防ぐことを狙いとするものである。

　消費者契約法では，事業者等が消費者契約法に違反する契約の締結について，不特定多数の一般消費者を勧誘しているときは，適格消費者団体が当該行為の停止等の差止めを裁判所に請求することが認められており，消費者契約法上の団体訴訟を景品表示法にも導入しているものである。

　なお，現在までのところ，景品表示法30条に基づく差止請求訴訟は1件提起されており，これについては後述する。

2 差止請求権の内容

(1) 差止請求権の行使者

　差止請求権の行使者は，適格消費者団体である。この適格消費者団体は，消費者契約法13条の規定に基づき内閣総理大臣の認定を受けた者であり，「消

費者機構日本」（東京都），「消費者支援機構関西」（大阪府）など全国に13団体存在する（平成28年1月現在）。

　適格消費者団体は，次の場合には，差止請求権を行使することができない（消費者契約法12条の2）。

　ア　当該適格消費者団体もしくは第三者の不正な利益を図り，又は当該差止めに係る相手方に損害を加えることを目的とする場合。

　イ　他の適格消費者団体を当事者とする差止請求に係る訴訟等について，既に確定判決等がある場合。

(2) 差止請求権の対象

　差止請求権行使の対象となるのは，景品表示法5条に規定する優良誤認表示（1号）及び有利誤認表示（2号）が行われる場合であり，5条3号の規定に基づき指定された表示は対象とならない。

　適格消費者団体は，事業者による優良誤認表示又は有利誤認表示が不特定多数の一般消費者に対して，現に行われ，又は行われるおそれがあるときは，差止めを裁判所に請求することができる。

　差止請求権の行使の内容は，当該事業者に対し，当該行為の停止又は予防に必要な措置をとることを請求するものであり，①当該行為を停止すること，②当該行為が一般消費者に被害を与えることの予防措置を講ずること，③当該行為が景品表示法に違反するものであることの周知徹底，④その他が含まれる。

3　差止請求の手続

　適格消費者団体が差止請求権を行使する際の手続は，基本的には，民事訴訟手続によるが，次のような特則が定められている。

(1) 書面による事前の請求

　適格消費者団体は，差止請求に係る訴えを提起しようとするときは，その訴えの被告となるべき者に対し，あらかじめ，請求の要旨及び紛争の争点その他内閣府令（消費者契約法施行規則32条1項）で定める事項を記載した書面により，事業者自らが差止めを行うことを請求し，かつ，その書面の到達したときから1週間を経過した後でなければ，その訴えを提起することができない。

　ただし，当該被告となるべき者が自らが差止めを行うことの請求を拒んだと

きは，1週間の経過を待たずにその訴えを提起することができる（消費者契約法41条）。

消費者契約法施行規則32条1項では，書面に記載すべき事項として，次のことを定める。

1　名称及び住所ならびに代表者の氏名
2　電話番号及びファクシミリの番号
3　事業者等の氏名又は名称及び住所
4　請求の年月日
5　消費者契約法41条1項の請求である旨
6　請求の要旨及び紛争の要点

また，当該被告となるべき者に対する事前請求に当たっては，できる限り，訴えを提起し，又は仮処分命令を申し立てる場合における予定裁判所を明らかにしなければならない（消費者契約法施行規則32条2項）。

(2) 訴訟の目的の価額

景品表示法30条の規定に基づく差止請求に係る訴えは，訴訟の目的の価額の算定については，財産上の請求でない請求（非財産上の請求）に係る訴えとみなすことが定められている（消費者契約法42条）。民事訴訟法上，財産上の請求である場合は，提訴の手数料（印紙代）の額の算出の基礎となる訴訟の目的の価額は，訴えをもって主張する利益によるものとされているが（民事訴訟費用等に関する法律4条1項，民事訴訟法8条），景品表示法30条の規定に基づく差止請求に係る訴訟については，訴訟の目的の価額を算定することが困難であることから，非財産上の請求とされ，その訴訟の目的の価額は160万円とみなすとされている（民事訴訟費用等に関する法律4条2項）。

(3) 管轄及び移送等

ア　景品表示法30条の規定に基づく差止請求に係る訴訟の管轄については，民事訴訟法5条5号に係る部分を除き，同条の規定は適用されない（消費者契約法43条1項）。

民事訴訟法5条5号では，「事務所又は営業所を有する者に対する訴えでその事務所又は営業所における業務に関するもの」については，「当該事務所又は営業所の所在地」を管轄する裁判所に提起することができることを規定する。

イ 景品表示法30条の規定に基づく差止請求に係る訴えは，同条に定める事業者の行為があった地を管轄する裁判所に提起することができる（消費者契約法43条2項2号）。

「行為があった地」とは，景品表示法5条1号又は2号に該当する行為，つまり，不当表示を行った地を指すので，不当表示を内容とする広告・表示，チラシの配布等が行われた地，テレビ・ラジオ，インターネット広告等が受信された地がこれに当たる。これらの地は，多数にわたる場合がある。

ウ 前記イのような事情があることから，消費者契約法は，差止請求に係る訴訟の移送について特別の規定を設けている。すなわち，裁判所は，差止請求に係る訴えが提起された場合であって，他の裁判所に同一又は同種の行為の差止請求に係る訴訟が継続している場合においては，当事者の住所又は所在地，尋問を受けるべき証人の住所，争点又は証拠の共通性その他の事項を考慮して，相当と認めるときは，申立てにより又は職権で，当該訴えに係る訴訟の全部又は一部について，当該他の裁判所又は他の管轄裁判所に移送することができることとしている（消費者契約法44条）。

エ また，請求の内容及び相手方が同一である差止請求に係る訴訟が同一の第1審裁判所又は控訴裁判所に数個同時に係属するときは，その弁論及び裁判は，併合して行わなければならない。ただし，審理の状況その他の事情を考慮して，他の差止請求に係る訴訟と併合して行うことが著しく不相当であると認めるときは，併合して行われない。なお，上記の併合して行わなければならない場合に当たるときは，当事者は，その旨を裁判所に申し出なければならない（消費者契約法45条）。

〈参考〉

クロレラチラシ配布差止等請求事件（平成27・1・21京都地裁判決・裁判所HP）
［事実］「クロレラ研究会」が作成し一般消費者を対象に配布したチラシにおいて様々な慢性的疾患の症状が改善したという体験談を記載して，サン・クロレラ販売株式会社（以下「クロレラ販社」という）の健康食品「クロレラ」を販売した行為は，景品表示法4条（当時）所定の不当表示（優良誤認表示）に該当するとして，特定非営利活動法人京都消費者契約ネットワーク（消費者契約法13条に基づく内閣総理大

臣の認定を受けた適格消費者団体）が，景品表示法10（当時）条に基づき差止請求を行った事件である。

［判決］クロレラ研究会はクロレラの宣伝広告活動を行うクロレラ販社（被告）の一部門にすぎないと認定した。

次いで，医薬品については，薬事法に基づき厳格な審査を受けることになっている。また，製造承認を受けないものについて，その名称・製造方法・効能・効果等に関する広告をすることができないことになっている。このため，「①医薬品的な効能効果を表示する商品であれば，当該商品が当該効果を有することについて国の厳格な審査を経た医薬品であり，②通常の事業者であれば承認を受けた医薬品でない商品について医薬品的な効能効果を表示して販売しないであろうという社会通念が形成されているというべきである」とし，「医薬品としての承認がされていない商品について，医薬品的な効能効果が表示されている場合，当該表示は，一般消費者に対し，当該商品があたかも国により厳格に審査され承認を受けて製造販売されている医薬品であるとの誤認を引き起こすおそれがあることから，優良誤認表示にあたると認めるのが相当である」とし，クロレラ販社によるクロレラの販売は優良誤認表示に該当するとした。

そして，景品表示法10条1号に基づき，クロレラ販社に対し優良誤認表示の差止め及び優良誤認表示である旨の周知措置の履行を命じた。

本判決は，医薬品としての承認がされていないクロレラについて，医薬品的な効能効果が表示されているため，当該表示は，一般消費者に対し，当該商品が医薬品であるとの誤認を引き起こすおそれがあることから，優良誤認表示に当たるとしたものである。本件は，大阪高裁へ控訴されている。

第2　損害賠償請求

1　概　説

（1）景品表示法違反行為に対する民事的救済の1つとして，同法違反行為（不当表示等）により被害を受けた一般消費者，事業者又は事業者団体が違反行為者に対して損害賠償を請求することができるかの問題がある。

独占禁止法の場合，独占禁止法違反行為によって被害を被ったものは，同法25条（無過失損害賠償責任）に基づく損害賠償請求訴訟のほか，民法上の不法行為（民法709条）に基づく損害賠償請求訴訟を提起することができる。平成21

年の景品表示法改正前は，景品表示法違反行為については，独占禁止法19条（不公正な取引方法の禁止）に違反する行為とみなされ，公正取引委員会の排除命令が確定した場合には，その行為の被害者は当該違反行為を行った事業者に対し，独占禁止法25条による無過失損害賠償請求訴訟を提起することができた。しかし，平成21年の景品表示法改正により，同法と独占禁止法とを関連付ける規定が削除されたため，現在は，景品表示法違反行為に対しては，民法上の不法行為に基づく損害賠償請求訴訟を提起することができるかの問題だけである。

(2) 民法709条（不法行為）は，「故意又は過失によって他人の権利又は法律上保護される利益を侵害した者は，これによって生じた損害を賠償する責任を負う」とするため，景品表示法違反行為によって被害を被った者は，景品表示法違反行為，故意・過失，損害，当該行為と損害との因果関係，損害額のすべてについて主張・立証することを要する。

独占禁止法の場合，同法違反行為が直ちに民法上の不法行為に該当するものではなく，上記の各要件を満たすことを要するものの，不法行為が成立するとした事例は多い。景品表示法違反を理由とした民法上の損害賠償請求事例は少ないものの，民法上の不法行為を根拠として損害賠償を請求できる点で，独占禁止法の場合と異なるところはない。

(3) しかし，景品表示法違反行為の「被害者」として一般消費者は含まれるが，違反行為者の競争者である事業者や事業者団体がこれに含まれるかの問題がある。

平成21年の改正前の景品表示法は独占禁止法の特例であり，公正な競争を確保することによって一般消費者の利益を保護することを目的としていたが，同法改正により，その目的規定から公正な競争の確保が削除され，消費者保護が前面に出された。しかし，景品表示法が規制する過大な景品提供行為や不当表示行為は，その性格から一般消費者の合理的な商品選択を歪めるだけでなく，正しい広告・表示や販促活動を行っている事業者を不利にし，価格や品質による競争を損ね，財産的損害も引き起こす場合もある。このことは景品表示法が改正されても変わらない。それゆえ，競争事業者も景品表示法違反行為によっても，自己の法的利益が侵害される者として，特段の事情がない限り，不法行

為を理由として損害賠償を請求できることになると解することができる。

他方で，事業者団体については競争事業者の場合と異なり，景品表示法違反行為，例えば不当表示による被害，特に財産的損害が生じていないことが通例である。ただ，当該事業者団体が，その商品の信用・ブランドの価値を維持するための方策を講じ実施している場合，景品表示法違反行為によって当該商品の信用・ブランドの価値が損なわれ，それにより名誉・社会的経済的信用が侵害された場合には，事業者団体が無形の損害を被ったとして，当該事業者団体を被害者と認めた事例もある。

2 主な違反事例

最近の主な事例は，以下のとおりである。

ヤマダ電機対コジマ事件（平成16・10・19東京高裁判決・判時1904号128頁）

大手家電量販店ヤマダ電機（以下「X」という）は，競争事業者である大手家電量販店コジマが店内ポスターで，「ヤマダさんより安くします」「万一調査もれがありましたらお知らせ下さい。お安くします」等と表示をしたことが不当表示に当たるとして損害賠償等を求める民事訴訟を提起した（1審判決は，本件表示は不当表示に該当しないとしてXの請求を棄却したため，Xが控訴した）。

東京高裁は，本件につき，景品表示法違反行為の競争事業者との関係に該当する部分につき，以下のとおり判示した（本件は，平成21年改正前の事件である）。

①景品表示法の不当表示規制は，「公正な競争を確保することによって一般消費者の利益を保護することを目的としており，競争事業者の利益を保護することを目的とするものではなく」，景品表示法4条2号（当時）に該当する不当表示は，「それ自体ただちに不法行為を構成するものではない」。②景品表示法は，独占禁止法とは異なり，私人による損害賠償請求等を認めていない。③市場における競争は本来自由であり，景品表示法の不当表示であっても，競争者に損害を与える目的でなされたような特段の事情がない限り，競争者との関係では不法行為を構成しない。

なお，本判決については，岡田外司博「景表法の不当な価格表示と損害賠償」（ジュリスト1308号205頁）等の批判がある。

上記判決と異なり，景品表示法違反の不当表示について，損害賠償を認めた事例として以下のものがある。

茶筌不当表示損害賠償請求事件（平成19・3・30東京高裁判決・審決集53巻1072頁）
　奈良県高山町の茶筌の販売業者が，韓国で製造された茶筌の販売に当たって，わが国の伝統的工芸品として指定を受けている「高山茶筌」であるかのような表示をしたことに対し，平成14年，公正取引委員会は景品表示法の原産国指定告示違反として排除命令を行った。
　これを受けて，高山町の高山茶筌の製造販売業者の団体が，上記景品表示法違反行為者を被告として，独占禁止法25条に基づく無過失損害賠償請求を東京高裁に提起した。
　東京高裁は，本件につき，本件被告の行為が景品表示法に違反すること，原告を被害者と認めることができることとし，無形損害に対する賠償を認めた（以下は，景品表示法違反行為の競争事業者との関係（原告適格）に関わる部分の判示。なお，本件は平成21年の景品表示法改正前の事案であり，独占禁止法25条に基づき提起されたものである）。
　①被告の不当表示により，高山茶筌の製造販売業者は，自ら製造する高山茶筌の信用・ブランドが低下し，販売価格も低下したことによる影響を受け，このため，高山茶筌に対し一般消費者が被害を受けたのと同時に，高山茶筌を奈良県高山地区で製造販売してきた事業者も被害を受け損害を被ったことは明らかである。②さらに原告（事業者団体）も高山茶筌の保存・普及を目的として，そのための活動を行ってきており，被告の本件行為により原告も名誉ないし社会的信用を侵害され，無形の損害を被ったことが認められる。

〔第1＝波光　巖，第2＝鈴木　恭蔵〕

巻末付録

資料集

資料1　不当景品類及び不当表示防止法
資料2　不当景品類及び不当表示防止法施行令
資料3　不当景品類及び不当表示防止法施行規則
資料4　不当景品類及び不当表示防止法第2条の規定により景品類及び表示を指定する件
資料5　景品類等の指定の告示の運用基準について
資料6　一般消費者に対する景品類の提供に関する事項の制限
資料7　「一般消費者に対する景品類の提供に関する事項の制限」の運用基準について
資料8　懸賞による景品類の提供に関する事項の制限
資料9　「懸賞による景品類の提供に関する事項の制限」の運用基準
資料10　景品類の価額の算定基準について
資料11　新聞業における景品類の提供に関する事項の制限
資料12　雑誌業における景品類の提供に関する事項の制限
資料13　不動産業における一般消費者に対する景品類の提供に関する事項の制限
資料14　医療用医薬品業，医療機器業及び衛生検査所業における景品類の提供に関する事項の制限
資料15　商品の原産国に関する不当な表示
資料16　「商品の原産国に関する不当な表示」の運用基準について
資料17　「商品の原産国に関する不当な表示」の原産国の定義に関する運用細則
資料18　「商品の原産国に関する不当な表示」の衣料品の表示に関する運用細則
資料19　無果汁の清涼飲料水等についての表示
資料20　「無果汁の清涼飲料水等についての表示」に関する運用基準について
資料21　消費者信用の融資費用に関する不当な表示
資料22　「消費者信用の融資費用に関する不当な表示」の運用基準

資料23　おとり広告に関する表示
資料24　「おとり広告に関する表示」等の運用基準
資料25　不動産のおとり広告に関する表示
資料26　「不動産のおとり広告に関する表示」等の運用基準
資料27　有料老人ホームに関する不当な表示
資料28　「有料老人ホームに関する不当な表示」の運用基準
資料29　事業者が講ずべき景品類の提供及び表示の管理上の措置についての指針
資料30　不当景品類及び不当表示防止法第7条第2項の運用指針―不実証広告規制に関する指針―
資料31　不当な価格表示についての景品表示法上の考え方
資料32　不当景品類及び不当表示防止法第8条（課徴金納付命令の基本的要件）に関する考え方

■資料1　不当景品類及び不当表示防止法

(昭和37・5・15法律第134号)

最終改正　平成26・11・27法律第118号

目次
　第一章　総則
　第二章　景品類及び表示に関する規制
　　第一節　景品類の制限及び禁止並びに不当な表示の禁止
　　第二節　措置命令
　　第三節　課徴金
　　第四節　景品類の提供及び表示の管理上の措置
　　第五節　報告の徴収及び立入検査等
　第三章　適格消費者団体の差止請求権等
　第四章　協定又は規約
　第五章　雑則
　第六章　罰則
附則

　　　第一章　総則

（目的）
第一条　この法律は、商品及び役務の取引に関連する不当な景品類及び表示による顧客の誘引を防止するため、一般消費者による自主的かつ合理的な選択を阻害するおそれのある行為の制限及び禁止について定めることにより、一般消費者の利益を保護することを目的とする。

（定義）
第二条　この法律で「事業者」とは、商業、工業、金融業その他の事業を行う者をいい、当該事業を行う者の利益のためにする行為を行う役員、従業員、代理人その他の者は、次項及び第三十一条の規定の適用については、これを当該事業者とみなす。

2　この法律で「事業者団体」とは、事業者としての共通の利益を増進することを主たる目的とする二以上の事業者の結合体又はその連合体をいい、次に掲げる形態のものを含む。ただし、二以上の事業者の結合体又はその連合体であつて、資本又は構成事業者（事業者団体の構成員である事業者をいう。第四十条において同じ。）の出資を有し、営利を目的として商業、工業、金融業その他の事業を営むことを主たる目的とし、かつ、現にその事業を営んでいるものを含まないものとする。

　一　二以上の事業者が社員（社員に準ずるものを含む。）である一般社団法人その他の社団

　二　二以上の事業者が理事又は管理人の任免、業務の執行又はその存立を支配している一般財団法人その他の財団

　三　二以上の事業者を組合員とする組合又は契約による二以上の事業者の結合体

3　この法律で「景品類」とは、顧客を誘引するための手段として、その方法が直接的であるか間接的であるかを問わず、くじの方法によるかどうかを問わず、事業者が自己の供給する商品又は役務の取引（不動産に関する取引を含む。以下同じ。）に付随して相手方に提供する物品、金銭その他の経済上の利益であつて、内閣総理大臣が指定するものをいう。

4　この法律で「表示」とは、顧客を誘引するための手段として、事業者が自己の供給する商品又は役務の内容又は取引条件その他これらの取引に関する事項について行う広告その他の表示であつて、内閣総理大臣が指定するものをいう。

（景品類及び表示の指定に関する公聴会等及び告示）

第三条　内閣総理大臣は、前条第三項若しくは第四項の規定による指定をし、又はその変更若しくは廃止をしようとするときは、内閣府令で定めるところにより、公聴会を開き、関係事業者及び一般の意見を求めるとともに、消費者委員会の意見を聴かなければならない。

2　前項に規定する指定並びにその変更及び廃止は、告示によつて行うものとする。

第二章　景品類及び表示に関する規制

第一節　景品類の制限及び禁止並びに不当な表示の禁止

（景品類の制限及び禁止）

第四条　内閣総理大臣は、不当な顧客の誘引を防止し、一般消費者による自主的かつ合理的な選択を確保するため必要があると認めるときは、景品類の価額の最高額若しくは総額、種類若しくは提供の方法その他景品類の提供に関する事項を制限し、又は景品類の提供を禁止することができる。

（不当な表示の禁止）

第五条　事業者は、自己の供給する商品又は役務の取引について、次の各号のいずれかに該当する表示をしてはならない。

一　商品又は役務の品質、規格その他の内容について、一般消費者に対し、実際のものよりも著しく優良であると示し、又は事実に相違して当該事業者と同種若しくは類似の商品若しくは役務を供給している他の事業者に係るものよりも著しく優良であると示す表示であつて、不当に顧客を誘引し、一般消費者による自主的かつ合理的な選択を阻害するおそれがあると認められるもの

二　商品又は役務の価格その他の取引条件について、実際のもの又は当該事業者と同種若しくは類似の商品若しくは役務を供給している他の事業者に係るものよりも取引の相手方に著しく有利であると一般消費者に誤認される表示であつて、不当に顧客を誘引し、一般消費者による自主的かつ合理的な選択を阻害するおそれがあると認められるもの

三　前二号に掲げるもののほか、商品又は役務の取引に関する事項について一般消費者に誤認されるおそれがある表示であつて、不当に顧客を誘引し、一般消費者による自主的かつ合理的な選択を阻害するおそれがあると認めて内閣総理大臣が指定するもの

（景品類の制限及び禁止並びに不当な表示の禁止に係る指定に関する公聴会等及び告示）

第六条　内閣総理大臣は、第四条の規定による制限若しくは禁止若しくは前条第三号の規定による指定をし、又はこれらの変更若しくは廃止をしようとするときは、内閣府令で定めるところにより、公聴会を開き、関係事業者及び一般の意見を求めるとともに、消費者委員会の意見を聴かなければならない。

2　前項に規定する制限及び禁止並びに指定並びにこれらの変更及び廃止は、告示によつて行うものとする。

第二節　措置命令

第七条　内閣総理大臣は、第四条の規定による制限若しくは禁止又は第五条の規定に違反する行為があるときは、当該事業者に対し、その行為の差止め若しくはその行為が再び行われることを防止するために必要な事項又はこれらの実施に関連する公示その他必要な事項を命ずることができる。その命令は、当該違反行為が既になくなつている場合においても、次に掲げる者に対し、することができる。

一 当該違反行為をした事業者
二 当該違反行為をした事業者が法人である場合において，当該法人が合併により消滅したときにおける合併後存続し，又は合併により設立された法人
三 当該違反行為をした事業者が法人である場合において，当該法人から分割により当該違反行為に係る事業の全部又は一部を承継した法人
四 当該違反行為をした事業者から当該違反行為に係る事業の全部又は一部を譲り受けた事業者

2　内閣総理大臣は，前項の規定による命令に関し，事業者がした表示が第五条第一号に該当するか否かを判断するため必要があると認めるときは，当該表示をした事業者に対し，期間を定めて，当該表示の裏付けとなる合理的な根拠を示す資料の提出を求めることができる。この場合において，当該事業者が当該資料を提出しないときは，同項の規定の適用については，当該表示は同号に該当する表示とみなす。

第三節　課徴金

（課徴金納付命令）

第八条　事業者が，第五条の規定に違反する行為（同条第三号に該当する表示に係るものを除く。以下「課徴金対象行為」という。）をしたときは，内閣総理大臣は，当該事業者に対し，当該課徴金対象行為に係る課徴金対象期間に取引をした当該課徴金対象行為に係る商品又は役務の政令で定める方法により算定した売上額に百分の三を乗じて得た額に相当する額の課徴金を国庫に納付することを命じなければならない。ただし，当該事業者が当該課徴金対象行為をした期間を通じて当該課徴金対象行為に係る表示が次の各号のいずれかに該当することを知らず，かつ，知らないことにつき相当の注意を怠った者でないと認められるとき，又はその額が百五十万円未満であるときは，その納付を命ずることができない。

一 商品又は役務の品質，規格その他の内容について，実際のものよりも著しく優良であること又は事実に相違して当該事業者と同種若しくは類似の商品若しくは役務を供給している他の事業者に係るものよりも著しく優良であることを示す表示
二 商品又は役務の価格その他の取引条件について，実際のものよりも取引の相手方に著しく有利であること又は事実に相違して当該事業者と同種若しくは類似の商品若しくは役務を供給している他の事業者に係るものよりも取引の相手方に著しく有利であることを示す表示

2　前項に規定する「課徴金対象期間」とは，課徴金対象行為をした期間（課徴金対象行為をやめた後そのやめた日から六月を経過する日（同日前に，当該事業者が当該課徴金対象行為に係る表示が不当に顧客を誘引し，一般消費者による自主的かつ合理的な選択を阻害するおそれを解消するための措置として内閣府令で定める措置をとつたときは，その日）までの間に当該事業者が当該課徴金対象行為に係る商品又は役務の取引をしたときは，当該課徴金対象行為をやめてから最後に当該取引をした日までの期間を加えた期間とし，当該期間が三年を超えるときは，当該期間の末日から遡つて三年間とする。）をいう。

3　内閣総理大臣は，第一項の規定による命令（以下「課徴金納付命令」という。）に関し，事業者がした表示が第五条第一号に該当するか否かを判断するため必要があると認めるときは，当該表示をした事業者に対し，期間を定めて，

当該表示の裏付けとなる合理的な根拠を示す資料の提出を求めることができる。この場合において，当該事業者が当該資料を提出しないときは，同項の規定の適用については，当該表示は同号に該当する表示と推定する。

（課徴金対象行為に該当する事実の報告による課徴金の額の減額）

第九条　前条第一項の場合において，内閣総理大臣は，当該事業者が課徴金対象行為に該当する事実を内閣府令で定めるところにより内閣総理大臣に報告したときは，同項の規定により計算した課徴金の額に百分の五十を乗じて得た額を当該課徴金の額から減額するものとする。ただし，その報告が，当該課徴金対象行為についての調査があつたことにより当該課徴金対象行為について課徴金納付命令があるべきことを予知してされたものであるときは，この限りでない。

（返金措置の実施による課徴金の額の減額等）

第十条　第十五条第一項の規定による通知を受けた者は，第八条第二項に規定する課徴金対象期間において当該商品又は役務の取引を行つた一般消費者であつて政令で定めるところにより特定されているものからの申出があつた場合に，当該申出をした一般消費者の取引に係る商品又は役務の政令で定める方法により算定した購入額に百分の三を乗じて得た額以上の金銭を交付する措置（以下この条及び次条において「返金措置」という。）を実施しようとするときは，内閣府令で定めるところにより，その実施しようとする返金措置（以下この条において「実施予定返金措置」という。）に関する計画（以下この条において「実施予定返金措置計画」という。）を作成し，これを第十五条第一項に規定する弁明書の提出期限までに内閣総理大臣に提出して，その認定を受けることができる。

2　実施予定返金措置計画には，次に掲げる事項を記載しなければならない。

一　実施予定返金措置の内容及び実施期間
二　実施予定返金措置の対象となる者が当該実施予定返金措置の内容を把握するための周知の方法に関する事項
三　実施予定返金措置の実施に必要な資金の額及びその調達方法

3　実施予定返金措置計画には，第一項の認定の申請前に既に実施した返金措置の対象となつた者の氏名又は名称，その者に対して交付した金銭の額及びその計算方法その他の当該申請前に実施した返金措置に関する事項として内閣府令で定めるものを記載することができる。

4　第一項の認定の申請をした者は，当該申請後これに対する処分を受けるまでの間に返金措置を実施したときは，遅滞なく，内閣府令で定めるところにより，当該返金措置の対象となつた者の氏名又は名称，その者に対して交付した金銭の額及びその計算方法その他の当該返金措置に関する事項として内閣府令で定めるものについて，内閣総理大臣に報告しなければならない。

5　内閣総理大臣は，第一項の認定の申請があつた場合において，その実施予定返金措置計画が次の各号のいずれにも適合すると認める場合でなければ，その認定をしてはならない。

一　当該実施予定返金措置計画に係る実施予定返金措置が円滑かつ確実に実施されると見込まれるものであること。
二　当該実施予定返金措置計画に係る実施予定返金措置の対象となる者（当該実施予定返金措置計画に第三項に規定する事項が記載されている場合又は前項の規定による報告がされている場合にあつては，当該記載又は報告に係る返金措置が実施された者を含む。）のうち特定の者について不当に差別的でないものであること。

三　当該実施予定返金措置計画に記載されている第二項第一号に規定する実施期間が，当該課徴金対象行為による一般消費者の被害の回復を促進するため相当と認められる期間として内閣府令で定める期間内に終了するものであること。
6　第一項の認定を受けた者（以下この条及び次条において「認定事業者」という。）は，当該認定に係る実施予定返金措置計画を変更しようとするときは，内閣府令で定めるところにより，内閣総理大臣の認定を受けなければならない。
7　第五項の規定は，前項の認定について準用する。
8　内閣総理大臣は，認定事業者による返金措置が第一項の認定を受けた実施予定返金措置計画（第六項の規定による変更の認定があつたときは，その変更後のもの。次条第一項及び第二項において「認定実施予定返金措置計画」という。）に適合して実施されていないと認めるときは，第一項の認定（第六項の規定による変更の認定を含む。次項及び第十項ただし書において単に「認定」という。）を取り消さなければならない。
9　内閣総理大臣は，認定をしたとき又は前項の規定により認定を取り消したときは，速やかに，これらの処分の対象者に対し，文書をもつてその旨を通知するものとする。
10　内閣総理大臣は，第一項の認定をしたときは，第八条第一項の規定にかかわらず，次条第一項に規定する報告の期限までの間は，認定事業者に対し，課徴金の納付を命ずることができない。ただし，第八項の規定により認定を取り消した場合には，この限りでない。
第十一条　認定事業者（前条第八項の規定により同条第一項の認定（同条第六項の規定による変更の認定を含む。）を取り消されたものを除く。

第三項において同じ。）は，同条第一項の認定後に実施された認定実施予定返金措置計画に係る返金措置の結果について，当該認定実施予定返金措置計画に記載されている同条第二項第一号に規定する実施期間の経過後一週間以内に，内閣府令で定めるところにより，内閣総理大臣に報告しなければならない。
2　内閣総理大臣は，第八条第一項の場合において，前項の規定による報告に基づき，前条第一項の認定後に実施された返金措置が認定実施予定返金措置計画に適合して実施されたと認めるときは，当該返金措置（当該認定実施予定返金措置計画に同条第三項に規定する事項が記載されている場合又は同条第四項の規定による報告がされている場合にあつては，当該記載又は報告に係る返金措置を含む。）において交付された金銭の額として内閣府令で定めるところにより計算した額を第八条第一項又は第九条の規定により計算した課徴金の額から減額するものとする。この場合において，当該内閣府令で定めるところにより計算した額を当該課徴金の額から減額した額が零を下回るときは，当該額は，零とする。
3　内閣総理大臣は，前項の規定により計算した課徴金の額が一万円未満となつたときは，第八条第一項の規定にかかわらず，認定事業者に対し，課徴金の納付を命じないものとする。この場合において，内閣総理大臣は，速やかに，当該認定事業者に対し，文書をもつてその旨を通知するものとする。

（課徴金の納付義務等）

第十二条　課徴金納付命令を受けた者は，第八条第一項，第九条又は前条第二項の規定により計算した課徴金を納付しなければならない。
2　第八条第一項，第九条又は前条第二項の規定により計算した課徴金の額に一万円未満の端数

があるときは，その端数は，切り捨てる。
3　課徴金対象行為をした事業者が法人である場合において，当該法人が合併により消滅したときは，当該法人がした課徴金対象行為は，合併後存続し，又は合併により設立された法人がした課徴金対象行為とみなして，第八条から前条まで並びに前二項及び次項の規定を適用する。
4　課徴金対象行為をした事業者が法人である場合において，当該法人が当該課徴金対象行為に係る事案について報告徴収等（第二十九条第一項の規定による報告の徴収，帳簿書類その他の物件の提出の命令，立入検査又は質問をいう。以下この項において同じ。）が最初に行われた日（当該報告徴収等が行われなかつたときは，当該法人が当該課徴金対象行為について第十五条第一項の規定による通知を受けた日。以下この項において「調査開始日」という。）以後においてその一若しくは二以上の子会社等（事業者の子会社若しくは親会社（会社を子会社とする他の会社をいう。以下この項において同じ。）又は当該事業者と親会社が同一である他の会社をいう。以下この項において同じ。）に対して当該課徴金対象行為に係る事業の全部を譲渡し，又は当該法人（会社に限る。）が当該課徴金対象行為に係る事案についての調査開始日以後においてその一若しくは二以上の子会社等に対して分割により当該課徴金対象行為に係る事業の全部を承継させ，かつ，合併以外の事由により消滅したときは，当該法人がした課徴金対象行為は，当該事業の全部若しくは一部を譲り受け，又は分割により当該事業の全部若しくは一部を承継した子会社等（以下この項において「特定事業承継子会社等」という。）がした課徴金対象行為とみなして，第八条から前条まで及び前三項の規定を適用する。この場合において，当該特定事業承継子会社等が二以上あるときは，

第八条第一項中「当該事業者に対し」とあるのは「特定事業承継子会社等（第十二条第四項に規定する特定事業承継子会社等をいう。以下この項において同じ。）に対し，この項の規定による命令を受けた他の特定事業承継子会社等と連帯して」と，第一項中「受けた者は，第八条第一項」とあるのは「受けた特定事業承継子会社等（第四項に規定する特定事業承継子会社等をいう。以下この項において同じ。）は，第八条第一項の規定による命令を受けた他の特定事業承継子会社等と連帯して，同項」とする。
5　前項に規定する「子会社」とは，会社がその総株主（総社員を含む。以下この項において同じ。）の議決権（株主総会において決議をすることができる事項の全部につき議決権を行使することができない株式についての議決権を除き，会社法（平成十七年法律第八十六号）第八百七十九条第三項の規定により議決権を有するものとみなされる株式についての議決権を含む。以下この項において同じ。）の過半数を有する他の会社をいう。この場合において，会社及びその一若しくは二以上の子会社又は会社の一若しくは二以上の子会社がその総株主の議決権の過半数を有する他の会社は，当該会社の子会社とみなす。
6　第三項及び第四項の場合において，第八条第二項及び第三項並びに第九条から前条までの規定の適用に関し必要な事項は，政令で定める。
7　課徴金対象行為をやめた日から五年を経過したときは，内閣総理大臣は，当該課徴金対象行為に係る課徴金の納付を命ずることができない。
（課徴金納付命令に対する弁明の機会の付与）
第十三条　内閣総理大臣は，課徴金納付命令をしようとするときは，当該課徴金納付命令の名宛人となるべき者に対し，弁明の機会を与えなければならない。

（弁明の機会の付与の方式）

第十四条　弁明は，内閣総理大臣が口頭ですることを認めたときを除き，弁明を記載した書面（次条第一項において「弁明書」という。）を提出してするものとする。

2　弁明をするときは，証拠書類又は証拠物を提出することができる。

（弁明の機会の付与の通知の方式）

第十五条　内閣総理大臣は，弁明書の提出期限（口頭による弁明の機会の付与を行う場合には，その日時）までに相当な期間をおいて，課徴金納付命令の名宛人となるべき者に対し，次に掲げる事項を書面により通知しなければならない。

一　納付を命じようとする課徴金の額

二　課徴金の計算の基礎及び当該課徴金に係る課徴金対象行為

三　弁明書の提出先及び提出期限（口頭による弁明の機会の付与を行う場合には，その旨並びに出頭すべき日時及び場所）

2　内閣総理大臣は，課徴金納付命令の名宛人となるべき者の所在が判明しない場合においては，前項の規定による通知を，その者の氏名（法人にあつては，その名称及び代表者の氏名），同項第三号に掲げる事項及び内閣総理大臣が同項各号に掲げる事項を記載した書面をいつでもその者に交付する旨を消費者庁の事務所の掲示場に掲示することによつて行うことができる。この場合においては，掲示を始めた日から二週間を経過したときに，当該通知がその者に到達したものとみなす。

（代理人）

第十六条　前条第一項の規定による通知を受けた者（同条第二項後段の規定により当該通知が到達したものとみなされる者を含む。次項及び第四項において「当事者」という。）は，代理人を選任することができる。

2　代理人は，各自，当事者のために，弁明に関する一切の行為をすることができる。

3　代理人の資格は，書面で証明しなければならない。

4　代理人がその資格を失つたときは，当該代理人を選任した当事者は，書面でその旨を内閣総理大臣に届け出なければならない。

（課徴金納付命令の方式等）

第十七条　課徴金納付命令は，文書によつて行い，課徴金納付命令書には，納付すべき課徴金の額，課徴金の計算の基礎及び当該課徴金に係る課徴金対象行為並びに納期限を記載しなければならない。

2　課徴金納付命令は，その名宛人に課徴金納付命令書の謄本を送達することによつて，その効力を生ずる。

3　第一項の課徴金の納期限は，課徴金納付命令書の謄本を発する日から七月を経過した日とする。

（納付の督促）

第十八条　内閣総理大臣は，課徴金をその納期限までに納付しない者があるときは，督促状により期限を指定してその納付を督促しなければならない。

2　内閣総理大臣は，前項の規定による督促をしたときは，その督促に係る課徴金の額につき年十四・五パーセントの割合で，納期限の翌日からその納付の日までの日数により計算した延滞金を徴収することができる。ただし，延滞金の額が千円未満であるときは，この限りでない。

3　前項の規定により計算した延滞金の額に百円未満の端数があるときは，その端数は，切り捨てる。

（課徴金納付命令の執行）

第十九条　前条第一項の規定により督促を受けた者がその指定する期限までにその納付すべき金

額を納付しないときは、内閣総理大臣の命令で、課徴金納付命令を執行する。この命令は、執行力のある債務名義と同一の効力を有する。

2 課徴金納付命令の執行は、民事執行法（昭和五十四年法律第四号）その他強制執行の手続に関する法令の規定に従ってする。

3 内閣総理大臣は、課徴金納付命令の執行に関して必要があると認めるときは、公務所又は公私の団体に照会して必要な事項の報告を求めることができる。

（課徴金等の請求権）

第二十条 破産法（平成十六年法律第七十五号）、民事再生法（平成十一年法律第二百二十五号）、会社更生法（平成十四年法律第百五十四号）及び金融機関等の更生手続の特例等に関する法律（平成八年法律第九十五号）の規定の適用については、課徴金納付命令に係る課徴金の請求権及び第十八条第二項の規定による延滞金の請求権は、過料の請求権とみなす。

（送達書類）

第二十一条 送達すべき書類は、この節に規定するもののほか、内閣府令で定める。

（送達に関する民事訴訟法の準用）

第二十二条 書類の送達については、民事訴訟法（平成八年法律第百九号）第九十九条、第百一条、第百三条、第百五条、第百六条、第百八条及び第百九条の規定を準用する。この場合において、同法第九十九条第一項中「執行官」とあるのは「消費者庁の職員」と、同法第百八条中「裁判長」とあり、及び同法第百九条中「裁判所」とあるのは「内閣総理大臣」と読み替えるものとする。

（公示送達）

第二十三条 内閣総理大臣は、次に掲げる場合には、公示送達をすることができる。

一 送達を受けるべき者の住所、居所その他送達をすべき場所が知れない場合

二 外国においてすべき送達について、前条において準用する民事訴訟法第百八条の規定によることができず、又はこれによっても送達をすることができないと認めるべき場合

三 前条において準用する民事訴訟法第百八条の規定により外国の管轄官庁に嘱託を発した後六月を経過してもその送達を証する書面の送付がない場合

2 公示送達は、送達すべき書類を送達を受けるべき者にいつでも交付すべき旨を消費者庁の事務所の掲示場に掲示することにより行う。

3 公示送達は、前項の規定による掲示を始めた日から二週間を経過することによって、その効力を生ずる。

4 外国においてすべき送達についてした公示送達にあっては、前項の期間は、六週間とする。

（電子情報処理組織の使用）

第二十四条 行政手続等における情報通信の技術の利用に関する法律（平成十四年法律第百五十一号）第二条第七号に規定する処分通知等であって、この節又は内閣府令の規定により書類の送達により行うこととしているものについては、同法第四条第一項の規定にかかわらず、当該処分通知等の相手方が送達を受ける旨の内閣府令で定める方式による表示をしないときは、電子情報処理組織（同項に規定する電子情報処理組織をいう。次項において同じ。）を使用して行うことができない。

2 消費者庁の職員が前項に規定する処分通知等に関する事務を電子情報処理組織を使用して行ったときは、第二十二条において準用する民事訴訟法第百九条の規定による送達に関する事項を記載した書面の作成及び提出に代えて、当該事項を電子情報処理組織を使用して消費者庁の使用に係る電子計算機（入出力装置を含む。）

に備えられたファイルに記録しなければならない。

(行政手続法の適用除外)

第二十五条　内閣総理大臣がする課徴金納付命令その他のこの節の規定による処分については，行政手続法(平成五年法律第八十八号)第三章の規定は，適用しない。ただし，第十条第八項の規定に係る同法第十二条及び第十四条の規定の適用については，この限りでない。

第四節　景品類の提供及び表示の管理上の措置

(事業者が講ずべき景品類の提供及び表示の管理上の措置)

第二十六条　事業者は，自己の供給する商品又は役務の取引について，景品類の提供又は表示により不当に顧客を誘引し，一般消費者による自主的かつ合理的な選択を阻害することのないよう，景品類の価額の最高額，総額その他の景品類の提供に関する事項及び商品又は役務の品質，規格その他の内容に係る表示に関する事項を適正に管理するために必要な体制の整備その他の必要な措置を講じなければならない。

2　内閣総理大臣は，前項の規定に基づき事業者が講ずべき措置に関して，その適切かつ有効な実施を図るために必要な指針(以下この条において単に「指針」という。)を定めるものとする。

3　内閣総理大臣は，指針を定めようとするときは，あらかじめ，事業者の事業を所管する大臣及び公正取引委員会に協議するとともに，消費者委員会の意見を聴かなければならない。

4　内閣総理大臣は，指針を定めたときは，遅滞なく，これを公表するものとする。

5　前二項の規定は，指針の変更について準用する。

(指導及び助言)

第二十七条　内閣総理大臣は，前条第一項の規定に基づき事業者が講ずべき措置に関して，その適切かつ有効な実施を図るため必要があると認めるときは，当該事業者に対し，その措置について必要な指導及び助言をすることができる。

(勧告及び公表)

第二十八条　内閣総理大臣は，事業者が正当な理由がなくて第二十六条第一項の規定に基づき事業者が講ずべき措置を講じていないと認めるときは，当該事業者に対し，景品類の提供又は表示の管理上必要な措置を講ずべき旨の勧告をすることができる。

2　内閣総理大臣は，前項の規定による勧告を行つた場合において当該事業者がその勧告に従わないときは，その旨を公表することができる。

第五節　報告の徴収及び立入検査等

第二十九条　内閣総理大臣は，第七条第一項の規定による命令，課徴金納付命令又は前条第一項の規定による勧告を行うため必要があると認めるときは，当該事業者若しくはその者とその事業に関して関係のある事業者に対し，その業務若しくは財産に関して報告をさせ，若しくは帳簿書類その他の物件の提出を命じ，又はその職員に，当該事業者若しくはその者とその事業に関して関係のある事業者の事務所，事業所その他その事業を行う場所に立ち入り，帳簿書類その他の物件を検査させ，若しくは関係者に質問させることができる。

2　前項の規定により立入検査をする職員は，その身分を示す証明書を携帯し，関係者に提示しなければならない。

3　第一項の規定による権限は，犯罪捜査のために認められたものと解釈してはならない。

第三章　適格消費者団体の差止請求権等

第三十条　消費者契約法（平成十二年法律第六十一号）第二条第四項に規定する適格消費者団体（以下この条及び第四十一条において単に「適格消費者団体」という。）は，事業者が，不特定かつ多数の一般消費者に対して次の各号に掲げる行為を現に行い又は行うおそれがあるときは，当該事業者に対し，当該行為の停止若しくは予防又は当該行為が当該各号に規定する表示をしたものである旨の周知その他の当該行為の停止若しくは予防に必要な措置をとることを請求することができる。
　一　商品又は役務の品質，規格その他の内容について，実際のもの又は当該事業者と同種若しくは類似の商品若しくは役務を供給している他の事業者に係るものよりも著しく優良であると誤認される表示をすること。
　二　商品又は役務の価格その他の取引条件について，実際のもの又は当該事業者と同種若しくは類似の商品若しくは役務を供給している他の事業者に係るものよりも取引の相手方に著しく有利であると誤認される表示をすること。
2　消費者安全法（平成二十一年法律第五十号）第十一条の七第一項に規定する消費生活協力団体及び消費生活協力員は，事業者が不特定かつ多数の一般消費者に対して前項各号に掲げる行為を現に行い又は行うおそれがある旨の情報を得たときは，適格消費者団体が同項の規定による請求をする権利を適切に行使するために必要な限度において，当該適格消費者団体に対し，当該情報を提供することができる。
3　前項の規定により情報の提供を受けた適格消費者団体は，当該情報を第一項の規定による請求をする権利の適切な行使の用に供する目的以外の目的のために利用し，又は提供してはならない。

第四章　協定又は規約

（協定又は規約）

第三十一条　事業者又は事業者団体は，内閣府令で定めるところにより，景品類又は表示に関する事項について，内閣総理大臣及び公正取引委員会の認定を受けて，不当な顧客の誘引を防止し，一般消費者による自主的かつ合理的な選択及び事業者間の公正な競争を確保するための協定又は規約を締結し，又は設定することができる。これを変更しようとするときも，同様とする。
2　内閣総理大臣及び公正取引委員会は，前項の協定又は規約が次の各号のいずれにも適合すると認める場合でなければ，同項の認定をしてはならない。
　一　不当な顧客の誘引を防止し，一般消費者による自主的かつ合理的な選択及び事業者間の公正な競争を確保するために適切なものであること。
　二　一般消費者及び関連事業者の利益を不当に害するおそれがないこと。
　三　不当に差別的でないこと。
　四　当該協定若しくは規約に参加し，又は当該協定若しくは規約から脱退することを不当に制限しないこと。
3　内閣総理大臣及び公正取引委員会は，第一項の認定を受けた協定又は規約が前項各号のいずれかに適合するものでなくなつたと認めるときは，当該認定を取り消さなければならない。
4　内閣総理大臣及び公正取引委員会は，第一項又は前項の規定による処分をしたときは，内閣府令で定めるところにより，告示しなければならない。
5　私的独占の禁止及び公正取引の確保に関する法律（昭和二十二年法律第五十四号）第七条第

一項及び第二項（同法第八条の二第二項及び第二十条第二項において準用する場合を含む。），第八条の二第一項及び第三項，第二十条第一項，第七十条の四第一項並びに第七十四条の規定は，第一項の認定を受けた協定又は規約及びこれらに基づいてする事業者又は事業者団体の行為には，適用しない。

（協議）

第三十二条　内閣総理大臣は，前条第一項及び第四項に規定する内閣府令を定めようとするときは，あらかじめ，公正取引委員会に協議しなければならない。

第五章　雑則

（権限の委任等）

第三十三条　内閣総理大臣は，この法律による権限（政令で定めるものを除く。）を消費者庁長官に委任する。

2　消費者庁長官は，政令で定めるところにより，前項の規定により委任された権限の一部を公正取引委員会に委任することができる。

3　消費者庁長官は，緊急かつ重点的に不当な景品類及び表示に対処する必要があることその他の政令で定める事情があるため，事業者に対し，第七条第一項の規定による命令，課徴金納付命令又は第二十八条第一項の規定による勧告を効果的に行う上で必要があると認めるときは，政令で定めるところにより，第一項の規定により委任された権限（第二十九条第一項の規定による権限に限る。）を当該事業者の事業を所管する大臣又は金融庁長官に委任することができる。

4　公正取引委員会，事業者の事業を所管する大臣又は金融庁長官は，前二項の規定により委任された権限を行使したときは，政令で定めるところにより，その結果について消費者庁長官に報告するものとする。

5　事業者の事業を所管する大臣は，政令で定めるところにより，第三項の規定により委任された権限及び前項の規定による権限について，その全部又は一部を地方支分部局の長に委任することができる。

6　金融庁長官は，政令で定めるところにより，第三項の規定により委任された権限及び第四項の規定による権限（次項において「金融庁長官権限」と総称する。）について，その一部を証券取引等監視委員会に委任することができる。

7　金融庁長官は，政令で定めるところにより，金融庁長官権限（前項の規定により証券取引等監視委員会に委任されたものを除く。）の一部を財務局長又は財務支局長に委任することができる。

8　証券取引等監視委員会は，政令で定めるところにより，第六項の規定により委任された権限の一部を財務局長又は財務支局長に委任することができる。

9　前項の規定により財務局長又は財務支局長に委任された権限に係る事務に関しては，証券取引等監視委員会が財務局長又は財務支局長を指揮監督する。

10　第六項の場合において，証券取引等監視委員会が行う報告又は物件の提出の命令（第八項の規定により財務局長又は財務支局長が行う場合を含む。）についての行政不服審査法（昭和三十七年法律第百六十号）による不服申立ては，証券取引等監視委員会に対してのみ行うことができる。

11　第一項の規定により消費者庁長官に委任された権限に属する事務の一部は，政令で定めるところにより，都道府県知事が行うこととすることができる。

（内閣府令への委任等）

第三十四条　この法律に定めるもののほか，この

法律を実施するため必要な事項は，内閣府令で定める。

2　第三十二条の規定は，内閣総理大臣が前項に規定する内閣府令（第三十一条第一項の協定又は規約について定めるものに限る。）を定めようとする場合について準用する。

（関係者相互の連携）

第三十五条　内閣総理大臣，関係行政機関の長（当該行政機関が合議制の機関である場合にあつては，当該行政機関），関係地方公共団体の長，独立行政法人国民生活センターの長その他の関係者は，不当な景品類及び表示による顧客の誘引を防止して一般消費者の利益を保護するため，必要な情報交換を行うことその他相互の密接な連携の確保に努めるものとする。

第六章　罰則

第三十六条　第七条第一項の規定による命令に違反した者は，二年以下の懲役又は三百万円以下の罰金に処する。

2　前項の罪を犯した者には，情状により，懲役及び罰金を併科することができる。

第三十七条　第二十九条第一項の規定による報告若しくは物件の提出をせず，若しくは虚偽の報告若しくは虚偽の物件の提出をし，又は同項の規定による検査を拒み，妨げ，若しくは忌避し，若しくは同項の規定による質問に対して答弁をせず，若しくは虚偽の答弁をした者は，一年以下の懲役又は三百万円以下の罰金に処する。

第三十八条　法人の代表者又は法人若しくは人の代理人，使用人その他の従業者が，その法人又は人の業務又は財産に関して，次の各号に掲げる規定の違反行為をしたときは，行為者を罰するほか，その法人又は人に対しても，当該各号に定める罰金刑を科する。

一　第三十六条第一項　三億円以下の罰金刑

二　前条　同条の罰金刑

2　法人でない団体の代表者，管理人，代理人，使用人その他の従業者がその団体の業務又は財産に関して，次の各号に掲げる規定の違反行為をしたときは，行為者を罰するほか，その団体に対しても，当該各号に定める罰金刑を科する。

一　第三十六条第一項　三億円以下の罰金刑

二　前条　同条の罰金刑

3　前項の場合においては，代表者又は管理人が，その訴訟行為につきその団体を代表するほか，法人を被告人又は被疑者とする場合の訴訟行為に関する刑事訴訟法（昭和二十三年法律第百三十一号）の規定を準用する。

第三十九条　第三十六条第一項の違反があつた場合においては，その違反の計画を知り，その防止に必要な措置を講ぜず，又はその違反行為を知り，その是正に必要な措置を講じなかつた当該法人（当該法人で事業者団体に該当するものを除く。）の代表者に対しても，同項の罰金刑を科する。

第四十条　第三十六条第一項の違反があつた場合においては，その違反の計画を知り，その防止に必要な措置を講ぜず，又はその違反行為を知り，その是正に必要な措置を講じなかつた当該事業者団体の理事その他の役員若しくは管理人又はその構成事業者（事業者の利益のためにする行為を行う役員，従業員，代理人その他の者が構成事業者である場合には，当該事業者を含む。）に対しても，それぞれ同項の罰金刑を科する。

2　前項の規定は，同項に規定する事業者団体の理事その他の役員若しくは管理人又はその構成事業者が法人その他の団体である場合においては，当該団体の理事その他の役員又は管理人に，これを適用する。

第四十一条　第三十条第三項の規定に違反して，

情報を同項に定める目的以外の目的のために利用し,又は提供した適格消費者団体は,三十万円以下の過料に処する。

　　　附則(平成26年11月27日法律第118号)抄
（施行期日）
第一条　この法律は,公布の日から起算して一年六月を超えない範囲内において政令で定める日から施行する。ただし,附則第三条の規定は,公布の日から施行する。
（経過措置）
第二条　この法律による改正後の不当景品類及び不当表示防止法（以下「新法」という。）第二章第三節の規定は,この法律の施行の日（附則第七条において「施行日」という。）以後に行われた新法第八条第一項に規定する課徴金対象行為について適用する。
（政令への委任）
第三条　前条に定めるもののほか,この法律の施行に関し必要な経過措置は,政令で定める。
（検討）
第四条　政府は,この法律の施行後五年を経過した場合において,新法の施行の状況について検討を加え,必要があると認めるときは,その結果に基づいて所要の措置を講ずるものとする。

■資料2　不当景品類及び不当表示防止法施行令

(平成27・12・16政令第423号)

（法第八条第一項に規定する政令で定める売上額の算定の方法）

第一条　不当景品類及び不当表示防止法（以下「法」という。）第八条第一項に規定する政令で定める売上額の算定の方法は、次条に定めるものを除き、法第八条第二項に規定する課徴金対象期間（以下単に「課徴金対象期間」という。）において引き渡した商品又は提供した役務の対価の額を合計する方法とする。この場合において、次の各号に掲げる場合に該当するときは、当該各号に定める額を控除するものとする。

一　課徴金対象期間において商品の量目不足、品質不良又は破損、役務の不足又は不良その他の事由により対価の額の全部又は一部を控除した場合　控除した額

二　課徴金対象期間において商品が返品された場合　返品された商品の対価の額

三　商品の引渡し又は役務の提供を行う者が引渡し又は提供の実績に応じて割戻金の支払を行うべき旨が書面によって明らかな契約（一定の期間内の実績が一定の額又は数量に達しない場合に割戻しを行わない旨を定めるものを除く。）があった場合　課徴金対象期間におけるその実績について当該契約で定めるところにより算定した割戻金の額（一定の期間内の実績に応じて異なる割合又は額によって算定すべき場合にあっては、それらのうち最も低い割合又は額により算定した額）

第二条　法第八条第一項に規定する課徴金対象行為（以下単に「課徴金対象行為」という。）に係る商品又は役務の対価がその販売又は提供に係る契約の締結の際に定められる場合において、課徴金対象期間において引き渡した商品又は提供した役務の対価の額の合計額と課徴金対象期間において締結した契約により定められた商品の販売又は役務の提供の対価の額の合計額との間に著しい差異を生ずる事情があると認められるときは、同項に規定する売上額の算定の方法は、課徴金対象期間において締結した契約により定められた商品の販売又は役務の提供の対価の額を合計する方法とする。

2　前条（第三号に係る部分に限る。）の規定は、前項に規定する方法により売上額を算定する場合に準用する。

（法第十条第一項に規定する一般消費者の特定）

第三条　法第十条第一項に規定する課徴金対象期間において当該商品又は役務の取引を行った一般消費者であって特定されているものは、当該一般消費者が課徴金対象行為に係る商品の引渡し又は役務の提供を受けた日（法第十五条第一項の規定による通知を受けた者に係る法第八条第一項に規定する売上額の算定の方法について前条第一項の規定を適用する場合にあっては、当該一般消費者が課徴金対象行為に係る商品の購入又は役務の提供に係る契約を締結した日）が課徴金対象期間内であることが、当該商品の購入又は役務の提供の対価の支払に充てた金銭に係る領収書、当該商品の購入又は役務の提供に係る契約に係る契約書その他の当該事実を証する資料により特定された者（次条及び第五条第一項において「特定消費者」という。）とする。

（法第十条第一項に規定する政令で定める購入額の算定の方法）

第四条　法第十条第一項に規定する政令で定める購入額の算定の方法は、次条に定めるものを除

き，同項の申出をした特定消費者が課徴金対象期間において引渡しを受けた商品又は提供を受けた役務の対価の額を合計する方法とする。この場合において，次の各号に掲げる場合に該当するときは，当該各号に定める額を控除するものとする。
一　課徴金対象期間において商品の量目不足，品質不良又は破損，役務の不足又は不良その他の事由により対価の額の全部又は一部が控除された場合　控除された額
二　課徴金対象期間において商品を返品した場合　返品した商品の対価の額
三　商品の引渡し又は役務の提供を行う者から引渡し又は提供の実績に応じて割戻金の支払を受けるべき旨が書面によって明らかな契約（一定の期間内の実績が一定の額又は数量に達しない場合に割戻しを受けない旨を定めるものを除く。）があった場合　課徴金対象期間におけるその実績について当該契約で定めるところにより算定した割戻金の額（一定の期間内の実績に応じて異なる割合又は額によって算定すべき場合にあっては，それらのうち最も低い割合又は額により算定した額）

第五条　法第十五条第一項の規定による通知を受けた者に係る法第八条第一項に規定する売上額の算定の方法について第二条第一項の規定を適用する場合においては，法第十条第一項に規定する購入額の算定の方法は，同項の申出をした特定消費者が課徴金対象期間において締結した契約により定められた商品の購入又は役務の提供の対価の額を合計する方法とする。
2　前条（第三号に係る部分に限る。）の規定は，前項に規定する方法により購入額を算定する場合に準用する。

（法第十二条第三項の場合における法第八条第二項及び第三項並びに第九条から第十一条までの規定の適用）

第六条　法第十二条第三項の場合において，当該消滅した法人が行った法第八条第二項に規定する取引（以下この条及び第十条において「課徴金対象行為後取引」という。）又は同項に規定する措置（以下この条及び第十条において「不当顧客誘引解消措置」という。）は，法第十二条第三項の規定により合併後存続し，又は合併により設立された法人がしたとみなされる課徴金対象行為について，当該合併後存続し，又は合併により設立された法人が行った課徴金対象行為後取引又は不当顧客誘引解消措置とみなし，法第八条第二項の規定を適用する。

第七条　法第十二条第三項の場合における法第八条第三項の規定の適用については，次項に定めるものを除き，同条第三項中「当該表示をした事業者」とあるのは「当該表示をした事業者との合併後存続し，又は当該事業者と他の事業者との合併により設立された法人」と，「当該事業者」とあるのは「当該合併後存続し，又は合併により設立された法人」とする。
2　法第十二条第三項の場合において，当該消滅した法人が法第八条第三項の規定による資料の提出の求めを受けたときにおける同項の規定の適用については，同項中「当該事業者」とあるのは，「当該事業者又は当該事業者との合併後存続し，若しくは当該事業者と他の事業者との合併により設立された法人のいずれも」とする。

第八条　法第十二条第三項の場合において，当該消滅した法人が行った法第九条の規定による報告は，同項の規定により合併後存続し，又は合併により設立された法人がしたとみなされる課徴金対象行為に該当する事実について，当該合併後存続し，又は合併により設立された法人が行った同条の規定による報告とみなして，同条の規定を適用する。

第九条　法第十二条第三項の場合において，当該消滅した法人が行った法第十条第一項に規定する返金措置，同項の認定の申請，同条第四項の規定による報告，同条第六項の規定による変更の認定の申請若しくは法第十一条第一項の規定による報告（以下この条及び第十三条において「実施予定返金措置計画申請等」という。）又は当該消滅した法人が受けた法第十条第一項の認定，同条第六項の規定による変更の認定，同条第八項の規定による同条第一項の認定（同条第六項の規定による変更の認定を含む。）の取消し若しくは法第十五条第一項の規定による通知（以下この条及び第十三条において「実施予定返金措置計画認定等」という。）は，法第十二条第三項の規定により合併後存続し，又は合併により設立された法人がしたとみなされる課徴金対象行為について，当該合併後存続し，若しくは合併により設立された法人が行った実施予定返金措置計画申請等又は当該合併後存続し，若しくは合併により設立された法人が受けた実施予定返金措置計画認定等とみなして，法第十条及び第十一条の規定を適用する。

（法第十二条第四項の場合における法第八条第二項及び第三項並びに第九条から第十一条までの規定の適用）

第十条　法第十二条第四項の場合において，当該消滅した法人が行った課徴金対象行為後取引又は不当顧客誘引解消措置は，同項の規定により同項に規定する特定事業承継子会社等（以下単に「特定事業承継子会社等」という。）がしたとみなされる課徴金対象行為について，当該特定事業承継子会社等が行った課徴金対象行為後取引又は不当顧客誘引解消措置とみなして，法第八条第二項の規定を適用する。

第十一条　法第十二条第四項の場合における法第八条第三項の規定の適用については，次項に定めるものを除き，同条第三項中「当該表示をした事業者」とあるのは「第十二条第四項に規定する特定事業承継子会社等」と，「当該事業者」とあるのは「当該特定事業承継子会社等（当該特定事業承継子会社等が二以上ある場合にあつては，当該特定事業承継子会社等のいずれも）」とする。

2　法第十二条第四項の場合において，当該消滅した法人が法第八条第三項の規定による資料の提出の求めを受けたときにおける同項の規定の適用については，同項中「当該事業者」とあるのは，「当該事業者又は第十二条第四項に規定する特定事業承継子会社等（当該特定事業承継子会社等が二以上ある場合にあつては，当該特定事業承継子会社等のいずれも）のいずれも」とする。

第十二条　法第十二条第四項の場合において，当該消滅した法人が行った法第九条の規定による報告は，同項の規定により特定事業承継子会社等がしたとみなされる課徴金対象行為に該当する事実について，当該特定事業承継子会社等が行った同条の規定による報告とみなして，同条の規定を適用する。

第十三条　法第十二条第四項の場合において，当該消滅した法人が行った実施予定返金措置計画申請等又は当該消滅した法人が受けた実施予定返金措置計画認定等は，同項の規定により特定事業承継子会社等がしたとみなされる課徴金対象行為について，当該特定事業承継子会社等が行った実施予定返金措置計画申請等又は当該特定事業承継子会社等が受けた実施予定返金措置計画認定等とみなして，法第十条及び第十一条の規定を適用する。

（消費者庁長官に委任されない権限）

第十四条　法第三十三条第一項の政令で定める権限は，法第二条第三項及び第四項，第三条第一

項（消費者委員会からの意見の聴取に係る部分に限る。）及び第二項，第四条，第五条第三号，第六条第一項（消費者委員会からの意見の聴取に係る部分に限る。）及び第二項，第二十六条第二項並びに同条第三項及び第四項（これらの規定を同条第五項において準用する場合を含む。）の規定による権限とする。

(公正取引委員会への権限の委任)
第十五条　法第三十三条第一項の規定により消費者庁長官に委任された権限のうち，法第二十九条第一項の規定による権限は，公正取引委員会に委任する。ただし，消費者庁長官が自らその権限を行使することを妨げない。

(法第三十三条第三項の政令で定める事情)
第十六条　法第三十三条第三項の政令で定める事情は，次の各号のいずれかに該当する事情とする。
一・二　（略）

(事業所管大臣等への権限の委任)
第十七条　消費者庁長官は，法第三十三条第三項の規定により，法第二十九条第一項の規定による権限を委任する場合においては，委任しようとする事務の範囲及び期間を定めて，事業者の事業を所管する大臣又は金融庁長官に委任するものとする。ただし，消費者庁長官が自らその権限を行使することを妨げない。
2　（略）

(権限行使の結果の報告)
第十八条　法第三十三条第四項の規定による報告は，速やかに，次に掲げる事項を記載した書面（電子的方式，磁気的方式その他人の知覚によっては認識することができない方式で作られる記録を含む。）により行うものとする。
一・二　（略）

(地方支分部局の長への権限の委任)
第十九条　財務大臣は，法第三十三条第三項の規定により委任された権限及び同条第四項の規定による権限（いずれも国税庁の所掌に係るものを除く。）を，特定事業者（法第二十九条第一項に規定する当該事業者及びその者とその事業に関して関係のある事業者をいう。以下この条において同じ。）の事務所，事業所その他その事業を行う場所の所在地を管轄する財務局長（当該所在地が福岡財務支局の管轄区域内にある場合にあっては，福岡財務支局長）又は税関長に委任する。ただし，財務大臣が自らその権限を行使することを妨げない。
2　財務大臣は，法第三十三条第三項の規定により委任された権限及び同条第四項の規定による権限（いずれも国税庁の所掌に係るものに限る。）を，特定事業者の事務所，事業所その他その事業を行う場所の所在地を管轄する国税局長（当該所在地が沖縄県の区域内にある場合にあっては，沖縄国税事務所長）又は税務署長に委任する。ただし，財務大臣が自らその権限を行使することを妨げない。
3　厚生労働大臣は，法第三十三条第三項の規定により委任された権限及び同条第四項の規定による権限を，特定事業者の事務所，事業所その他その事業を行う場所の所在地を管轄する地方厚生局長（当該所在地が四国厚生支局の管轄区域内にある場合にあっては，四国厚生支局長）又は都道府県労働局長に委任する。ただし，厚生労働大臣が自らその権限を行使することを妨げない。
4　農林水産大臣は，法第三十三条第三項の規定により委任された権限及び同条第四項の規定による権限を，特定事業者の事務所，事業所その他その事業を行う場所の所在地を管轄する地方農政局長又は北海道農政事務所長に委任する。ただし，農林水産大臣が自らその権限を行使することを妨げない。

5　経済産業大臣は，法第三十三条第三項の規定により委任された権限及び同条第四項の規定による権限を，特定事業者の事務所，事業所その他その事業を行う場所の所在地を管轄する経済産業局長に委任する。ただし，経済産業大臣が自らその権限を行使することを妨げない。

6　国土交通大臣は，法第三十三条第三項の規定により委任された権限及び同条第四項の規定による権限を，特定事業者の事務所，事業所その他その事業を行う場所の所在地を管轄する地方整備局長，北海道開発局長，地方運輸局長，運輸監理部長，運輸支局長又は地方航空局長に委任する。ただし，国土交通大臣が自らその権限を行使することを妨げない。

7　環境大臣は，法第三十三条第三項の規定により委任された権限及び同条第四項の規定による権限を，特定事業者の事務所，事業所その他その事業を行う場所の所在地を管轄する地方環境事務所長に委任する。ただし，環境大臣が自らその権限を行使することを妨げない。

（証券取引等監視委員会への権限の委任等）

第二十条　金融庁長官は，法第三十三条第三項の規定により委任された権限（金融商品取引法（昭和二十三年法律第二十五号）第二条第九項に規定する金融商品取引業者が行う同条第八項に規定する金融商品取引業に係る商品又は役務の取引，同条第十二項に規定する金融商品仲介業者が行う同条第十一項に規定する金融商品仲介業に係る商品又は役務の取引及び同項に規定する登録金融機関が行う同法第三十三条の五第一項第三号に規定する登録金融機関業務に係る商品又は役務の取引に関するものに限る。）を証券取引等監視委員会に委任する。ただし，金融庁長官が自らその権限を行使することを妨げない。

2　（略）

（財務局長等への権限の委任）

第二十一条　金融庁長官は，法第三十三条第三項の規定により委任された権限（同条第六項の規定により証券取引等監視委員会に委任されたものを除く。）及び同条第四項の規定による権限（同条第六項の規定により証券取引等監視委員会に委任された権限に係るものを除く。）を，法第二十九条第一項に規定する当該事業者（次項及び次条において単に「当該事業者」という。）の主たる事務所又は事業所（次項及び次条第一項において「主たる事務所等」という。）の所在地を管轄する財務局長（当該所在地が福岡財務支局の管轄区域内にある場合にあっては，福岡財務支局長）に委任する。ただし，金融庁長官が自らその権限を行使することを妨げない。

2　（略）

第二十二条　証券取引等監視委員会は，法第三十三条第六項の規定により委任された権限を，当該事業者の主たる事務所等の所在地を管轄する財務局長（当該所在地が福岡財務支局の管轄区域内にある場合にあっては，福岡財務支局長）に委任する。ただし，証券取引等監視委員会が自らその権限を行使することを妨げない。

2　（略）

（都道府県が処理する事務）

第二十三条　法第三十三条第一項の規定により消費者庁長官に委任された権限に属する事務のうち，法第七条及び第二十九条第一項の規定による権限に属する事務（同項の規定による権限に属する事務にあっては，法第七条第一項の規定による命令を行うため必要があると認める場合におけるものに限る。）は，不当な景品類の提供又は表示がされた場所又は地域を含む都道府県の区域を管轄する都道府県知事が行うこととする。ただし，二以上の都道府県の区域にわたり一般消費者による自主的かつ合理的な選択を

阻害するおそれがあり，消費者庁長官（法第二十九条第一項の規定による権限について，法第三十三条第二項の規定により公正取引委員会に委任された場合にあっては公正取引委員会，同条第三項の規定により事業者の事業を所管する大臣又は金融庁長官に委任された場合にあっては当該事業者の事業を所管する大臣又は金融庁長官，同条第六項の規定により証券取引等監視委員会に委任された場合にあっては証券取引等監視委員会。以下この項において同じ。）がその事態に適正かつ効率的に対処するため特に必要があると認めるとき，又は都道府県知事から要請があったときは，消費者庁長官が自らその事務を行うことを妨げない。

2・3　（略）

■資料3　不当景品類及び不当表示防止法施行規則

(平成28・2・5内閣府令第6号)

（定義）
第一条　この府令において使用する用語は，不当景品類及び不当表示防止法（以下「法」という。）及び不当景品類及び不当表示防止法施行令（平成二十一年政令第二百十八号。以下「令」という。）において使用する用語の例による。

（公聴会の公告）
第二条　消費者庁長官は，法第三条第一項及び第六条第一項の規定による公聴会を開こうとするときは，その期日の十四日前までに，公聴会の期日及び場所，案件の内容並びに意見申出要領を官報又は時事に関する事項を掲載する日刊新聞紙に掲載して公告しなければならない。

（公述人の選定）
第三条　公聴会において意見を述べることができる者は，前条の規定により意見を申し出た者のうちから消費者庁長官が選定し，本人にその旨を通知する。
2　消費者庁長官は，前項の選定をする場合において，当該案件に対して，賛成者及び反対者があるときは，一方に偏らないようにこれをしなければならない。

（公述の依頼）
第四条　消費者庁長官は，必要があると認めるときは，学識経験者又は関係行政機関の職員に公聴会において意見を述べることを求めることができる。

（公聴会の実施）
第五条　公聴会は，消費者庁長官が指定する消費者庁の職員に主宰させることができる。
2　前項の規定により公聴会を主宰した職員は，次条各号に掲げる事項を記載した報告書を作成し，消費者庁長官に提出するものとする。

（公聴会の記録）
第六条　消費者庁長官は，公聴会について，次に掲げる事項を記載した記録を作成するものとする。
一　案件の内容
二　公聴会の期日及び場所
三　公聴会において意見を述べた者の氏名，住所及び職業（法人その他の団体にあっては，その名称，主たる事務所の所在地及び代表者の氏名）並びにその意見の要旨
四　その他必要な事項

（法第七条第二項等の規定による資料の提出要求の手続）
第七条　消費者庁長官は，法第七条第二項又は法第八条第三項の規定に基づき資料の提出を求める場合は，次に掲げる事項を記載した文書を交付して，これを行うものとする。
一　事業者の氏名又は名称
二　資料の提出を求める表示
三　資料を提出すべき期限及び場所
2　法第七条第二項及び法第八条第三項に規定する期間は，前項の文書を交付した日から十五日を経過する日までの期間とする。ただし，事業者が当該期間内に資料を提出しないことについて正当な事由があると認められる場合は，この限りでない。

（法第八条第二項に規定する内閣府令で定める措置）
第八条　法第八条第二項に規定する内閣府令で定める措置は，課徴金対象行為に係る表示が同条第一項ただし書各号のいずれかに該当することを時事に関する事項を掲載する日刊新聞紙に掲

載する方法その他の不当に顧客を誘引し，一般消費者による自主的かつ合理的な選択を阻害するおそれを解消する相当な方法により一般消費者に周知する措置とする。

（課徴金対象行為に該当する事実の報告の方法）
第九条　法第九条の規定による報告をしようとする者は，様式第一による報告書を，次に掲げるいずれかの方法により，消費者庁長官に提出しなければならない。
一　直接持参する方法
二　書留郵便，民間事業者による信書の送達に関する法律（平成十四年法律第九十九号。第三項において「信書便法」という。）第二条第六項に規定する一般信書便事業者若しくは同条第九項に規定する特定信書便事業者による同条第二項に規定する信書便の役務であって当該一般信書便事業者若しくは当該特定信書便事業者において引受け及び配達の記録を行うもの又はこれらに準ずる方法により送付する方法
三　ファクシミリ装置を用いて送信する方法
2　前項の報告書（第三号に規定する方法により提出するものを除く。）には，課徴金対象行為に該当する事実の内容を示す資料を添付するものとする。
3　第一項第二号に掲げる方法により同項に規定する報告書が提出された場合において，当該報告書を日本郵便株式会社の営業所（簡易郵便局法（昭和二十四年法律第二百十三号）第七条第一項に規定する簡易郵便局を含み，郵便の業務を行うものに限る。）に差し出した日時を郵便物の受領証により証明したときはその日時に，その郵便物又は信書便法第二条第三項に規定する信書便物（以下この項において「信書便物」という。）の通信日付印により表示された日時が明瞭であるときはその日時に，その郵便物又は信書便物の通信日付印により表示された日時のうち日のみが明瞭であって時刻が明瞭でないときは表示された日の午後十二時に，その表示がないとき又はその表示が明瞭でないときはその郵便物又は信書便物について通常要する送付日数を基準とした場合にその日に相当するものと認められる日の午後十二時に，当該報告書が消費者庁長官に提出されたものとみなす。
4　第一項第三号の方法により同項に規定する報告書が提出された場合は，消費者庁長官が受信した時に，当該報告書が消費者庁長官に提出されたものとみなす。
5　第一項第三号の方法により同項に規定する報告書の提出を行った者は，直ちに，当該報告書の原本及び第二項に規定する資料を消費者庁長官に提出しなければならない。

（実施予定返金措置計画の認定の申請の方法）
第十条　法第十条第一項の規定により実施予定返金措置計画の認定を受けようとする者（次条第一項第二号及び第四号において「申請者」という。）は，様式第二による申請書を消費者庁長官に提出しなければならない。
2　前項の申請書には，次の各号に掲げる書類を添付するものとする。
一　実施予定返金措置の対象となる者が当該実施予定返金措置の内容を把握するための周知に関する事項を示す書類
二　実施予定返金措置の実施に必要な資金の調達方法を証する書類
三　その他法第十条第一項の認定をするため参考となるべき事項を記載した書類

（法第十条第三項に規定する内閣府令で定める事項等）
第十一条　法第十条第三項に規定する内閣府令で定める事項は，次に掲げる事項とする。
一　法第十条第一項の認定の申請前に既に実施

した返金措置（次項において「認定申請前の返金措置」という。）の対象となった者の氏名又は名称
二　前号に規定する者が課徴金対象行為に係る商品の引渡し又は役務の提供を受けた日（申請者に係る法第八条第一項に規定する売上額の算定の方法について令第二条第一項の規定を適用する場合にあっては，当該前号に規定する者が課徴金対象行為に係る商品の購入又は役務の提供に係る契約を締結した日）
三　第一号に規定する者からの法第十条第一項に規定する申出があったこと。
四　第一号に規定する者の取引に係る商品又は役務の令第四条で定める方法により算定した購入額（申請者に係る法第八条第一項に規定する売上額の算定の方法について令第二条第一項の規定を適用する場合にあっては，令第五条で定める方法により算定した購入額）及び当該購入額に百分の三を乗じて得た額
五　第一号に規定する者に対して金銭を交付した日
六　第一号に規定する者に対して交付した金銭の額及び計算方法
七　第一号に規定する者に対する金銭の交付方法
八　その他参考となるべき事項
2　前項各号に掲げる事項を前条第一項の申請書に記載する場合には，当該申請書には，認定申請前の返金措置を実施したことを証する資料を添付するものとする。

（法第十条第四項の規定による報告の方法）
第十二条　法第十条第四項の規定による報告をしようとする者（次項第二号及び第四号において「申請後認定前報告者」という。）は，様式第三による報告書を消費者庁長官に提出しなければならない。

2　法第十条第四項に規定する内閣府令で定める事項は，次に掲げる事項とする。
一　法第十条第一項の認定の申請後これに対する処分を受けるまでの間に実施した返金措置（第八号及び次項において「申請後認定前の返金措置」という。）の対象となった者の氏名又は名称
二　前号に規定する者が課徴金対象行為に係る商品の引渡し又は役務の提供を受けた日（申請後認定前報告者に係る法第八条第一項に規定する売上額の算定の方法について令第二条第一項の規定を適用する場合にあっては，当該前号に規定する者が課徴金対象行為に係る商品の購入又は役務の提供に係る契約を締結した日）
三　第一号に規定する者からの法第十条第一項に規定する申出があったこと。
四　第一号に規定する者の取引に係る商品又は役務の令第四条で定める方法により算定した購入額（申請後認定前報告者に係る法第八条第一項に規定する売上額の算定の方法について令第二条第一項の規定を適用する場合にあっては，令第五条で定める方法により算定した購入額）及び当該購入額に百分の三を乗じて得た額
五　第一号に規定する者に対して金銭を交付した日
六　第一号に規定する者に対して交付した金銭の額及び計算方法
七　第一号に規定する者に対する金銭の交付方法
八　申請後認定前の返金措置に要した資金の額及びその調達方法
九　その他参考となるべき事項
3　第一項の報告書には，申請後認定前の返金措置を実施したことを証する資料及び当該返金措

(法第十条第五項第三号に規定する内閣府令で定める期間)

第十三条　法第十条第五項第三号に規定する内閣府令で定める期間は、法第十五条第一項の規定による通知を受けた者が、第十条第一項の申請書を消費者庁長官に提出した日から四月を経過する日（法第十条第七項において準用する場合にあっては、第十条第一項の申請書に記載された実施予定返金措置計画の実施期間の末日から一月を経過する日）までの期間とする。

(認定実施予定返金措置計画の変更に係る認定の申請の方法)

第十四条　法第十条第六項の規定により認定実施予定返金措置計画の変更の認定を受けようとする認定事業者は、様式第四による申請書を消費者庁長官に提出しなければならない。

2　前項の申請書には、法第十条第九項の規定による認定の通知に係る書類の写しその他法第十条第六項の認定をするため参考となるべき事項を記載した書類を添付するものとする。

(認定実施予定返金措置計画の実施結果の報告の方法)

第十五条　法第十一条第一項の規定による報告をしようとする者は、様式第五による報告書を消費者庁長官に提出しなければならない。

2　前項の報告書には、次の各号に掲げる資料を添付するものとする。

一　法第十条第一項の認定後に実施された返金措置が認定実施予定返金措置計画（同条第六項の規定による変更の認定があったときは、その変更後のもの。次号及び次条において同じ。）に適合して実施されたことを証する資料

二　認定実施予定返金措置計画に係る実施予定返金措置の対象となる者が当該実施予定返金措置の内容を把握するための周知に関する実施状況を証する書類

三　法第十条第一項の認定後に実施された返金措置に要した資金の調達方法を証する書類

(法第十一条第二項に規定する内閣府令で定める金銭の額の計算)

第十六条　法第十一条第二項に規定する内閣府令で定めるところにより計算した額は、次項に定める場合を除き、次の各号に掲げる額を合計した額とする。

一　認定事業者が実施した認定実施予定返金措置計画に係る返金措置（当該認定実施予定返金措置計画に法第十条第三項に規定する事項が記載されている場合又は同条第四項の規定による報告がされている場合にあっては、当該記載又は報告に係る返金措置を含む。次号及び次項において同じ。）において交付された金銭の額が当該返金措置の対象となった者の取引に係る商品又は役務の令第四条で定める方法により算定した購入額（法第十一条第一項の規定による報告をした者に係る法第八条第一項に規定する売上額の算定の方法について令第二条第一項の規定を適用する場合にあっては、令第五条で定める方法により算定した購入額。以下「特定購入額」という。）に相当する額を上回るとき　当該特定購入額に相当する額

二　認定事業者が実施した認定実施予定返金措置計画に係る返金措置において交付された金銭の額が特定購入額に相当する額以下であるとき　当該返金措置において交付された金銭の額

2　法第十二条第四項の場合において、特定事業承継子会社等が二以上あるときであって、そのうち二以上の特定事業承継子会社等が法第十一

条第一項の規定により認定実施予定返金措置計画に係る返金措置（以下この項において「二以上子会社等実施返金措置」という。）の結果を報告し、消費者庁長官が同条第二項の規定により当該二以上子会社等実施返金措置が当該二以上の特定事業承継子会社等に係る認定実施予定返金措置計画にそれぞれ適合して実施されたと認めたときは、当該二以上の特定事業承継子会社等について同項に規定する内閣府令で定めるところにより計算した額は、次の各号に掲げる額を合計した額とする。
一　当該二以上子会社等実施返金措置の対象となった者が同一である場合には、次のイ又はロに掲げる場合の区分に応じ、それぞれ当該イ又はロに定める額
　　イ　当該二以上子会社等実施返金措置（令第十三条の規定により当該特定事業承継子会社等が行ったとみなされる返金措置を除く。）において交付された金銭の額の合計額に同条の規定により当該特定事業承継子会社等が行ったとみなされる返金措置において交付された金銭の額（当該返金措置がない場合にあっては零）を加えた額（ロにおいて「特定交付額」という。）が特定購入額に相当する額を上回るとき　当該特定購入額に相当する額
　　ロ　イに該当しないとき　特定交付額に相当する額
二　前号に該当しない場合には、次のイ又はロに掲げる場合の区分に応じ、それぞれ当該イ又はロに定める額
　　イ　当該二以上子会社等実施返金措置において交付された金銭の額が特定購入額に相当する額を上回るとき　当該特定購入額に相当する額
　　ロ　イに該当しないとき　当該二以上子会社等実施返金措置において交付された金銭の額

（法第十二条第四項の場合において特定事業承継子会社等が二以上あるときの課徴金の額の減額等の特例）

第十七条　法第十二条第四項の場合において、特定事業承継子会社等が二以上あるときであって、そのうち一以上の特定事業承継子会社等について法第十一条第二項の規定により課徴金の額から前条の規定により計算した額を減額するときは、当該一以上の特定事業承継子会社等を除く特定事業承継子会社等（次項において「特例特定事業承継子会社等」という。）に係る法第八条第一項及び第九条の規定により計算した課徴金の額から前条の規定により計算した額を減額するものとする。この場合において、当該減額後の額が零を下回るときは、当該額は、零とする。

2　消費者庁長官は、前項の規定により計算した特例特定事業承継子会社等に係る課徴金の額が一万円未満となったときは、法第八条第一項の規定にかかわらず、特例特定事業承継子会社等に対し、課徴金の納付を命じないものとする。この場合において、消費者庁長官は、速やかに、当該特例特定事業承継子会社等に対し、文書をもってその旨を通知するものとする。

（課徴金の納付の督促）

第十八条　法第十八条第一項の督促状は、課徴金の納付の督促を受ける者に送達しなければならない。

（課徴金及び延滞金を納付すべき場合の充当の順序）

第十九条　法第十八条第二項の規定により延滞金を併せて徴収する場合において、事業者の納付した金額がその延滞金の額の計算の基礎となる課徴金の額に達するまでは、その納付した金額

は，まずその計算の基礎となる課徴金に充てられたものとする。
（課徴金納付命令の執行の命令の方式等）
第二十条　法第十九条第一項の規定による課徴金納付命令の執行の命令は，文書をもって行わなければならない。
2　前項の命令書の謄本は，課徴金納付命令の執行を受ける者に送達しなければならない。
（身分を示す証明書）
第二十一条　法第二十九条第二項の身分を示す証明書は，様式第六によるものとする。
（協定又は規約の認定の申請）
第二十二条　法第三十一条第一項の規定により協定又は規約の認定を受けようとするものは，様式第七による協定又は規約認定申請書正本及び副本各一通並びに当該協定又は規約の写し二通を，公正取引委員会又は消費者庁長官のいずれかに提出しなければならない。
（協定又は規約に関する処分の告示）
第二十三条　法第三十一条第四項の規定による協定又は規約の認定の告示は，次に掲げる事項を官報に掲載してするものとする。
　一　認定があった旨
　二　当該協定又は規約に係る事業の種類
　三　当該協定又は規約の内容
　四　認定の理由
2　法第三十一条第四項の規定による協定又は規約の認定の取消しの告示は，次に掲げる事項を官報に掲載してするものとする。
　一　取消しがあった旨
　二　当該協定又は規約に係る事業の種類
　三　取消しの理由
（通知を受けるべき者の届出）
第二十四条　協定又は規約の認定を受けたものは，当該認定に係る事項について通知を受けるべき者の住所及び氏名を公正取引委員会又は消費者庁長官のいずれかに届け出なければならない。
（公正取引委員会又は消費者庁長官に提出する書類の作成）
第二十五条　この府令の規定により公正取引委員会又は消費者庁長官に提出する書類は，日本語で作成するものとする。

　　　　附則
（施行期日）
1　この府令は，不当景品類及び不当表示防止法の一部を改正する法律（平成26年法律第118号）の施行の日（平成28年4月1日）から施行する。
（不当景品類及び不当表示防止法第五条第一項の規定による公聴会に関する内閣府令等の廃止）
2　次に掲げる府令は，廃止する。
　一　不当景品類及び不当表示防止法第五条第一項の規定による公聴会に関する内閣府令（昭和37年公正取引委員会規則第2号）
　二　不当景品類及び不当表示防止法第十一条の規定による協定又は規約の認定の申請等に関する内閣府令（昭和37年公正取引委員会規則第4号）
　三　不当景品類及び不当表示防止法第四条第二項の規定による資料の提出要求の手続に関する内閣府令（平成21年内閣府令第51号）
　四　不当景品類及び不当表示防止法第九条第一項の規定による立入検査をする職員の携帯する身分を示す証明書の様式を定める内閣府令（平成21年内閣府令第53号）
（経過措置）
3　この府令の施行前に不当景品類及び不当表示防止法第十一条の規定による協定又は規約の認定の申請等に関する内閣府令第一条の規定により提出された協定又は規約認定申請書正本及び副本各一通並びに当該協定又は規約の写し二通

は，第二十二条の規定により提出されたものとみなす。

様式第一（第9条関係）

　　　　　　　　　課徴金対象行為に該当する事実の報告書
　　　　　　　　　　　　　　　　　　　　　　　　　　　　　　年　　月　　日
消費者庁長官　殿
　　　　　　　　　　　　　　　　　　　氏名又は名称
　　　　　　　　　　　　　　　　　　　住所又は所在地
　　　　　　　　　　　　　　　　　　　代表者の役職名及び氏名
　　　　　　　　　　　　　　　　　　　　　　　　　　　　　　　　　　印

　　　　　　　　　　　　　　　　　　　連絡先部署名
　　　　　　　　　　　　　　　　　　　住所又は所在地（郵便番号）
　　　　　　　　　　　　　　　　　　　担当者の役職名及び氏名
　　　　　　　　　　　　　　　　　　　電話番号
　　　　　　　　　　　　　　　　　　　ファクシミリ番号

　不当景品類及び不当表示防止法（昭和37年法律第134号）第9条の規定による報告を下記のとおり行います。
　　　　　　　　　　　　　　　　　　記
1　報告する課徴金対象行為に該当する事実の概要

(1)	当該課徴金対象行為に係る商品又は役務		
(2)	当該課徴金対象行為に係る表示	ア	当該課徴金対象行為に係る表示の内容
		イ	当該課徴金対象行為に係る商品又は役務の実際
(3)	当該課徴金対象行為をした期間	年　月　日から　年　月　日まで	

2　その他参考となるべき事項
3　添付資料
　　表のとおり。

番号	添付資料の標目	資料の内容の説明	備考

　　　　　　　　　　　　　　　　　　　　　　　　　　　　　　　　　　以上

　（記載要領）
　　（以下，省略）

様式第二（第10条関係）

実施予定返金措置計画の認定申請書

年　月　日

消費者庁長官　殿

氏名又は名称
住所又は所在地
代表者の役職名及び氏名

印

連絡先部署名
住所又は所在地（郵便番号）
担当者の役職名及び氏名
電話番号

　不当景品類及び不当表示防止法（昭和37年法律第134号）第10条第1項の規定に基づき，下記の計画について認定を受けたいので申請します。

記

1　実施予定返金措置の内容及び実施期間
2　実施予定返金措置の対象となる者が当該実施予定返金措置の内容を把握するための周知に関する事項
3　実施予定返金措置の実施に必要な資金の額及びその調達方法
　　表1のとおり。
（表1）

	自己資金	資金の借入れ	その他	合計
金額				
調達先名称	―			―
備考				―

（単位：円）

4　その他
5　添付書類
　　表2のとおり。

資料3　不当景品類及び不当表示防止法施行規則　241

(表2)

番号	添付書類の標目	書類の内容の説明	備考

以上

(別紙)

認定申請前の返金措置に関する事項

(注)

実施予定返金措置計画の認定の申請前に既に実施した返金措置(本申請書において「認定申請前の返金措置」という。)がある場合に記載する。

1　認定申請前の返金措置に関する事項

　　表1のとおり。

(表1)

番号	氏名・名称	取引日	申出	購入額	最低額	交付日	交付金額	計算方法	交付方法

2　添付資料

　　表2のとおり。

(表2)

番号	添付資料の標目	証する事実	備考

(記載要領)

　　(以下, 省略)

様式第三(第12条関係)

申請後認定前の返金措置に関する事項の報告書

年　月　日

消費者庁長官　殿

　　　　　　　　　　　　　　　　　氏名又は名称
　　　　　　　　　　　　　　　　　住所又は所在地
　　　　　　　　　　　　　　　　　代表者の役職名及び氏名

　　　　　　　　　　　　　　　　　　　　　　　　　　印

　　　　　　　　　　　　　　　　　連絡先部署名
　　　　　　　　　　　　　　　　　住所又は所在地（郵便番号）
　　　　　　　　　　　　　　　　　担当者の役職名及び氏名
　　　　　　　　　　　　　　　　　電話番号

　不当景品類及び不当表示防止法（昭和37年法律第134号）第10条第4項の規定に基づき，下記のとおり，年　月　日における実施予定返金措置計画の認定の申請後これに対する処分を受けるまでの間に実施した返金措置（本報告書において「申請後認定前の返金措置」という。）に関する事項を報告します。

記

1　申請後認定前の返金措置に関する事項
　　表1のとおり。
　（表1）

番号	氏名・名称	取引日	申出	購入額	最低額	交付日	交付金額	計算方法	交付方法

2　申請後認定前の返金措置の実施に要した資金の額及びその調達方法
　　表2のとおり。
　（表2）

	自己資金	資金の借入れ	その他	合計
金額				
調達先名称	―			―
備考				―

（単位：円）

3　添付資料

(1) 申請後認定前の返金措置を実施したことを証する資料

表3のとおり。

(表3)

番号	添付資料の標目	証する事実	備考

(2) 申請後認定前の返金措置の実施に要した資金の調達方法を証する書類

表4のとおり。

(表4)

番号	添付資料の標目	証する事実	備考

以上

(記載要領)

(以下，省略)

様式第四（第14条関係）

認定実施予定返金措置計画の変更認定申請書

年　月　日

消費者庁長官　殿

氏名又は名称
住所又は所在地
代表者の役職名及び氏名
印

連絡先部署名
住所又は所在地（郵便番号）
担当者の役職名及び氏名
電話番号

　年　月　日付けで認定を受けた実施予定返金措置計画について，下記のとおり変更したいので，不当景品類及び不当表示防止法（昭和37年法律第134号）第10条第6項の規定に基づき，変更の認定の申請を行います。

記

1　変更事項
2　変更事項の内容

変更前	変更後

3　変更理由
4　添付書類

以上

（記載要領）
（以下，省略）

様式第五(第15条関係)

認定実施予定返金措置計画の実施結果報告書

年　月　日

消費者庁長官　殿

氏名又は名称
住所又は所在地
代表者の役職名及び氏名
印

連絡先部署名
住所又は所在地(郵便番号)
担当者の役職名及び氏名
電話番号

　不当景品類及び不当表示防止法(昭和37年法律第134号。以下「法」といいます。)第11条第1項の規定に基づき,　年　月　日に認定された実施予定返金措置計画について下記のとおり実施したので報告します。

記

1　法第10条第1項の認定後に実施された返金措置に関する事項
　　表1のとおり。
　(表1)

番号	氏名・名称	取引日	申出	購入額	最低額	交付日	交付金額	計算方法	交付方法

2　認定実施予定返金措置計画に係る実施予定返金措置の対象となる者が当該実施予定返金措置の内容を把握するための周知に関する実施状況
　(1)　個別の通知
　　　表2のとおり。
　(表2)

番号	氏名・名称等	取引日	通知日	周知事項	備考

　(2)　個別の通知以外の方法による周知

3 法第10条第1項の認定後に実施された返金措置に要した資金の額及びその調達方法
　　表3のとおり。

（表3）

	自己資金	資金の借入れ	その他	合計
金額				
調達先名称	―			―
備考				―

（単位：円）

4 添付資料
 (1) 法第10条第1項の認定後に実施された返金措置が認定実施予定返金措置計画に適合して実施されたことを証する資料
　　表4のとおり。

（表4）

番号	添付資料の標目	証する事実	備考

 (2) 認定実施予定返金措置計画に係る実施予定返金措置の対象となる者が当該実施予定返金措置の内容を把握するための周知に関する実施状況を証する書類
　　ア　個別の通知
　　　　表5-1のとおり。

（表5-1）

番号	添付書類の標目	証する事実	備考

　　イ　個別の通知以外の方法による周知
　　　　表5-2のとおり。

（表5-2）

番号	添付書類の標目	証する事実	備考

 (3) 法第10条第1項の認定後に実施された返金措置に要した資金の調達方法を証する書類
　　表6のとおり。

(表6)

番号	添付書類の標目	証する事実	備考

以上

(記載要領)
(以下,省略)

様式第六(第21条関係)
　(省略)

様式第七（第22条関係）

不当景品類及び不当表示防止法第31条第1項の規定による
協定又は規約認定申請書

年　月　日

公正取引委員会　殿
消費者庁長官　殿

氏名又は名称及び代表者名　印
住所　（電話番号）
氏名又は名称及び代表者名　印
住所　（電話番号）
上記のものの代表者
氏名又は名称及び代表者名　印
住所　（電話番号）

　不当景品類及び不当表示防止法（昭和37年法律第134号。以下「法」という。）第31条第1項の規定により別添の協定又は規約の認定を申請します。

記

1　当該協定又は規約を 締結／変更 （設定）する理由
2　当該協定又は規約が法第31条第2項の各号の要件に適合するものであることの説明

以上

注（省略）

資料4　不当景品類及び不当表示防止法第2条の規定により景品類及び表示を指定する件

(昭和37・6・30公取委告示第3号)
最終改正　平成21・8・28公取委告示第13号

不当景品類及び不当表示防止法（昭和37年法律第134号）第2条の規定により，景品類及び表示を次のように指定する。

1　不当景品類及び不当表示防止法（以下「法」という。）第2条第3項に規定する景品類とは，顧客を誘引するための手段として，方法のいかんを問わず，事業者が自己の供給する商品又は役務の取引に附随して相手方に提供する物品，金銭その他の経済上の利益であつて，次に掲げるものをいう。ただし，正常な商慣習に照らして値引又はアフターサービスと認められる経済上の利益及び正常な商慣習に照らして当該取引に係る商品又は役務に附属すると認められる経済上の利益は，含まない。
　一　物品及び土地，建物その他の工作物
　二　金銭，金券，預金証書，当せん金附証票及び公社債，株券，商品券その他の有価証券
　三　きよう応（映画，演劇，スポーツ，旅行その他の催物等への招待又は優待を含む。）
　四　便益，労務その他の役務
2　法第2条第4項に規定する表示とは，顧客を誘引するための手段として，事業者が自己の供給する商品又は役務の取引に関する事項について行う広告その他の表示であつて，次に掲げるものをいう。
　一　商品，容器又は包装による広告その他の表示及びこれらに添付した物による広告その他の表示
　二　見本，チラシ，パンフレット，説明書面その他これらに類似する物による広告その他の表示（ダイレクトメール，ファクシミリ等によるものを含む。）及び口頭による広告その他の表示（電話によるものを含む。）
　三　ポスター，看板（プラカード及び建物又は電車，自動車等に記載されたものを含む。），ネオン・サイン，アドバルーン，その他これらに類似する物による広告及び陳列物又は実演による広告
　四　新聞紙，雑誌その他の出版物，放送（有線電気通信設備又は拡声機による放送を含む。），映写，演劇又は電光による広告
　五　情報処理の用に供する機器による広告その他の表示（インターネット，パソコン通信等によるものを含む。）

■資料5　景品類等の指定の告示の運用基準について

(昭和52・4・1事務局長通達第7号)
最終改正　平成26・12・1消費者庁長官決定

　景品類等の指定の告示（昭和37年公正取引委員会告示第3号）の運用基準を次のとおり定めたので，これによられたい。

　　景品類等の指定の告示の運用基準
1　「顧客を誘引するための手段として」について
　(1)　提供者の主観的意図やその企画の名目のいかんを問わず，客観的に顧客誘引のための手段になっているかどうかによって判断する。したがって，例えば，親ぼく，儀礼，謝恩等のため，自己の供給する商品の容器の回収促進のため又は自己の供給する商品に関する市場調査のアンケート用紙の回収促進のための金品の提供であっても，「顧客を誘引するための手段として」の提供と認められることがある。
　(2)　新たな顧客の誘引に限らず，取引の継続又は取引量の増大を誘引するための手段も，「顧客を誘引するための手段」に含まれる。
2　「事業者」について
　(1)　営利を目的としない協同組合，共済組合等であっても，商品又は役務を供給する事業については，事業者に当たる。
　(2)　学校法人，宗教法人等であっても，収益事業（私立学校法第26条等に定める収益事業をいう。）を行う場合は，その収益事業については，事業者に当たる。
　(3)　学校法人，宗教法人等又は地方公共団体その他の公的機関等が一般の事業者の私的な経済活動に類似する事業を行う場合は，その事業については，一般の事業者に準じて扱う。
　(4)　事業者団体が構成事業者の供給する商品又は役務の取引に附随して不当な景品類の提供を企画し，実施させた場合には，その景品類提供を行った構成事業者に対して景品表示法が適用される。
3　「自己の供給する商品又は役務の取引」について
　(1)　「自己の供給する商品又は役務の取引」には，自己が製造し，又は販売する商品についての，最終需要者に至るまでのすべての流通段階における取引が含まれる。
　(2)　販売のほか，賃貸，交換等も，「取引」に含まれる。
　(3)　銀行と預金者との関係，クレジット会社とカードを利用する消費者との関係等も，「取引」に含まれる。
　(4)　自己が商品等の供給を受ける取引（例えば，古本の買入れ）は，「取引」に含まれない。
　(5)　商品（甲）を原材料として製造された商品（乙）の取引は，商品（甲）がその製造工程において変質し，商品（甲）と商品（乙）とが別種の商品と認められるようになった場合は，商品（甲）の供給業者にとって，「自己の供給する商品の取引」に当たらない。ただし，商品（乙）の原材料として商品（甲）の用いられていることが，商品（乙）の需要者に明らかである場合（例

えば、コーラ飲料の原液の供給業者が、その原液を使用したびん詰コーラ飲料について景品類の提供を行う場合）は、商品（乙）の取引は、商品（甲）の供給業者にとっても、「自己の供給する商品の取引」に当たる。
4　「取引に附随して」について
(1)　取引を条件として他の経済上の利益を提供する場合は、「取引に附随」する提供に当たる。
(2)　取引を条件としない場合であっても、経済上の利益の提供が、次のように取引の相手方を主たる対象として行われるときは、「取引に附随」する提供に当たる（取引に附随しない提供方法を併用していても同様である。）。
　　ア　商品の容器包装に経済上の利益を提供する企画の内容を告知している場合（例　商品の容器包装にクイズを出題する等応募の内容を記載している場合）
　　イ　商品又は役務を購入することにより、経済上の利益の提供を受けることが可能又は容易になる場合（例　商品を購入しなければ解答やそのヒントが分からない場合、商品のラベルの模様を模写させる等のクイズを新聞広告に出題し、回答者に対して提供する場合）
　　ウ　小売業者又はサービス業者が、自己の店舗への入店者に対し経済上の利益を提供する場合（他の事業者が行う経済上の利益の提供の企画であっても、自己が当該他の事業者に対して協賛、後援等の特定の協力関係にあって共同して経済上の利益を提供していると認められる場合又は他の事業者をして経済上の利益を提供させていると認められる場合もこれに当たる）。
　　エ　次のような自己と特定の関連がある小売業者又はサービス業者の店舗への入店者に対し提供する場合
　　　①　自己が資本の過半を拠出している小売業者又はサービス業者
　　　②　自己とフランチャイズ契約を締結しているフランチャイジー
　　　③　その小売業者又はサービス業者の店舗への入店者の大部分が、自己の供給する商品又は役務の取引の相手方であると認められる場合（例　元売業者と系列ガソリンスタンド）
(3)　取引の勧誘に際して、相手方に、金品、招待券等を供与するような場合は、「取引に附随」する提供に当たる。
(4)　正常な商慣習に照らして取引の本来の内容をなすと認められる経済上の利益の提供は、「取引に附随」する提供に当たらない（例　宝くじの当せん金、パチンコの景品、喫茶店のコーヒーに添えられる砂糖・クリーム）。
(5)　ある取引において二つ以上の商品又は役務が提供される場合であっても、次のアからウまでのいずれかに該当するときは、原則として、「取引に附随」する提供に当たらない。ただし、懸賞により提供する場合（例　「〇〇が当たる」）及び取引の相手方に景品類であると認識されるような仕方で提供するような場合（例　「〇〇プレゼント」、「××を買えば〇〇が付いてくる」、「〇〇無料」）は、「取引に附随」する提供に当たる。
　　ア　商品又は役務を二つ以上組み合わせて販売していることが明らかな場合（例　「ハンバーガーとドリンクをセットで〇〇円」、「ゴルフのクラブ、バッグ等の用品一式で〇〇円」、美容院の「カット（シャンプー、ブロー付き）〇〇円」、しょう油とサラダ油の詰め合わせ）

イ　商品又は役務を二つ以上組み合わせて販売することが商慣習となっている場合（例　乗用車とスペアタイヤ）

ウ　商品又は役務が二つ以上組み合わされたことにより独自の機能，効用を持つ一つの商品又は役務になっている場合（例　玩菓，パック旅行）

(6)　広告において一般消費者に対し経済上の利益の提供を申し出る企画が取引に附随するものと認められない場合は，応募者の中にたまたま当該事業者の供給する商品又は役務の購入者が含まれるときであっても，その者に対する提供は，「取引に附随」する提供に当たらない。

(7)　自己の供給する商品又は役務の購入者を紹介してくれた人に対する謝礼は，「取引に附随」する提供に当たらない（紹介者を当該商品又は役務の購入者に限定する場合を除く。）。

5　「物品，金銭その他の経済上の利益」について

(1)　事業者が，そのための特段の出費を要しないで提供できる物品等であっても，又は市販されていない物品等であっても，提供を受ける者の側からみて，通常，経済的対価を支払って取得すると認められるものは，「経済上の利益」に含まれる。ただし，経済的対価を支払って取得すると認められないもの（例　表彰状，表彰盾，表彰バッジ，トロフィー等のように相手方の名誉を表するもの）は，「経済上の利益」に含まれない。

(2)　商品又は役務を通常の価格よりも安く購入できる利益も，「経済上の利益」に含まれる。

(3)　取引の相手方に提供する経済上の利益であっても，仕事の報酬等と認められる金品の提供は，景品類の提供に当たらない（例　企業がその商品の購入者の中から応募したモニターに対して支払うその仕事に相応する報酬）。

6　「正常な商慣習に照らして値引と認められる経済上の利益」について

(1)　「値引と認められる経済上の利益」に当たるか否かについては，当該取引の内容，その経済上の利益の内容及び提供の方法等を勘案し，公正な競争秩序の観点から判断する。

(2)　これに関し，公正競争規約が設定されている業種については，当該公正競争規約の定めるところを参酌する。

(3)　次のような場合は，原則として，「正常な商慣習に照らして値引と認められる経済上の利益」に当たる。

ア　取引通念上妥当と認められる基準に従い，取引の相手方に対し，支払うべき対価を減額すること（複数回の取引を条件として対価を減額する場合を含む。）（例　「×個以上買う方には，〇〇円引き」，「背広を買う方には，その場でコート〇〇％引き」，「×××円お買上げごとに，次回の買物で〇〇円の割引」，「×回御利用していただいたら，次回〇〇円割引」）。

イ　取引通念上妥当と認められる基準に従い，取引の相手方に対し，支払った代金について割戻しをすること（複数回の取引を条件として割り戻す場合を含む。）（例　「レシート合計金額の〇％割戻し」，「商品シール〇枚ためて送付すれば〇〇円キャッシュバック」）。

ウ　取引通念上妥当と認められる基準に従い，ある商品又は役務の購入者に対し，同じ対価で，それと同一の商品又は役務を付加して提供すること（実質的に同一の商品又は役務を付加して提供する場合及び複数回の取引を条件として付加して提供する場合を含む（例　「ＣＤ三枚買

ったらもう一枚進呈」、「背広一着買ったらスペアズボン無料」、「コーヒー五回飲んだらコーヒー一杯無料券をサービス」、「クリーニングスタンプ○○個でワイシャツ一枚分をサービス」、「当社便○○マイル搭乗の方に××行航空券進呈」)。)。ただし、「コーヒー○回飲んだらジュース一杯無料券をサービス」、「ハンバーガーを買ったらフライドポテト無料」等の場合は実質的な同一商品又は役務の付加には当たらない。
 (4) 次のような場合は、「値引と認められる経済上の利益」に当たらない。
  ア 対価の減額又は割戻しであっても、懸賞による場合、減額し若しくは割り戻した金銭の使途を制限する場合(例 旅行費用に充当させる場合)又は同一の企画において景品類の提供とを併せて行う場合(例 取引の相手方に金銭又は招待旅行のいずれかを選択させる場合)
  イ ある商品又は役務の購入者に対し、同じ対価で、それと同一の商品又は役務を付加して提供する場合であっても、懸賞による場合又は同一の企画において景品類の提供とを併せて行う場合(例 A商品の購入者に対し、A商品又はB商品のいずれかを選択させてこれを付加して提供する場合)
7 「正常な商慣習に照らしてアフターサービスと認められる経済上の利益」について
 (1) この「アフターサービスと認められる経済上の利益」に当たるか否かについては、当該商品又は役務の特徴、そのサービスの内容、必要性、当該取引の約定の内容等を勘案し、公正な競争秩序の観点から判断する。
 (2) これに関し、公正競争規約が設定されている業種については、当該公正競争規約の定めるところを参酌する。
8 「正常な商慣習に照らして当該取引に係る商品又は役務に附属すると認められる経済上の利益」について
 (1) この「商品又は役務に附属すると認められる経済上の利益」に当たるか否かについては、当該商品又は役務の特徴、その経済上の利益の内容等を勘案し、公正な競争秩序の観点から判断する。
 (2) これに関し、公正競争規約が設定されている業種については、当該公正競争規約の定めるところを参酌する。
 (3) 商品の内容物の保護又は品質の保全に必要な限度内の容器包装は、景品類に当たらない。

■資料6　一般消費者に対する景品類の提供に関する事項の制限

（昭和52・3・1公正取引委員会告示第5号）

最終改正　平成19・3・7公正取引委員会告示第9号

不当景品類及び不当表示防止法（昭和37年法律第134号）第4条の規定に基づき，一般消費者に対する景品類の提供に関する事項の制限を次のように定め，昭和52年4月1日から施行する。

　　　一般消費者に対する景品類の提供に関する事項の制限

1　一般消費者に対して懸賞（「懸賞による景品類の提供に関する事項の制限」（昭和52年公正取引委員会告示第3号）第1項に規定する懸賞をいう。）によらないで提供する景品類の価額は，景品類の提供に係る取引の価額の10分の2の金額（当該金額が200円未満の場合にあつては，200円）の範囲内であつて，正常な商慣習に照らして適当と認められる限度を超えてはならない。

2　次に掲げる経済上の利益については，景品類に該当する場合であつても，前項の規定を適用しない。

　一　商品の販売若しくは使用のため又は役務の提供のため必要な物品又はサービスであつて，正常な商慣習に照らして適当と認められるもの

　二　見本その他宣伝用の物品又はサービスであつて，正常な商慣習に照らして適当と認められるもの

　三　自己の供給する商品又は役務の取引において用いられる割引券その他割引を約する証票であつて，正常な商慣習に照らして適当と認められるもの

　四　開店披露，創業記念等の行事に際して提供する物品又はサービスであつて，正常な商慣習に照らして適当と認められるもの

備考

不当景品類及び不当表示防止法第4条の規定に基づく特定の種類の事業における景品類の提供に関する事項の制限の告示で定める事項については，当該告示の定めるところによる。

■資料7 「一般消費者に対する景品類の提供に関する事項の制限」の運用基準について

(昭和52・4・1事務局長通達第6号)
最終改正　平成8・2・16事務局長通達第1号

　公正取引委員会の決定に基づき，「一般消費者に対する景品類の提供に関する事項の制限」(昭和52年公正取引委員会告示第5号)の運用基準を次のとおり定めたので，これによられたい。

　　「一般消費者に対する景品類の提供に関する事項の制限」の運用基準
1　告示第1項の「景品類の提供に係る取引の価額」について
　(1)　購入者を対象とし，購入額に応じて景品類を提供する場合は，当該購入額を「取引の価額」とする。
　(2)　購入者を対象とするが購入額の多少を問わないで景品類を提供する場合の「取引の価額」は，原則として，100円とする。ただし，当該景品類提供の対象商品又は役務の取引の価額のうちの最低のものが明らかに100円を下回っていると認められるときは，当該最低のものを「取引の価額」とすることとし，当該景品類提供の対象商品又は役務について通常行われる取引の価額のうちの最低のものが100円を超えると認められるときは，当該最低のものを「取引の価額」とすることができる。
　(3)　購入を条件とせずに，店舗への入店者に対して景品類を提供する場合の「取引の価額」は，原則として，100円とする。ただし，当該店舗において通常行われる取引の価額のうち最低のものが100円を超えると認められるときは，当該最低のものを「取引の価額」とすることができる。この場合において，特定の種類の商品又は役務についてダイレクトメールを送り，それに応じて来店した顧客に対して景品類を提供する等の方法によるため，景品類提供に係る対象商品をその特定の種類の商品又は役務に限定していると認められるときはその商品又は役務の価額を「取引の価額」として取り扱う。
　(4)　景品類の限度額の算定に係る「取引の価額」は，景品類の提供者が小売業者又はサービス業者である場合は対象商品又は役務の実際の取引価格を，製造業者又は卸売業者である場合は景品類提供の実施地域における対象商品又は役務の通常の取引価格を基準とする。
　(5)　同一の取引に附随して二以上の景品類提供が行われる場合については，次による。
　　ア　同一の事業者が行う場合は，別々の企画によるときであっても，これらを合算した額の景品類を提供したことになる。
　　イ　他の事業者と共同して行う場合は，別々の企画によるときであっても，共同した事業者が，それぞれ，これらを合算した額の景品類を提供したことになる。
　　ウ　他の事業者と共同しないで景品類を追加した場合は，追加した事業者が，これらを合算した額の景品類を提供したことになる。
2　告示第2項第1号の「商品の販売若しくは使用のため又は役務の提供のため必要な物品又はサービス」について

当該物品又はサービスの特徴，その必要性の程度，当該物品又はサービスが通常別に対価を支払って購入されるものであるか否か，関連業種におけるその物品又はサービスの提供の実態等を勘案し，公正な競争秩序の観点から判断する（例えば，重量家具の配送，講習の教材，交通の不便な場所にある旅館の送迎サービス，ポータブルラジオの電池，劇場内で配布する筋書等を書いたパンフレット等で，適当な限度内のものは，原則として，告示第2項第1号に当たる。）。

3 告示第2項第2号の「見本その他宣伝用の物品又はサービス」について
  (1) 見本等の内容，その提供の方法，その必要性の限度，関連業種における見本等の提供の実態等を勘案し，公正な競争秩序の観点から判断する。
  (2) 自己の供給する商品又は役務について，その内容，特徴，風味，品質等を試食，試用等によって知らせ，購買を促すために提供する物品又はサービスで，適当な限度のものは，原則として，告示第2項第2号に当たる（例 食品や日用品の小型の見本・試供品，食品売場の試食品，化粧品売場におけるメイクアップサービス，スポーツスクールの一日無料体験。商品又は役務そのものを提供する場合には，最小取引単位のものであって，試食，試用等のためのものである旨が明確に表示されていなければならない。）。
  (3) 事業者名を広告するために提供する物品又はサービスで，適当な限度のものは，原則として，告示第2項第2号に当たる（例 社名入りのカレンダーやメモ帳）。
  (4) 他の事業者の依頼を受けてその事業者が供給する見本その他宣伝用の物品又はサービスを配布するものである場合も，原則として，告示第2項第2号に当たる。

4 告示第2項第3号の「自己の供給する商品又は役務の取引において用いられる割引券その他割引を約する証票」について
  (1) 「証票」の提供方法，割引の程度又は方法，関連業種における割引の実態等を勘案し，公正な競争秩序の観点から判断する。
  (2) 「証票」には，金額を示して取引の対価の支払いに充当される金額証（特定の商品又は役務と引き換えることにしか用いることのできないものを除く。）並びに自己の供給する商品又は役務の取引及び他の事業者の供給する商品又は役務の取引において共通して用いられるものであって，同額の割引を約する証票を含む。

5 公正競争規約との関係について
  本告示で規定する景品類の提供に関する事項について，本告示及び運用基準の範囲内で公正競争規約が設定された場合には，本告示の運用に当たつて，その定めるところを参酌する。

■資料 8　懸賞による景品類の提供に関する事項の制限

(昭和 52・3・1 公取委告示第 3 号)
最終改正　平成 8・2・16 公取委告示第 1 号

　不当景品類及び不当表示防止法(昭和 37 年法律第 134 号)第 4 条の規定に基づき,懸賞による景品類の提供に関する事項の制限(昭和 37 年公正取引委員会告示第 5 号)の全部を次のように改正する。

　　懸賞による景品類の提供に関する事項の制限
1　この告示において「懸賞」とは,次に掲げる方法によつて景品類の提供の相手方又は提供する景品類の価額を定めることをいう。
　一　くじその他偶然性を利用して定める方法
　二　特定の行為の優劣又は正誤によつて定める方法
2　懸賞により提供する景品類の最高額は,懸賞に係る取引の価額の 20 倍の金額(当該金額が 10 万円を超える場合にあつては,10 万円)を超えてはならない。
3　懸賞により提供する景品類の総額は,当該懸賞に係る取引の予定総額の 100 分の 2 を超えてはならない。
4　前 2 項の規定にかかわらず,次の各号に掲げる場合において,懸賞により景品類を提供するときは,景品類の最高額は 30 万円を超えない額,景品類の総額は懸賞に係る取引の予定総額の 100 分の 3 を超えない額とすることができる。ただし,他の事業者の参加を不当に制限する場合は,この限りでない。
　一　一定の地域における小売業者又はサービス業者の相当多数が共同して行う場合
　二　一の商店街に属する小売業者又はサービス業者の相当多数が共同して行う場合。ただし,中元,年末等の時期において,年 3 回を限度とし,かつ,年間通算して 70 日の期間内で行う場合に限る。
　三　一定の地域において一定の種類の事業を行う事業者の相当多数が共同して行う場合
5　前 3 項の規定にかかわらず,2 以上の種類の文字,絵,符号等を表示した符票のうち,異なる種類の符票の特定の組合せを提示させる方法を用いた懸賞による景品類の提供は,してはならない。

■資料9 「懸賞による景品類の提供に関する事項の制限」の運用基準

(平成24・6・28消費者庁長官通達第1号)

1 「懸賞による景品類の提供に関する事項の制限」(昭和52年公正取引委員会告示第3号。以下「告示」という。)第1項第1号の「くじその他偶然性を利用して定める方法」についてこれを例示すると、次のとおりである。
  (1) 抽せん券を用いる方法
  (2) レシート、商品の容器包装等を抽せん券として用いる方法
  (3) 商品のうち、一部のものにのみ景品類を添付し、購入の際には相手方がいずれに添付されているかを判別できないようにしておく方法
  (4) 全ての商品に景品類を添付するが、その価額に差等があり、購入の際には相手方がその価額を判別できないようにしておく方法
  (5) いわゆる宝探し、じゃんけん等による方法
2 告示第1項第2号の「特定の行為の優劣又は正誤によって定める方法」についてこれを例示すると、次のとおりである。
  (1) 応募の際一般に明らかでない事項(例 その年の10大ニュース)について予想を募集し、その回答の優劣又は正誤によって定める方法
  (2) キャッチフレーズ、写真、商品の改良の工夫等を募集し、その優劣によって定める方法
  (3) パズル、クイズ等の解答を募集し、その正誤によって定める方法
  (4) ボーリング、魚釣り、○○コンテストその他の競技、演技又は遊戯等の優劣によって定める方法(ただし、セールスコンテスト、陳列コンテスト等相手方事業者の取引高その他取引の状況に関する優劣によって定める方法は含まれない。)
3 先着順について
  来店又は申込みの先着順によって定めることは、「懸賞」に該当しない(「一般消費者に対する景品類の提供に関する事項の制限」その他の告示の規制を受けることがある。)。
4 告示第5項(カード合わせ)について
  (1) 次のような場合は、告示第5項のカード合わせの方法に当たる。
    携帯電話端末やパソコン端末などを通じてインターネット上で提供されるゲームの中で、ゲームの利用者に対し、ゲーム上で使用することができるアイテム等を、偶然性を利用して提供するアイテム等の種類が決まる方法によって有料で提供する場合であって、特定の2以上の異なる種類のアイテム等を揃えた利用者に対し、例えばゲーム上で敵と戦うキャラクターや、プレーヤーの分身となるキャラクター(いわゆる「アバター」と呼ばれるもの)が仮想空間上で住む部屋を飾るためのアイテムなど、ゲーム上で使用することができるアイテム等その他の経済上の利益を提供するとき。
  (2) 次のような場合は、告示第5項のカード合わせの方法に当たらない。
    ア 異なる種類の符票の特定の組合せの提示を求めるが、取引の相手方が商品を購入する際の選

択によりその組合せを完成できる場合（カード合わせ以外の懸賞にも当たらないが，「一般消費者に対する景品類の提供に関する事項の制限」その他の告示の規制を受けることがある。）
　イ　1点券，2点券，5点券というように，異なる点数の表示されている符票を与え，合計が一定の点数に達すると，点数に応じて景品類を提供する場合（カード合わせには当たらないが，購入の際には，何点の券が入っているかが分からないようになっている場合は，懸賞の方法に当たる（本運用基準第1項(4)参照）。これが分かるようになっている場合は，「一般消費者に対する景品類の提供に関する事項の制限」その他の告示の規制を受けることがある。）
　ウ　符票の種類は2以上であるが，異種類の符票の組合せではなく，同種類の符票を一定個数提示すれば景品類を提供する場合（カード合わせには当たらないが，購入の際にはいずれの種類の符票が入っているかが分からないようになっている場合は，懸賞の方法に当たる（本運用基準第1項(3)参照）。これが分かるようになっている場合は，「一般消費者に対する景品類の提供に関する事項の制限」その他の告示の規制を受けることがある。）
5　告示第2項の「懸賞に係る取引の価額」について
(1)　「一般消費者に対する景品類の提供に関する事項の制限」の運用基準第1項(1)から(4)までは，懸賞に係る取引の場合に準用する。
(2)　同一の取引に付随して2以上の懸賞による景品類提供が行われる場合については，次による。
　ア　同一の事業者が行う場合は，別々の企画によるときであっても，これらを合算した額の景品類を提供したことになる。
　イ　他の事業者と共同して行う場合は，別々の企画によるときであっても，それぞれ，共同した事業者がこれらの額を合算した額の景品類を提供したことになる。
　ウ　他の事業者と共同しないで，その懸賞の当選者に対して更に懸賞によって景品類を追加した場合は，追加した事業者がこれらを合算した額の景品類を提供したことになる。
6　懸賞により提供する景品類の限度について
　懸賞に係る一の取引について，同一の企画で数回の景品類獲得の機会を与える場合であっても，その取引について定められている制限額を超えて景品類を提供してはならない（例えば，1枚の抽せん券により抽せんを行って景品類を提供し，同一の抽せん券により更に抽せんを行って景品類を提供する場合にあっては，これらを合算した額が制限額を超えてはならない。）。
7　告示第3項及び第4項の「懸賞に係る取引の予定総額」について
　懸賞販売実施期間中における対象商品の売上予定総額とする。
8　告示第4項第1号及び第3号の「一定の地域」について
(1)　小売業者又はサービス業者の行う告示第4項第1号又は第3号の共同懸賞については，その店舗又は営業施設の所在する市町村（東京都にあっては，特別区又は市町村）の区域を「一定の地域」として取り扱う。
　一の市町村（東京都にあっては，特別区又は市町村）の区域よりも狭い地域における小売業者又はサービス業者の相当多数が共同する場合には，その業種及びその地域における競争の状況等を勘案して判断する。

(2) 小売業者及びサービス業者以外の事業者の行う共同懸賞については，同種類の商品をその懸賞販売の実施地域において供給している事業者の相当多数が参加する場合は，告示第4項第3号に当たる。
9 告示第4項第2号の共同懸賞について
　商店街振興組合法の規定に基づき設立された商店街振興組合が主催して行う懸賞は，第4項第2号の共同懸賞に当たるものとして取り扱う。
10 告示第4項の「相当多数」について
　共同懸賞の参加者がその地域における「小売業者又はサービス業者」又は「一定の種類の事業を行う事業者」の過半数であり，かつ，通常共同懸賞に参加する者の大部分である場合は，「相当多数」に当たるものとして取り扱う。
11 告示第4項第3号の「一定の種類の事業」について日本標準産業分類の細分類として掲げられている種類の事業（例　1011　清涼飲料，7821　理容業，8043　ゴルフ場）は，原則として，「一定の種類の事業」に当たるものとして取り扱うが，これにより難い場合は，当該業種及び関連業種における競争の状況等を勘案して判断する。
12 共同懸賞への参加の不当な制限について
　次のような場合は，告示第4項ただし書の規定により，同項の規定による懸賞販売を行うことができない。
　(1) 共同懸賞への参加資格を売上高等によって限定し，又は特定の事業者団体の加入者，特定の事業者の取引先等に限定する場合
　(2) 懸賞の実施に要する経費の負担，宣伝の方法，抽せん券の配分等について一部の者に対し不利な取扱いをし，実際上共同懸賞に参加できないようにする場合

附　則（平成24年6月28日消表対第261号）
　この通達は，平成24年7月1日から施行する。

■資料10　景品類の価額の算定基準について

(昭和53・11・30事務局長通達第9号)

　公正取引委員会の決定に基づき，景品類の価額の算定基準を次のとおり定めたので，以後これによられたい。

　なお，「景品類の価額の算定基準および商店街における共同懸賞について（昭和47年12月19日公取監第773号事務局長通達）」は廃止する。

　　景品類の価額の算定基準
1　景品類の価額の算定は，次による。
　(1)　景品類と同じものが市販されている場合は，景品類の提供を受ける者が，それを通常購入するときの価格による。
　(2)　景品類と同じものが市販されていない場合は，景品類を提供する者がそれを入手した価格，類似品の市価等を勘案して，景品類の提供を受ける者が，それを通常購入することとしたときの価格を算定し，その価格による。
2　海外旅行への招待又は優待を景品類として提供する場合の価額の算定も1によるが，具体的には次による。
　(1)　その旅行が，あらかじめ旅行地，日数，宿泊施設，観光サービス等を一定して旅行業者がパンフレット，チラシ等を用いて一般に販売しているもの（以下「セット旅行」という。）である場合又はその旅行がセット旅行ではないが，それと同一内容のセット旅行が他にある場合は，そのセット旅行の価格による。
　(2)　その旅行がセット旅行ではなく，かつ，その旅行と同一内容のセット旅行が他にない場合は，その旅行を提供する者がそれを入手した価格，類似内容のセット旅行の価格等を勘案して，景品類の提供を受ける者が，それを通常購入することとしたときの価格を算定し，その価格による。

■資料11　新聞業における景品類の提供に関する事項の制限

(平成10・4・10公取委告示第5号)
最終変更　平成12・8・15公取委告示第29号

　不当景品類及び不当表示防止法（昭和37年法律第134号）第4条の規定に基づき，新聞業における景品類の提供に関する事項の制限（昭和39年公正取引委員会告示第15号）の全部を次のように変更する。

　　新聞業における景品類の提供に関する事項の制限
1　新聞の発行又は販売を業とする者は，新聞を購読するものに対し，次に掲げる範囲を超えて景品類を提供してはならない。
　一　懸賞により提供する景品類にあっては，次に該当する範囲内であって，新聞業（新聞を発行し，又は販売する事業をいう。以下同じ。）における正常な商慣習に照らして適当と認められる範囲（二に該当するものを除く。）
　　イ　景品類の最高額は，懸賞に係る取引の価額の10倍又は5万円のいずれか低い金額の範囲
　　ロ　景品類の総額は，懸賞に係る取引の予定総額の1000分の7金額の範囲
　二　「懸賞による景品類の提供に関する事項の制限」（昭和52年公正取引委員会告示第3号）第4項各号に該当する場合において，懸賞により提供する景品類にあっては，同項の範囲内の景品類であって，新聞業における正常な商慣習に照らして適当と認められる範囲
　三　懸賞によらないで提供する景品類にあっては，次に掲げる範囲
　　イ　景品類の提供に係る取引の価額の100分の8又は6か月分の購読料金の100分の8のいずれか低い金額の範囲（ロ又はハに該当するものを除く。）
　　ロ　自己が発行し，又は販売する新聞に付随して提供する印刷物であって，新聞に類似するもの又は新聞業における正常な商慣習に照らして適当と認められるもの
　　ハ　その対象を自己が発行し，又は販売する新聞を購読するものに限定しないで行う催し物等への招待又は優待であって，新聞業における正常な商慣習に照らして適当と認められるもの
2　新聞の発行を業とする者が，その新聞の編集に関連してアンケート，クイズ等の回答，将来の予想等の募集を行い，その対象を自己の発行する新聞を購読するものに限定しないで懸賞により景品類を提供する場合には，前項の規定にかかわらず，当該景品類の価額の最高額は，3万円を超えない額とすることができる。
備考
　この告示において「新聞」とは，邦字で発行される日刊新聞をいう。

■資料12　雑誌業における景品類の提供に関する事項の制限

(平成4・2・12公取委告示第3号)
最終変更　平成8・12・10公取委告示第34号

不当景品類及び不当表示防止法(昭和37年法律第134号)第4条の規定に基づき，雑誌業における景品類の提供に関する事項の制限(昭和52年公正取引委員会告示第4号)の全部を次のように変更する。

　　　　雑誌業における景品類の提供に関する事項の制限
1　雑誌の発行を業とする者は，一般消費者に対し，次に掲げる範囲を超えて景品類を提供してはならない。
　一　懸賞により提供する景品類にあっては，「懸賞による景品類の提供に関する事項の制限」(昭和52年公正取引委員会告示第3号)の範囲
　二　懸賞によらないで提供する景品類にあっては，「一般消費者に対する景品類の提供に関する事項の制限」(昭和52年公正取引委員会告示第5号)の範囲
　三　編集に関連し，かつ，雑誌と一体として利用する教材その他これに類似する物品であって，雑誌の発行をする事業における正常な商慣習に照らして適当と認められる範囲
2　雑誌に募集の内容を掲載して，その雑誌の編集に関連するアンケート，パズル等の回答，将来の予想，学力テスト，感想文，写真等の募集を行い，懸賞により景品類を提供する場合には，前項の規定にかかわらず，当該景品類の価額の最高額は，3万円を超えない額とすることができる。

■資料13　不動産業における一般消費者に対する景品類の提供に関する事項の制限

(平成9・4・25公取委告示第37号)

不動産業における景品類の提供に関する事項の制限(昭和58年公正取引委員会告示第17号)の全部を次のとおり変更する。

　　　　不動産業における一般消費者に対する景品類の提供に関する事項の制限
　不動産の売買，交換若しくは賃貸又は不動産の売買，交換若しくは賃貸の代理若しくは媒介を業とする者は，一般消費者に対し，次に掲げる範囲を超えて景品類を提供してはならない。
一　懸賞により提供する景品類にあっては，「懸賞による景品類の提供に関する事項の制限」(昭和52年公正取引委員会告示第3号)の範囲
二　懸賞によらないで提供する景品類にあっては，景品類の提供に係る取引の価額の10分の1又は100万円のいずれか低い金額の範囲
備考
　この告示で「不動産」とは，土地及び建物をいう。

■資料14　医療用医薬品業，医療機器業及び衛生検査所業における景品類の提供に関する事項の制限

（平成9・8・11公取委告示第54号）
最終変更　平成18・11・1公取委告示第36号

　不当景品類及び不当表示防止法（昭和37年法律第134号）第4条の規定に基づき，衛生検査所業における景品類の提供に関する事項の制限（平成3年公正取引委員会告示第31号）の全部を次のとおり変更する。

　　　　　医療用医薬品業，医療機器業及び衛生検査所業における景品類の提供に関する事項の制限
　医療用医薬品の製造又は販売を業とする者，医療機器の製造又は販売を業とする者及び衛生検査を行うことを業とする者は，医療機関等に対し，医療用医薬品，医療機器又は衛生検査の取引を不当に誘引する手段として，医療用医薬品若しくは医療機器の使用又は衛生検査の利用のために必要な物品又はサービスその他正常な商慣習に照らして適当と認められる範囲を超えて景品類を提供してはならない。

備考
1　この告示で「医療用医薬品」とは，薬事法（昭和35年法律第145号）第2条第1項に規定する医薬品であって，医療機関等において医療のために使用されるものをいう。
2　この告示で「医療機器」とは，薬事法第2条第4項に規定する医療機器であって，医療機関等において医療のために使用されるものをいう。
3　この告示で「衛生検査」とは，人体から排出され，又は採取された検体について行う臨床検査技師等に関する法律（昭和33年法律第76号）第2条に規定する検査をいう。
4　この告示で「医療機関等」とは，医療法（昭和23年法律第205号）第1条の5に規定する病院及び診療所，介護保険法（平成9年法律第123号）第8条第25項に規定する介護老人保健施設，薬事法第2条第11項に規定する薬局その他医療を行うもの及び衛生検査を委託するもの（これらの役員，医療担当者その他の従業員を含む。）をいう。

■資料15　商品の原産国に関する不当な表示

(昭和48・10・16公取委告示第34号)

　不当景品類及び不当表示防止法（昭和37年法律第134四号）第5条第3号の規定により，商品の原産国に関する不当な表示を次のように指定し，昭和49年5月1日から施行する。

　　商品の原産国に関する不当な表示
1　国内で生産された商品についての次の各号の一に掲げる表示であつて，その商品が国内で生産されたものであることを一般消費者が判別することが困難であると認められるもの
　一　外国の国名，地名，国旗，紋章その他これらに類するものの表示
　二　外国の事業者又はデザイナーの氏名，名称又は商標の表示
　三　文字による表示の全部又は主要部分が外国の文字で示されている表示
2　外国で生産された商品についての次の各号の一に掲げる表示であつて，その商品がその原産国で生産されたものであることを一般消費者が判別することが困難であると認められるもの
　一　その商品の原産国以外の国の国名，地名，国旗，紋章その他これらに類するものの表示
　二　その商品の原産国以外の国の事業者又はデザイナーの氏名，名称又は商標の表示
　三　文字による表示の全部又は主要部分が和文で示されている表示
備考
1　この告示で「原産国」とは，その商品の内容について実質的な変更をもたらす行為が行なわれた国をいう。
2　商品の原産地が一般に国名よりも地名で知られているため，その商品の原産地を国名で表示することが適切でない場合は，その原産地を原産国とみなして，この告示を適用する。

■資料16 「商品の原産国に関する不当な表示」の運用基準について

(昭和48・10・16事務局長通達第12号)

　公正取引委員会の決定に基づき，「商品の原産国に関する不当な表示」（昭和48年公正取引委員会告示第34号）の運用基準を次のとおり定めたので，これによられたい。

　　「商品の原産国に関する不当な表示」の運用基準
一　告示第1項第1号及び第2項第1号の表示には，国名又は地名の略称又は通称，地域の名称，国の地図などの表示が含まれる。（例えば，「U.S.A.」，「イギリス」，「England」，「ヨーロッパ」など）
二　外国の国名又は地名を含むが，日本の事業者の名称であることが明らかな表示は，告示第1項第1号の表示に該当しない（例えば，「○○屋」など〔○○は外国の国名又は地名〕）。
三　外国の国名，地名又は事業者の名称等を含むが，商品の普通名称であつて，原産国が外国であることを示すものでないことが明らかな表示は，告示第1項第1号又は第2号の表示に該当しない（例えば，和文による「フランスパン」，「ロシアケーキ」，「ボストンバッグ」，「ホンコンシャツ」，などの表示）。
四　告示第1項第2号及び第2項第2号の「……国の事業者」とは，その国に本店を有する事業者をいう（例えば，日本に本店を有する事業者は，いわゆる外資系の会社であつても，告示第1項第2号の「外国の事業者」に含まれない。）。
五　告示第1項第1号及び第2号並びに第2項第1号及び第2号の表示は，和文によるか，外国の文字によるかを問わない。
六　次のような表示は，告示第1項第3号の表示に該当しない。
　(1)　外国の文字で表示（ローマ字綴りによる場合を含む。）された国内の事業者の名称又は商標であつて，国内で生産された商品（以下「国産品」という。）に表示されるものであることを一般消費者が明らかに認識していると認められるものの表示
　(2)　法令の規定により，一般消費者に対する表示として，日本語に代えて用いることができるものとされている表示（例えば，「ALL WOOL」，「STAINLESS STEEL」など）
　(3)　一般の商慣習により，一般消費者に対する表示として，日本語に代えて用いられているため，日本語と同様に理解されている表示（例えば，「size」，「price」など）
　(4)　外国文字が表示されているが，それが模様，飾りなどとして用いられており，商品の原産国が外国であることを示すものでないことが明らかな表示（例えば，手下げ袋の模様として英文雑誌の切抜を用いたもの）
七　告示第1項各号の表示であつても，次のような方法で国産品である旨が明示されている場合は，本運用基準第8項の場合を除き，告示第1項の不当な表示に該当しない。
　(1)　「国産」，「日本製」などと明示すること。
　(2)　「○○株式会社製造」，「製造者○○株式会社」などと明示すること。

(3) 事業者の名称が外国の文字で表示されている場合（ローマ字綴りによる場合を含む。）は，日本の国内の地名を冠した工場名を（地名を冠していない工場名の場合は，その所在地名を附記して）これを併記して明示すること。
(4) 目立つようにして，「Made in Japan」と表示すること。
八 告示第1項各号の表示がされている場合であつて，前項の表示をしても，なお，その商品の原産国がいずれであるかが紛わしいときには，これらの表示とともに，外国の国名等とその商品との関係を和文で明示しなければ，告示第1項の不当な表示に該当するおそれがある。
　注　例えば，「Fabric made in England」，「Material，imported from France」又は単に「Italy/Japan」などと表示されている場合，「日本製，生地は英国製」，「原材料をフランスから輸入し，○○株式会社△△工場で製造」，「イタリヤのデザインにより，○○株式会社で縫製」などと表示すればよい。
九 本運用基準第7項及び前項による原産国を明らかにするための表示は，次のように行うものとする。
(1) 原則として，告示第1項各号又は第2項各号の表示がされている表示媒体に明示する。
(2) 告示第1項各号又は第2項各号の表示が，商品，容器，包装又はこれらに添付した物（ラベル，タッグなど）にされている場合は，目立つようにして行うならば，これらのうち，いずれの物に表示してもよい。
十 次のような行為は，告示備考第1項の「商品の内容についての実質的な変更をもたらす行為」に含まれない。
(1) 商品にラベルを付け，その他標示を施すこと。
(2) 商品を容器に詰め，又は包装をすること。
(3) 商品を単に詰合せ，又は組合せること。
(4) 簡単な部品の組立をすること。
十一 本告示の運用に関し，必要がある場合は，品目又は業種ごとに細則を定める。

■資料17 「商品の原産国に関する不当な表示」の原産国の定義に関する運用細則

(昭和48・12・5事務局長通達第14号)
最終改正　昭和56・6・29事務局長通達第3号

「商品の原産国に関する不当な表示」(昭和48年公正取引委員会告示第34号)の運用基準第11項に基づき，同告示備考第1項に定める原産国の定義に関する運用細則を左記のとおり定める。

記

「商品の原産国に関する不当な表示」の原産国の定義に関する運用細則

次の表の上欄に掲げる品目についての告示備考第1項の「商品の内容について実質的な変更をもたらす行為」は，それぞれ，当該下欄に掲げる行為とする。

品目		実質的な変更をもたらす行為
食料品	緑茶 紅茶	荒茶の製造
	清涼飲料(果汁飲料を含む。)	原液又は濃縮果汁を希釈して製造したものにあつては希釈
	米菓	煎焼又は揚
衣料品	織物	染色しないもの及び製織前に染色するものにあつては製織。製織後染色するものにあつては染色。ただし，製織後染色する和服用絹織物のうち，小幅着尺又は羽尺地にあつては製織及び染色。 (注)「小幅着尺又は羽尺地」には，小幅着尺及び羽尺地が連続したもの，小幅着尺又は羽尺地がそれぞれ2以上連続したものその他小幅着尺又は羽尺地より丈の長いものであつてこれらと同様の用に供せられるものを含む。
	エンブロイダリーレース	刺しゆう
	下着 寝着 外衣(洋服，婦人子供服，ワイシャツ等) 帽子 手袋	縫製
	ソックス	編立
身のまわり品	かわ靴	甲皮と底皮を接着，縫製その他の方法により結合すること。
雑貨	腕時計	ムーブメントの組立。ただし，側又はバンドが重要な構成要素となつている高級腕時計及び防水などの特殊な腕時計にあつては，ムーブメントの組立及び側又はバンドの製造。 (注)ただし書の腕時計において，ムーブメントの組立が行われた国と側又はバンドの製造が行なわれた国とが異なるときは，原産国は，2国となる。

■資料18 「商品の原産国に関する不当な表示」の衣料品の表示に関する運用細則

(昭和48・12・5事務局長通達第15号)

「商品の原産国に関する不当な表示」(昭和48年公正取引委員会告示第34号)の運用基準第11項に基づき,衣料品の表示に関する運用細則を左記のとおり定める。

記

「商品の原産国に関する不当な表示」の衣料品の表示に関する運用細則

1 次に掲げるような生地の名称は,運用基準第3項の「普通名称」として取扱う。
「カシミヤ」,「ジャージー」,「ツィード」

2 例えば,国産品についての次に掲げるような表示は,不当な表示に該当する。

(1) 告示第1項第1号関係

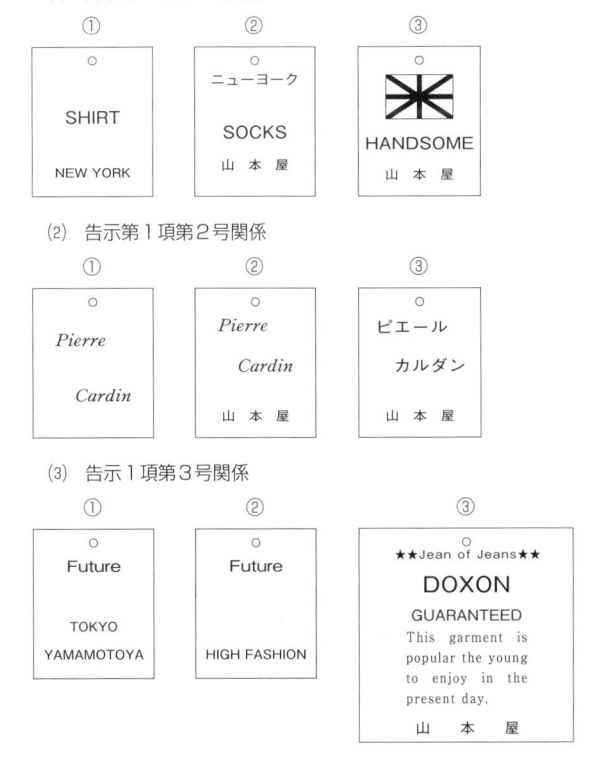

①	②	③
SHIRT NEW YORK	ニューヨーク SOCKS 山 本 屋	HANDSOME 山 本 屋

(2) 告示第1項第2号関係

①	②	③
Pierre *Cardin*	*Pierre* *Cardin* 山 本 屋	ピエール カルダン 山 本 屋

(3) 告示1項第3号関係

①	②	③
Future TOKYO YAMAMOTOYA	Future HIGH FASHION	★★Jean of Jeans★★ DOXON GUARANTEED This garment is popular the young to enjoy in the present day. 山 本 屋

3 前項各号に掲げるような表示であっても,例えば,次のような方法で国産品である旨が明示されているものは,告示第1項の不当な表示に該当しない。

(1) 告示第1項第1号関係

270　巻末付録

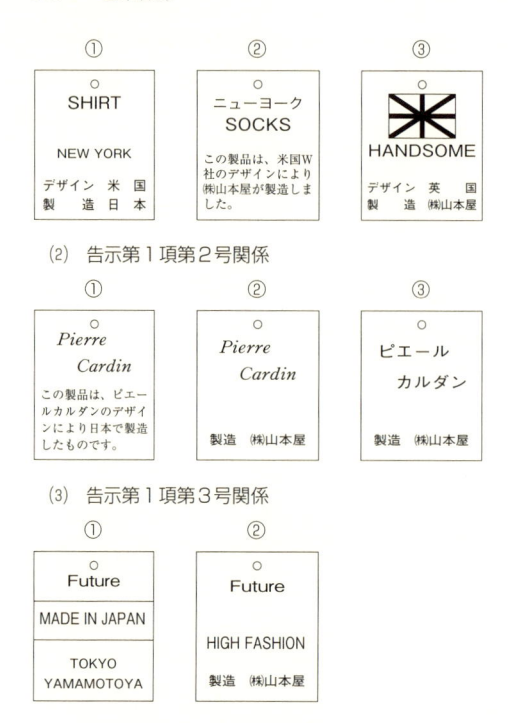

①	②	③
○ SHIRT NEW YORK デザイン　米　国 製　　造　日　本	○ ニューヨーク SOCKS この製品は、米国W社のデザインにより㈱山本屋が製造しました。	○ ※ HANDSOME デザイン　英　国 製　造　㈱山本屋

(2)　告示第1項第2号関係

①	②	③
○ *Pierre Cardin* この製品は、ピエールカルダンのデザインにより日本で製造したものです。	○ *Pierre Cardin* 製造　㈱山本屋	○ ピエール カルダン 製造　㈱山本屋

(3)　告示第1項第3号関係

①	②
○ Future MADE IN JAPAN TOKYO YAMAMOTOYA	○ Future HIGH FASHION 製造　㈱山本屋

（注1）本項(3)の①の「MADE IN JAPAN」の文字の表示は，背景の色と対照的な色で目立つようにしなければならない。

4　国産品について，例えば，次のような方法で「MADE IN JAPAN」と表示した場合は，当該商品が国産品であることを一般消費者が判別することが困難であると認められるので，不当な表示に該当する。

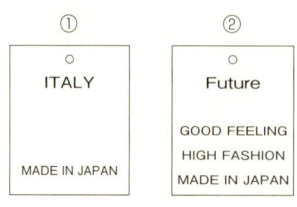

①	②
○ ITALY MADE IN JAPAN	○ Future GOOD FEELING HIGH FASHION MADE IN JAPAN

■資料19　無果汁の清涼飲料水等についての表示

（昭和48・3・20公取委告示第4号）

　不当景品類及び不当表示防止法（昭和37年法律第134号）第5条第3号の規定により，無果汁の清涼飲料水等についての表示を次のように指定し，昭和48年9月20日から施行する。ただし，王冠による密栓をしたびん詰の清涼飲料水並びに紙による密栓をした乳飲料，はつ酵乳及び乳酸菌飲料については，同年10月19日までの期間は，適用しない。

　　無果汁の清涼飲料水等についての表示
1　原材料に果汁又は果肉が使用されていない清涼飲料水，乳飲料，はつ酵乳，乳酸菌飲料，粉末飲料，アイスクリーム類又は氷菓（以下「清涼飲料水等」といい，容器に入つているもの又は包装されているものに限る。）についての次の各号の一に該当する表示であつて，当該清涼飲料水等の原材料に果汁又は果肉が使用されていない旨が明瞭に記載されていないもの
　一　当該清涼飲料水等の容器又は包装に記載されている果実の名称を用いた商品名等の表示
　二　当該清涼飲料水等の容器又は包装に掲載されている果実の絵，写真又は図案の表示
　三　当該清涼飲料水等又はその容器若しくは包装が，果汁，果皮又は果肉と同一又は類似の色，かおり又は味に着色，着香又は味付けがされている場合のその表示
2　原材料に僅少な量の果汁又は果肉が使用されている清涼飲料水等についての前項各号の一に該当する表示であつて，当該清涼飲料水等の原材料に果汁若しくは果肉が使用されていない旨又は当該清涼飲料水等に使用されている果汁若しくは果肉の割合が明瞭に記載されていないもの

■資料20 「無果汁の清涼飲料水等についての表示」に関する運用基準について

(昭和48・5・9事務局長通達第6号)
最終改正 平成13・2・5事務総長通達第16号

　不当景品類及び不当表示防止法第5条第3号の規定に基づく「無果汁の清涼飲料水等についての表示」(昭和48年3月20日公正取引委員会告示第4号)に関する運用基準を左記のとおり定めたので、今後、この基準により適切に処理されたい。

記
「無果汁の清涼飲料水等の表示」に関する運用基準

一　告示で対象とする「果実」は、日本標準商品分類による果実とする。
二　「果汁」とは、果実を粉砕して搾汁、裏ごし等をし、皮、種子等を除去したものをいう。
三　「商品名等」とは、商品名、説明文その他の文言をいう。
四　「果実の名称を用いた商品名」には、「レモネード」、「○○フルーツ」、「フルーツ○○」などと称する商品名を含む。
五　告示第1項の「果汁又は果肉が使用されていない旨」および告示第2項の「果汁若しくは果肉が使用されていない旨」の記載は、次の文言の記載とする。
「無果汁」、「果汁を含まず」、「果汁ゼロ」、「果汁0％」
六　告示第1項の「果汁又は果肉が使用されていない旨」および告示第2項の「果汁若しくは果肉が使用されていない旨又は……使用されている果汁若しくは果肉の割合」は、次のように記載したものでなければ、「明瞭に記載されていないもの」として取り扱う。
　(1)　商標または商品名の表示(2箇所以上に表示されている場合は、そのうちでもっとも目立つもの)と同一視野に入る場所に、背景の色と対照的な色で、かつ、14ポイントの活字以上の大きさの文字で見易いように記載すること。ただし、技術的理由等により、「同一視野に入る場所」に記載することができない場合は、容器上で他の見易い場所に記載するものとする。同様の理由により、容器上に記載することが著しく困難な場合で、あらかじめ公正取引委員会に届け出たときは、王冠または紙栓に記載することができるものとするが、その場合の「無果汁」等の記載の位置は、その中央部分とし、かつ、紙栓をした清涼飲料水等にあっては、フードにも「無果汁」等の記載をするものとする。
　(2)　告示第1項各号の表示(告示第2項の清涼飲料水等についての表示を含む。)が、内容物、容器等と外箱等との両方にされている場合は、その両方に記載すること。
七　告示第1項第3号の表示は、果汁または果肉が使用されているかのような印象(告示第2項の清涼飲料水等の表示にあっては、果汁または果肉が相当量使用されているかのような印象)を与える次に例示するような表示をいう。
　(1)　清涼飲料水等に、オレンジの果汁と同一または類似の着色がされ、かつ、オレンジと同一または類似のかおりまたは味がつけられているもの
　(2)　氷菓に、いちごをつぶし牛乳を加えたものと同一または類似の着色がされ、かつ、いちごと同

一または類似のかおりまたは味がつけられているもの
八　「僅少な量」とは，果実飲料の日本農林規格の別表3に定める果実ごとの糖用屈折計示度（加えられた糖類，はちみつ等の糖用屈折計示度を除く。）の基準又は同別表4に定める酸度（加えられた酸の酸度を除く。）の基準に対する割合（以下「糖用屈折計示度の基準に対する割合」という。）で5％未満の量とする。水を加えて飲用に供する清涼飲料水等にあっては，標準の希釈倍数等により飲用に供する状態にした場合における糖用屈折計示度の基準に対する割合で5％未満の量とする。
九　果実飲料の日本農林規格に定める測定方法に基づく検査によって，果汁分が検出されない清涼飲料水等は，果汁が使用されていないものとして取り扱う。
十　果実飲料の日本農林規格に定める測定方法に基づく検査又は帳簿書類によって，その糖用屈折計示度の基準に対する割合の数値を証明することができる場合に限り，「果汁若しくは果肉の割合」を百分率で記載することができるものとする。

■資料21　消費者信用の融資費用に関する不当な表示

(昭和55・4・12公取委告示第13号)

不当景品類及び不当表示防止法（昭和37年法律第134号）第5条第3号の規定により，消費者信用の融資費用に関する不当な表示を次のように指定し，昭和55年7月1日から施行する。

　　　消費者信用の融資費用に関する不当な表示

消費者信用の融資費用に関する次の各号の一に掲げる表示であつて，実質年率が明瞭に記載されていないもの（利息が年建てによる率（アドオン方式によるものを除く。）で記載され，かつ，利息以外のすべての融資費用の内容及びその額又は率が明瞭に記載されている場合は，含まれない。）

一　アドオン方式による利息，手数料その他の融資費用の率の表示
二　日歩，月利等年建て以外による利息，手数料その他の融資費用の率の表示
三　融資費用の額の表示
四　返済事例による融資費用の表示
五　融資費用の一部についての年建てによる率の表示

備考
1　この告示で「消費者信用」とは，事業者が一般消費者に対し行う金銭の貸付け及び商品の販売又は役務の提供に係る代金支払の繰延べの許容により供与される信用をいう。
2　この告示で「融資費用」とは，利息，手数料，信用調査費，集金費，保証料，保険料その他何らの名義をもってするを問わず，信用供与に際し，一般消費者から受ける金銭のすべてをいう。ただし，登記手数料，印紙代その他法令の規定に基づくもの及び担保物件に係る火災保険料を除く。
3　この告示で，「実質年率」とは，実際に利用可能な融資金又は未払金の額に期間数を乗じて得た額を合計した額に対する融資費用の総額の割合を年を単位として表わしたものをいう。
4　この告示は，消費者信用の融資費用に関し法令等に特別の定めがある場合において，その法令等に基づいて行う表示については，適用しない。

■資料22 「消費者信用の融資費用に関する不当な表示」の運用基準

(昭和55・6・9事務局長通達第8号)

　公正取引委員会の決定に基づき，「消費者信用の融資費用に関する不当な表示」(昭和55年公正取引委員会告示第13号) の運用基準を次のとおり定めたので，これによられたい。

　　「消費者信用の融資費用に関する不当な表示」の運用基準
1　この告示の適用を受けるものは，消費者信用の表示を行う事業者であり，金融機関，貸金業者，割賦販売業者，ローン提携販売業者，割賦購入あつせん業者等を含む。
2　「実質年率」の表示方法について
　(1)　実質年率は，少なくとも0.1パーセントの単位まで示すものとし，告示各号の表示に併記する場合は，その表示と同等以上の大きさの文字を用いるものとする。
　(2)　実質年率が個々の取引により異なる場合にあつては，通常行われる取引における最も高い実質年率及びその実質年率が適用される融資金の額，融資期間等の条件又は実質年率の範囲を表示するものとする。
　　(例えば，「実質年率通常○○パーセント (○万円，○年間融資の場合) 以内」，「実質年率○○パーセントから○○パーセントまで」等)
3　「記載されている年建ての利息」について
　(1)　記載されている年建ての利息は，少なくとも0.1パーセントの単位まで示されたものであつて，融資費用に関する表示と同等以上の大きさの文字を用いたものをいう。
　(2)　記載されている年建ての利息は，次のように表示されたものをいう。(例えば「年○○パーセント」，「年利○○パーセント」，「年率○○パーセント」)
　(3)　記載された年建ての利息は，個々の取引により異なっている場合にあつては，その旨が表示されているものをいう。(例えば，「年利○○パーセント (融資金○万円，融資期間○年の場合)」，「年率○○パーセントから○○パーセント」，「融資金○万円　年○○パーセント」等)
4　「融資費用の内容及びその額又は率が明瞭に記載されている場合」について
　　融資費用の内容及びその額又は率が明瞭に記載されている場合とは，利息以外のすべての融資費用について，内容 (手数料，信用調査費，保証料等) と，その額又は率が明瞭に記載されている場合をいう。金額でなく率で記載する場合は，年建てによる率 (アドオン方式によるものを除く。) で記載されているものをいう。
5　「実質年率」について
　　融資金について，実質年率の算式を示せば，次のとおりである。

$$R = \frac{F}{\sum_{i=1}^{n} Ui + Ti}$$

ただし，R・F・n・Ti及びUiは，それぞれ次の値を表わすものとする。

R　実質年率
F　融資費用の総額
n　融資金の完済するまでの返済回数
Ti　融資金の前回の返済の日から今回の返済の日の前日までの期間（年を単位として表わすものとする。以下同じ。）。ただし，T1は，信用供与を受けた日から第1回の返済の日の前日までの期間
Ui　前回の返済の日の前日における融資金の未払残高から，前回の返済額のうち融資金への充当分を減じた額。ただし，U1，信用供与時の融資金の額であるが信用供与時に融資費用の一部又は全部を徴収するものにあつては，実際に交付することとなる融資金の額

6　告示備考第4項に該当するものを例示すれば，次のとおりである。
(1)　質屋営業法に基づいて行う表示
(2)　国，特別の法律による特別の設立行為をもつて設立される法人（例えば，○○公庫，○○公団，日本勤労者住宅協会等）地方住宅供給公社等が行う表示

■資料23　おとり広告に関する表示

（平成5・4・28公取委告示第17号）
全部変更　平成5・4・28公取委告示第17号

　不当景品類及び不当表示防止法（昭和37年法律第134号）第5条第3号の規定に基づき，おとり広告に関する表示（昭和57年公正取引委員会告示第13号）の全部を次のように変更し，平成5年5月15日から施行する。

　　おとり広告に関する表示
　一般消費者に商品を販売し，又は役務を提供することを業とする者が，自己の供給する商品又は役務の取引（不動産に関する取引を除く。）に顧客を誘引する手段として行う次の各号の一に掲げる表示
　一　取引の申出に係る商品又は役務について，取引を行うための準備がなされていない場合その他実際には取引に応じることができない場合のその商品又は役務についての表示
　二　取引の申出に係る商品又は役務の供給量が著しく限定されているにもかかわらず，その限定の内容が明瞭に記載されていない場合のその商品又は役務についての表示
　三　取引の申出に係る商品又は役務の供給期間，供給の相手方又は顧客1人当たりの供給量が限定されているにもかかわらず，その限定の内容が明瞭に記載されていない場合のその商品又は役務についての表示
　四　取引の申出に係る商品又は役務について，合理的理由がないのに取引の成立を妨げる行為が行われる場合その他実際には取引する意思がない場合のその商品又は役務についての表示

■資料24　「おとり広告に関する表示」等の運用基準

(平成5・4・28事務局長通達第6号)
最終変更　平成12・6・30事務総長通達第8号

　公正取引委員会の決定に基づき，「おとり広告に関する表示」(平成5年公正取引委員会告示第17号)等の運用基準を次のとおり定めたので，これによられたい。
　なお，「『おとり広告に関する表示』の運用基準(昭和57年6月10日事務局長通達第3号)」は「おとり広告に関する表示」(平成5年公正取引委員会告示第17号)の施行日をもって廃止する。

　　「おとり広告に関する表示」等の運用基準
第1　おとり広告規制の趣旨及び運用に当たっての留意事項
　1　「おとり広告に関する表示」(平成5年公正取引委員会告示第17号。以下「告示」という。)は，広告，ビラ等における取引の申出に係る商品又は役務(以下「広告商品等」という。)が実際には申出どおり購入することができないものであるにもかかわらず，一般消費者がこれを購入できると誤認するおそれがある表示を，不当に顧客を誘引し，公正な競争を阻害するおそれがある不当な表示として規制するものである。
　　　事業者は，広告，ビラ等において広く消費者に対し取引の申出をした広告商品等については，消費者の需要に自らの申出どおり対応することが必要であり，また，何らかの事情により取引に応じることについて制約がある場合には，広告，ビラ等においてその旨を明瞭に表示することが必要である。
　2　告示の運用に当たっては，以下の点に留意されたい。
　　①　広告，ビラ等において，通常よりも廉価で取引する旨の記載を伴う商品又は役務についての表示であって，告示各号の規定に該当するものに重点を置くこととする。
　　②　違反行為の未然防止を図るため告示の普及・啓発に努めるとともに，違反事件については，引き続き，厳正かつ迅速に対処することとする。
　　③　関係業界において，公正競争規約その他当委員会の承認を受けた自主的な基準が設定されている場合には，その定めるところを参酌するものとする。
　3　一般消費者が商品又は役務の品質等の内容，価格等の取引条件について誤認する表示については，それぞれ，不当景品類及び不当表示防止法(以下「景品表示法」という。)第5条第1号，第2号により規制されているところである。通常よりも廉価で取引する旨の記載を伴う商品又は役務についての表示については，景品表示法第5条第1号及び第2号の問題も生じがちであることにかんがみ，同法第5条第1号，第2号の問題となる典型的な表示を例示として第3に掲げたところであり，これらを含めた景品表示法違反行為の未然防止及び違反事件の処理の適正を期されたい。
第2　「おとり広告に関する表示」の運用基準
　1－⑴　告示第1号の「取引を行うための準備がなされていない場合」について

広告商品等について「取引を行うための準備がなされていない場合」に当たる場合を例示すると以下のとおりである。このような場合において，それが当該事業者の責に帰すべき事由以外によるものと認められ，かつ，広告商品等の取引を申し込んだ顧客に対して，広告，ビラ等において申し出た取引条件で取引する旨を告知するとともに希望する顧客に対しては遅滞なく取引に応じているときには，不当表示には当たらないものとして取り扱う。
① 当該店舗において通常は店頭展示販売されている商品について，広告商品が店頭に陳列されていない場合
② 引渡しに期間を要する商品について，広告商品については当該店舗における通常の引渡期間よりも長期を要する場合
③ 広告，ビラ等に販売数量が表示されている場合であって，その全部又は一部について取引に応じることができない場合
④ 広告，ビラ等において写真等により表示した品揃えの全部又は一部について取引に応じることができない場合
⑤ 単一の事業者が同一の広告，ビラ等においてその事業者の複数の店舗で販売する旨を申し出る場合であって，当該広告，ビラ等に掲載された店舗の一部に広告商品等を取り扱わない店舗がある場合

1−(2) 告示第1号の「取引に応じることができない場合」について
　広告商品等について「取引に応じることができない場合」に当たる場合を例示すると以下のとおりである。
① 広告商品等が売却済である場合
② 広告商品等が処分を委託されていない他人の所有物である場合

2−(1) 告示第2号の広告商品等の供給量が「著しく限定されている」場合について
　供給量が「著しく限定されている」とは，広告商品等の販売数量が予想購買数量の半数にも満たない場合をいう。
　この場合において，予想購買数量は，当該店舗において，従来，同様の広告，ビラ等により同一又は類似の商品又は役務について行われた取引の申出に係る購買数量，当該広告商品等の内容，取引条件等を勘案して算定する。
（注）商品又は役務の供給量が限定されていることにより，当該商品又は役務が著しく優良である，又はその取引条件が著しく有利であることを強調する表示を行っているにもかかわらず，実際には，限定量を超えて取引に応じる場合には，景品表示法第5条第1号又は第2号の規定に違反するおそれがある。

2−(2) 告示第2号の限定の内容が「明瞭に記載されていない場合」について
　販売数量が著しく限定されている場合には，実際の販売数量が当該広告，ビラ等に商品名等を特定した上で明瞭に記載されていなければならず，販売数量が限定されている旨のみが記載されているだけでは，限定の内容が明瞭に記載されているとはいえない。
　例えば，「○○メーカー製品3割引」，「○○製品5割引から」等と表示した場合において実際

には当該割引による販売数量が著しく限定されている商品がある場合には，当該商品を特定して販売数量を明瞭に記載する必要がある。

2-(3)　複数の店舗で販売する旨を申し出る場合について

単一の事業者が同一の広告，ビラ等においてその事業者の複数の店舗で販売する旨を申し出る場合においては，原則として，各店舗毎の販売数量が明記されている必要がある。広告スペース等の事情により，各店舗毎の販売数量を明記することが困難な場合には，当該広告，ビラ等に記載された全店舗での総販売数量に併せて，店舗により販売数量が異なる旨及び全店舗のうち最も販売数量が少ない店舗における販売数量の表示が必要である。

また，高額な耐久財等について全店舗における販売数量が一括管理されており，全店舗における総販売数量に達するまではいずれの店舗においても取引する場合には，その旨の表示がなされていれば足りる。

なお，いずれの場合においても，広告した商品又は役務の取引を行わない店舗がある場合には，その店舗名が記載されている必要があり，記載されていない場合には，当該店舗において広告商品等について取引を行うための準備がなされていない場合（告示第1号）に当たる。

3　告示第3号の限定の内容が「明瞭に記載されていない場合」について

供給期間，供給の相手方又は顧客1人当たりの供給量の限定については，実際の販売日，販売時間等の販売期間，販売の相手方又は顧客1人当たりの販売数量が当該広告，ビラ等に明瞭に記載されていなければならず，これらについて限定されている旨のみが記載されているだけでは，限定の内容が明瞭に記載されているとはいえない。

4-(1)　告示第4号の広告商品等の「取引の成立を妨げる行為が行われる場合」について

広告商品等の「取引の成立を妨げる行為が行われる場合」に当たる場合を例示すると以下のとおりである。このような場合には，結果として広告商品等の取引に応じることがあったとしても，告示第4号に該当する。

① 広告商品を顧客に対して見せない，又は広告，ビラ等に表示した役務の内容を顧客に説明することを拒む場合

② 広告商品等に関する難点をことさら指摘する場合

③ 広告商品等の取引を事実上拒否する場合

④ 広告商品等の購入を希望する顧客に対し当該商品等に替えて他の商品等の購入を推奨する場合において，顧客が推奨された他の商品等を購入する意思がないと表明したにもかかわらず，重ねて推奨する場合

⑤ 広告商品等の取引に応じたことにより販売員等が不利益な取扱いを受けることとされている事情の下において他の商品を推奨する場合

4-(2)　告示第4号の「合理的理由」について

未成年者に酒類を販売しない等広告商品等を販売しないことについて合理的な理由があるときには告示第4号には該当しない。

第3　広告，ビラ等の表示が景品表示法第5条第1号，第2号の問題となる場合

資料24 「おとり広告に関する表示」等の運用基準　281

1　広告、ビラ等に表示された商品又は役務の内容について、例えば、以下のような場合は、実際のものよりも著しく優良であると誤認されるものであり、景品表示法第5条第1号の規定に違反する。
　① 実際に販売される商品が、キズ物、ハンパ物、中古品等であるにもかかわらず、その旨の表示がない場合
　② 新型の商品であるかのように表示されているにもかかわらず、実際に販売される商品が旧型品である場合
　③ 実際に販売される商品が特売用のものであり通常販売品と内容が異なるにもかかわらず、通常販売品であるかのように表示されている場合
2　広告、ビラ等に表示された商品又は役務の取引条件について、例えば、以下のような場合は、実際のものよりも著しく有利であると誤認されるものであり、景品表示法第5条第2号の規定に違反する。
　① 実際には値引き除外品又は値引率のより小さい商品があるにもかかわらず、その旨の明瞭な記載がなく、「全店3割引」、「全商品3割引」、「○○メーカー製品3割引」等と表示されている場合
　② 実際の販売価格が自店通常価格と変わらないにもかかわらず、自店通常価格より廉価で販売するかのように表示されている場合
　③ 広告商品等の購入に際し、広告、ビラ等に表示された価格に加え、通常は費用を請求されない配送料、加工料等の付帯費用、容器・包装料、手数料等の支払を要するにもかかわらず、その内容が明瞭に記載されていない場合
　④ 「閉店」、「倒産」等特売を行う特別の理由又は「直輸入」、「直取引」等特に安い価格で販売することが可能となる理由が表示され、これらの理由により特に安い価格で販売するかのように表示しているにもかかわらず、実際には自店通常価格で販売を行っている場合
　⑤ 二重価格表示（割引率の表示を含む。）において以下のような表示が行われている場合（「不当な価格表示についての景品表示法上の考え方」（平成12年6月30日公表）参照）
　　a　比較対照価格として、実際の市価よりも高い価格が市価として用いられている場合
　　b　比較対照価格として、架空の、又は既に撤廃されたメーカー希望小売価格が用いられている場合
　　c　比較対照価格として、実際の自店通常価格よりも高い価格が自店通常価格として用いられている場合
　　d　自店通常価格がないときに、比較対照価格として任意の価格が自店通常価格として用いられている場合
　⑥ 消費税、容器料等込みで設定されているメーカー希望小売価格等を比較対照価格とする二重価格表示において、当該店舗における販売価格が消費税、容器料等抜きで記載されている場合

■資料25　不動産のおとり広告に関する表示

(昭和55・4・12公取委告示第14号)

　不当景品類及び不当表示防止法（昭和37年法律第134号）第5条第3号の規定により，不動産のおとり広告に関する表示を次のように指定し，昭和55年7月1日から施行する。

　　　不動産のおとり広告に関する表示
　自己の供給する不動産の取引に顧客を誘引する手段として行う次の各号の一に掲げる表示
　一　取引の申出に係る不動産が存在しないため，実際には取引することができない不動産についての表示
　二　取引の申出に係る不動産は存在するが，実際には取引の対象となり得ない不動産についての表示
　三　取引の申出に係る不動産は存在するが，実際には取引する意思がない不動産についての表示
備考
　この告示で「不動産」とは，土地及び建物をいう。

■資料26 「不動産のおとり広告に関する表示」等の運用基準

(昭和55・6・9事務局長通達第9号)

公正取引委員会事務局長から各地方事務所長,沖縄総合事務局長,各都道府県知事宛

公正取引委員会の決定に基づき,「不動産のおとり広告に関する表示」(昭和55年公正取引委員会告示第14号)の運用基準を次のとおり定めたので,これによられたい。

「不動産のおとり広告に関する表示」等の運用基準

1 告示第1号の「取引の申出に係る不動産が存在しない」場合についてこれを例示すると次のとおりである。
 (1) 広告,ビラ等に表示した物件が広告,ビラ等に表示している所在地に存在しない場合
 (2) 広告,ビラ等に表示している物件が実際に販売しようとする不動産とその内容,形態,取引条件等において同一性を認めがたい場合
2 告示第2号の「実際には取引の対象となり得ない」場合についてこれを例示すると次のとおりである。
 (1) 表示した物件が売却済の不動産又は処分を委託されていない他人の不動産である場合
 (2) 表示した物件に重大な瑕疵があるため,そのままでは当該物件が取引することができないものであることが明らかな場合(当該物件に瑕疵があること及びその内容が明瞭に記載されている場合を除く。)
3 告示第3号の「実際には取引する意思がない」場合についてこれを例示すると次のとおりである。
 (1) 顧客に対し,広告,ビラ等に表示した物件に合理的な理由がないのに案内することを拒否する場合
 (2) 表示した物件に関する難点をことさらに指摘する等して当該物件の取引に応ずることなく顧客に他の物件を勧める場合

■資料27　有料老人ホームに関する不当な表示

（平成16・4・2公取委告示第3号）

最終変更　平成18・11・1公取委告示第35号

　不当景品類及び不当表示防止法（昭和37年法律第134号）第5条第3号の規定により，有料老人ホーム等に関する不当な表示を次のように指定し，平成16年10月1日から施行する。

　　　有料老人ホームに関する不当な表示
（土地又は建物についての表示）
1　有料老人ホームの土地又は建物についての表示であって，当該土地又は建物は当該有料老人ホームが所有しているものではないにもかかわらず，そのことが明りょうに記載されていないもの
（施設又は設備についての表示）
2　有料老人ホームの入居者の利用に供される施設又は設備についての表示であって，当該施設又は設備が次の各号の一に該当するにもかかわらず，そのことが明りょうに記載されていないもの
　一　当該有料老人ホームが設置しているものではない施設又は設備
　二　当該有料老人ホームの敷地又は建物内に設置されていない施設又は設備
　三　入居者が利用するためには，利用するごとに費用を支払う必要がある施設又は設備
3　有料老人ホームの入居者の特定の用途に供される施設又は設備についての表示であって，当該施設又は設備が当該特定の用途のための専用の施設又は設備として設置又は使用されていないにもかかわらず，そのことが明りょうに記載されていないもの
4　有料老人ホームの設備の構造又は仕様についての表示であって，当該設備の構造又は仕様の一部に異なるものがあるにもかかわらず，そのことが明りょうに記載されていないもの
（居室の利用についての表示）
5　有料老人ホームの入居者の居室についての表示であって，次の各号の一に該当することがあるにもかかわらず，そのことが明りょうに記載されていないもの
　一　入居者が当初入居した居室から他の居室に住み替えること
　二　入居者が当初入居した居室から他の居室に住み替える場合に，住み替え後の居室の1人当たりの占有面積が当初入居した居室の1人当たりの占有面積に比して減少すること
　三　入居者が当初入居した居室から他の居室に住み替える場合に，当初入居した居室の利用に関する権利が変更又は消滅すること
　四　入居者が当初入居した居室から他の居室に住み替える場合に，入居者が住み替え後の居室の利用に関し，追加的な費用を支払うこと
　五　入居者が当初入居した居室から他の居室に住み替える場合に，当初入居した居室の利用に関する費用について，住み替えによる居室の構造若しくは仕様の変更又は住み替え後の居室の1人当たりの占有面積の減少に応じた調整が行われないこと
6　有料老人ホームにおいて，終身にわたって入居者が居住し，又は介護サービスの提供を受けられ

るかのような表示であって，入居者の状態によっては，当該入居者が当該有料老人ホームにおいて終身にわたって居住し，又は介護サービスの提供を受けられない場合があるにもかかわらず，そのことが明りょうに記載されていないもの
（医療機関との協力関係についての表示）
7 有料老人ホームと医療機関との協力関係についての表示であって，当該協力の内容が明りょうに記載されていないもの
（介護サービスについての表示）
8 有料老人ホームの入居者に提供される介護サービスについての表示であって，有料老人ホームが当該介護サービスを提供するものではないにもかかわらず，そのことが明りょうに記載されていないもの
9 有料老人ホームが提供する介護保険法（平成9年法律第123号）の規定に基づく保険給付の対象とならない介護サービスについての表示であって，当該介護サービスの内容及び費用が明りょうに記載されていないもの
（介護職員等についての表示）
10 有料老人ホームの介護職員等（介護職員又は看護師若しくは准看護師をいう。以下同じ。）の数についての表示であって，次の各号に掲げる数が明りょうに記載されていないもの
一 常勤換算方法による介護職員等の数
二 介護職員等が要介護者等（介護保険法の規定に基づく要介護認定又は要支援認定を受けた有料老人ホームの入居者をいう。以下同じ。）以外の入居者に対し，食事の提供その他日常生活上必要なサービスを提供する場合にあっては，要介護者等に介護サービスを提供する常勤換算方法による介護職員等の数
三 夜間における最少の介護職員等の数
11 有料老人ホームの介護に関する資格を有する介護職員等についての表示であって，介護に関する資格を有する介護職員等の数が常勤又は非常勤の別ごとに明りょうに記載されていないもの
（管理費等についての表示）
12 管理費，利用料その他何らの名義をもってするかを問わず，有料老人ホームが入居者から支払を受ける費用（介護サービスに関する費用及び居室の利用に関する費用を除く。）についての表示であって，当該費用の内訳が明りょうに記載されていないもの
備考
1 この告示において，「有料老人ホーム」とは，老人福祉法（昭和38年法律第133号）第29条第1項に規定する有料老人ホームをいう。
2 この告示において，「常勤換算方法」とは，指定居宅サービス等の事業の人員，設備及び運営に関する基準（平成11年厚生省令第37号）第2条第7号に規定する常勤換算方法をいう。

■資料28 「有料老人ホームに関する不当な表示」の運用基準

（平成16・6・16事務総長通達第11号）
最終変更　平成18・10・12事務総長通達第13号

　公正取引委員会の決定に基づき，「有料老人ホーム等に関する不当な表示」（平成16年公正取引委員会告示第3号）の運用基準を次のとおり定めたので，これによられたい。

　　「有料老人ホームに関する不当な表示」の運用基準
1　告示第1項について
　(1)　告示第1項の「当該土地又は建物は当該有料老人ホームが所有しているものではない」ことが明りょうに記載されていることを例示すると，以下のとおりである。
　　①　「事業主体○○，土地所有者△△，建物所有者□□」
　　②　「土地・建物の権利形態 賃借（定期借地権 契約期間○年（平成△年契約））」
　(2)　告示第1項の不当表示に該当する場合を例示すると，以下のとおりである。
　　●　有料老人ホームがその土地又は建物を所有していないにもかかわらず，「鉄筋コンクリート造○階建て」とのみ表示している場合
　　●　有料老人ホームがその土地又は建物を所有していないにもかかわらず，有料老人ホームの建物の外観の写真のみを表示している場合
2　告示第2項について
　(1)　告示第2項の「入居者の利用に供される施設又は設備」には，商業施設，公園，学校，図書館，美術館，博物館，病院，官公署等であって，不特定多数の者の利用に供されることが表示上明らかであるものは含まない。
　(2)　告示第2項第1号の「当該有料老人ホームが設置しているものではない施設又は設備」についての明りょうな記載には，当該施設又は設備の設置者等の具体的な名称が記載されている場合を含むものとし，これを例示すると以下のとおりである。
　　①　「写真の温水プールは△△市が設置しているもので，入居者の方も自由に利用できます。」
　　②　「写真の特別浴室は医療法人○○が経営する△△センターが設置しているものです。」
　(3)　告示第2項第2号の「当該有料老人ホームの敷地又は建物内に設置されていない施設又は設備」について明りょうに記載されているとは，以下の事項のいずれかが記載されているものとする。
　　ア　当該有料老人ホームから当該施設又は設備までの距離（例えば，「写真の○○プールは当ホームから○メートルの場所にあります。」等）
　　イ　当該有料老人ホームから当該施設又は設備までの所要時間（例えば，「○○センターは当ホームから徒歩○分の場所にある△△の施設内にあります。」等）
　　ウ　当該施設又は設備が当該有料老人ホームと隣接した場所に設置されている場合はその旨（例えば，「写真の特別浴室は当ホームの敷地に隣接した○○センター内にあります。」等）

(4) 告示第2項第3号の「入居者が利用するためには，利用するごとに費用を支払う必要がある施設又は設備」について明りょうに記載されているとは，当該施設又は設備を利用するためには，入居者は利用のたびに費用を支払う必要があることが記載されているものとし，これを例示すると以下のとおりである。
　① 「写真の○○プールを利用するためには，1回当たり○円の費用が必要となります。」
　② 「○○センターを利用するためには，その都度費用が必要となります。」
3　告示第3項について
　　告示第3項の「当該施設又は設備が当該特定の用途のための専用の施設又は設備として設置又は使用されていない」ことが明りょうに記載されていることを例示すると，以下のとおりである。
　① 「機能訓練室（教養娯楽室と共用）」
　② 「○○室（機能訓練実施時には機能訓練室として使用します。）」
4　告示第4項について
(1) 告示第4項の「設備の構造又は仕様についての表示」には，具体的な設備の名称を記載せずに行う「南向き」，「バリアフリー構造」，「プライバシー確保」等の表示を含む。
(2) 告示第4項の「当該設備の構造又は仕様の一部に異なるものがある」ことが明りょうに記載されていることを例示すると，以下のとおりである。
　① 「南向きの部屋○部屋中△部屋」
　② 「南向き居室○室（△室の居室は東向き）」
　③ 「居室Aタイプ（○○，△△付き）○室中△室（居室Bタイプ（□室）には○○，△△が設置されていません。）」
5　告示第5項について
　　告示第5項第1号に該当する場合に，入居者が住み替える居室が，例えば，2人以上の入居者が入居する介護居室（有料老人ホームが自ら介護サービス（注）を提供するための専用の居室をいう。以下同じ。）である場合には，「介護居室（○人室）」等，当該居室が2人以上の入居者が入居する居室であることが記載されていなければ，「明りょうに記載されていないもの」として取り扱う。
　（注）介護サービスとは，要介護者等に提供されるものであって，入浴，排せつ，食事等の介護，洗濯，掃除等の家事，生活等に関する相談及び助言その他要介護者等に必要な日常生活上の世話，機能訓練並びに療養上の世話をいう（告示第6項，第8項から第10項まで及び第12項において同じ。）。
6　告示第6項について
(1) 告示第6項の「終身にわたって入居者が居住し，又は介護サービスの提供を受けられるかのような表示」に当たる場合を例示すると，以下のとおりである。
　① 「終身介護」
　② 「最後までお世話します。」
　③ 「生涯介護」
　④ 「終身利用」

⑤ 「入居一時金について追加の費用はいりません。」
(注)「介護一時金」,「健康管理費」等の表示についても,表示された名目で徴収される費用が高額なこと等とあいまって,「終身にわたって入居者が居住し,又は介護サービスの提供を受けられるかのような表示」に該当する場合もあり得ることに留意する必要がある。
(2) 告示第6項の「入居者の状態によっては,当該入居者が当該有料老人ホームにおいて終身にわたって居住し,又は介護サービスの提供を受けられない場合がある」ことが明りょうに記載されているとは,以下の事項が記載されているものとする。
　ア　入居者の状態によっては,当該入居者に対して,当該有料老人ホームからの退去又は提携施設等への住み替えを求める場合があること。
　イ　退去又は提携施設等への住み替えを求めることとなる入居者の状態の具体的な内容

7　告示第7項について
　告示第7項の「当該協力の内容」について明りょうに記載されているとは,以下の事項が記載されているものとする。
(1) 協力関係にあるとする医療機関の名称及び当該協力の具体的な内容(当該協力に関する診療科目の具体的な名称を含む。)
　(例えば,「○○病院(内科)　年に○回の健康診断」等)
(2) 入居者が費用(健康保険法等に基づく医療又は療養の給付を受ける際の一部負担金を除く。)を負担する必要がある場合はその旨

8　告示第8項について
　告示第8項の「有料老人ホームが当該介護サービスを提供するものではない」ことについての明りょうな記載には,例えば以下のような記載を含むものとする。
　○　入居者が介護が必要となった場合,外部の事業者による訪問介護等の介護サービスを利用する必要がある旨の記載

9　告示第9項について
(1) 告示第9項の「介護保険法(平成9年法律第123号)の規定に基づく保険給付の対象とならない介護サービスについての表示」には,入居者が支払う介護サービスに関する費用であって,介護保険法の規定に基づく保険給付(以下「介護保険給付」という。)の対象となる介護サービスの利用者負担分以外のものについての表示(例えば,「介護一時金○円」,「月額払介護費△円」等)を含む。
　なお,告示第9項の「介護保険法(平成9年法律第123号)の規定に基づく保険給付の対象とならない介護サービス」とは,要介護者等に対する介護保険給付の対象となる介護サービス以外の介護サービスをいい,要介護者等以外の入居者(以下「自立者」という。)に対する食事の提供その他日常生活上必要なサービス(以下「生活支援サービス」という。)を含まない。
(注)「健康管理費」等の表示であっても,当該表示とともに介護保険給付の対象とならない介護サービス又はその費用の存在を想起させる表示がなされることによって,「介護保険法(平成9年法律第123号)の規定に基づく保険給付の対象とならない介護サービスについての表示」

に該当する場合もあり得ることに留意する必要がある。
(2) 告示第9項の「当該介護サービスの内容及び費用」が明りょうに記載されているとは，次のとおりの記載がされているものとする。
　ア　有料老人ホームにおいて，介護保険給付の対象とならない介護サービスとして，要介護者等の個別的な選択により，個別的な介護サービスを提供するとして，その費用を徴収する場合にあっては，次の(ア)及び(イ)の事項の記載
　　(ア)　当該個別的な介護サービスの具体的内容
　　(イ)　当該費用及びその徴収方法
　イ　有料老人ホーム（介護保険法の規定に基づく特定施設入居者生活介護事業者の指定を受けた有料老人ホームを除く。）において，介護保険給付の対象とならない介護サービスとして，上記ア以外の，個々の要介護者等ごとに必要な介護サービスを必要に応じて適宜提供するとして，その費用を徴収する場合にあっては，次の(ア)及び(イ)の事項の記載
　　(ア)　要介護者等の数に応じた介護職員等（上記アの介護サービスの提供に従事する介護職員等を除く。）の数（告示第10項第1号及び第2号の介護職員等の数の記載の例によるものとする。例えば，「要介護者等2人に対し，週○時間換算で介護職員1人以上」等）
　　(イ)　当該費用及びその徴収方法
　　　なお，この場合，(ア)の介護職員等によって具体的にどのような介護サービスが提供されるのか等について表示されることが望ましい。
　ウ　介護保険法の規定に基づく特定施設入居者生活介護事業者の指定を受けた有料老人ホームにおいて，指定居宅サービス等の事業の人員，設備及び運営に関する基準（平成11年厚生省令第37号。以下「居宅サービス基準」という。）第175条第1項第2号の規定に基づく員数よりも介護職員等の人員配置が手厚いとして介護サービスに関する費用を徴収する場合にあっては，次の(ア)から(ウ)までの事項の記載
　　(ア)　要介護者等の人数に応じた介護職員等（上記アの介護サービスの提供に従事する介護職員等を除く。）の数（告示第10項第1号及び第2号の介護職員等の数の記載の例によるものとする。例えば，「要介護者等2人に対し，週○時間換算で介護職員1人以上」等）
　　(イ)　当該費用及びその徴収方法
　　(ウ)　当該費用が，当該有料老人ホームが提供する介護サービス（上記アの介護サービスを除く。）に要する費用のうち，介護保険給付及び利用者負担分による収入によって賄えない額に充当するものとして合理的な積算根拠に基づいていること。
　　　なお，この場合，(ア)の手厚い人員配置の介護職員等によって具体的にどのような介護サービスが提供されるのか等について表示されることが望ましい。
　　(注1)　自立者と要介護者等の双方が有料老人ホームを利用できる場合において，自立者に対する生活支援サービスに関する費用と，要介護者等に対する介護保険給付の対象とならない介護サービスに関する費用が明りょうに分離して表示されていない場合は，告示第9項の不当表示に該当するものとして取り扱う。これを例示すると以下のとお

- 要介護者等に対する介護保険給付の対象とならない介護サービスに関する費用と自立者に対する生活支援サービスに関する費用を一括して，「介護費　入居時一時払　400万円」とのみ表示している場合

(注2)　上記ア及び上記イ又はウの双方の介護サービスを提供する有料老人ホームにおいて，要介護者等に対する介護保険給付の対象とならない介護サービスに関する費用について，上記アに掲げる費用と上記イ又はウに掲げる費用が明りょうに分離して表示されていない場合は，告示第9項の不当表示に該当するものとして取り扱う。これを例示すると以下のとおりである。

- 要介護者等の個別的な選択による個別的な介護サービスに関する費用と居宅サービス基準第175条第1項第2号の規定に基づく員数よりも介護職員等の人員配置が手厚いとして徴収する費用を一括して，「介護費　入居時一時払　380万円　介護保険給付の対象とならない手厚い人員配置及び個別的な御希望による買物代行や外出介助のためにいただくものです。」とのみ表示している場合

(注3)　上記イ又はウについて，上記イ(ｱ)又は上記ウ(ｳ)の要介護者等の数に応じた介護職員等の数が記載されていても，実際は，記載どおりの数が配置されていない場合は，告示第9項の不当表示に該当するものとして取り扱うほか，告示第10項の不当表示に該当するものとしても取り扱う。

(注4)　上記イについて，有料老人ホームは，具体的にどのような介護サービスが提供されるのか及び当該介護サービスの提供と徴収する費用との対応関係について，入居者等に対して具体的に説明する必要がある。

　　　仮に，有料老人ホームが当該費用の全部又は一部を，介護サービスの提供に要する費用以外の費用に充当することとしている場合には，当該費用は，介護保険給付の対象とならない介護サービスの提供に充当されるものとは認められないものであり，告示第9項の不当表示に該当するものとして取り扱う。

(注5)　上記ウについて，上記ウ(ｳ)の当該費用の積算根拠は，当該有料老人ホームが提供する介護サービス（上記アの介護サービスを除く。）に要する費用のうち，介護保険給付及び利用者負担分による収入によって賄えない額に充当するものとして，介護必要期間，職員配置等を勘案した，表示された時点における合理的な根拠により積算されたものである必要がある。

　　　なお，上記ウ(ｳ)の記載については，当該費用が，当該有料老人ホームが提供する介護サービス（上記アの介護サービスを除く。）に要する費用のうち，介護保険給付及び利用者負担分による収入によって賄えない額に充当するものとして合理的な積算根拠に基づいているとの概括的な記載によることが可能であるが，当該有料老人ホームは，入居者等に対して，当該費用が合理的な積算根拠に基づいていることを具体的に説明する必要がある。

仮に，上記ウ(ｳ)の記載がされていても，実際は，当該積算根拠が，当該有料老人ホームが提供する介護サービス（上記アの介護サービスを除く。）に要する費用のうち，介護保険給付及び利用者負担分による収入によって賄えない額に充当するものとして合理的なものとは認められない場合には，告示第9項の不当表示に該当するものとして取り扱う。
10　告示第10項について
　(1)　告示第10項の「介護職員等（介護職員又は看護師若しくは准看護師をいう。以下同じ。）の数についての表示」には，「多数」，「多くの」，「十分な」，「充実の」等具体的な数値を明示せずに行う表示を含む。
　(2)　告示第10項第1号の「常勤換算方法による介護職員等の数」又は第2号の「要介護者等に介護サービスを提供する常勤換算方法による介護職員等の数」が明りょうに記載されているとは，以下の事項が記載されているものとする。
　　ア　当該有料老人ホームにおいて常勤の介護職員等が勤務することとされている時間数
　　イ　告示第10項第1号においては常勤換算方法による介護職員等の数
　　ウ　告示第10項第2号においては要介護者等に介護サービスを提供する常勤換算方法による介護職員等の数
　　これを例示すると以下のとおりである。
　　①　「週○時間換算で△人（うち要介護者等対応□人）」
　　②　「△人　うち要介護者等対応□人（週○時間換算）」
　　（注）事務員，調理員，営繕職員，警備員，有料老人ホームの施設内等に設置されている医療機関に勤務する看護師等有料老人ホームの介護職員等に該当しない職員の数を介護職員等の数に加算して表示することは，告示第10項の不当表示に該当するものとして取り扱う。
　(3)　告示第10項第3号の「夜間における最少の介護職員等の数」について明りょうに記載されているとは，以下の事項が記載されているものとする。
　　ア　宿直時間帯における最少の介護職員及び看護職員の数
　　イ　当該有料老人ホームにおいて設定した宿直時間帯
　　これを例示すると，以下のとおりである。
　　①　「夜間（○時～翌△時）最少時の介護・看護職員数●人（介護職員▲人，看護職員■人）」
　　②　「夜間最少時の介護職員数▲人・看護職員数■人（夜間は○時から翌△時までの時間帯）」
11　告示第11項について
　(1)　告示第11項の「介護に関する資格」とは，法令に基づく介護に関する資格（例えば，介護福祉士，訪問介護員，保健師，看護師，准看護師，理学療法士，作業療法士，介護支援専門員等）をいう。
　(2)　告示第11項の「介護に関する資格を有する介護職員等の数が常勤又は非常勤の別ごとに」明りょうに記載されていることを例示すると，以下のとおりである。
　　①　「○○士○人（常勤職員△人，非常勤職員□人）」

② 「常勤の○○士△人，非常勤の○○士□人」
12　告示第12項について
　　告示第12項の「当該費用の内訳」が明りょうに記載されているとは，「管理費」，「利用料」等その名称から一般消費者が当該費用の使途を直ちに判別することが困難であるような名目により包括的に入居者から支払を受ける費用について，その内訳となる費目が明りょうに記載されているものとする（例えば，「管理費の使途は，事務・管理部門の人件費，自立者に対する生活支援サービス提供のための人件費及び共用施設の維持管理費です。」等）。ただし，仮に，当該有料老人ホームにおいて，当該費用が上記費用の内訳として記載した費目どおりに使用することとされていない場合には，告示第12項の不当表示に該当するものとして取り扱う。
　　また，有料老人ホームにおいて，入居者の選択に基づく個別のサービス提供に対して入居者から支払を受ける費用がある場合には，上記費用に含まれるものと一般消費者に誤認されるおそれのないよう，当該個別のサービスの内容等についても，明りょうに記載されている必要がある。
13　「明りょうに記載されて」いることについて
　(1)　告示各項において「記載されて」いるとする事項については，告示各項に掲げる表示に近接した箇所に，高齢者にも分かりやすく，目立つように記載されていなければ，それぞれ「明りょうに記載されていないもの」として取り扱う。
　　　また，告示各項に掲げる表示が絵，写真等文字以外による表示である場合には，示各項において「記載されて」いるとする事項が，当該文字以外による表示に近接した箇所に，高齢者にも分かりやすく，目立つように記載されていなければ，それぞれ「明りょうに記載されていないもの」として取り扱う。
　　　なお，告示各項に掲げる表示が，同一の広告媒体において2箇所以上に表示されている場合は，そのうちでもっとも目立つものに近接した箇所に，告示各項において「記載されて」いるとする事項が，高齢者にも分かりやすく，目立つように記載されていれば，告示各項の不当表示に該当するとするものではない。
　(2)　告示各項に「記載されて」いるとする事項が，告示各項に掲げる表示に近接した箇所に，高齢者にも分かりやすく，目立つように記載されていても，記載されている内容が事実と異なる場合には，原則として，告示各項の不当表示に該当するものとして取り扱う。
　(注)　広告媒体の制限により，告示各項において「記載されて」いるとする事項を告示各項に掲げる表示に近接した箇所にすべて記載することができない場合であっても，告示各項に掲げる表示の近接した箇所に，告示各項において「記載されて」いるとする事項の要点を高齢者にも分かりやすく，目立つように記載した上，当該事項の詳細を，当該媒体の他の箇所等に見やすいように記載する必要がある。
　　附　則（平成18年事務総長通達第1号）
この通達は，平成18年4月1から施行する。
　　附　則（平成18年事務総長通達第13号）
この通達は，平成18年10月12日から施行する。

■資料29　事業者が講ずべき景品類の提供及び表示の管理上の措置についての指針

(平成26・11・14内閣府告示第276号)

第1　はじめに

　　本指針は，不当景品類及び不当表示防止法（昭和37年法律第134号。以下「景品表示法」という。）第26条第1項に規定する事業者が景品表示法で規制される不当な景品類及び表示による顧客の誘引を防止するために講ずべき措置に関して，同条第2項の規定に基づき事業者が適切かつ有効な実施を図るために必要な事項について定めるものである。

第2　基本的な考え方

　1　必要な措置が求められる事業者

　　　景品表示法第26条第1項は，それぞれの事業者内部において，景品表示法第4条の規定に基づく告示に違反する景品類の提供及び景品表示法第5条に違反する表示（以下「不当表示等」という。）を未然に防止するために必要な措置を講じることを求めるものである。すなわち，景品類の提供若しくは自己の供給する商品又は役務についての一般消費者向けの表示（以下「表示等」という。）をする事業者に対して必要な措置を講じることを求めるものであり，例えば，当該事業者と取引関係はあるが，表示等を行っていない事業者に対して措置を求めるものではない。

　　　なお，自己の供給する商品又は役務について一般消費者に対する表示を行っていない事業者（広告媒体事業者等）であっても，例えば，当該事業者が，商品又は役務を一般消費者に供給している他の事業者と共同して商品又は役務を一般消費者に供給していると認められる場合は，景品表示法の適用を受けることから，このような場合には，景品表示法第26条第1項の規定に基づき必要な措置を講じることが求められることに留意しなければならない。

　2　事業者が講ずべき措置の規模や業態等による相違

　　　景品表示法の対象となる事業者は，その規模や業態，取り扱う商品又は役務の内容等が様々である。各事業者は，その規模や業態，取り扱う商品又は役務の内容等に応じて，不当表示等を未然に防止するために必要な措置を講じることとなる。したがって，各事業者によって，必要な措置の内容は異なることとなるが，事業者の組織が大規模かつ複雑になれば，不当表示等を未然に防止するために，例えば，表示等に関する情報の共有において，より多くの措置が必要となる場合があることに留意しなければならない。他方，小規模企業者やその他の中小企業者においては，その規模や業態等に応じて，不当表示等を未然に防止するために十分な措置を講じていれば，必ずしも大企業と同等の措置が求められる訳ではない。

　　　なお，従来から景品表示法や景品表示法第31条第1項の規定に基づく協定又は規約（以下「公正競争規約」という。）を遵守するために必要な措置を講じている事業者にとっては，本指針によって，新たに，特段の措置を講じることが求められるものではない。

　3　別添記載の具体的事例についての注意点

　　　本指針において，別添に記載した事例は，事業者の理解を助けることを目的に参考として示したものであり，当該事例と同じ措置ではなくても，不当表示等を未然に防止するための必要な措

置として適切なものであれば，景品表示法第26条第1項の規定に基づく措置を講じていると判断されることとなる。また，本指針の中で挙げられた事例は，景品表示法第26条第1項の規定に基づく必要な措置を網羅するものではないことに留意しなければならない。

第3　用語の説明

1　必要な措置

　　景品表示法第26条第1項に規定する「必要な措置」とは，事業者が景品表示法を遵守するために必要な措置を包括的に表現したものであり，「景品類の価額の最高額，総額その他の景品類の提供に関する事項及び商品又は役務の品質，規格その他の内容に係る表示に関する事項を適正に管理するために必要な体制の整備」は事業者が講ずべき「必要な措置」の一例である。必要な措置とは，例えば，景品類の提供について，それが違法とならないかどうかを判断する上で必要な事項を確認することや，商品又は役務の提供について実際のもの又は事実に相違して当該事業者と同種若しくは類似の商品若しくは役務を供給している他の事業者に係るものよりも著しく優良又は有利であると示す表示等に当たらないかどうかを確認することのほか，確認した事項を適正に管理するための措置を講じることである。

2　正当な理由

　　景品表示法第28条第1項に規定する「正当な理由」とは，専ら一般消費者の利益の保護の見地から判断されるものであって，単に一般消費者の利益の保護とは直接関係しない事業経営上又は取引上の観点だけからみて合理性又は必要性があるに過ぎない場合などは，正当な理由があるとはいえない。

　　正当な理由がある場合とは，例えば，事業者が表示等の管理上の措置として表示等の根拠となる資料等を保管していたが，災害等の不可抗力によってそれらが失われた場合などである。

第4　事業者が講ずべき表示等の管理上の措置の内容

　　表示等の管理上の措置として，事業者は，その規模（注1）や業態，取り扱う商品又は役務の内容等に応じ，必要かつ適切な範囲で，次に示す事項に沿うような具体的な措置を講ずる必要がある。

　　なお，本指針で例示されているもの以外にも不当表示等を防止する措置は存在するところ，事業者がそれぞれの業務内容や社内体制に応じて，必要と考える独自の措置を講じることも重要である。

　　（注1）例えば，後記5に関して，個人事業主等の小規模企業者やその他の中小企業者においては，その規模等に応じて，代表者が表示等を管理している場合には，代表者をその担当者と定めることも可能である。

1　景品表示法の考え方の周知・啓発

　　事業者は，不当表示等の防止のため，景品表示法の考え方について，表示等に関係している役員及び従業員（注2）（以下「関係従業員等」という。）にその職務に応じた周知・啓発を行うこと。

　　なお，周知・啓発を行うに当たっては，例えば，一般消費者にとって，表示等が商品又は役務

を購入するかどうかを判断する重要な要素となること，その商品又は役務について最も多くの情報・知識を有している事業者が正しい表示を行うことが，一般消費者の利益を保護することになるばかりか，最終的にはその事業者や業界全体の利益となることを十分理解する必要がある。
（注２）表示等の内容を決定する又は管理する役員及び従業員のほか，決定された表示内容に基づき一般消費者に対する表示（商品説明，セールストーク等）を行うことが想定される者を含む。

2　法令遵守の方針等の明確化

　　事業者は，不当表示等の防止のため，景品表示法を含む法令遵守の方針や法令遵守のためにとるべき手順等を明確化すること。

　　なお，本事項は，必ずしも不当表示等を防止する目的に特化した法令遵守の方針等を，一般的な法令遵守の方針等とは別に明確化することを求めるものではない。また，例えば，個人事業主等の小規模企業者やその他の中小企業者においては，その規模等に応じて，社内規程等を明文化しなくても法令遵守の方針等を個々の従業員（従業員を雇用していない代表者一人の事業者にあっては当該代表者）が認識することで足りることもある。

3　表示等に関する情報の確認

　　事業者は，

(1) 景品類を提供しようとする場合，違法とならない景品類の価額の最高額・総額・種類・提供の方法等を，

(2) とりわけ，商品又は役務の長所や要点を一般消費者に訴求するために，その内容等について積極的に表示を行う場合には，当該表示の根拠となる情報を
確認すること。

　　この「確認」がなされたといえるかどうかは，表示等の内容，その検証の容易性，当該事業者が払った注意の内容・方法等によって個別具体的に判断されることとなる。例えば，小売業者が商品の内容等について積極的に表示を行う場合には，直接の仕入れ先に対する確認や，商品自体の表示の確認など，事業者が当然把握し得る範囲の情報を表示の内容等に応じて適切に確認することは通常求められるが，全ての場合について，商品の流通過程を遡って調査を行うことや商品の鑑定・検査等を行うことまでを求められるものではない。

　　なお，事業者の業態等に応じて，例えば，小売業のように商品を提供する段階における情報の確認のみで足りる場合や，飲食業のように，提供する料理を企画する段階，その材料を調達する段階，加工（製造）する段階及び実際に提供する段階に至るまでの複数の段階における情報の確認を組み合わせて実施することが必要となる場合があることに留意する必要がある。

4　表示等に関する情報の共有

　　事業者は，その規模等に応じ，前記3のとおり確認した情報を，当該表示等に関係する各組織部門が不当表示等を防止する上で必要に応じて共有し確認できるようにすること。

　　不当表示等は，企画・調達・生産・製造・加工を行う部門と実際に表示等を行う営業・広報部門等との間における情報共有が希薄であることや，複数の者による確認が行われていないこと等

により発生する場合がある。このため，情報の共有を行うに当たっては，このような原因や背景を十分に踏まえた対応を行うことが重要である。

　なお，個人事業主等の小規模企業者やその他の中小企業者においては，その規模等に応じて，代表者が表示等を管理している場合には，代表者が表示等に関する情報を把握していることで足りる。

5　表示等を管理するための担当者等を定めること

　事業者は，表示等に関する事項を適正に管理するため，表示等を管理する担当者又は担当部門（以下「表示等管理担当者」という。）をあらかじめ定めること（注3及び4）。

　表示等管理担当者を定めるに際しては，以下の事項を満たすこと。

(1)　表示等管理担当者が自社の表示等に関して監視・監督権限を有していること。

(2)　表示等管理担当者が複数存在する場合，それぞれの権限又は所掌が明確であること。

(3)　表示等管理担当者となる者が，例えば，景品表示法の研修を受けるなど，景品表示法に関する一定の知識の習得に努めていること。

(4)　表示等管理担当者を社内において周知する方法が確立していること。

　なお，仮に，景品表示法に違反する事実が認められた場合，景品表示法第28条第1項の規定に基づく勧告等の対象となるのは，あくまで事業者であり，表示等管理担当者がその対象となるものではない。

(注3)　例えば，個人事業主等の小規模企業者やその他の中小企業者においては，その規模等に応じて，代表者が表示等を管理している場合には，代表者をその担当者と定めることも可能である。

(注4)　表示等管理担当者は，必ずしも専任の担当者又は担当部門である必要はなく，例えば，一般的な法令遵守等の担当者又は担当部門がその業務の一環として表示等の管理を行うことが可能な場合には，それらの担当者又は担当部門を表示等管理担当者に指定することで足りる。

6　表示等の根拠となる情報を事後的に確認するために必要な措置を採ること

　事業者は，前記3のとおり確認した表示等に関する情報を，表示等の対象となる商品又は役務が一般消費者に供給され得ると合理的に考えられる期間，事後的に確認するために，例えば，資料の保管等必要な措置を採ること。

7　不当な表示等が明らかになった場合における迅速かつ適切な対応

　事業者は，特定の商品又は役務に景品表示法違反又はそのおそれがある事案が発生した場合，その事案に対処するため，次の措置を講じること。

(1)　当該事案に係る事実関係を迅速かつ正確に確認すること。

(2)　前記(1)における事実確認に即して，不当表示等による一般消費者の誤認排除を迅速かつ適正に行うこと。

(3)　再発防止に向けた措置を講じること。

　なお，不当表示等による一般消費者の誤認の排除に当たっては，不当表示等を単に是正するだけでは，既に不当に誘引された一般消費者の誤認がなくなったことにはならずに，当該商品又は

役務に不当表示等があった事実を一般消費者に認知させるなどの措置が求められる場合があることを理解する必要がある。

別添

事業者が講ずべき表示等の管理上の措置の具体的事例

別添に記載された具体的事例は，事業者へのヒアリング等に基づき参考として記載するものであり，各事業者が講じる具体的な措置は，その規模や業態，取り扱う商品又は役務の内容等に応じ，各事業者において個別具体的に判断されるべきものである。

1 景品表示法の考え方の周知・啓発の例
 ・ 朝礼・終礼において，関係従業員等に対し，表示等に関する社内外からの問合せに備えるため，景品表示法の考え方を周知すること。
 ・ 適時，関係従業員等に対し，表示等に関する社内外からの問合せに備えるため，景品表示法の考え方をメール等によって配信し，周知・啓発すること。
 ・ 社内報，社内メールマガジン，社内ポータルサイト等において，景品表示法を含む法令の遵守に係る事業者の方針，景品表示法を含む自社に関わる法令の内容，自社の取り扱っている商品・役務と類似する景品表示法の違反事例等を掲載し，周知・啓発すること。
 ・ 関係従業員等が景品表示法に関する都道府県，事業者団体，消費者団体等が主催する社外講習会等に参加すること。
 ・ 関係従業員等に対し，景品表示法に関して一定の知識等を獲得することができるよう構成した社内の教育・研修等を行うこと。
 ・ 景品表示法に関する勉強会を定期的に開催すること。
 ・ 調達・生産・製造・加工部門と，営業部門との間での商品知識及び景品表示法上の理解に関する相互研修を行い，認識の共有化を図ること。
 ・ 社内資格制度を設け，景品表示法等の表示関連法令について一定の知識を有すると認められた者でなければ，表示等の作成や決定をすることができないこととすること。
 ・ 適正表示等のための定例的な広告審査会（複数部署が参加して表示等を相互に批評する会合）を開催すること。

2 法令遵守の方針等の明確化の例
 ・ 法令遵守の方針等を社内規程，行動規範等として定めること。
 ・ パンフレット，ウェブサイト，メールマガジン等の広報資料等に法令遵守に係る事業者の方針を記載すること。
 ・ 法令違反があった場合に，役員に対しても厳正に処する方針及び対処の内容を役員規程に定めること。
 ・ 法令違反があった場合に，懲戒処分の対象となる旨を就業規則その他の社内規則等において明

記すること。
- 禁止される表示等の内容，表示等を行う際の手順等を定めたマニュアルを作成すること。
- 社内規程において，不当表示等が発生した場合に係る連絡体制，具体的な回収等の方法，関係行政機関への報告の手順等を規定すること。

3 表示等に関する情報の確認の例
　(1) 企画・設計段階における確認等
- 企画・設計段階で特定の表示等を行うことを想定している場合には，当該表示等が実現可能か（例えば，原材料の安定供給が可能か，取引の予定総額が実現可能か）検討すること。
- 景品表示法の各種運用基準，過去の不当表示等事案の先例等を参考にして，どのような景品類の提供や表示が可能なのか，又は当該表示等をするためにはどのような根拠が必要なのか検討すること。
- 最終的な商品・役務についてどのような表示が可能なのか，又は当該表示をするためにはどのような根拠が必要なのか検討すること。
- 企画・設計段階で特定の表示を行うことを想定している場合には，どのような仕様であれば当該表示が可能か検討すること。
- 景品類を提供しようとする場合，商品・役務の販売価格や売上総額を試算し，景品関係の告示等に照らし，違法とならない景品類の価額の最高額・総額・種類・提供の方法等を確認すること。

　(2) 調達段階における確認等
- 調達する原材料等の仕様，規格，表示内容を確認し，最終的な表示の内容に与える影響を検討すること。
- 地理的表示等の保護ルール等が存在する場合には，それらの制度を利用して原産地等を確認すること。
- 規格・基準等の認証制度が存在する場合（ブランド食材の認証マーク等）には，それらの制度を利用して品質や呼称を確認すること。
- 無作為に抽出したサンプルの成分検査を実施すること。

　(3) 生産・製造・加工段階における確認等
- 生産・製造・加工が仕様書・企画書と整合しているかどうか確認すること。
- 特定の表示を行うことが予定されている場合，生産・製造・加工の過程が表示に与える影響（「オーガニック」等の表示の可否，再加工等による原産地の変更等）を確認すること。
- 生産・製造・加工の過程における誤りが表示に影響を与え得る場合，そのような誤りを防止するために必要な措置を講じること（誤混入の防止のため，保管場所の施設を区画し，帳簿等で在庫を管理する等）。
- 流通に用いるこん包材の表示が一般消費者に訴求する表示につながる可能性がある場合，こん包材の表示についても確認すること。
- 定期的に原料配合表に基づいた成分検査等を実施すること。

(4) 提供段階における確認等
- 景品表示法の各種運用基準，過去の不当表示等事案の先例等を参照し，表示等を検証すること。
- 企画・設計・調達・生産・製造・加工の各段階における確認事項を集約し，表示の根拠を確認して，最終的な表示を検証すること。
- 企画・設計・調達・生産・製造・加工・営業の各部門の間で表示しようとする内容と実際の商品・役務とを照合すること。
- 他の法令（農林物資の規格化及び品質表示の適正化に関する法律（ＪＡＳ法），食品衛生法，酒税法等）が定める規格・表示基準との整合性を確認すること。
- 社内外に依頼したモニター等の一般消費者の視点を活用することにより，一般消費者が誤認する可能性があるかどうかを検証すること。
- 景品類を提供する場合，景品関係の告示等に照らし，景品類の価額の最高額・総額・種類・提供の方法等を確認すること。

4 表示等に関する情報の共有の例
- 社内イントラネットや共有電子ファイル等を利用して，関係従業員等が表示等の根拠となる情報を閲覧できるようにしておくこと。
- 企画・設計・調達・生産・製造・加工・営業等の各部門の間で，表示等の内容と実際の商品若しくは役務又は提供する景品類等とを照合すること。
- 企画・設計・調達・生産・製造・加工・営業等の各部門の間で，表示等の根拠となる情報を証票（仕様書等）をもって伝達すること（紙，電子媒体を問わない。）。
- 表示等に影響を与え得る商品又は役務の内容の変更を行う場合，担当部門が速やかに表示等担当部門に当該情報を伝達すること。
- 表示等の変更を行う場合，企画・設計部門及び品質管理部門の確認を得ること。
- 関係従業員等に対し，朝礼等において，表示等の根拠となる情報（その日の原材料・原産地等，景品類の提供の方法等）を共有しておくこと。
- 表示等の根拠となる情報（その日の原材料・原産地等，景品類の提供の方法等）を共有スペースに掲示しておくこと。
- 生産・製造・加工の過程が表示に影響を与える可能性があり（食肉への脂の注入等），その有無をその後の過程で判断することが難しい場合には，その有無をその後の過程において認識できるようにしておくこと。
- 表示物の最終チェックを品質管理部門が運用する申請・承認システムで行い，合格した表示物の内容をデータベースにて関係従業員等に公開すること。

5 表示等を管理するための担当者等を定めることの例
① 担当者又は担当部門を指定し，その者が表示等の内容を確認する例
- 代表者自身が表示等を管理している場合に，その代表者を表示等管理担当者と定め，代表者が表示等の内容を確認すること。

- 既存の品質管理部門・法務部門・コンプライアンス部門を表示等管理部門と定め，当該部門において表示等の内容を確認すること。
- 店舗ごとに表示等を策定している場合において，店長を表示等管理担当者と定め，店長が表示等の内容を確認すること。
- 売り場ごとに表示等を策定している場合において，売り場責任者を表示等管理担当者と定め，その者が表示等の内容を確認すること。

② 表示等の内容や商品カテゴリごとに表示等を確認する者を指定し，その者が表示等の内容を確認する例
- 商品カテゴリごとに異なる部門が表示等を策定している場合，各部門の長を表示等管理担当者と定め，部門長が表示等の内容を確認すること。
- チラシ等の販売促進に関する表示等については営業部門の長を表示等管理担当者と定め，商品ラベルに関する表示等については品質管理部門の長を表示等管理担当者と定め，それぞれが担当する表示等の内容を確認すること。
- 社内資格制度を設け，表示等管理担当者となるためには，景品表示法等の表示等関連法令についての試験に合格することを要件とすること。

6 表示等の根拠となる情報を事後的に確認するために必要な措置を採ることの例
- 表示等の根拠となる情報を記録し，保存しておくこと（注1及び2）。
- 製造業者等に問い合わせれば足りる事項について，製造業者等に問合せができる体制を構築しておくこと。
- 調達先業者との間で，品質・規格・原産地等に変更があった場合には，その旨の伝達を行うことをあらかじめ申し合わせておくこと。
- トレーサビリティ制度に基づく情報により原産地等を確認できる場合には，同制度を利用して原産地等を確認できるようにしておくこと。

（注1） 表示等の根拠となる情報についての資料の例
- 原材料，原産地，品質，成分等に関する表示であれば，企画書，仕様書，契約書等の取引上の書類，原材料調達時の伝票，生産者の証明書，製造工程表，原材料配合表，帳簿，商品そのもの等
- 効果，性能に関する表示であれば，検査データや専門機関による鑑定結果等
- 価格に関する表示であれば，必要とされる期間の売上伝票，帳簿類，製造業者による希望小売価格・参考小売価格の記載のあるカタログ等
- 景品類の提供であれば，景品類の購入伝票，提供期間中の当該商品又は役務に関する売上伝票等
- その他，商談記録，会議議事録，決裁文書，試算結果，統計資料等

（注2） 合理的と考えられる資料の保存期間の例
- 即時に消費される場合又は消費期限が定められている場合には販売を開始した日から3か月の期間

- 賞味期限，保証期間，流通期間，耐用年数等に応じて定められた期間
- 他法令に基づく保存期間が定められている場合（法人税法，所得税法，米穀等の取引等に係る情報の記録及び産地情報の伝達に関する法律（米トレサ法）等）の当該期間

7 不当な表示等が明らかになった場合における迅速かつ適切な対応の例
(1) 事実関係を迅速かつ正確に確認する例
- 表示等管理担当者，事業者の代表者又は専門の委員会等が，表示物・景品類及び表示等の根拠となった情報を確認し，関係従業員等から事実関係を聴取するなどして事実関係を確認すること。
- 事案に係る情報を入手した者から法務部門・コンプライアンス部門に速やかに連絡する体制を整備すること。
(2) 不当表示等による一般消費者の誤認排除を迅速かつ適正に行う例
- 速やかに当該違反を是正すること。
- 一般消費者に対する誤認を取り除くために必要がある場合には，速やかに一般消費者に対する周知（例えば，新聞，自社ウェブサイト，店頭での貼り紙）及び回収を行うこと。
- 当該事案に係る事実関係を関係行政機関へ速やかに報告すること。
(3) 再発防止に向けた措置の例
- 関係従業員等に対して必要な教育・研修等を改めて行うこと。
- 当該事案を関係従業員等で共有し，表示等の改善のための施策を講じること。
(4) その他の例
- 内部通報制度を整備し，内部通報窓口担当者が適切に対応すること。
- 第三者が所掌する法令遵守調査室や第三者委員会を設置すること。
- 就業規則その他の職務規律を定めた文書において，関係従業員等が景品表示法違反に関し，情報を提供したこと又は事実関係の確認に協力したこと等を理由として，不利益な扱いを行ってはならない旨を定め，従業員に周知すること。

8 前記1から7まで以外の措置の例
- 景品表示法違反の未然防止又は被害の拡大の防止の観点から，速やかに景品表示法違反を発見する監視体制の整備及び関係従業員等が報復のおそれなく報告できる報告体制を設け，実施すること。
- 表示等が適正かどうかの検討に際し，疑義のある事項について関係行政機関や公正取引協議会に事前に問い合わせること。
- 表示等が適正かどうかの検討に際し，当該業界の自主ルール又は公正競争規約を参考にすること。

■資料30　不当景品類及び不当表示防止法第7条第2項の運用指針
　　　　　―不実証広告規制に関する指針―

(平成15・10・28公取委)

はじめに
　近年，健康，痩身，環境等に対する消費者の関心が高まる中，ダイエット効果を標ぼうする商品や器具，視力回復効果を標ぼうする器具，焼却時にダイオキシンを発生させないと標ぼうする商品等，商品・サービスの有する「性能」やその結果消費者が期待できる「効果」に関する優良性を強調した表示が多くみられるようになってきている。
　これまで，商品・サービスの効果，性能に関する表示について，公正取引委員会が不当景品類及び不当表示防止法（以下「景品表示法」という。）に基づき，不当表示として規制するためには，公正取引委員会が専門機関を利用して調査・鑑定等を行い，表示どおりの効果，性能がないことを立証する必要があったため，事業者が当該表示の裏付けとなる合理的な根拠を全く有していない場合でも，行政処分を行うまでに多大な時間を要し，その間に不当表示の疑いのある商品・サービスが販売され続け，その結果として，消費者被害が拡大するおそれがあった。
　このような状況を踏まえ，商品・サービスの内容に関する合理的な根拠のない表示を効果的に規制することを可能とする景品表示法第7条第2項の新設を含む，「不当景品類及び不当表示防止法の一部を改正する法律（平成15年法律第45号）」が平成15年5月23日に制定・公布され，景品表示法第7条第2項については平成15年11月23日に施行される。
　本指針は，公正取引委員会の景品表示法第7条第2項の運用の透明性及び事業者の予見可能性を確保するため，同項の運用について一定の指針を示すことを目的としている。
　なお，本指針は，景品表示法第7条第2項の適用がなされる場合のあらゆる場面を網羅しているわけではなく，事業者が行った表示が同項の適用の対象となるのか，また，事業者から提出された資料が表示の裏付けとなる合理的な根拠を示すものと認められるかどうかについては，本指針において例示されていないものを含め，個別事案ごとに判断されることに留意する必要がある。

第1　景品表示法第5条第1号により禁止される表示の概要
　1　景品表示法の対象となる表示
　　景品表示法上の表示とは，商品本体による表示（容器・包装を含む。），店頭における表示，チラシ広告，新聞・雑誌による広告だけではなく，テレビやインターネットによる広告までも含むものであり，景品表示法は，様々な表示媒体によって一般消費者に対して行われる商品・サービスに関する表示に幅広く適用される（昭和37年6月30日公正取引委員会告示第3号）。
　2　景品表示法第5条第1号により禁止される表示
　　(1)　景品表示法第5条第1号は，商品・サービスの品質，規格その他の内容（以下「商品・サービスの内容」という。）について，一般消費者に対して実際のものよりも著しく優良であると示すこと，又は一般消費者に対して事実に相違して当該事業者と競争関係にある他の事業者に係るものよりも著しく優良であると示すことにより，不当に顧客を誘引し，公正な競争を阻害

するおそれがあると認められる表示を不当表示として禁止している。
(2) 景品表示法による不当表示の規制は，不当な顧客の誘引を防止し，一般消費者の適正な商品・サービスの選択を確保することを目的として行われるものであり，「著しく優良であると示す」表示に当たるか否かは，業界の慣行や表示を行う事業者の認識により判断するのではなく，表示の受け手である一般消費者に，「著しく優良」と認識されるか否かという観点から判断される。また，「著しく」とは，当該表示の誇張の程度が，社会一般に許容される程度を超えて，一般消費者による商品・サービスの選択に影響を与える場合をいう。

　すなわち，商品・サービスの内容について「実際のものよりも著しく優良であると示す」又は「事実に相違して当該事業者と競争関係にある他の事業者に係るものよりも著しく優良であると示す」表示とは，一般消費者に対して，社会一般に許容される誇張の程度を超えて，商品・サービスの内容が，実際のもの等よりも著しく優良であると示す表示である。このような表示が行われれば，一般消費者は，商品・サービスの内容について誤認することになる。

　なお，「著しく優良であると示す」表示か否かの判断に当たっては，表示上の特定の文章，図表，写真等から一般消費者が受ける印象・認識ではなく，表示内容全体から一般消費者が受ける印象・認識が基準となる。
(3) 公正取引委員会は，商品・サービスの表示について，景品表示法第5条第1号に該当するとして規制するためには，当該表示が実際のものとは異なるものであること等の具体的な立証が必要である。

　一方，公正取引委員会は，景品表示法第7条第2項により，当該表示をした事業者に対し，期間を定めて，当該表示の裏付けとなる合理的な根拠を示す資料の提出を求めることができ，この場合において，当該事業者が当該資料を提出しないときは，公正取引委員会が当該表示について実際のものとは異なるものであること等の具体的な立証を行うまでもなく，当該表示は第5条第1号に該当する表示とみなされることになり，同項は，このような法律効果を発生させるものである。

　このため，法運用の透明性と事業者の予見可能性を確保する観点から，以下，景品表示法第7条第2項の適用についての考え方，表示の裏付けとなる資料についての「合理的な根拠」の判断基準等を明らかにすることとする。

第2　景品表示法第7条第2項の適用についての考え方
1　基本的な考え方
(1) 景品表示法第7条第2項の適用対象となる表示とは，同法第5条第1号が適用される商品・サービスの内容に関する表示である。

　商品・サービスの内容に関する表示のうち，例えば，原材料，成分，容量，原産地，等級，住宅等の交通の便，周辺環境のような事項に関する表示については，通常，契約書等の取引上の書類や商品そのもの等の情報を確認することによって，当該表示が実際のものとは異なるものであるか否かを判断できる。
(2) 他方，商品・サービスの内容に関する表示の中でも，痩身効果，空気清浄機能等のような効

果，性能に関する表示については，契約書等の取引上の書類や商品そのもの等の情報を確認することだけでは，実際に表示されたとおりの効果，性能があるか否かを客観的に判断することは困難である。

このような表示について，表示されたとおりの効果，性能があるか否かの立証を行うためには，専門機関による調査・鑑定等が必要となることから，当該表示が実際のものとは異なり景品表示法第5条第1号に該当する場合であっても，当該表示を排除するための行政処分を行うまでに多大な時間を要し，その間にも当該商品・サービスが販売され続け，消費者被害が拡大するおそれがある。

(3) したがって，景品表示法第7条第2項が新設された趣旨とこのような効果，性能に関する表示に対する立証上の問題点を踏まえ，本運用指針においては，商品・サービスの効果，性能に関する表示に対する同項の適用についての考え方を示すこととする。

2 表示の裏付けとなる合理的な根拠を示す資料の提出を求めることとなる表示例

(1) 景品表示法第7条第2項により，表示の裏付けとなる合理的な根拠を示す資料の提出を求めることとなる商品・サービスの効果，性能の表示としては，例えば，次のようなものが考えられる。

なお，これは，あくまでも過去の排除命令の事例から取りまとめた，景品表示法第7条第2項に基づき，表示の裏付けとなる合理的な根拠を示す資料の提出を求める対象となり得る効果，性能に関する表示例であり，ここに示されていないものを含め，具体的な商品・サービスの効果，性能に関する表示が同項の規定に基づき，表示の裏付けとなる合理的な根拠を示す資料の提出を求める対象となるか否かは，個別事案ごとに判断することとなる。

表示の例（商品・サービス）	効果，性能
「○○を使用すると2ミリから3ミリ，3ミリから6ミリ，6ミリから1センチ，1センチから3センチというように，短い期間にすくすく伸びる。」（長身機）	背丈を伸ばす効果
「医学的な原理に基づいて，鼻の大部分を形成している軟骨鼻を高くする効果と筋肉を根本的に矯正するように苦心研究のすえ完成されたもので，隆鼻した…鼻筋が通ってきたなど沢山の報告がある。」（隆鼻器）	鼻を高くする効果
「使えば使うほど切れ味は鋭利になり」「研がなくても25年間，そのすばらしい切れ味は不変」（包丁）	永続的な切断性能
「エンジンに取りつけるだけで25％燃費軽減！…」「…確実に5～25％の燃料カット」（自動車用品）	燃料消費量の節約効果
「81kgの体重をダイエットで66kgまで減量。しかし，それ以上は何をしても無理だったという…そんな彼女も○○での58日間でなんと10kgの減量に成功。3度の食事を欠かさずにこの変化」（痩身効果を標ぼうする美容サービス）	食事制限を伴わない痩身効果
「4.5kg～10kg減量がラクラク！！！」「食前に○○茶を飲む。すると，その11種類の天然植物の成分が後から入ってくる食物中の脂肪分が体に取り込まれないように胃に薄い保護膜を作る。」（茶）	食事制限を伴わない痩身効果

「超音波と電磁波の両方を利用することで，家屋のゴキブリ・ネズミなどをブロックします。○○の電磁波が壁，床下，天井などの電気配線を伝わり，隠れている場所からゴキブリ・ネズミを追い出します。」(ゴキブリ・ネズミ駆除機)	ゴキブリ・ネズミ駆除効果
「ニキビ等どんな肌のトラブルも，リンゴの皮をむくようにスルリと優しくムキ取ります。」「3週間後には顔中にあったニキビが全部ムキ取れて消滅し，今ではすっきりスベスベ肌！」(化粧品)	ニキビ除去効果（短期間でニキビの全くない肌になる効果）

(2) また，商品・サービスの効果，性能に関する表示であって，神秘的内容（「開運」，「金運」等），主観的内容（「気分爽快」等），抽象的内容（「健康になる」等）に関する表示であっても，当該表示が一般消費者にとって，当該商品・サービス選択に際しての重要な判断基準となっていると考えられ，さらに，これらの表示内容に加えて具体的かつ著しい便益が主張されている（暗示されている場合も含む。）など，当該商品・サービスの内容について，一般消費者に対し実際のものよりも著しく優良との認識を与えるようなものであれば，景品表示法第5条第1号に該当するおそれがあり，そのような場合には，第7条第2項に基づき表示の裏付けとなる合理的な根拠を示す資料の提出を求める対象となり得る。

他方，上記のような内容の表示のみであって，通常，当該表示から，直ちに，表示された効果，性能について，一般消費者が著しい優良性を認識しないと考えられるものは，景品表示法第5条第1号に該当するおそれはないと考えられるため，第7条第2項に基づき表示の裏付けとなる合理的な根拠を示す資料の提出を求める対象とはならない。

第3　「合理的な根拠」の判断基準

1　基本的な考え方

商品・サービスの効果，性能の著しい優良性を示す表示は，一般消費者に対して強い訴求力を有し，顧客誘引効果が高いものであることから，そのような表示を行う事業者は，当該表示内容を裏付ける合理的な根拠をあらかじめ有しているべきである。

このような観点から，公正取引委員会が事業者に対し，商品・サービスの効果，性能に関する表示について，景品表示法第5条第1号違反に該当する表示か否か判断するために必要があると認めて，当該表示の裏付けとなる合理的な根拠を示す資料の提出を求めた場合に，当該事業者から提出された資料（以下「提出資料」という。）が当該表示の裏付けとなる合理的な根拠を示すものであると認められるためには，次の2つの要件を満たす必要がある。

> ①　提出資料が客観的に実証された内容のものであること
> ②　表示された効果，性能と提出資料によって実証された内容が適切に対応していること

なお，商品の効果，性能に関する表示は，当該商品の製造業者から得た，商品について効果，性能があるとの情報を基に販売カタログや店舗内表示などにより，販売業者が自ら行うこともある。この場合，販売業者が自ら実証試験・調査等を行うことが常に求められるものではなく，製造業者等が行った実証試験・調査等に係るデータ等が存在するかどうか及びその試験方法・結果の客観性等の確認を販売業者が自ら行ったことを示す書面等を当該表示の裏付けとなる根拠として提出することも可能である。

2 提出資料が客観的に実証された内容のものであること

提出資料は，表示された具体的な効果，性能が事実であることを説明できるものでなければならず，そのためには，客観的に実証された内容のものである必要がある。

客観的に実証された内容のものとは，次のいずれかに該当するものである。

① 試験・調査によって得られた結果
② 専門家，専門家団体若しくは専門機関の見解又は学術文献

(1) 試験・調査によって得られた結果

ア 試験・調査によって得られた結果を表示の裏付けとなる根拠として提出する場合，当該試験・調査の方法は，表示された商品・サービスの効果，性能に関連する学術界又は産業界において一般的に認められた方法又は関連分野の専門家多数が認める方法によって実施する必要がある。

〈例〉

- 日用雑貨品の抗菌効果試験について，ＪＩＳ（日本工業規格）に規定する試験方法によって実施したもの。
- 自動車の燃費効率試験の実施方法について，10・15モード法によって実施したもの。
- 繊維製品の防炎性能試験について，消防法に基づき指定を受けた検査機関によって実施したもの。

イ 学術界又は産業界において一般的に認められた方法又は関連分野の専門家多数が認める方法が存在しない場合には，当該試験・調査は，社会通念上及び経験則上妥当と認められる方法で実施する必要がある。

社会通念上及び経験則上妥当と認められる方法が具体的にどのようなものかについては，表示の内容，商品・サービスの特性，関連分野の専門家が妥当と判断するか否か等を総合的に勘案して判断する。

ウ 試験・調査を行った機関が商品・サービスの効果，性能に関する表示を行った事業者とは関係のない第三者（例えば，国公立の試験研究機関等の公的機関，中立的な立場で調査，研究を行う民間機関等）である場合には，一般的に，その試験・調査は，客観的なものであると考えられるが，上記ア又はイの方法で実施されている限り，当該事業者（その関係機関を含む。）が行った試験・調査であっても，当該表示の裏付けとなる根拠として提出することも可能である。

エ なお，一部の商品・サービスの効果，性能に関する表示には，消費者の体験談やモニターの意見等を表示の裏付けとなる根拠にしているとみられるものもあるが，これら消費者の体験談やモニターの意見等の実例を収集した調査結果を表示の裏付けとなる根拠として提出する場合には，無作為抽出法で相当数のサンプルを選定し，作為が生じないように考慮して行うなど，統計的に客観性が十分に確保されている必要がある。

〈例〉

- 自社の従業員又はその家族等，販売する商品・サービスに利害関係を有するものの体験談を収集して行う調査は，サンプルの抽出過程において作為的な要素を含んでおり，自社

に都合の良い結果となりがちであることから，統計的に客観性が確保されたものとはいえず，客観的に実証されたものとは認められない。
・ 積極的に体験談を送付してくる利用者は，一般に，商品・サービスの効果，性能に著しく心理的な感銘を受けていることが予想され，その意見は，主観的なものとなりがちなところ，体験談を送付しなかった利用者の意見を調査することなく，一部の利用者から寄せられた体験談のみをサンプル母体とする調査は，無作為なサンプル抽出がなされた統計的に客観性が確保されたものとはいえず，客観的に実証されたものとは認められない。
・ 広い地域で販売する商品につき，一部の地域において少数のモニターを選定して行った統計調査は，サンプル数が十分でなく，統計的に客観性が確保されたものとはいえず，客観的に実証されたものとは認められない。
※ どの程度のサンプル数であれば統計的に客観性が確保されたものといえるかについては，商品・サービス又は表示された効果，性能の特性，表示の影響の範囲及び程度によって異なるため，これらの事項を勘案して個別事案ごとに判断することとなるが，少なくとも，学問上又は表示された効果，性能に関連する専門分野において，客観的な実証に耐える程度のものである必要がある。

(2) 専門家，専門家団体若しくは専門機関の見解又は学術文献

ア 当該商品・サービス又は表示された効果，性能に関連する分野を専門として実務，研究，調査等を行う専門家，専門家団体又は専門機関（以下「専門家等」という。）による見解又は学術文献を表示の裏付けとなる根拠として提出する場合，その見解又は学術文献は，次のいずれかであれば，客観的に実証されたものと認められる。

① 専門家等が，専門的知見に基づいて当該商品・サービスの表示された効果，性能について客観的に評価した見解又は学術文献であって，当該専門分野において一般的に認められているもの

② 専門家等が，当該商品・サービスとは関わりなく，表示された効果，性能について客観的に評価した見解又は学術文献であって，当該専門分野において一般的に認められているもの

イ 特定の専門家等による特異な見解である場合，又は画期的な効果，性能等，新しい分野であって専門家等が存在しない場合等当該商品・サービス又は表示された効果，性能に関連する専門分野において一般的には認められていない場合には，その専門家等の見解又は学術文献は客観的に実証されたものとは認められない。

この場合，事業者は前記(1)の試験・調査によって，表示された効果，性能を客観的に実証する必要がある。

ウ 生薬の効果など，試験・調査によっては表示された効果，性能を客観的に実証することは困難であるが，古来からの言い伝え等，長期に亘る多数の人々の経験則によって効果，性能の存在が一般的に認められているものがあるが，このような経験則を表示の裏付けとなる根拠として提出する場合においても，専門家等の見解又は学術文献によってその存在が確認されている

必要がある。
3 表示された効果，性能と提出資料によって実証された内容が適切に対応していること
　提出資料が表示の裏付けとなる合理的な根拠を示すものであると認められるためには，前記のように，提出資料が，それ自体として客観的に実証された内容のものであることに加え，表示された効果，性能が提出資料によって実証された内容と適切に対応していなければならない。
　したがって，次の例のとおり，提出資料自体は客観的に実証された内容のものであっても，表示された効果，性能が提出資料によって実証された内容と適切に対応していなければ，当該資料は，当該表示の裏付けとなる合理的な根拠を示すものとは認められない。
　なお，ここで表示された効果，性能とは，文章，写真，試験結果等から引用された数値，イメージ図，消費者の体験談等を含めた表示全体から一般消費者が認識する効果，性能であることに留意する必要がある。

〈例1〉

・　家屋内の害虫を有効に駆除すると表示する家庭用害虫駆除器について，事業者から，公的機関が実施した試験結果が提出された。
　しかしながら，当該試験結果は，試験用のアクリルケース内において，当該機器によって発生した電磁波が，害虫に対して一時的に回避行動を取らせることを確認したものにすぎず，人の通常の居住環境における実用的な害虫駆除効果があることを実証するものではなかった。
　したがって，上記の表示された効果，性能と提出資料によって実証された内容が適切に対応しているとはいえず，当該提出資料は表示の裏付けとなる合理的な根拠を示すものとは認められない。

〈例2〉

・　あらゆる種類のエンジンオイルに対して10％の燃費向上が期待できると表示する自動車エンジンオイル添加剤について，事業者から，民間の研究機関が実施した試験結果が提出された。
　しかしながら，その試験結果は，特定の高性能エンジンオイルについて燃費が10％向上することを確認したものにすぎず，一般的な品質のエンジンオイルについて同様の効果が得られることを実証するものではなかった。
　したがって，上記の表示された効果，性能と提出資料によって実証された内容が適切に対応しているとはいえず，当該提出資料は表示の裏付けとなる合理的な根拠を示すものとは認められない。

〈例3〉

・　99％の紫外線をカットすると表示する紫外線遮断素材を使用した衣料について，事業者から，当該化学繊維の紫外線遮断効果についての学術文献が提出された。
　しかしながら，当該学術文献は，当該紫外線遮断素材が紫外線を50％遮断することを確認したものにすぎず，紫外線を99％遮断することまで実証するものではなかった。

> したがって，上記の表示された効果，性能と提出資料によって実証された内容が適切に対応しているとはいえず，当該提出資料は表示の裏付けとなる合理的な根拠を示すものとは認められない。

〈例4〉

> ・「食べるだけで1か月に5kg痩せます」との見出しに加え，「○○大学△△医学博士の試験で効果は実証済み」との専門家による評価があることを表示することにより，表示全体として，食べるだけで1か月に5kgの減量効果が期待できるとの認識を一般消費者に与えるダイエット食品について，事業者から，美容痩身に関する専門家の見解が提出された。
> 　しかしながら，当該専門家の見解は，当該食品に含まれる主成分の含有量，一般的な摂取方法及び適度の運動によって脂肪燃焼を促進する効果が期待できることについて確認したものにすぎず，食べるだけで1か月に5kgの減量効果が得られることを実証するものではなかった。
> 　したがって，表示全体として，食べるだけで1か月に5kgの減量効果が期待できるとの認識を一般消費者に与える表示と，提出資料によって実証された内容が適切に対応しているとはいえず，当該提出資料は表示の裏付けとなる合理的な根拠を示すものとは認められない。

第4　表示の裏付けとなる合理的な根拠を示す資料の提出手続

　景品表示法第7条第2項は，事業者が，公正取引委員会によってあらかじめ設定された期間内に表示の裏付けとなる合理的な根拠を示す資料を提出しないときは，当該事業者が行う当該表示は不当表示とみなされるとの法律効果を発生させる規定である。

　同項の運用に係る手続の透明性を確保する観点から，合理的な根拠を示す資料の提出に係る手続については，次のとおりとする。

1　文書による資料提出の要請

　　公正取引委員会は，景品表示法第5条第1号に該当する表示か否かを判断するため必要があると認め，事業者に対し，第7条第2項に基づき，当該表示の裏付けとなる合理的な根拠を示す資料の提出を求める場合には，文書をもって行う。なお，当該文書には，次に掲げる事項を具体的かつ明確に記載する。

> ①　当該事業者がした当該表示内容
> ②　資料の提出先及び提出期限

2　資料の提出期限

　(1)　表示の裏付けとなる合理的な根拠を示す資料の提出期限は，公正取引委員会が，前記1の文書により当該資料の提出を求めた日から，原則として15日後とする。

　(2)　公正取引委員会は，事業者から書面により提出期限の延長の申出があり，正当な事由があると認めた場合には，その提出期限を延長することができる。

　　　なお，具体的にどのような理由であれば，正当な事由と認められるかは，個別の事案ごとに

判断されることになるが，新たな又は追加的な試験・調査を実施する必要があるなどの理由は，正当な事由とは認められない。

■資料31　不当な価格表示についての景品表示法上の考え方

（平成12・6・30公取委）

最終改定　平成18・1・4公取委

はじめに

　　事業者が市場の状況に応じて自己の販売価格を自主的に決定することは，事業者の事業活動において最も基本的な事項であり，かつ，これによって事業者間の競争と消費者の選択が確保される。

　　このように，事業者の販売価格は他の事業者との競争において重要な手段となるものであり，販売価格に関する情報を消費者に伝達・訴求するために価格表示が積極的に行われている。

　　一方，消費者にとっても，価格表示は，商品又は役務（サービス）の選択上最も重要な販売価格についての情報を得る手段である。また，価格表示によって，事業者間や商品間等の価格比較が容易となり，価格表示に基づく消費者の選択が行われることを通じて，事業者間や商品間等の価格競争も促進されることとなる。

　　しかしながら，実際と異なる表示が行われるなど，価格表示が適正に行われない場合には，消費者の選択を誤らせるとともに，市場における公正な競争が阻害され，上記のような価格表示が持つ本来の機能が発揮されなくなる。

　　このような観点から，不当景品類及び不当表示防止法（以下「景品表示法」という。）は，事業者の販売価格について一般消費者に実際のもの又は競争事業者に係るものよりも著しく有利であると誤認される表示を不当表示として規制している。

　　本考え方は，一般消費者を対象とした価格表示に関して，不当な価格表示についての景品表示法上の考え方を明らかにすることによって，事業者の景品表示法違反行為の未然防止とその適正な価格表示を推進し，事業者間の公正かつ自由な競争を促進するとともに，一般消費者の適正な商品又は役務の選択を確保することを目的としている。

　　なお，本考え方の策定に伴い，「不当な価格表示に関する不当景品類及び不当表示防止法第4条第2号の運用基準」（昭和44年事務局長通達第4号）及び「カラーテレビ等家庭電気製品の希望小売価格の表示に関する取扱いについて」（昭和46年事務局長通達第1号）は，廃止する。

第1　本考え方の構成及び適用範囲

　1　本考え方の構成

　　　本考え方は，どのような価格表示が一般消費者に誤認を与え，景品表示法に違反するおそれがあるかを明らかにするため，まず，第2において，景品表示法第5条第2号の規定により不当表示として問題となる価格表示について説明を行い，第3から第6までにおいて，価格表示の主要な類型別に，景品表示法上の基本的な考え方及び不当表示に該当するおそれのある主要な事例を示している。

　2　本考え方の適用範囲

　　(1)　本考え方の対象となる価格表示

　　　　本考え方は，製造業者，卸売業者，小売業者，通信販売業者，輸入代理店，サービス業者等，

事業者の事業形態を問わず，事業者が，一般消費者に対して商品又は役務を供給する際に行う価格表示のすべてを対象としている。

なお，第3以下においては，分かりやすいものとするため，「不当表示に該当するおそれのある表示」において役務の事例を記述する場合を除き，小売業者が一般消費者に対して商品を供給する場合に行う価格表示を前提として記述しているが，その考え方は，基本的には，役務の価格表示及び小売業者以外の事業者が行う商品又は役務の価格表示についても適用されるものである。

(2) 本考え方の対象となる表示媒体

価格表示については，商品本体による表示（商品に添付又は貼付される値札等），店頭における表示，チラシ広告，新聞・テレビによる広告，インターネットによる広告等多様な媒体により行われているが，一般消費者に対して行われる価格表示であれば，それがどのような表示媒体により行われるものであるかを問わず，本考え方が適用されるものである。

(3) おとり広告との関係

本考え方は，事業者が商品又は役務の供給に際し一般消費者に対して行う価格表示についての考え方を示したものである。したがって，例えば，安売りのチラシに掲載された商品の販売価格について実際と異なる表示が行われる場合には，本考え方が適用されることとなる。

他方，チラシに掲載された商品についてそもそも販売される用意がなされていない場合など，広告，チラシ等において，広く一般消費者に対し取引の申出をした商品又は役務について，実際には申出どおりに購入することができないものであるにもかかわらず，一般消費者が申出どおりに購入できると誤認するおそれがある表示については，「おとり広告に関する表示」（平成5年公正取引委員会告示第17号）及び「『おとり広告に関する表示』等の運用基準」（平成5年事務局長通達第6号）において考え方が示されており，引き続き，この考え方によって判断されることとなる。

3 個別事案の判断

本考え方は，景品表示法に違反するおそれのある価格表示についての考え方を明らかにしたものであり，本考え方において「不当表示に該当するおそれのある表示」として例示されていないものを含め，事業者が行う具体的な価格表示が景品表示法に違反するか否かについては，景品表示法の規定に照らして，個別事案ごとに判断されることはいうまでもない。

第2 不当な価格表示に関する景品表示法上の考え方

1 景品表示法の内容

(1) 販売価格に関する表示については，次の表示が景品表示法上問題となる（注）。

ア 自己が供給する商品又は役務の販売価格について，実際の販売価格よりも著しく有利であると一般消費者に誤認される表示

イ 自己が供給する商品又は役務の販売価格について，競争事業者の販売価格よりも著しく有利であると一般消費者に誤認される表示

（注）景品表示法第5条

事業者は，自己の供給する商品又は役務の取引について，次の各号に掲げる表示をしてはならない。

1　（略）

2　商品又は役務の価格その他の取引条件について，実際のもの又は当該事業者と競争関係にある他の事業者に係るものよりも取引の相手方に著しく有利であると一般消費者に誤認されるため，不当に顧客を誘引し，公正な競争を阻害するおそれがあると認められる表示

(2)　「有利であると一般消費者に誤認される」とは，当該表示によって販売価格が実際と異なって安いという印象を一般消費者に与えることをいう。また，「著しく有利」であると誤認される表示か否かは，当該表示が，一般的に許容される誇張の程度を超えて，商品又は役務の選択に影響を与えるような内容か否かにより判断される。

(3)　なお，景品表示法上問題となるか否かは，表示媒体における表示内容全体をみて，一般消費者が当該表示について著しく有利であると誤認するか否かにより判断されるものであり，その際，事業者の故意又は過失の有無は問題とされない。

2　景品表示法上問題となる価格表示

上記1を踏まえると，次のような価格表示を行う場合には，景品表示法に違反する不当表示（以下，単に「不当表示」という。）に該当するおそれがある。

(1)　実際の販売価格よりも安い価格を表示する場合

(2)　販売価格が，過去の販売価格や競争事業者の販売価格等と比較して安いとの印象を与える表示を行っているが，例えば，次のような理由のために実際は安くない場合

　ア　比較に用いた販売価格が実際と異なっているとき。

　イ　商品又は役務の内容や適用条件が異なるものの販売価格を比較に用いているとき。

(3)　その他，販売価格が安いとの印象を与える表示を行っているが，実際は安くない場合

第3　販売価格に関する表示について

1　基本的考え方

特定の商品の販売に際して販売価格が表示される場合には，一般消費者は，表示された販売価格で当該商品を購入できると認識するものと考えられる。

このため，販売価格に関する表示を行う場合には，①販売価格，②当該価格が適用される商品の範囲（関連する商品，役務が一体的に提供されているか否か等），③当該価格が適用される顧客の条件について正確に表示する必要があり，これらの事項について実際と異なる表示を行ったり，あいまいな表示を行う場合には，一般消費者に販売価格が安いとの誤認を与え，不当表示に該当するおそれがある。

なお，以上の考え方は，販売価格を単体で表示する場合だけではなく，第4以下で記述する二重価格表示等における販売価格の表示についても同様に当てはまるものである。

2　不当表示に該当するおそれのある表示

販売価格に関する次のような表示は，不当表示に該当するおそれがある。

　ア　実際の販売価格より安い価格を販売価格として表示すること。

（事例）

　　A不動産会社が，「分譲宅地　価格／1平方メートル100,000円～120,000円～特選地」と表示しているが，実際には，当該宅地の価格は1平方メートル当たり約148,000円ないし約185,000であるとき。

イ　通常他の関連する商品や役務と併せて一体的に販売されている商品について，これらの関連する商品や役務の対価を別途請求する場合に，その旨を明示しないで，商品の販売価格のみを表示すること。

（事例）

　　A内装工事業者が，「カベ一部屋5,000円　クロス張替え」と表示しているが，実際には，5,000円はクロスそのものの代金であり別途施工料金が請求されるとき。

ウ　表示された販売価格が適用される顧客が限定されているにもかかわらず，その条件を明示しないで，商品の販売価格のみを表示すること。

（事例）

・　A電器店が，「新バージョンソフト　特別価格5,000円」と表示しているが，実際には，当該価格は同ソフトの旧バージョンを所有する者だけに適用される特別価格であるとき。

・　A電気通信事業者が，「国際ダイヤル通話サービス　アメリカまで1分60円」と表示しているが，実際には，当該価格は特定の割引プランに加入し，かつ，1か月当たり一定金額以上の使用実績がある利用者が，深夜・早朝時間帯に3分間通話したときに適用される1分間当たりの料金であるとき。

第4　二重価格表示について

1　二重価格表示についての基本的考え方

　二重価格表示は，事業者が自己の販売価格に当該販売価格よりも高い他の価格（以下「比較対照価格」という。）を併記して表示するものであり，その内容が適正な場合には，一般消費者の適正な商品選択と事業者間の価格競争の促進に資する面がある。

　しかし，次のように，二重価格表示において，販売価格の安さを強調するために用いられた比較対照価格の内容について適正な表示が行われていない場合には，一般消費者に販売価格が安いとの誤認を与え，不当表示に該当するおそれがある。

(1)　同一ではない商品の価格を比較対照価格に用いて表示を行う場合

ア　同一ではない商品の価格との二重価格表示が行われる場合には，販売価格と比較対照価格との価格差については，商品の品質等の違いも反映されているため，二重価格表示で示された価格差のみをもって販売価格の安さを評価することが難しく，一般消費者に販売価格が安いとの誤認を与え，不当表示に該当するおそれがある。

　　なお，同一ではない商品との二重価格表示であっても，一の事業者が実際に販売している2つの異なる商品について現在の販売価格を比較することは，通常，景品表示法上問題となるものではない。

イ　商品の同一性は，銘柄，品質，規格等からみて同一とみられるか否かにより判断される。

なお，衣料品等のように色やサイズの違いがあっても同一の価格で販売されるような商品については，同一の商品に該当すると考えられる。

　また，ある１つの商品の新品と中古品，汚れ物，キズ物，旧型又は旧式の物（以下「中古品等」という。）とは，同一の商品とは考えられない。

　野菜，鮮魚等の生鮮食料品については，一般的には，商品の同一性を判断することが難しいと考えられる。このため，生鮮食料品を対象とする二重価格表示については，後記２の(1)ウで記述するタイムサービスのように商品の同一性が明らかな場合や，一般消費者が商品の同一性を判断することが可能な場合を除き，一般消費者に販売価格が安いとの誤認を与え，不当表示に該当するおそれがある。

(2)　比較対照価格に用いる価格について実際と異なる表示やあいまいな表示を行う場合

　二重価格表示が行われる場合には，比較対照価格として，過去の販売価格，希望小売価格，競争事業者の販売価格等多様なものが用いられている。

　これらの比較対照価格については，事実に基づいて表示する必要があり，比較対照価格に用いる価格が虚偽のものである場合には，一般消費者に販売価格が安いとの誤認を与え，不当表示に該当するおそれがある。

　また，過去の販売価格や競争事業者の販売価格等でそれ自体は根拠のある価格を比較対照価格に用いる場合でも，当該価格がどのような内容の価格であるかを正確に表示する必要があり，比較対照価格に用いる価格についてあいまいな表示を行う場合には，一般消費者に販売価格が安いとの誤認を与え，不当表示に該当するおそれがある。

２　過去の販売価格等を比較対照価格とする二重価格表示について

(1)　基本的考え方

　ア　過去の販売価格を比較対照価格とする二重価格表示

　　(ｱ)　景品表示法上の考え方

　　　a　需要喚起，在庫処分等の目的で行われる期間限定のセールにおいて，販売価格を引き下げる場合に，過去の販売価格を比較対照価格とする二重価格表示が行われることがある。

　　　　この場合，比較対照価格に用いられる過去の販売価格の表示方法は一様ではなく，価格のみが表示されている場合，「当店通常価格」，「セール前価格」等の名称や，☺，⊕等の記号が付されている場合，どのような価格かについて具体的な説明が付記されている場合などがある。

　　　b　過去の販売価格を比較対照価格とする二重価格表示が行われる場合に，比較対照価格がどのような価格であるか具体的に表示されていないときは，一般消費者は，通常，同一の商品が当該価格でセール前の相当期間販売されており，セール期間中において販売価格が当該値下げ分だけ安くなっていると認識するものと考えられる。

　　　　このため，過去の販売価格を比較対照価格とする二重価格表示を行う場合に，同一の商品について最近相当期間にわたって販売されていた価格とはいえない価格を比較対照

価格に用いるときは，当該価格がいつの時点でどの程度の期間販売されていた価格であるか等その内容を正確に表示しない限り，一般消費者に販売価格が安いとの誤認を与え，不当表示に該当するおそれがある。

ただし，セール実施の決定後に販売を開始した商品の二重価格表示については，商品の販売開始時点で，セールにおいていくらで販売するか既に決まっており，セール前価格は実績作りのものとみられることから，セール前価格で販売されていた期間を正確に表示したとしても，不当表示に該当するおそれがある。

他方，同一の商品について最近相当期間にわたって販売されていた価格を比較対照価格とする場合には，不当表示に該当するおそれはないと考えられる。

(イ) 「最近相当期間にわたって販売されていた価格」についての考え方

 a 「相当期間」については，必ずしも連続した期間に限定されるものではなく，断続的にセールが実施される場合であれば，比較対照価格で販売されていた期間を全体としてみて評価することとなる。

 b また，「販売されていた」とは，事業者が通常の販売活動において当該商品を販売していたことをいい，実際に消費者に購入された実績のあることまでは必要ではない。

 他方，形式的に一定の期間にわたって販売されていたとしても，通常の販売場所とは異なる場所に陳列してあるなど販売形態が通常と異なっている場合や，単に比較対照価格とするための実績作りとして一時的に当該価格で販売していたとみられるような場合には，「販売されていた」とはみられないものである。

(ウ) 「最近相当期間にわたって販売されていた価格」か否かの判断基準

比較対照価格が「最近相当期間にわたって販売されていた価格」に当たるか否かは，当該価格で販売されていた時期及び期間，対象となっている商品の一般的価格変動の状況，当該店舗における販売形態等を考慮しつつ，個々の事案ごとに検討されることとなるが，一般的には，二重価格表示を行う最近時（最近時については，セール開始時点からさかのぼる8週間について検討されるものとするが，当該商品が販売されていた期間が8週間未満の場合には，当該期間について検討されるものとする。）において，当該価格で販売されていた期間が当該商品が販売されていた期間の過半を占めているときには，「最近相当期間にわたって販売されていた価格」とみてよいものと考えられる。ただし，前記の要件を満たす場合であっても，当該価格で販売されていた期間が通算して2週間未満の場合，又は当該価格で販売された最後の日から2週間以上経過している場合においては，「最近相当期間にわたって販売されていた価格」とはいえないものと考えられる。

イ 将来の販売価格を比較対照価格とする二重価格表示

販売当初の段階における需要喚起等を目的に，将来の時点における販売価格を比較対照価格とする二重価格表示が行われることがある。

このような二重価格表示については，表示された将来の販売価格が十分な根拠のあるものでないとき（実際に販売することのない価格であるときや，ごく短期間のみ当該価格で販売

するにすぎないときなど）には，一般消費者に販売価格が安いとの誤認を与え，不当表示に該当するおそれがある。

　　将来の価格設定は，将来の不確定な需給状況等に応じて変動するものであることから，将来の価格として表示された価格で販売することが確かな場合（需給状況等が変化しても表示価格で販売することとしている場合など）以外において，将来の販売価格を用いた二重価格表示を行うことは，適切でないと考えられる。

ウ　タイムサービスを行う場合の二重価格表示

　　特定の商品について一定の営業時間に限り価格の引下げを行ったり，又は生鮮食料品等について売れ残りを回避するために一定の営業時間経過後に価格の引下げを行ったりする場合に，当初の表示価格を比較対照価格とする二重価格表示が行われることがある。

　　このような二重価格表示については，通常は，不当表示に該当するおそれはないと考えられる。

(2)　不当表示に該当するおそれのある表示

　　過去の販売価格等を比較対照価格とする次のような二重価格表示は，不当表示に該当するおそれがある。

ア　過去の販売価格を比較対照価格に用いる場合

(ア)　実際に販売されていた価格よりも高い価格を，「当店通常価格」等最近相当期間にわたって販売されていた価格であるとの印象を与えるような名称を付して比較対照価格に用いること。

（事例）

・　A衣料品店が，「紳士スーツ　当店通常価格58,000円の品　40,000円」と表示しているが，実際には，当該商品と同一の商品について，通常45,000円で販売しているとき。

・　Aスーパーが，「＊印は当店通常価格　マーガリン＊498円　258円」と表示しているが，実際には，当該商品と同一の商品について，通常338円で販売しているとき。

(イ)　販売実績の全くない商品又はセール直前に販売が開始された商品等，短期間しか販売した実績のない商品の価格を，「当店通常価格」等最近相当期間にわたって販売されていた価格であるとの印象を与えるような名称を付して比較対照価格に用いること。

（事例）

・　A寝具店が，「羽毛ふとん　当店通常価格15,800円を12,000円」と表示しているが，実際には，当該商品は今回初めて販売されるものであるとき。

・　A衣料品店が，「比較対照価格の㊨は当社通常価格の略　980円均一　紳士ポロシャツ〈各種〉（M・L寸）㊨2,800円の品」と表示しているが，実際には，当該商品と同一の商品について，当該比較対照価格により販売された実績がないとき。

(ウ)　過去の販売期間のうち短期間において販売されていた価格を，「当店通常価格」等最近相当期間にわたって販売されていた価格であるとの印象を与えるような名称を付して比較

対照価格に用いること。
(事例)
　　A衣料品店が、「婦人カシミヤセーター　当店通常価格12,000円を9,500円」と表示しているが、実際には、当該商品と同一の商品について、過去の販売期間（8週間）のうち、当該価格で販売されていた期間は当初2週間だけであり、その後の6週間はこれより低い価格で販売されていたとき。

(エ)　過去において販売されていた価格を、具体的な販売期間を明示しないで、又は実際と異なる販売期間を付記して比較対照価格に用いること。
(事例)
- A人形店が、「五月人形兜飾り　72,000円の品　セール期間中43,000円で販売」と表示しているが、実際には、当該商品と同一の商品について、72,000円で販売した期間が2日間だけであるとき。
- A衣料品店が、「新作ダブルスーツ　○月1日～20日までの販売価格48,000円の品　33,800円」と表示しているが、実際には、当該商品と同一の商品について、当該比較対照価格により販売されていたのは2日間だけであるとき。
- Aゴルフ用品製造販売業者が、インターネット上のショッピングサイトにおいて、「ゴルフクラブ　定価380,000円　特価138,000円」と表示しているが、実際には、当該「定価」と称する価格は、当該商品の販売開始時における同社の直営小売店舗での販売価格であって、当該価格での販売は4年前に終了しているとき。

(オ)　販売する商品と同一ではない商品（中古品等を販売する場合において、新品など当該商品の中古品等ではない商品を含む。）の過去の販売価格を比較対照価格に用いること。
(事例)
　　A楽器店が、「電子オルガン　当店通常価格650,000円を365,000円」と表示しているが、実際には、当該商品は長期間展示品であって新品とはみなされないもので、当店通常価格は新品のものの価格であるとき。

イ　将来の販売価格を比較対照価格に用いる場合
　セール期間経過後も販売価格を引き上げる予定がないにもかかわらず、又はセール期間経過後ごく短期間しか表示された価格で販売しないにもかかわらず、セール期間経過後の将来の販売価格を比較対照価格に用いること。
(事例)
　　A衣料品店が、「婦人ブラウス　お試し価格4,800円　○月○日以降は6,000円になります」と表示しているが、実際には、当該商品と同一の商品について、○月○日以降も4,800円で販売するとき。

3　希望小売価格を比較対照価格とする二重価格表示について
(1)　基本的考え方
　ア　製造業者、卸売業者、輸入総代理店等、小売業者以外の者（以下「製造業者等」という。）

が，自己の供給する商品について希望小売価格を設定している場合に，小売業者は，この希望小売価格を比較対照価格とする二重価格表示を行うことがある。

　一般消費者は，通常，希望小売価格については，製造業者等により小売業者の価格設定の参考となるものとして設定され，あらかじめ，新聞広告，カタログ，商品本体への印字等により公表されているものであり，このことから，小売業者の販売価格が安いかどうかを判断する際の参考情報の1つとなり得るものと認識していると考えられる。

　このため，希望小売価格を比較対照価格とする二重価格表示を行う場合に，製造業者等により設定され，あらかじめ公表されているとはいえない価格を，希望小売価格と称して比較対照価格に用いるときには，一般消費者に販売価格が安いとの誤認を与え，不当表示に該当するおそれがある。

イ　なお，希望小売価格に類似するものとして，製造業者等が参考小売価格や参考上代等の名称で小売業者に対してのみ呈示している価格がある。

　これらの価格が，小売業者の小売価格設定の参考となるものとして，製造業者等が設定したものをカタログやパンフレットに記載するなどして当該商品を取り扱う小売業者に広く呈示されている場合（製造業者等が商談の際に当該商品を取り扱う小売店の一部の問い合わせに対して個別に呈示するような場合は含まない。）には，小売業者が当該価格を比較対照価格に用いて二重価格表示を行うこと自体は可能であるが，希望小売価格以外の名称を用いるなど，一般消費者が誤認しないように表示する必要がある。

　また，参考小売価格等を比較対照価格とする二重価格表示を行う場合に，製造業者等が当該商品を取り扱う小売業者に小売業者向けのカタログ等により広く呈示しているとはいえない価格を，小売業者が参考小売価格等と称して比較対照価格に用いるときには，一般消費者に販売価格が安いとの誤認を与え，不当表示に該当するおそれがある。

(2) 不当表示に該当するおそれのある表示

　希望小売価格を比較対照価格とする次のような二重価格表示は，不当表示に該当するおそれがある。

ア　希望小売価格よりも高い価格を希望小売価格として比較対照価格に用いること。

（事例）

　　A電器店が，「全自動洗濯機　メーカー希望小売価格75,000円の品　58,000円」と表示しているが，実際には，当該商品と同一の商品について，メーカーであるB電機が設定した希望小売価格は67,000円であるとき。

イ　希望小売価格が設定されていない場合（希望小売価格が撤廃されている場合を含む。）に，任意の価格を希望小売価格として比較対照価格に用いること。

（事例）

・　A衣料品店が，「ビジネス・スーツ　メーカー希望小売価格29,000円の品　割引価格23,800円」と表示しているが，実際には，当該商品と同一の商品について，メーカーは希望小売価格を設定していないとき。

・　Ａスーパーが，「インバーターエアコン　メーカー希望小売価格200,000円の品　138,000円」と表示しているが，実際には，当該商品と同一の商品について，メーカーであるＢ電機は希望小売価格を１年前に撤廃しているとき。
ウ　①プライベートブランド商品について小売業者が自ら設定した価格，②製造業者等が専ら自ら小売販売している商品について自ら設定した価格，又は③特定の小売業者が専ら販売している商品について製造業者等が当該小売業者の意向を受けて設定した価格を，希望小売価格として比較対照価格に用いること。
（事例）
・　Ａミシン店が，「電子ミシン　メーカー希望小売価格30,000円の品　18,000円」と表示しているが，実際には，当該商品は同店が海外の事業者に製造委託した自社ブランド商品であるとき。
・　Ａ宝飾品製造販売業者が，「プラチナ台ダイヤモンドリング0.1カラットメーカー希望小売価格100,000円の品　3割引　70,000円」と表示しているが，実際には，当該商品はＡ宝飾品製造販売業者が製造し，自ら直営店のみで販売するものであるとき。
・　Ａ家具店が，「Ｂメーカー応接五点セット　メーカー希望小売価格120,000円の品　産直価格78,000円」と表示しているが，実際には，当該商品はＡ家具店のみで販売されており，当該希望小売価格は，Ａ家具店がＢメーカーに依頼して設定させた価格であるとき。
エ　製造業者等が当該商品を取り扱う小売業者の一部に対してのみ呈示した価格を，希望小売価格として比較対照価格に用いること。
（事例）
　　Ａ服飾雑貨品店が，「Ｂメーカー製財布　メーカー希望小売価格6,000円の品　3,800円」と表示しているが，実際には，当該希望小売価格は，Ｂメーカーが商談の際にＡ服飾雑貨品店を含む当該商品を取り扱う小売業者の一部にのみ呈示した価格であるとき。
オ　販売する商品と同一ではない商品（中古品等を販売する場合において，新品など当該商品の中古品等ではない商品を含む。）の希望小売価格を比較対照価格に用いること。
（事例）
　　Ａ電器店が，「○○社製パソコン　メーカー希望小売価格270,000円の品　180,000円」と表示しているが，実際には，当該希望小売価格は，販売する商品に比べて記憶容量が大きいなど同一ではない商品のメーカー希望小売価格であるとき。
カ　①参考小売価格等が設定されていない場合に，任意の価格を参考小売価格等として比較対照価格に用いること，及び②製造業者等が当該商品を取り扱う小売業者の一部に対してのみ呈示した価格を，参考小売価格等として比較対照価格に用いること。
（事例）
・　Ａ眼鏡店が，「78％ＯＦＦ　メーカーセット参考小売価格　33,000円の品　レンズ

付き7,000円」と表示しているが，実際には，当該商品と同一のレンズとフレーム一式の商品について，メーカーは参考小売価格を設定していないとき。
 ・ A眼鏡店が，「ブランドフレーム　参考小売価格￥34,000→￥5,000　85％OFF」と表示しているが，実際には，メーカーとの商談の際に，A眼鏡店を含む当該商品を取り扱う小売店の一部の問い合わせに対して，メーカーから呈示された価格を，参考小売価格として比較対照価格に用いたものであるとき。
4　競争事業者の販売価格を比較対照価格とする二重価格表示について
 (1) 基本的考え方
　　自己の販売価格の安さを強調するために，市価や特定の競争事業者の販売価格を比較対照価格とする二重価格表示が行われることがある。
　　これらの競争事業者の販売価格を比較対照価格とする二重価格表示が行われる場合には，一般消費者は，通常，同一の商品について代替的に購入し得る事業者の最近時の販売価格との比較が行われていると認識するものと考えられる。
　　このため，競争事業者の販売価格を比較対照価格とする二重価格表示を行う場合に，同一の商品について代替的に購入し得る事業者の最近時の販売価格とはいえない価格を比較対照価格に用いるときには，一般消費者に販売価格が安いとの誤認を与え，不当表示に該当するおそれがある。特に，市価を比較対照価格とする二重価格表示については，当該事業者が販売している地域内において競争関係にある事業者の相当数の者が実際に販売している価格を正確に調査することなく表示する場合には，不当表示に該当するおそれがある。
　　このように，市価や特定の競争事業者の販売価格を比較対照価格とする二重価格表示を行う場合には，競争事業者の最近時の販売価格を正確に調査するとともに，特定の競争事業者の販売価格と比較する場合には，当該競争事業者の名称を明示する必要がある。
 (2) 不当表示に該当するおそれのある表示
　　競争事業者の販売価格を比較対照価格とする次のような二重価格表示は，不当表示に該当するおそれがある。
　ア　最近時の市価よりも高い価格を市価として比較対照価格に用いること。
　　（事例）
　　　A人形店が，「陶製人形　市価9,000円のものを3,500円」と表示しているが，実際には，当該商品と同一の商品について，A人形店が販売している地域内における他の人形店では，最近時において3,000円から4,000円で販売されているとき。
　イ　最近時の競争事業者の販売価格よりも高い価格を当該競争事業者の販売価格として比較対照価格に用いること。
　　（事例）
　　　A時計店が，「○○製時計　B時計店横浜店108,000円の品80,000円」と表示しているが，実際には，当該商品と同一の商品について，B時計店横浜店では最近時において70,000円で販売されているとき。

ウ　商圏が異なり一般消費者が購入する機会のない店舗の販売価格を比較対照価格に用いること。

（事例）
　　Ａスーパー福岡店が，「紳士用皮革ベルト　Ｂスーパーで12,000円の品　7,800円」と表示しているが，実際には，当該比較対照価格は事実上福岡地域の一般消費者が購入する機会のないＢスーパーの長崎店の販売価格であるとき。

エ　販売する商品と同一ではない商品（中古品等を販売する場合において，新品など当該商品の中古品等ではない商品を含む。）について，競争事業者が販売している価格を比較対照価格に用いること。

（事例）
　　Ａ電器店が，「衛星放送内蔵テレビ（25インチ）　Ｂ電器店の販売価格185,000円の品　148,000円」と表示しているが，実際には，当該比較対照価格は当該商品の性能を一層向上させた後継機種の販売価格であるとき。

5　他の顧客向けの販売価格を比較対照価格とする二重価格表示について

(1)　基本的考え方

　同一の商品であっても，顧客の条件（顧客の購入時期を含む。以下同じ。）に応じて，販売価格に差が設けられている場合に，特定の条件を満たす顧客向けの販売価格について，その安さを強調するために，他の顧客向けの販売価格を比較対照価格とする二重価格表示が行われることがある。

　顧客によって販売価格に差がある場合に，一般消費者は，それぞれの販売価格が適用される顧客の条件の内容及びその販売価格の差を比較した上で商品選択を行うこととなる。

　このため，他の顧客向けの販売価格を比較対照価格とする二重価格表示を行う場合に，それぞれの販売価格が適用される顧客の条件の内容等について，実際と異なる表示を行ったり，あいまいな表示を行うときには，一般消費者に販売価格が安いとの誤認を与え，不当表示に該当するおそれがある。

(2)　不当表示に該当するおそれのある表示

　他の顧客向けの販売価格を比較対照価格とする次のような二重価格表示は，不当表示に該当するおそれがある。

ア　会員制の販売方法において非会員価格を比較対照価格に用いる場合

　容易に会員になることが可能であって，その価格での購入者がほとんど存在しないと認められる販売価格を非会員価格として比較対照価格に用いること。

（事例）
　　Ａ宝飾店が，「Ｋ18ダイヤモンドピアス　非会員価格￥50,000　会員価格￥24,980」と表示しているが，実際には，購入を希望する一般消費者は誰でも容易に会員となることができ，非会員価格で販売されることはほとんどないとき。

イ　需要のピーク時における販売価格を比較対照価格に用いる場合

需要のピーク時とオフ時で販売価格の差が大きく，かつ，ピーク時の期間が特定の時期に限定されている場合において，オフ時の販売価格を表示する際に，ピーク時の販売価格を，「当店標準価格」等当該事業者における平均的な販売価格であるとの印象を与える名称を付して比較対照価格に用いること。

（事例）
　　Ａリゾートホテルが，「宿泊料金（ツイン１泊２日食事なし）標準料金１人当たり40,000円のところ○月○日～○日に限り20,000円」と表示しているが，実際には，当該比較対照価格は宿泊客が多い特定の期間において限定的に適用されている価格であるとき。

第５　割引率又は割引額の表示について
１　基本的考え方
(1)　割引率又は割引額の表示

　　二重価格表示と類似した表示方法として，「当店通常価格」や表示価格等からの割引率又は割引額を用いた価格表示が行われることがある。
　　この表示方法は，二重価格表示における比較対照価格と販売価格の差を割引率又は割引額で表示したものであり，景品表示法上の考え方については，基本的には第４で示した二重価格表示の考え方と同じである。
　　すなわち，算出の基礎となる価格や割引率又は割引額の内容等について実際と異なる表示を行ったり，あいまいな表示を行う場合には，一般消費者に販売価格が安いとの誤認を与え，不当表示に該当するおそれがある。

(2)　一括的な割引率又は割引額の表示

　　割引率又は割引額の表示の中には，小売業者の取り扱う全商品又は特定の商品群を対象として一括して割引率又は割引額を表示する場合がある。
　　このような一括的な割引率又は割引額の表示については，小売業者にとって個別品目ごとの値引き表示を行う場合の煩雑さを回避したり，一般消費者に対する訴求力を高めたりする利点があるが，その訴求力が強いことから，一括して割引率又は割引額の表示を行う場合には，算出の基礎となる価格，適用される商品の範囲及び適用されるための条件について明示することにより，一般消費者が誤認しないようにする必要がある。
　　なお，小売業者の取り扱う全商品又は特定の商品群を対象とし，当該商品に付けられた表示価格を算出の基礎とする一括的な割引率又は割引額の表示については，次の２のア及びイに例示するような場合を除き，通常は，不当表示に該当するおそれはないと考えられる。

２　不当表示に該当するおそれのある表示
　　割引率又は割引額を用いた次のような価格表示は，不当表示に該当するおそれがある。
　　なお，その他の割引率又は割引額の表示については，基本的には第４の考え方が適用される。
　ア　適用対象となる商品が一部のものに限定されているにもかかわらず，その旨を明示しないで，小売業者の取り扱う全商品又は特定の商品群を対象とした一括的な割引率又は割引額を強調し

た表示を行うこと。
（事例）
　　Ａ家具店が，適用される商品の範囲を明示しないで，「家具５割引セール」と強調して表示しているが，実際には，一部の商品のみが５割引の対象となっているにすぎないとき。
イ　表示価格からの割引率若しくは割引額又はポイント還元率（以下「割引率等」という。）を用いた表示を行う場合に，①表示価格をいったん引き上げた上で割引率等を用いた表示を行うこと，又は②セール実施の決定後に販売が開始された商品を対象として割引率等を用いた表示を行うこと。
（事例）
・　Ａ衣料品店が，「春物スーツ　表示価格から３割引」と表示しているが，実際には，適用対象となる商品の表示価格がセール直前に引き上げられているとき。
・　Ａスーパーが，「ワイン全品　土曜日，日曜日２日間に限り店頭価格から３割引」と表示しているが，実際には，適用対象となる商品のうち，一部の商品がセール実施の決定後に販売が開始された商品であるとき。
・　Ａ電器店が，「エアコン全品　ポイント還元５％アップ」と表示しているが，実際には，適用対象となる商品の表示価格がセール直前に引き上げられているとき。
ウ　最大割引率又は最大還元率が適用されるのは一部のものに限定されているにもかかわらず，取り扱う全商品又は特定の商品群について，個々の商品ごとに割引率等を表示せずに，一定の幅の割引率等で，かつ，最大割引率又は最大還元率を強調した表示を行うことにより，あたかも多くの商品について最大割引率又は最大還元率が適用されるかのような表示を行うこと。
（事例）
・　Ａ電器店が，個々の商品ごとに割引率を表示せずに「☆マークがついている商品は，５～20％値引きします」と表示し，かつ，「５％」を著しく小さく記載し，「20％」を大きく強調して表示することにより，あたかも多くの商品について「20％」の割引が適用されるかのように表示しているが，実際には，20パーセントの割引の対象となるのは一部の商品に限定されているとき。
・　Ａ電器店が，個々の商品ごとにポイント還元率を表示せずに「全商品　10％，15％，20％ポイント還元」と還元率が大きくなるにつれて文字を大きく表示し，かつ，「20％」を強調して表示することにより，あたかも多くの商品について「20％」のポイント還元が適用されるかのように表示しているが，実際には，20パーセントのポイント還元の対象となるのは一部の商品に限定されているとき。
エ　任意に設定した価格を算出の基礎として，割引率又は割引額の表示を行うこと。
（事例）
　　Ａゴルフ用品製造販売業者が，「チタンクラブ　80,000円の品　３割引　56,000円」と表示しているが，実際には，算出の基礎となる価格が任意に設定された価格であるとき。

第6　販売価格の安さを強調するその他の表示について
　1　基本的考え方
　　　小売業者の取り扱う全商品又は特定の商品群を対象に，これらの商品の販売価格の安さを強調するために，販売価格の安さの理由や安さの程度を説明する用語（例えば，安さの理由を説明する「倒産品処分」，「工場渡し価格」等の用語，安さの程度を説明する「大幅値下げ」，「他店より安い」等の用語）を用いた表示が行われることがある。
　　　販売価格が安いという印象を与えるすべての表示が景品表示法上問題となるものではないが，これらの表示については，販売価格が通常時等の価格と比較してほとんど差がなかったり，適用対象となる商品が一部に限定されているにもかかわらず，表示された商品の全体について大幅に値引きされているような表示を行うなど，実際と異なって安さを強調するものである場合には，一般消費者に販売価格が安いとの誤認を与え，不当表示に該当するおそれがある。
　　　また，競争事業者の店舗の販売価格よりも自店の販売価格を安くする等の広告表示において，適用対象となる商品について，一般消費者が容易に判断できないような限定条件を設けたり，価格を安くする旨の表示と比較して著しく小さな文字で限定条件を表示するなど，限定条件を明示せず，価格の有利性を殊更強調する表示を行うことは，一般消費者に自己の販売価格が競争事業者のものよりも著しく有利であるとの誤認を与え，不当表示に該当するおそれがある。
　　　このため，安さの理由や安さの程度を説明する用語等を用いて，販売価格の安さを強調する表示を行う場合には，適用対象となる商品の範囲及び条件を明示するとともに，安さの理由や安さの程度について具体的に明示することにより，一般消費者が誤認しないようにする必要がある。
　2　不当表示に該当するおそれのある表示
　　　販売価格の安さを強調する次のような価格表示は，不当表示に該当するおそれがある。
　　ア　通常時等の価格と比較して特に安くなっている商品がなかったり，一部に限定されているにもかかわらず，安さの理由を説明する用語を用いて，表示された商品の全体について販売価格が特に安くなっていることを強調する表示を行うこと。
　　　（事例）
　　　・　A寝具店が，「製造業者倒産品処分」と強調して表示しているが，実際には，表示された商品は製造業者が倒産したことによる処分品ではなく，当該小売店が継続的に取引のある製造業者から仕入れたものであり，表示された商品の販売価格は従来と変わっていないとき。
　　　・　A人形店が，「ひな人形商品全品工場渡し価格により御奉仕」と強調して表示しているが，実際には，工場渡し価格により販売される商品は表示された商品のうち一部の商品に限定されているとき。
　　イ　通常時等の価格と比較して特に安くなっている商品がなかったり，一部に限定されているにもかかわらず，安さの程度を説明する用語を用いて，表示された商品の全体について販売価格が特に安くなっていることを強調する表示を行うこと。
　　　（事例）
　　　・　Aスポーツ用品店が，「他店よりも販売価格を安くします」と強調して表示しているが，

実際には，表示された商品について，他店よりも安い価格で販売を行わないとき。
- A衣料品店が，「冬物衣料全品大幅値下げ断行！」と強調して表示しているが，実際には，「当店通常価格」よりも特に安くなっている商品は表示された商品のうちの一部の商品に限定されているとき。
- A電器店が，「他店チラシ掲載売価より更に10％以上安くします」と強調して表示しているが，実際には，他店のチラシ価格と価格比較できる商品は表示された商品のうちの一部の商品に限定されているとき，又は他店のチラシ価格よりも価格が安く設定されていない商品があるとき。

資料32 不当景品類及び不当表示防止法第8条（課徴金納付命令の基本的要件）に関する考え方　　*327*

■資料32　不当景品類及び不当表示防止法第8条（課徴金納付命令の基本的要件）に関する考え方

（平成28・1・29消費者庁）

第1　はじめに
1　本考え方の目的

　　不当な表示による顧客の誘引を防止するため，不当景品類及び不当表示防止法（昭和37年法律第134号。以下「本法」という。）への課徴金制度の導入等を内容とする不当景品類及び不当表示防止法の一部を改正する法律（平成26年法律第118号。以下「本改正法」といい，本法の引用に際しては本改正法施行後の条文を引用する。）が平成26年11月19日に成立し（同月27日公布），平成28年4月1日から施行される。

　　本改正法の施行に伴い，事業者が，不当な表示を禁止する本法「第五条の規定に違反する行為（同条第三号に該当する表示に係るものを除く。〔略〕）」（以下「課徴金対象行為」という。）を施行日以後にしたときは，消費者庁長官は，その他の要件を満たす限り，当該事業者に対し，課徴金の納付を命じなければならないこととなる（本法第8条第1項本文。以下同項本文の規定による命令を「課徴金納付命令」という。）。

　　そこで，本法の課徴金制度の運用の透明性及び事業者の予見可能性を確保するため，本法に基づく課徴金納付命令の基本的要件に関する考え方を示すこととする。

2　本考え方の構成

　　本考え方は，前記1の目的を踏まえ，まず，第2において，課徴金対象行為を基礎付ける不当な表示すなわち本法第5条第1号に該当する表示（以下「優良誤認表示」という。）及び同条第2号に該当する表示（以下「有利誤認表示」といい，優良誤認表示及び有利誤認表示を総称する場合は「優良・有利誤認表示」という。）の考え方を示す。

　　その上で，第3以下において，課徴金納付命令の基本的要件の意義や考え方について説明するものである。具体的には，第3において課徴金対象行為，第4において課徴金額の算定方法，第5において「相当の注意を怠つた者でないと認められる」か否か，第6において規模基準，第7において課徴金納付命令に関する不実証広告規制の考え方を示す。

　　なお，本考え方においては必要に応じて「想定例」を掲げているが，これら「想定例」は，本法の課徴金制度の運用の透明性及び事業者の予見可能性を確保するため，仮定の行為を例示したものである。具体的な行為が課徴金納付命令に関する各要件を満たすか否かは，本法の規定に照らして個別事案ごとに判断されることに留意する必要がある。

第2　優良・有利誤認表示

　　本改正法は，優良・有利誤認表示に関する従来の規定を変更したものではないが，本改正法の施行に伴い，事業者が優良・有利誤認表示をする行為をしたとき，消費者庁長官は，その他の要件を満たす限り，その行為をした事業者に対し，課徴金の納付を命じなければならなくなることを踏まえ，本法上の「表示」（本法第2条第4項）を後記1にて確認した上で，優良・有利誤認

表示について，後記2に概要を記載する。
1 本法上の「表示」
　本法上の「表示」とは，「顧客を誘引するための手段として，事業者が自己の供給する商品又は役務の内容又は取引条件その他これらの取引に関する事項について行う広告その他の表示」（本法第2条第4項）であり，具体的には，次に掲げるものをいう（昭和37年公正取引委員会告示第3号）。
　① 商品，容器又は包装による広告その他の表示及びこれらに添付した物による広告その他の表示
　② 見本，チラシ，パンフレット，説明書面その他これらに類似する物による広告その他の表示（ダイレクトメール，ファクシミリ等によるものを含む。）及び口頭による広告その他の表示（電話によるものを含む。）
　③ ポスター，看板（プラカード及び建物又は電車，自動車等に記載されたものを含む。），ネオン・サイン，アドバルーン，その他これらに類似する物による広告及び陳列物又は実演による広告
　④ 新聞紙，雑誌その他の出版物，放送（有線電気通信設備又は拡声器による放送を含む。），映写，演劇又は電光による広告
　⑤ 情報処理の用に供する機器による広告その他の表示（インターネット，パソコン通信等によるものを含む。）
　このように，事業者が商品又は役務の供給の際に顧客を誘引するために利用するあらゆる表示が本法の「表示」に該当し，容器や包装上のものだけではなく，パンフレット，説明書面，ポスター，看板，インターネットを始めとして，その範囲は広範に及ぶ。口頭によるものも「表示」に該当する。
2 優良・有利誤認表示
(1) 本法第5条第1号及び第2号の規定
　本法第5条は，事業者に対し，「自己の供給する商品又は役務の取引」について，同条第1号から第3号までのいずれかに該当する表示をしてはならない旨を定めているところ，優良・有利誤認表示に関する同条第1号及び同条第2号の規定は次のとおりである。
　（規定は省略）
(2) 優良・有利誤認表示の意義等
　本法の不当な表示に関する規制は，不当な顧客の誘引を防止し，一般消費者による適正な商品又は役務の選択を確保することを目的として行われるものである。このため，特定の表示が「著しく優良であると示す」表示（又は「著しく有利である」と「誤認される」表示）に該当するか否かは，業界の慣行や表示をする事業者の認識により判断するのではなく，表示の受け手である一般消費者に，「著しく優良」（又は「著しく有利」）と誤認されるか否かという観点から判断される。また，「著しく」とは，当該表示の誇張の程度が，社会一般に許容される程度を超えて，一般消費者による商品又は役務の選択に影響を与える場合をいう。

すなわち，優良誤認表示（又は有利誤認表示）とは，一般消費者に対して，社会一般に許容される誇張の程度を超えて，特定の「商品又は役務」の内容（又は取引条件）について，実際のもの等よりも著しく優良であると示す表示（又は著しく有利であると誤認される表示）である。このような表示が行われれば，一般消費者は，商品又は役務の内容（又は取引条件）について誤認することとなる。

　なお，「著しく優良であると示す」表示（又は「著しく有利である」と「誤認される」表示）か否かの判断に当たっては，表示上の特定の文言，図表，写真等から一般消費者が受ける印象・認識ではなく，表示内容全体から一般消費者が受ける印象・認識が基準となり，その際，事業者の故意又は過失の有無は問題とされない。

第3　課徴金対象行為

　課徴金対象行為とは，優良・有利誤認表示をする行為である（本法第8条第1項）。したがって，例えば，事業者が，本法第31条第1項の規定に基づく協定又は規約（以下「公正競争規約」という。）に沿った表示など，優良・有利誤認表示に該当しない表示をした場合には，課徴金対象行為は成立せず，課徴金の納付を命ずることはない。

　（規定は省略）

第4　課徴金額の算定方法

　課徴金額は，㈦「課徴金対象期間に取引をした」㈤「課徴金対象行為に係る商品又は役務」の㈡「政令で定める方法により算定した売上額」に，3％を乗じて得た額となる（本法第8条第1項本文）。

　そこで，以下では，課徴金額算定の基礎となる「売上額」を算定するに当たり必要な要素である，㈦「課徴金対象期間」，㈤「課徴金対象行為に係る商品又は役務」，㈡「政令で定める方法により算定した売上額」について説明する。

　（規定は省略）

1　「課徴金対象期間」

　(1)　本法第8条第2項の規定

　　本法第8条第2項は，「課徴金対象期間」について，以下の(i)又は(ii)の期間であるとしつつ，当該期間が3年を超えるときは，当該期間の末日から遡って3年間であると定めている。

　　(i)　原則：「課徴金対象行為をした期間」（後記(2)参照）

　　(ii)　「課徴金対象行為をやめた日」から①6か月を経過する日，又は，②「不当に顧客を誘引し，一般消費者による自主的かつ合理的な選択を阻害するおそれを解消するための措置として内閣府令で定める措置」（以下「一般消費者の誤認のおそれの解消措置」という。）をとった日のいずれか早い日までの間に，当該「課徴金対象行為に係る商品又は役務の取引をした」場合：課徴金対象行為をした期間に，当該「課徴金対象行為をやめてから最後に当該取引をした日までの期間」を加えた期間（後記(3)及び(4)参照）

　（規定は省略）

　(2)　「課徴金対象行為をした期間」

「課徴金対象行為をした期間」とは，事業者が課徴金対象行為（優良・有利誤認表示をする行為）を始めた日からやめた日までの期間である。

このうち，課徴金対象行為を「やめた日」に該当する日としては，例えば，事業者が，特定の商品の内容について著しく優良であると示す表示を内容とするウェブサイトを公開し続けた場合の当該公開行為終了日が挙げられる。また，当該行為を終了していない場合であっても，当該事業者が，課徴金対象行為に係る商品の内容を変更することにより，表示内容と一致させたと認められる場合には，当該変更日が課徴金対象行為を「やめた日」に該当する。

(3) 「課徴金対象行為をやめてから最後に当該取引をした日までの期間」

本法第8条第2項は，課徴金額の算定に当たり，課徴金対象行為に係る表示により生じた「不当に顧客を誘引し，一般消費者による自主的かつ合理的な選択を阻害するおそれ」が存続する期間を，課徴金対象行為をやめた後（一般消費者の誤認のおそれの解消措置をとらない限り）最長6か月とみなし，当該期間のうち「最後に当該取引をした日までの期間」も，課徴金対象期間に含めることとしている。

なお，この「最後に当該取引をした日までの期間」とは，「当該課徴金対象行為をやめた日」から①6か月を経過する日又は②一般消費者の誤認のおそれの解消措置をとった日のいずれか早い日までの間に，最後に課徴金対象行為に係る商品又は役務の取引をした日までの期間である。例えば，事業者が課徴金対象行為をやめた日から一般消費者の誤認のおそれの解消措置をとらないまま9か月間課徴金対象行為に係る商品又は役務の取引を継続したとしても，課徴金対象行為をやめた日から6か月を経過する日が課徴金対象期間の終期となる（9か月を経過した日が終期となるのではない。）。

(4) 一般消費者の誤認のおそれの解消措置

一般消費者の誤認のおそれの解消措置とは，事業者が，課徴金対象行為に係る表示が本法第8条第1項第1号又は第2号に該当する表示であることを，時事に関する事項を掲載する日刊新聞紙に掲載する方法その他の不当に顧客を誘引し，一般消費者による自主的かつ合理的な選択を阻害するおそれを解消する相当な方法により一般消費者に周知する措置をいう（不当景品類及び不当表示防止法施行規則（平成28年内閣府令第6号）第8条）。

課徴金対象行為に係る表示方法，表示内容や行為態様等は個別事案により多様であるため，当該課徴金対象行為に係る表示から生じる「不当に顧客を誘引し，一般消費者による自主的かつ合理的な選択を阻害するおそれ」を解消するため相当と認められる方法は個別事案によって異なるが，少なくとも，「一般消費者に周知する措置」である必要がある点に留意する必要がある。

（規定は省略）

(5) 想定例

事業者が，課徴金対象行為をやめた日より後に課徴金対象行為に係る商品又は役務の取引をしていない場合は，「課徴金対象期間」は「課徴金対象行為をした期間」と同一期間となる。

他方，事業者が課徴金対象行為をやめた日より後に課徴金対象行為に係る商品又は役務の取

引をした場合は，課徴金対象行為をやめた日から6か月を経過する日又は一般消費者の誤認のおそれの解消措置をとった日のいずれか早い日までの間においていつまで取引をしていたか否かによって，課徴金対象期間が異なることとなる。

以下の想定例では，必要に応じて，それぞれの場合に応じた説明をする。

なお，各想定例における「課徴金対象行為をした期間」は，各事業者が課徴金対象行為を毎日行っていない場合（例えば，週に1回行っていた場合，月に1回行っていた場合）であっても，異なるものではない。

① 商品aを製造する事業者Aが，小売業者を通じて一般消費者に対して供給する商品aの取引に際して，商品aについて優良誤認表示を内容とする包装をし，その包装がされた商品aを，平成30年4月1日から同年9月30日までの間，毎日小売業者に対し販売して引き渡した場合，事業者Aの課徴金対象行為をした期間は，平成30年4月1日から同年9月30日までとなる（小売業者の一般消費者に対する販売行為は，事業者Aの行為ではない。なお，当該小売業者が事業者Aとともに当該優良誤認表示の内容の決定に関与していた場合は，当該小売業者が一般消費者に対して商品aを販売して引き渡す行為について，別途課徴金対象行為の該当性が問題となる。）。

事業者Aは，課徴金対象行為をやめた日の翌日である平成30年10月1日以降は商品aの取引をしていないため，課徴金対象期間は，平成30年4月1日から同年9月30日までとなる。

② 事業者Bが，自ら直接一般消費者に対して販売する商品bの取引に際して，商品bについて有利誤認表示を内容とするチラシを，自ら平成30年10月1日から平成31年3月31日までの間配布した場合，事業者Bの課徴金対象行為をした期間は，平成30年10月1日から平成31年3月31日までとなる。

事業者Bが，平成31年4月1日以降は商品bの取引をしなかった場合，課徴金対象期間は平成30年10月1日から平成31年3月31日までとなる。

③ 事業者Cが，自ら直接一般消費者に対して販売する商品cの取引に際して，商品cについて優良誤認表示を内容とするポスターを平成31年4月1日から同年9月30日までの間自己の店舗内及び店頭に掲示した場合，事業者Cの課徴金対象行為をした期間は，平成31年4月1日から同年9月30日までとなる。

事業者Cが，平成31年10月1日以降，一般消費者の誤認のおそれの解消措置をとらないまま，商品cの取引を継続し，最後に取引をした日が平成31年12月31日であった場合，課徴金対象期間は平成31年4月1日から同年12月31日までとなる。

④ 事業者Dが，自ら直接一般消費者に対して販売する商品dの取引に際して，商品dについて優良誤認表示を内容とするテレビコマーシャルを平成31年10月1日から同月

31日までの間テレビ放送局に放送させた場合，事業者Dの課徴金対象行為をした期間は，平成31年10月1日から同月31日までとなる。

事業者Dが，平成31年11月1日以降，一般消費者の誤認のおそれの解消措置をとらないまま，商品dの取引を継続し，平成32年4月30日に取引をした上で，最後に取引をした日が平成32年8月31日であった場合，課徴金対象期間は，平成31年10月1日から平成32年4月30日（課徴金対象行為をやめてから6か月経過日までの最後の取引日）までとなる。

⑤ 事業者Eが，自ら直接一般消費者に対して販売する商品eの取引に際して，商品eについて有利誤認表示を内容とするウェブサイトを平成31年11月1日から平成32年4月30日までの間公開した場合，事業者Eの課徴金対象行為をした期間は，平成31年11月1日から平成32年4月30日までとなる。

事業者Eが平成32年5月1日以降も商品eの取引を継続し（同年7月31日にも取引をしていた。），最後に取引をした日が平成34年9月30日であったが，平成32年7月31日に一般消費者の誤認のおそれの解消措置をとっていた場合，課徴金対象期間は，平成31年11月1日から平成32年7月31日までとなる。

2 「課徴金対象行為に係る商品又は役務」

課徴金対象行為は優良・有利誤認表示をする行為であるから，「課徴金対象行為に係る商品又は役務」は，優良・有利誤認表示をする行為の対象となった商品又は役務である。その「商品又は役務」は，課徴金対象行為に係る表示内容や当該行為態様等に応じて個別事案ごとに異なるものであるから，全ての場合を想定して論じることはできないが，以下，「課徴金対象行為に係る商品又は役務」に関する考え方の例を記載することとする。

(1) 全国（又は特定地域）において供給する商品又は役務であっても，具体的な表示の内容や実際に優良・有利誤認表示をした地域といった事情から，一部の地域や店舗において供給した当該商品又は役務が「課徴金対象行為に係る商品又は役務」となることがある。

〈想定例〉

① 事業者Aが，自ら全国において運営する複数の店舗においてうなぎ加工食品aを一般消費者に販売しているところ，平成30年4月1日から同年11月30日までの間，北海道内で配布した「北海道版」と明記したチラシにおいて，当該うなぎ加工食品について「国産うなぎ」等と記載することにより，あたかも，当該うなぎ加工食品に国産うなぎを使用しているかのように示す表示をしていたものの，実際には，同期間を通じ，外国産のうなぎを使用していた事案

事業者Aの課徴金対象行為に係る商品は，事業者Aが北海道内の店舗において販売する当該うなぎ加工食品となる。

② 事業者Bが，自ら東京都内で運営する10店舗において振り袖bを一般消費者に販売し

ているところ，平成30年9月1日から同年11月30日までの間，東京都内で配布したチラシにおいて，当該振り袖について「〇〇店，××店，△△店限定セール実施！通常価格50万円がセール価格20万円！」（〇〇店，××店，△△店は東京都内にある店舗）等と記載することにより，あたかも，実売価格が「通常価格」と記載した価格に比して安いかのように表示をしていたものの，実際には，「通常価格」と記載した価格は，事業者Bが任意に設定した架空の価格であって，〇〇店，××店，△△店において販売された実績のないものであった事案

　　事業者Bの課徴金対象行為に係る商品は，事業者Bが東京都内の〇〇店，××店，△△店において販売する当該振り袖となる。

(2)　事業者が，自己の供給する商品又は役務を構成する一部分の内容や取引条件について問題となる表示をした場合において，（当該商品又は役務の一部分が別の商品又は役務として独立の選択〔取引〕対象となるか否かにかかわらず）その問題となる表示が，商品又は役務の一部分ではなく商品又は役務そのものの選択に影響を与えるときには，（当該商品又は役務の一部分でなく）当該商品又は役務が「課徴金対象行為に係る商品又は役務」となる。

〈想定例〉

①　事業者Cが，自ら運営するレストラン1店舗においてコース料理cを一般消費者に提供するに当たり，平成31年1月10日から同年12月28日までの間，当該料理について，「松阪牛ステーキを堪能できるコース料理」等との記載があるウェブサイトを公開することにより，あたかも，当該コース料理中のステーキに松阪牛を使用しているかのように表示をしていたものの，実際には，同期間を通じ，松阪牛ではない国産の牛肉を使用していた事案

　　当該ウェブサイトでの表示は，一般消費者による当該コース料理の選択に影響を与えることとなるから，事業者Cの課徴金対象行為に係る役務（料理）は，「松阪牛ステーキを堪能できるコース料理」と示して提供した当該コース料理となる。

②　事業者Dが，自ら運営する旅館1軒において宿泊役務dを一般消費者に提供するに当たり，平成33年4月1日から平成34年3月31日までの間，当該宿泊役務について，「一番人気！肉食系集合！！松阪牛ステーキ宿泊プラン」等との記載があるウェブサイトを公開することにより，あたかも，当該宿泊役務の利用者に提供する料理に松阪牛を使用しているかのように示す表示をしていたものの，実際には，同期間を通じ，松阪牛ではない国産の牛肉を使用していた事案

　　当該ウェブサイトでの表示は，一般消費者による当該宿泊役務の選択に影響を与えることとなるから，事業者Dの課徴金対象行為に係る役務は，「松阪牛ステーキ」と示して提供した料理を含む当該宿泊役務となる。

(3)　「課徴金対象行為に係る商品又は役務」は，具体的に「著しく優良」と示された（「著しく有利」と誤認される）商品又は役務に限られる。

〈想定例〉

① 事業者Eが，自ら運営するレストラン１店舗において料理 e を一般消費者に提供するに当たり，平成30年7月1日から平成31年12月31日までの間，同店舗内に設置したメニューにおいて，当該料理について，「松阪牛すき焼き」等と記載することにより，あたかも，記載された料理に松阪牛を使用しているかのように表示をしていたものの，実際には，平成30年7月14日から平成31年12月31日までの間，松阪牛ではない国産の牛肉を使用していた事案

事業者Eの課徴金対象行為に係る役務（料理）は，事業者Eが松阪牛を使用していないにもかかわらず松阪牛すき焼きと示して提供した当該すき焼き料理となる（事業者Eが平成30年7月1日から同月13日までの間に実際に松阪牛を使用して提供したすきやき料理は課徴金対象行為に係る役務（料理）とならない。）。

② 事業者Fが，自ら全国において運営する複数の店舗においてスーツを一般消費者に販売するに当たり，平成30年3月1日から同年6月30日までの間，テレビコマーシャルにおいて，当該スーツについて，「スーツ全品半額」等との文字を使用した映像，「スーツ全品半額」等との音声をテレビ放送局に放送させることにより，あたかも，事業者Fが全店舗において販売するスーツの全てが表示価格の半額で販売されているかのように表示をしていたものの，実際には，表示価格2万円未満のスーツは半額対象外であった事案

事業者Fの課徴金対象行為に係る商品は，事業者Fが全店舗において販売するスーツ商品のうち，半額対象外であるにもかかわらず半額と示した表示価格2万円未満のスーツとなる（実際に半額対象であった表示価格2万円以上のスーツは課徴金対象行為に係る商品とならない。）。

3 「政令で定める方法で算定した売上額」（算定方法）

(1) 「売上額」

課徴金額算定の基礎となる，課徴金対象行為に係る商品又は役務の「売上額」は，事業者の事業活動から生ずる収益から費用を差し引く前の数値（消費税相当額も含む。）を意味する。

また，この「売上額」は，事業者の直接の取引先に対する売上額のことであり，当該「売上額」は，必ずしも事業者の一般消費者に対する直接の売上額のみに限られるものではない。

例えば，自ら特定の商品を製造する事業者が，同商品について優良誤認表示をした場合において，その商品の流通経路として，当該製造事業者が一般消費者に対して直接販売する経路のほか，当該製造事業者が卸売業者や小売業者等を介して一般消費者に販売する経路があるときには，当該製造事業者から一般消費者に対する直接の販売額のみならず，当該卸売業者や小売業者等に対する販売額も，課徴金算定の基礎となる「売上額」に含まれる。

なお，課徴金対象行為に係る商品又は役務のうち，「役務」の「売上額」については，事業者が提供する役務の内容に応じて異なることとなるが，例えば，①住宅建築請負工事や住宅リフォーム工事については工事役務の対価である工事代金，②電気通信役務については通信役務

資料32　不当景品類及び不当表示防止法第8条（課徴金納付命令の基本的要件）に関する考え方

の対価である通信料金，③不動産仲介については仲介役務の対価である仲介手数料，④物品運送については運送役務の対価である運賃，⑤保険については保険の引受けの対価である保険料が，それぞれ「売上額」となる。

(2) 「売上額」の算定方法（「政令で定める方法」）

課徴金額算定の基礎となる「売上額」は，後記アのとおり算定した総売上額から，後記イの控除項目の合計額を控除して算定する（不当景品類及び不当表示防止法施行令（平成21年政令第218号。以下「本政令」という。）第1条，第2条）。

ア　総売上額の算定

(ｱ)　総売上額は，原則として，課徴金対象期間において引き渡された又は提供された，課徴金対象行為に係る商品又は役務の対価を合計する方法（引渡基準）によって算定する（本政令第1条）。

(ｲ)　ただし，課徴金対象行為に係る商品又は役務の対価がその販売又は提供に関する契約を締結する際に定められる場合であって，引渡基準により算定した額と，当該課徴金対象期間において締結した契約額を合計する方法（契約基準）により算定した額の間に著しい差異を生ずる事情があると認められるときは，契約基準によって算定する（本政令第2条）。

契約基準を用いるべき，「課徴金対象行為…に係る商品又は役務の対価がその販売又は提供に係る契約の締結の際に定められる場合において，課徴金対象期間において引き渡した商品又は提供した役務の対価の額の合計額と課徴金対象期間において締結した契約により定められた商品の販売又は役務の提供の対価の額の合計額との間に著しい差異を生ずる事情があると認められるとき」（本政令第2条第1項）に該当するか否かについては，実際に両方の方法で額を計算し，その額に著しい差異が生じたか否かによってではなく，そのような著しい差異が生じる蓋然性が類型的又は定性的に認められるか否かによって判断する。

例えば，課徴金対象行為に係る商品が新築戸建分譲住宅であるときのように契約から引渡しまでに長期間を要するような場合には，契約基準を用いることがあると考えられる。

（規定は省略）

イ　総売上額からの控除項目

(ｱ)　総売上額を引渡基準により算定する場合，総売上額からの控除項目は，以下のとおりとなる。

①　本政令第1条第1号に該当する値引き額

課徴金対象期間において商品の量目不足，品質不良又は破損，役務の不足又は不良その他の事由により対価の額の全部又は一部が控除された場合における控除額

②　本政令第1条第2号に該当する返品額

課徴金対象期間に返品された場合における返品商品の対価相当額

③　本政令第1条第3号に該当する割戻金の額

商品の引渡し又は役務の提供の実績に応じて割戻金を支払うべき旨が書面によって明

らかな契約があった場合には，当該契約に基づき課徴金対象期間におけるその実績により算定した割戻金の額

　　なお，本政令第１条第１号又は第２号は，それぞれ，課徴金対象期間内に商品の量目不足等により対価の額が控除された場合における控除額や同期間内に返品された場合における返品商品の対価相当額を控除することを規定するものであり，課徴金対象期間中に引き渡した又は提供した商品又は役務の値引き又は返品であるか否かは，本政令第１条第１号又は同条第２号の該当性とは関係がない。これに対し，本政令第１条第３号に該当する割戻金の額は，課徴金対象期間中に引き渡した商品又は提供した役務に対応する割戻金の額に限定される。

　(ｲ)　契約基準により「売上額」を算定する場合には，割戻金の額が総売上額からの控除項目となる（本政令第２条第２項）。

　　なお，引渡基準により算定する場合には総売上額からの控除項目となる不足等による値引きと返品は，契約基準により算定する場合には契約の修正という形で行われ，修正された契約額が総売上額となる。

　（規定は省略）

第５　「相当の注意を怠つた者でないと認められる」か否か

　事業者が課徴金対象行為をした場合であっても，当該事業者が，「課徴金対象行為をした期間を通じて」，自らが行った表示が本法第８条第１項第１号又は第２号に該当することを「知らず，かつ，知らないことにつき相当の注意を怠つた者でないと認められるとき」は，消費者庁長官は，課徴金の納付を命ずることができない（本法第８条第１項ただし書）。

　なお，「知らず，かつ，知らないことにつき相当の注意を怠つた者でないと認められる」か否かは，事業者が課徴金対象行為をした場合に判断する必要があるものである。したがって，例えば，事業者が，公正競争規約に沿った表示のように優良・有利誤認表示に該当しない表示をした場合等，課徴金対象行為が成立しないときは，当該事業者について，「相当の注意を怠つた者でないと認められる」か否かを判断するまでもなく，課徴金の納付を命ずることはない。

　（規定は省略）

１　「相当の注意を怠つた者でないと認められる」

　課徴金対象行為をした事業者が，当該課徴金対象行為をした期間を通じて自らが行った表示が本法第８条第１項第１号又は第２号に該当することを「知らないことにつき相当の注意を怠つた者でないと認められる」か否かは，当該事業者が課徴金対象行為に係る表示をする際に，当該表示の根拠となる情報を確認するなど，正常な商慣習に照らし必要とされる注意をしていたか否かにより，個別事案ごとに判断されることとなる（なお，ここでいう正常な商慣習とは，一般消費者の利益の保護の見地から是認されるものをいう。したがって，仮に，例えば自己の供給する商品の内容について一切確認することなく表示をするといった一定の商慣習が現に存在し，それには反していなかったとしても，そのことによって直ちに「知らないことにつき相当の注意を怠つた者でないと認められる」わけではないことに留意する必要がある。)。

資料32　不当景品類及び不当表示防止法第8条（課徴金納付命令の基本的要件）に関する考え方

当該判断に当たっては，当該事業者の業態や規模，課徴金対象行為に係る商品又は役務の内容，課徴金対象行為に係る表示内容及び課徴金対象行為の態様等を勘案することとなるが，当該事業者が，必要かつ適切な範囲で，「事業者が講ずべき景品類の提供及び表示の管理上の措置についての指針」（平成26年内閣府告示第276号）に沿うような具体的な措置を講じていた場合には，「相当の注意を怠つた者でない」と認められると考えられる（「事業者が講ずべき景品類の提供及び表示の管理上の措置についての指針」：http://www.caa.go.jp/representation/pdf/141114premiums 5.pdf）。

2　「課徴金対象行為をした期間を通じて」

(1) 消費者庁長官が課徴金の納付を命ずることができないのは，課徴金対象行為をした事業者が，課徴金対象行為をした期間を通じて，自らが行った表示が本法第8条第1項第1号又は第2号に該当することを「知らず，かつ，知らないことにつき相当の注意を怠つた者でないと認められるとき」である。

このため，課徴金対象行為を始めた日には「知らず，かつ，知らないことにつき相当の注意を怠つた者でないと認められる」場合であったとしても，課徴金対象行為をした期間中のいずれかの時点で「知らず，かつ，知らないことにつき相当の注意を怠つた者でないと認められ」ないときは，課徴金の納付を命ずることとなる。例えば，事業者が，課徴金対象行為を始めた日には「知らず，かつ，知らないことにつき相当の注意を怠つた者でないと認められる」ものであったものの，当該課徴金対象行為をしている期間中に，同事業者の従業員の報告や第三者からの指摘を受けるなどしたにもかかわらず，何ら必要かつ適切な調査・確認等を行わなかったときには，「課徴金対象行為をした期間を通じて」「知らず，かつ，知らないことにつき相当の注意を怠つた者でないと認められ」ず，課徴金の納付を命ずることとなる。

なお，事業者が課徴金対象行為をやめた後における当該事業者の認識の有無等は，直接の判断対象ではない。

(2) 課徴金対象行為をした事業者が，当該課徴金対象行為を始めた日から当該課徴金対象行為に係る表示が本法第8条第1項第1号又は第2号に該当することを知るまでの期間を通じて当該事実を知らないことにつき相当の注意を怠った者でない場合であって，当該事実を知った後に速やかに課徴金対象行為をやめたときは，当該事業者が当該「課徴金対象行為をした期間を通じて」当該課徴金対象行為に係る表示が本法第8条第1項第1号又は第2号に該当することを知らず，かつ，知らないことにつき相当の注意を怠った者でないと「認められる」と考えられる。

(3) 他方，当該事業者が，当該表示が本法第8条第1項第1号又は第2号に該当することを知った後に速やかに課徴金対象行為をやめなかったときには，課徴金対象行為をした期間を通じて相当の注意を怠った者でないと認められない。かかる場合の課徴金額算定の基礎は，「課徴金対象期間に取引をした当該課徴金対象行為に係る商品又は役務の（略）売上額」となる（本法第8条第1項本文。自らが行った表示が本法第8条第1項第1号又は第2号に該当することを知った日以降の当該商品又は役務の売上額のみが課徴金額算定の基礎となるわけではない。）。

3 想定例

　課徴金対象行為をした事業者が，課徴金対象行為をした期間を通じて自らが行った表示が本法第8条第1項第1号又は第2号に該当することを「知らず，かつ，知らないことにつき相当の注意を怠つた者でないと認められる」か否かは，個別事案ごとに異なるものである。

　このため，全ての場合を想定して論じることはできないが，以下，課徴金対象行為をした期間を通じて当該課徴金対象行為に係る表示が本法第8条第1項第1号又は第2号に該当することを「知らず，かつ，知らないことにつき相当の注意を怠つた者でないと認められる」と考えられる想定例を記載することとする。

---

① 製造業者Aが，自ら製造するシャツを，小売業者を通じて一般消費者に販売するに当たり，当該シャツについて，「通気性が従来製品の10倍」等との記載があるウェブサイトを公開することにより，あたかも，当該シャツの通気性が自社の従来製品の10倍であるかのように示す表示をしていたものの，実際には，そのような通気性を有さなかった事案
　当該事案において，製造業者Aが，
・　上記表示をする前に，実績がある等信頼できる検査機関に通気性試験を依頼し，通気性が自社の従来製品の10倍であるという試験結果報告を受けて当該報告内容を確認していたところ，
・　当該検査機関による再試験の結果，実際には，上記表示をする際に依頼した試験結果に誤りがあったことが明らかとなり，速やかに当該表示に係る課徴金対象行為をやめた場合

---

② 小売業者Bが，卸売業者から仕入れた鶏肉を用いて自ら製造したおにぎりを一般消費者に供給するに当たり，当該おにぎりについて，当該おにぎりの包装袋に貼付したシールにおいて，「国産鶏肉使用」等と記載することにより，あたかも，当該商品の原材料に我が国で肥育された鶏の肉を用いているかのように示す表示をしていたものの，実際には，当該商品の原材料に外国で肥育された鶏の肉を用いていた事案
　当該事案において，小売業者Bが，
・　上記表示をする際に，卸売業者から交付された生産者作成に係る証明書に「国産鶏」と記載されていることを確認していたところ，
・　当該卸売業者から鶏肉の仕入れをしていた別の小売業者の指摘を契機として，実際には，当該証明書の記載は当該生産者による虚偽の記載であったことが明らかになり，速やかに当該表示に係る課徴金対象行為をやめた場合

---

③ 小売業者Cが，卸売業者から仕入れた健康食品を，自ら全国において運営するドラッグストアにおいて一般消費者に販売するに当たり，当該健康食品について，全店舗の店頭ポップにおいて，「アセロラ由来のビタミンC含有の健康食品です。」等と記載することにより，あたかも，当該健康食品に含有されているビタミンCがアセロラ果実から得られたものであるかのように示す表示をしていたものの，実際には，当該健康食品に含有されているビタミン

資料32　不当景品類及び不当表示防止法第8条（課徴金納付命令の基本的要件）に関する考え方　339

Cは化学合成により製造されたものであった事案
当該事案において、小売業者Cが、
- 上記表示をする際に、卸売業者から仕入れた当該健康食品のパッケージに「アセロラ由来のビタミンC含有」との記載があることを確認していたところ、
- 消費者庁から当該健康食品の表示に関する質問を受け、この後に速やかに当該健康食品の製造業者に問い質したところ、実際には、当該健康食品に含有されているビタミンCはアセロラ果実から得られたものではなく化学合成により製造されたものであったことが明らかとなり、速やかに当該表示に係る課徴金対象行為をやめた場合

④　小売業者Dが、製造業者から仕入れた布団を通信販売の方法により一般消費者に販売するに当たり、当該布団について、テレビショッピング番組において、「カシミヤ80％」との文字を使用した映像及び「ぜいたくにカシミヤを80％使いました」等の音声をテレビ放送局に放送させることにより、あたかも、当該布団の詰め物の原材料としてカシミヤが80％用いられているかのように示す表示をしていたものの、実際には、当該布団の詰め物の原材料にカシミヤは用いられていなかった事案
当該事案において、小売業者Dが、
- 上記表示をする際に、当該布団を製造した事業者からカシミヤを80％含んでいる旨の混合率に関する検査結果報告を提出させ、当該報告を確認していたところ、
- 当該布団を含め自社で取り扱っている全商品について実施した抜き打ち検査により、実際には、当該布団にはカシミヤが用いられていないことが明らかとなり、速やかに当該表示に係る課徴金対象行為をやめた場合

⑤　旅行業者Eが、自ら企画した募集型企画旅行（旅行業者があらかじめ旅行計画を作成し、旅行者を募集するもの）を、自ら全国において運営する複数の店舗において一般消費者に提供するに当たり、当該旅行について、全店舗に設置したパンフレットにおいて、「豪華 松阪牛のすき焼きを食す旅」等と記載することにより、あたかも、当該旅行の行程中に提供される料理（すき焼き）が松坂牛を使用したものであるかのように示す表示をしていたものの、実際には、松坂牛ではない外国産の牛肉を使用したすき焼きが提供されていた事案
当該事案において、旅行業者Eが、
- 上記表示をする際に、当該旅行の行程における宿泊先であるホテルで提供されるすき焼きの食材について、ホテル運営事業者との間で当該旅行の宿泊客に対して松阪牛を使用したすき焼きを提供することを合意し、当該ホテル運営事業者を通じて松阪牛を納入する事業者から松阪牛の納入に関する証明書の提出を受けて確認していたところ、
- 当該ホテル運営事業者の従業員からの申告を契機として、実際には、当該ホテル運営事業者の独断ですき焼きに松阪牛以外の外国産の牛肉を使用したすき焼きが提供されていたことが明らかとなり、速やかに当該表示に係る課徴金対象行為をやめた場合

第6　規模基準

　　本法第8条第1項の規定により算定した課徴金額が150万円未満（課徴金対象行為に係る商品又は役務の売上額が5000万円未満）であるときは、課徴金の納付を命ずることができない（本法第8条第1項ただし書）。

　　なお、「その額」すなわち「課徴金対象期間に取引をした当該課徴金対象行為に係る商品又は役務の政令の定める方法により算定した売上額」に3％を乗じて得た額（本法第8条第1項本文により算定した課徴金額。算定方法について前記第4参照。）が150万円以上である場合、課徴金対象行為に該当する事実の報告や返金措置の実施による課徴金額の減額の結果、減額後の金額が150万円未満になったとしても、当該減額後の金額について、課徴金の納付を命ずることとなる。

〈想定例〉

　　事業者が行った課徴金対象行為について、本法第8条第1項の規定により算定した課徴金額が200万円である場合において、当該事業者が本法第9条の要件を満たす課徴金対象行為に該当する事実の報告を行い課徴金額から50％相当額が減額され、更に所定の要件を満たす返金措置の実施により課徴金額から50万円が減額されることとなったとき、当該事業者に対して、50万円（200万円－200万円×50％－50万円）の課徴金の納付を命ずることとなる。

　　（規定は省略）

第7　課徴金納付命令に関する不実証広告規制

　　消費者庁長官は、課徴金納付命令に関し、例えばダイエット効果を標ぼうする商品や器具等の効果や性能に関する表示が優良誤認表示に該当するか否かを判断するため必要があるときは、当該表示を行った事業者に対し、期間を定めて、当該表示の裏付けとなる合理的な根拠を示す資料の提出を求めることができ、この場合において、当該事業者が当該資料を提出しないときは、消費者庁長官が当該表示について実際のものとは異なるものであること等の具体的な立証を行うまでもなく、当該表示を優良誤認表示と推定する（本法第8条第3項）。

　　事業者は、自らが行った表示について本法第8条第3項の規定により優良誤認表示であると「推定」された場合には、資料提出期間経過後であっても、当該表示の裏付けとなる合理的な根拠を示す新しい資料を提出し、当該表示が優良誤認表示には該当しないことを主張することができる。

　　なお、合理的な根拠を示す資料の提出要求は、上記のとおり課徴金納付命令に関して行われる場合のほか、本法第7条第2項により、同条第1項による命令（措置命令）に関して行われる場合がある。かかる場合において、当該資料の提出要求を受けた事業者が当該資料を提出しないときは、消費者庁長官が当該表示について実際のものとは異なるものであること等の具体的な立証を行うまでもなく、当該表示は優良誤認表示とみなされる（本法第7条第2項）。

　　本法第7条第2項と本法第8条第3項は、表示の裏付けとなる合理的な根拠を示す資料の提出の求めを受けた事業者が当該資料を提出しないときに、優良誤認表示であると「みなす」か「推

定する」かという効果の点において異なるが，その他は同様である。

　このため，本法第8条第3項の適用についての考え方，「合理的な根拠」の判断基準及び表示の裏付けとなる合理的な根拠を示す資料の提出手続は，「不当景品類及び不当表示防止法第7条第2項の運用指針」（平成15年10月28日公正取引委員会）と同様である。

　（規定は省略）

事項索引

あ行

安愚楽牧場事件 ················· 108
アドオン方式 ··················· 136
アフィリエイトプログラム ······· 155
アフターサービス ················ 29
アンケート調査に対する謝礼 ······ 48
一定の地域 ······················ 66
一般消費者に対し示す ············ 99
医療用医薬品業等告示 ······ 11, 82
インターネット上で行われる懸賞 ·· 22
インターネット消費者取引に係る広告表示に関する景品表示法上の問題点及び留意事項（インターネット消費者取引ガイドライン）
 ························ 151, 153
役務に関する優良誤認表示 ······· 105
おとり広告に関する表示 ········· 139

か行

解消措置 ······················· 180
開店披露，創業記念等の行事に際して提供する物品又はサービス ············ 44
価格に関する有利誤認表示 ······· 116
価格表示ガイドライン→不当な価格表示についての景品表示法上の考え方
過去の販売価格を比較対照価格とする二重価格表示 ······················· 119
過大包装 ······················· 125
過大包装の禁止に関する公正競争規約 ···· 125
課徴金額の算定 ················· 180
課徴金対象期間 ················· 181
課徴金対象行為 ················· 179
課徴金の違反行為申告による減額 ········ 184
課徴金の被害回復による減額 ····· 185
間接的提供 ····················· 12
希望小売価格を比較対照価格とする二重価格表示 ······················· 120
ぎまん的顧客誘引 ············ 2, 101
キャッシュバック ············ 25, 51
競争事業者の販売価格を比較対照価格とする二重価格表示 ······················· 120

共同懸賞 ···················· 53, 65
　　──の違反主体 ··············· 69
　　──への参加の不当な制限 ····· 68
クーポン ······················· 154
クーポン券 ·············· 43, 46, 47
口コミサイト ··················· 154
クロレラチラシ配布差止等請求事件 ········ 206
警告 ··························· 176
景品類 ·························· 11
　　──の価額 ··················· 30
景品類提供の態様と取引価額 ····· 60
景品類と認められない経済上の利益 ······ 24
景品類等の指定の告示の運用基準について 12
化粧品業界における景品類の提供について 41
原材料の原産地 ················· 103
原産国の判定基準 ··············· 134
顕示効果 ························· 9
懸賞 ···························· 55
　　──と総付とを同時に行う場合 ·· 73
　　──に当たらない場合 ········ 58
　　──に当たる場合 ············ 55
　　──に係る取引予定総額 ······ 64
（懸賞による場合）
　購入者を対象とし購入額が一定に達した者に懸賞の機会を与える場合 ······ 60
　購入者を対象とするが購入額の多少を問わないで懸賞の機会を与える場合 ···· 60
　購入を条件とせず店舗への入店者に懸賞の機会を与える場合 ················ 61
（懸賞によらない場合）
　購入者を対象とし購入額に応じて提供する場合 ·························· 34
　購入者を対象とするが購入額の多少を問わないで提供する場合 ············ 35
　購入を条件とせず店舗への入店者に提供する場合 ······················ 37
懸賞運用基準 ··················· 55
懸賞企画に関する不当表示 ······ 65
懸賞景品の規制 ················ 53
懸賞制限告示 ·············· 10, 53
広告媒体・広告代理店の民事上の責任 ··· 91

344　事項索引

公正競争規約·································· 164
　——の設定当事者······················· 193
　——の特徴······························· 192
　——の内容······························· 193
　——の認定······························· 195
公正競争規約違反に対する自主規制········ 197
公正競争規約制度····························· 191
公正競争規約認定に対する不服申立て······ 200
公正競争規約認定の効果····················· 198
公正取引協議会································· 195
口頭による表示································ 87
顧客を誘引するための手段として··········· 13
コンプガチャ···································· 59

さ行

最近相当期間にわたって販売されていた価格
　··· 119
差止請求··· 204
差止請求権······································ 203
雑誌業告示································ 10, 81
事業者··· 14
事業者が講ずべき景品類の提供及び表示の管理
　上の措置についての指針················ 164
事業者が講ずべき表示等の管理上の措置··· 165
事業者団体·· 14
事業者向けの不当表示························ 100
自己の供給する商品又は役務の取引········· 16
自主的かつ合理的な選択を阻害する······· 101
実際のものよりも著しく優良である········· 96
実質的な変更行為······························ 135
実質年率································· 136, 137
実施予定返金措置計画··············· 186, 187
指定告示·································· 93, 130
主観的要素······································ 182
商店街の共同懸賞······························· 67
消費者信用の融資費用に関する不当な表示 136
消費者庁による執行··························· 171
消費者向け電子商取引における表示についての
　景品表示法上の問題点と留意事項（電子商取
　引ガイドライン）··················· 151, 153
商品・役務の効能効果表示·················· 109
商品による表示·································· 87
商品の原材料名································· 102
商品の原産国に関する不当な表示·········· 133

商品の原産地に関する表示·················· 103
商品の販売・使用のため又は役務の提供のため
　必要な物品又はサービス···················· 40
商品の容器包装に経済上の利益を提供する企画
　の内容を告知する方法の場合·············· 38
商品又は役務の品質，規格その他の内容··· 95
商品又は役務を購入することにより経済上の利
　益の提供を受けることが容易になる場合 38
商品名··· 101
将来の販売価格を比較対照価格とする二重価格
　表示·· 121
新聞業告示································ 10, 80
正常な商慣習···································· 199
製造方法··· 104
先着順に景品類を提供する場合·············· 38
総付運用基準····································· 34
総付景品の規制·································· 33
総付制限告示···························· 10, 33
相当な注意······································ 183
相当の注意······································ 183
措置命令·································· 173, 174
　——に対する不服申立て··················· 175
損害賠償請求··································· 207

た行

宝くじ・保険証書・株券・債券等の価額··· 32
他店でも使用できる割引券···················· 49
他の顧客向けの販売価格を比較対照価格とする
　二重価格表示······························· 121
他の事業者に係るものよりも著しく優良である
　··· 98
単独懸賞································· 53, 66
地方公共団体等の行う博覧会又は展覧会におけ
　る懸賞································· 16, 70
茶筌不当表示損害賠償請求事件············· 210
注　意·· 176
中傷，ひぼうにわたる比較広告············· 149
直接的提供······································· 12
陳列物による表示······························· 88
通常価格··· 154
定義告示·· 10
定義告示運用基準······························· 12
提供が許容される経済上の利益·············· 40
適格消費者団体································· 203

デメリット表示·· 93
電子商取引ガイドライン→消費者向け電子商取
　引における表示についての景品表示法上の問
　題点と留意事項
天　　然·· 155
特定業種における景品類提供の制限········· 80
特定用語の使用基準··· 194
都道府県知事に機関委任································· 171
都道府県による執行··· 177
都道府県への権限委任····································· 178
取引価額·· 39, 64
取引に付随··· 17
　──しない場合··· 20
　──する場合··· 17
取引の誘引に際して景品類を提供する場合　39
ドロップシッピング··· 156

な行

二重価格表示······························· 119, 120, 121
ニセ牛缶事件·· 4
入店者に対する経済上の利益············· 18, 37
値　引··· 24

は行

初売り等の一般消費者に対する景品類の提供の
　取扱い·· 44
バナー広告·· 155
販売価格の安さを強調する表示··············· 121
比較広告に関する景品表示法上の考え方（比較
　広告ガイドライン）························ 123, 146
比較対照価格··· 119
比較表示における有利誤認表示··············· 123
引換券·· 43
必要表示事項··· 194
表　示·· 85
表示主体·· 88
表示等管理担当者·· 166
表示に複数の事業者が関与した場合········· 88
表示の裏付けとなる合理的な根拠を示す資料
　·· 110
不実証広告ガイドライン→不当景品類及び不当
　表示防止法第7条第2項の運用指針
不実証広告規制··· 110
　──に関する事例··· 111

不正競争防止法
　──における商品・役務の内容等誤認惹起行
　　為の規制··· 99
　──における信用毀損行為の規制········· 124
付属物·· 30
物品，金銭その他の経済上の利益············ 23
不当景品類及び不当表示防止法第7条第2項の
　運用指針（不実証広告ガイドライン）··· 110
不動産業告示····································· 10, 81
不動産のおとり広告に関する表示··········· 137
不動産の品質··· 105
不当な価格表示についての景品表示法上の考え
　方（価格表示ガイドライン）················· 116
不当な表示の指定·· 130
不当な利益による顧客誘引············ 2, 3, 17
不当表示に対する課徴金の賦課··············· 179
不表示·· 93
フラッシュマーケティング··························· 154
フリーペーパー··· 46
フリーミアム··· 153
ペニーオークション··· 118
弁明の機会··· 188
　──の付与··· 174
ポイントカード·· 43, 47

ま行

マイレージ・サービス·· 43
見本その他宣伝用の物品又はサービス····· 41
無過失損害賠償責任······································· 207
無果汁の清涼飲料水等の表示··················· 132
メニュー・料理等の食品表示に係る景品表示法
　上の考え方について（料理メニュー表示ガイ
　ドライン）·· 159

や行

有利誤認表示··· 115
優良誤認表示··· 94
有料老人ホームに関する不当な表示······· 142
輸入品バザール等における懸賞の取扱い··· 70
容器・包装による表示····································· 87

ら行

料理メニュー表示ガイドライン→メニュー・料
　理等の食品表示に係る景品表示法上の考え方

について

わ行

割引価格……………………………… *154*
割引額の表示………………………… *121*
割引券………………………………… *42*
割引券・金銭証……………………… *43*
割引率の表示………………………… *121*

■著者紹介

波 光　　巌（はこう　いわお）
弁護士
1937年生れ。1962年中央大学法学部卒業，1964年公正取引委員会事務局入局。取引部景品表示指導課長，審判官等を経て1988年退官。同年香川大学法学部教授，1995年関東学園大学法学部教授，2005年第一東京弁護士会弁護士登録，同年神奈川大学法学部教授兼法科大学院非常勤講師，2008年から2011年まで神奈川大学法科大学院非常勤講師。
主な著作：『やさしい独禁法・景表法』（国際商業出版，1982），『やさしい景表法－解釈と事例』（共著，国際商業出版，1985），『続コンメンタール独占禁止法』（共著，勁草書房，1995），『国際経済法入門（第2版）』（勁草書房，2004），『解説独占禁止法』（共著，青林書院，2015）ほか。

鈴　木　恭　蔵（すずき　きょうぞう）
東海大学法科大学院教授
1948年生れ。1971年慶応義塾大学卒業，同年公正取引委員会事務局入局。景品表示指導課長，審判官，特別審査部長等を経て1999年退官。同年東海大学法学部教授，2004年から現職。
主な著作：『技術標準と競争－企業戦略と公共政策』（共著，日本経済評論社，2001），『Q＆A下請法－下請取引規制の理論と実務』（共著，青林書院，2004），『解説独占禁止法』（共著，青林書院，2015）ほか。

実務解説　景品表示法〔第2版〕

2012年12月19日　初　版第1刷発行
2016年 3月15日　第2版第1刷印刷
2016年 3月30日　第2版第1刷発行

著　者　　波　光　　巌
　　　　　鈴　木　恭　蔵

発行者　　逸　見　慎　一

発行所　東京都文京区本郷6丁目4-7　株式会社　青林書院

振替口座　00110-9-16920／電話03（3815）5897～8／郵便番号113-0033
ホームページ☞ http://www.seirin.co.jp

印刷／中央精版印刷　落丁・乱丁本はお取替え致します。
©2016 Printed in Japan　Iwao.Hakou　Kyozo.Suzuki
ISBN978-4-417-01681-6

JCOPY 〈(社)出版者著作権管理機構　委託出版物〉
本書の無断複写は著作権法上での例外を除き禁じられています。複写される場合は，そのつど事前に，(社)出版者著作権管理機構（電話03-3513-6969，FAX03-3513-6979，e-mail: info@jcopy.or.jp）の許諾を得てください。